河南省高校哲学社会科学优秀著作资助项目

二/十/大/专/项

红色基因传承与社会主义核心价值观培育研究

王伟 著

河南大学出版社
HENAN UNIVERSITY PRESS
·郑州·

图书在版编目(CIP)数据

红色基因传承与社会主义核心价值观培育研究 / 王伟著. -- 郑州：河南大学出版社, 2024.6. -- ISBN 978-7-5649-5956-2

Ⅰ. D642;D616

中国国家版本馆 CIP 数据核字第 202468U2D2 号

红色基因传承与社会主义核心价值观培育研究
HONGSE JIYIN CHUANCHENG YU SHEHUIZHUYI HEXIN JIAZHIGUAN PEIYU YANJIU

责任编辑 郑 鑫 薛建立
责任校对 李亚涛 柴桂玲
封面设计 史 岩

出 版	河南大学出版社
	地址：郑州市郑东新区商务外环中华大厦 2401 号 邮编：450046
	电话：0371-86059701（营销部） 网址：hupress.henu.edu.cn
排 版	河南大学出版社设计排版中心
印 刷	广东虎彩云印刷有限公司
版 次	2024 年 6 月第 1 版 印 次 2024 年 6 月第 1 次印刷
开 本	710 mm×1010 mm 1/16 印 张 20.75
字 数	340 千字 定 价 68.00 元

（本书如有印装质量问题，请与河南大学出版社营销部联系调换。）

前　言

红色基因与社会主义核心价值观是一脉相承的。对红色基因传承与社会主义核心价值观培育的现状进行调查，找出问题，分析原因，进而建言献策，引导民众深刻感悟红色基因中蕴含的信仰追求，塑造民众的社会主义核心价值观，激励民众攻坚克难，应对挑战，为实现中国梦而奋斗拼搏。新时期，弘扬党的优良传统，把社会主义核心价值观培育的内容、方法、特点进行系统化概括，总结经验教训，提炼普遍规律，探索红色基因传承与社会主义核心价值观培育的措施。

红色基因与社会主义核心价值观之间有着内在联系。红色基因与社会主义核心价值观是中国共产党带领民众在不同的历史条件下创造的先进文化成果。(1)尽管二者面临的历史任务不同，但都蕴含着崇高的价值理念、高尚的道德观念、远大的理想信念，在文化追溯、精神内核、价值指向上具有同质性、同构性与同向性。(2)红色基因蕴含着追求国家富强、民族解放的理想信念，蕴含着追求自由平等的价值理念，蕴含着舍身忘己、牺牲奉献的道德观念，这与社会主义核心价值观国家层面"富强、民主、文明、和谐"、社会层面"自由、平等、公正、法治"、个人层面"爱国、敬业、诚信、友善"的价值目标契合。二者具有同质性，彰显了二者之间的历史逻辑。(3)红色基因与社会主义核心价值观都以马克思主义为指导思想，都继承了优秀传统文化的精华，都蕴含着以人民为中心的价值理念，二者具有同构性，彰显了二者之间的理论逻辑。传承红色基因，培育社会主义核心价值观，为中国共产党领导中国人民在中国革命、建设、改革过程中攻坚克难提供精神力量，为实现中国梦与增强文化自信提供精神源泉;红色基因与社会主义核心价值观具有同向性,彰显了二者之间的实践逻辑。

对红色基因传承与社会主义核心价值观培育的现状进行调查与分析,可以发现,红色基因传承与社会主义核心价值观培育的整体情况较好,但离民众的期待还有一定的距离,有待于进一步完善。如何挖掘红色基因的时代价值,让红色基因更好地孕育、涵养社会主义核心价值观?这些问题需要解决。通过对红色基因传承与社会主义核心价值观培育的整体情况调查,以及对分门别类的具体情况调查,查摆问题,分析存在问题的原因,探析面临的各种挑战。如何迎接挑战,找出"破"的方案与"立"的针对性措施,需要深入地分析与研究。

红色基因的传承与社会主义核心价值观的培育遇到了许多挑战,在与错误思潮的斗争中,增强了主流意识形态的凝聚力与吸引力。(1)随着市场经济发展和对外开放步伐的加快,多元社会思潮涌现。红色基因传承与社会主义核心价值观培育受到市场经济的影响,受到"躺平"观念、"普世价值"与历史虚无主义等错误思潮的冲击,微媒体的出现带来了一些挑战,此外还有形式主义的问题。(2)意识形态领域的破与立是一个辩证统一的过程。红色基因传承过程,是一个打破错误思潮挑战的过程;社会主义核心价值观培育过程,是一个与反动意识形态不断斗争的过程。一方面,拿起红色基因的武器,提高群众的理论素养,激起群众自觉抵御错误思潮的决心,增强群众反击错误思潮的精神力量,彻底消除错误思潮,为社会主义核心价值观的培育提供清朗的意识形态空间;另一方面,创新红色基因传承方式,"浇水施肥",让红色基因占领意识形态阵地,为"鲜花"(社会主义核心价值观)在群众内心世界里开放准备了条件,破除了"毒草"(错误思潮)蔓延的机会。

应对错误思潮的挑战,既要"破",也要"立",制定针对性的措施,创新红色基因传承方式,推进社会主义核心价值观的培育。红色基因是在共产党人与人民群众中代代传承的,是人民群众的群体价值理念。如何传承好红色基因,在传承中让群众汲取信仰的力量,推动人民群众认同与践行社会主义核心价值观,这是一个需要回答的理论与现实问题。弘扬红色传统,对社会主义核心价值观培育的内容、方法、特点进行系统化概括,总结经验教训,提炼普遍规律,探索红色基因传承与社会主义核心价值观培育的措施。(1)加强爱国主义与民族团结教育是红色基因传承与社会主义核心价值观培育的前提。(2)抓住重点人群,精准发力,是红色基因传承与社会主义核心价值观培育的关键。(3)加强对民众的自我教育,是红色基因传承与社会主义核心价值观培育的内在机制。(4)拓宽红色基因传承与社会主义核心价值观培育的路径:讲好红色故事,推进日常生活化,学习"四史",总结共产党人在革命、建设、改革过程中的经验教训,汲取社会主义核心价值观培育的智慧。(5)加强传承红色基因与培育社会主义核心价值观的载体建设。载体主要包括物质载体、非物质载体、微媒体载体。(6)社会实践活动是红色基因传承与社会主义核心价值观培育的根本方法。

目　录

绪　论 ·· 1
　一、研究意义 ·· 1
　二、文献综述 ·· 3
　三、研究思路与方法 ·· 18
　四、研究重点与难点 ·· 19
　五、基本内容 ·· 19

第一章　红色基因与社会主义核心价值观的同质性 ············ 23
　第一节　社会主义核心价值观视域下的红色基因与红色文化、革命文化的辨析
　　··· 24
　　一、红色基因与红色文化、革命文化的概念界定 ············ 25
　　二、红色基因与红色文化、革命文化的联系 ·················· 27
　　三、红色基因与红色文化、革命文化的区别 ·················· 30
　第二节　红色基因与国家层面的社会主义核心价值观 ········ 32
　　一、红色基因蕴含"富强"的社会理想与社会主义核心价值观 ···· 35
　　二、红色基因蕴含的民主理念与社会主义核心价值观 ····· 37
　　三、红色基因蕴含的文明观念与社会主义核心价值观 ····· 38
　　四、红色基因蕴含的和谐理念与社会主义核心价值观 ····· 40
　第三节　红色基因对社会层面的社会主义核心价值观的孕育 ···· 43
　　一、红色基因蕴含的自由思想与社会主义核心价值观 ····· 45

二、红色基因蕴含的平等理念与社会主义核心价值观 …………… 47
　　三、红色基因蕴含的公正理念与社会主义核心价值观 …………… 49
　　四、红色基因蕴含的法治理念与社会主义核心价值观 …………… 51

　第四节　红色基因与个人层面的社会主义核心价值观 ……………… 55
　　一、红色基因蕴含的爱国精神与社会主义核心价值观相契合 …… 56
　　二、红色基因蕴含的敬业精神与社会主义核心价值观相契合 …… 58
　　三、红色基因蕴含的诚信精神与社会主义核心价值观相契合 …… 59
　　四、红色基因蕴含的友善精神与社会主义核心价值观相契合 …… 61

　第五节　红色基因与社会主义核心价值观的内在联系 ……………… 63
　　一、从内容结构的角度分析二者的内在联系 ……………………… 64
　　二、从生成逻辑的角度分析二者的内在联系 ……………………… 65

　小　结 ……………………………………………………………………… 68

第二章　红色基因与社会主义核心价值观的同构性与同向性 ……… 69

　第一节　共同的理论基础:马克思主义中国化及其理论成果 ……… 70
　　一、马克思主义理论是红色基因与社会主义核心价值观的思想根源 … 70
　　二、从马克思主义理论中国化的过程看,红色基因与社会主义核心价值观具有
　　　　同根性 ………………………………………………………………… 72
　　三、红色基因与社会主义核心价值观共存于中国共产党政党文化中 … 73

　第二节　共同的文化根基:中华优秀传统文化 ………………………… 75
　　一、优秀传统文化是红色基因与社会主义核心价值观的源头活水 … 75
　　二、优秀传统文化孕育滋养了红色基因与社会主义核心价值观 …… 77
　　三、优秀传统文化是红色基因与社会主义核心价值观的根基沃土 … 79

　第三节　共同的价值诉求:以人民为中心 ……………………………… 82
　　一、为人民服务的价值理念凝结在红色基因与社会主义核心价值观的历史
　　　　形成过程中 …………………………………………………………… 82
　　二、在实现好群众利益的基础上宣传红色基因与社会主义核心价值观 … 84
　　三、人民性是红色基因与社会主义核心价值观的根本属性 ………… 85

　第四节　在实现中国梦方面的同向性 …………………………………… 88
　　一、共同助推中国梦的实现 …………………………………………… 88
　　二、红色基因与社会主义核心价值观具有信念坚定的伦理价值,为实现中国梦
　　　　提供精神动力 ………………………………………………………… 91

三、红色基因与社会主义核心价值观蕴含着一心为民的理念,为实现中国梦凝聚中国力量 …… 93

第五节 在增强文化自信方面的同向性 …… 96
一、红色基因与社会主义核心价值观厚植了文化自信的基础 …… 96
二、以马克思主义为指导,加强红色基因与社会主义核心价值观对文化自信的思想引领 …… 98
三、吸收中西方文化的精华,为红色基因与社会主义核心价值观补充养分,增强文化自信的能力 …… 99

小 结 …… 103

第三章 红色基因传承情况与社会主义核心价值观培育现状的调查与分析 …… 105

第一节 红色基因传承情况的调查与分析 …… 110
一、关于群众认知红色基因情况的调查与分析 …… 111
二、对红色基因传承现状的调查与分析 …… 113

第二节 社会主义核心价值观培育情况的调查与分析 …… 119
一、关于社会主义核心价值观现状的调查与分析 …… 120
二、网络影响群众践行社会主义核心价值观的情况调查 …… 126
三、对社会主义核心价值观三个层面的调查 …… 131

第三节 红色基因与社会主义核心价值观的关系调查 …… 157
一、红色基因的内容与结构对社会主义核心价值观影响的情况调查 …… 159
二、红色基因的功能与生成演化对社会主义核心价值观影响的情况调查 …… 164
三、调查红色基因传承与社会主义核心价值观培育所遇到的难题情况与应对情况 …… 168

小 结 …… 180

第四章 红色基因传承与社会主义核心价值观培育的挑战及其破除 …… 182

第一节 红色基因传承与社会主义核心价值观培育所面临的挑战 …… 184
一、西方思潮与西方价值观的冲击 …… 184
二、市场经济的冲击与拜金主义、享乐主义等思潮的挑战 …… 185
三、微媒体传播带来的挑战 …… 187
四、形式单一带来的严峻挑战 …… 191

第二节 传承红色基因,推进社会主义核心价值观的培育,批判历史虚无主义 …… 194

一、晓之以理:阐明红色基因与社会主义核心价值观的科学内涵,揭露历史虚无主义本质 …… 195

二、动之以情:讲好红色故事,破除历史虚无主义的迷惑性 …… 199

三、与时俱进:创新意识形态宣传方式,战胜历史虚无主义的挑战 …… 202

四、发扬斗争精神,彻底批判历史虚无主义 …… 205

第三节 传承红色基因,推进社会主义核心价值观的培育,彻底战胜"普世价值"的挑战 …… 213

一、宣传马克思主义,为战胜"普世价值"提供思想源泉 …… 214

二、吸收中华优秀传统文化精华,为战胜"普世价值"提供文化根基 …… 215

三、传承红色基因,推进社会主义核心价值观的培育,为战胜"普世价值"提供价值支撑 …… 217

第四节 传承红色基因,践行社会主义核心价值观,克服"躺平"思潮 …… 220

一、理想信念是红色基因与社会主义核心价值观的灵魂,是破除"躺平"思潮的法宝 …… 221

二、红色基因与社会主义核心价值观蕴含着奉献奋斗精神,为破除"躺平"思潮提供精神支撑 …… 226

三、激发红色基因与社会主义核心价值观蕴含的担当精神,为破除"躺平"思潮提供精神动力 …… 228

小 结 …… 231

第五章 红色基因传承与社会主义核心价值观培育的措施 …… 233

第一节 爱国主义与民族团结教育:红色基因传承与社会主义核心价值观培育的前提 …… 235

一、传承红色基因,加强爱国主义教育 …… 235

二、传承红色基因,加强民族团结教育 …… 240

第二节 抓住重点人群:红色基因传承与社会主义核心价值观培育的关键 …… 243

一、抓住关键少数,发挥党员干部在红色基因传承与社会主义核心价值观培育方面的重要作用 …… 243

二、抓住大多数,重点关注农民群众的红色基因与社会主义核心价值观教育 …… 248

三、抓住青少年,关注红色基因传承与社会主义核心价值观培育的关键对象 ……253

第三节 自我教育:红色基因传承与社会主义核心价值观培育的内在机制 …… 260
 一、自我教育是群众接受红色基因教育的途径,也是提高群众学习社会主义核心价值观自觉性的重要渠道 …… 261
 二、加强社团组织建设,增强群众自我教育意识,为群众学习红色基因与社会主义核心价值观提供平台 …… 262
 三、加强社区红色文化建设,搭建社会主义核心价值观自我教育的平台 …… 264

第四节 传承红色基因与培育社会主义核心价值观的路径 …… 266
 一、讲好红色故事,传承红色基因,促进群众认同社会主义核心价值观 …… 266
 二、日常生活化:完善红色基因传承与社会主义核心价值观教育的重要渠道 …… 269
 三、学习"四史",汲取传承红色基因与培育社会主义核心价值观的智慧 …… 273

第五节 传承红色基因与培育社会主义核心价值观的载体 …… 281
 一、加强物质载体建设,搭建传播平台 …… 282
 二、搞好非物质载体建设,推进红色基因与社会主义核心价值观的宣传 …… 283
 三、微媒体是红色基因传承的重要方式,促进了社会主义核心价值观的培育 …… 285

第六节 社会实践活动:红色基因传承与社会主义核心价值观培育的根本方法 …… 292
 一、通过社会实践训练,加深群众对红色基因与社会主义核心价值观的领悟 …… 292
 二、基于 STEAM 理念,利用红色社会实践活动推进社会主义核心价值观的培育 …… 297

小 结 …… 303

参考文献 …… 305
 一、中国共产党文献资料 …… 305
 二、报纸 …… 306
 三、著作 …… 306
 四、论文 …… 311

后 记 …… 319

绪　论

一、研究意义

经济全球化浪潮蔓延，多元思潮相互激荡，各种价值观念相互碰撞，冲击着群众的思想观念与价值理念，对红色基因与社会主义核心价值观教育等产生了消极影响。在经济全球化浪潮中，西方学者出于冷战思维所倡导的一些思潮，旨在诋毁中国的制度，有悖于中国共产党倡导的主流意识形态。西方国家利用多媒体手段有组织地进行政治宣传和理论输出，企图把西方的价值观和意识形态强加于别人；还利用网络传媒传播"躺平"观念、民族歧视、"普世价值"、历史虚无主义等错误思潮。在这种背景下，部分群众的思想、信仰发生变化。改革开放以来，中国社会思潮逐渐多元化。如何创新红色基因传承方式与社会主义核心价值观培育方法，应对挑战，是一个值得探索的问题。社会的发展变化致使个人的独特性、自主性日益增强，这就要求红色基因传承与社会主义核心价值观培育要充分考虑到群众的个性需求和多样化的特点。马克思指出："如果从观念上来考察，那么一定的意识形式的解体足以使整个时代覆灭。"[①]意识形态安全十分重要，红色基因与社会主义核心价值观都属于我国主流意识形态范畴。传承红色基因，强化群众对社会主义核心价值观的认同与践行，强化群众的马克思主义信仰，

---

① 《马克思恩格斯文集》，第8卷，人民出版社，2009，第170页。

增强意识形态领域话语权。加强革命传统教育,传承红色基因,增强对群众的社会主义核心价值观教育,培养群众的爱国精神,提高群众的政治敏锐性、辨别力和抵制诱惑的能力,鼓励群众践行社会主义核心价值观,凝聚共识,为实现中华民族伟大复兴的中国梦而努力奋斗。

习近平总书记指出:"实现中国梦必须凝聚中国力量。这就是中国各族人民大团结的力量。"传承红色基因,开展社会主义核心价值观教育,推动群众不忘初心、牢记使命,心往一处想,劲往一处使,用广大群众的智慧和力量汇集起不可战胜的磅礴力量。

(一)理论意义

(1)探索红色基因的内涵与所蕴含的多维价值,弘扬红色传统,有利于群众认同社会主义核心价值观,从而践行社会主义核心价值观,丰富中国特色社会主义理论的内容。

(2)将红色基因传承与社会主义核心价值观培育结合起来研究,有助于深化对两者关系的认识,挖掘传承红色基因的载体,探索社会主义核心价值观培育的路径、方式、机制,也有助于提高针对群众的思想政治教育的实效性。

(二)实践意义

(1)习近平总书记倡导红色基因代代传,红色基因是革命文化的精髓,激活红色基因,把红色基因纳入社会主义核心价值观教育的体系中,就是要使之转化为群众夙兴夜寐的创业激情,激励群众为实现社会主义现代化而努力奋斗。

(2)当今,中国开始了新的发展阶段,在治国理政与全面实现社会主义现代化的进程中,面临着各种思潮的挑战,意识形态话语权的重要性更加突出。2013年,在全国宣传思想工作会议上,习近平总书记指出:"经济建设是党的中心工作,意识形态工作是党的一项极端重要的工作。"[①]强调了意

[①] 习近平:《胸怀大局把握大势着眼大事 努力把宣传思想工作做得更好》,《人民日报》2013年8月21日。

识形态工作在中国特色社会主义建设中的重要地位与作用。正确看待红色基因与社会主义核心价值观的关系,创新红色基因传承形式,拓宽社会主义核心价值观培育路径,增强主流意识形态的凝聚力与吸引力,加强新时代意识形态建设,为中国梦的实现提供精神动力。

二、文献综述

2014年4月,习近平总书记参观了新疆军区某红军师师史馆,强调要让红色基因代代相传。2016年2月初,习近平强调加强红色基因教育。红色基因的核心是革命精神与以人为核心的价值理念。党的十八大报告提出了社会主义核心价值观的概念。红色基因与社会主义核心价值观更加成为学术界热议的话题。目前的研究成果主要集中于以下几个方面。

(一) 研究现状

1. 红色基因的内涵研究

关于红色基因的内涵,学术界有不同的看法。多数学者认为,红色基因是在革命、建设和改革历程中形成的,本质属于马克思主义文化理论的中国化,是共产党人优良传统的总和。(1) 理论维度。罗心欲着重强调了红色基因与马克思主义精神动力理论之间的内在逻辑。[①] 黄细嘉、韩晶晶从内在与外在、历史与现实、共性与个性的分析中阐释了红色基因的本质内涵与基本特征。[②] 刘浩林、范国盛从中国近代两大历史任务的视角分析中国共产党革命精神的基本内核。[③] (2) 精神维度。吴娜从文化基因的视角,把红色基因视为中国共产党独特的精神传统和文化本质。[④] 程小强从中国共产

---

① 罗心欲:《红色基因:科学内涵·作用机理·传承路径》,《中学政治教学参考》2021年第23期。
② 黄细嘉、韩晶晶:《中国共产党红色基因的概念、本质内涵与基本特征》,《江西社会科学》2021年第7期。
③ 刘浩林、范国盛:《激活红色基因的途径与方式》,《中国井冈山干部学院学报》2015年第6期。
④ 吴娜:《红色基因的文化学考察》,《人民论坛》2015年第35期。

党精神特征出发阐述红色基因在思想理论、精神道德、作风实践等方面的特征。① 郭秋光、王员认为,红色基因是中国共产党的宝贵精神财富和政治优势。② 齐彪认为,共产党人的奋斗精神是红色基因的重要内涵,红色基因体现了共产党人的初心。③ (3)历史维度。岳凤兰认为,红色基因在中国共产党领导人民的斗争历程中逐渐呈现出来,包括理想信念、人民情怀、优良作风、政治品格、创新精神。④ 曹劲松认为,红色基因是中国革命、建设与改革伟大实践的精神要素凝结。⑤ 李江源、史爱国分析了革命精神在不同时期的具体形态及其内涵。⑥ (4)价值维度。宋月红认为,红色基因主要包括:革命理想、艰苦奋斗。⑦ 王琳娜分析了红色基因蕴含的革命传统基因、优良作风基因。⑧ 马新发、雷莹从革命精神、民族精神的角度,论述了传承红色基因的意义。⑨ 上述学者对"红色基因"内涵的界定,是从某一个角度来分析的,对"红色基因"的整体把握需要进一步深化。(5)整体视角。刘建平等学者认为,红色基因是先进的世界观、人生观和价值观的体现,是对中华民族先进本质、伟大精神、崇高思想等的高度总结。⑩ 以上论文从不同角度分析了红色基因的基本内涵,但没有完全深刻阐述红色基因的实质。学术界对红色基因概念的争议较大,对红色基因特征的把握不够明确。学术界对红色基因研究逐渐趋于多视角,在基本概念方面有一定的共识。总体来看,在概念与价值的界定方面,学者们基本上依照广义和狭义两个维度展开研究,广义研究侧重于红色基因的宏观价值,狭义研究则侧重于红色基因的自身价值。在广义研究中,红色基因主要是指,中国共产党领导人民群众在实现民族独立、人民解放与争取国家富强、人民幸福的两大历史任务中,将

---

① 程小强:《红色基因的深刻内涵与时代价值》,《人民论坛》2021年第1期。
② 郭秋光、王员:《浅谈红色基因的基本内涵——以人民军队为视角》,《井冈山大学学报》2018年第2期。
③ 齐彪:《传承红色基因 永葆奋斗初心》,《党建研究》2019年第9期。
④ 岳凤兰:《传承红色基因的时代价值》,《北京教育》2018年第4期。
⑤ 曹劲松:《新时代传承红色基因的逻辑必然与实践自觉》,《南京社会科学》2021年第6期。
⑥ 李江源、史爱国:《党魂:中国共产党革命精神赞》,重庆出版社,2006。
⑦ 宋月红:《长征精神:中国共产党人的红色基因》,《红旗文稿》2016年第23期。
⑧ 王琳娜:《红色基因的内涵与价值功能研究》,《宝鸡文理学院学报》2017年第10期。
⑨ 马新发、雷莹:《中国共产党革命精神研究》,中国社会科学出版社,2006。
⑩ 刘建平、王昕伟、周蓓:《习近平总书记关于红色基因的重要论述研究》,《湘潭大学学报》2020年第4期。

马克思主义基本原理同中国各个时期的具体实际相结合而形成的,传承革命精神、汲取力量、展现民族风格的文化形态。在狭义研究中,红色基因主要是指所蕴含的思想观念、革命精神、价值理念。本书侧重于红色基因所展现出来的社会意识特征,重点从狭义方面分析红色基因与社会主义核心价值观的内在逻辑,从社会主义核心价值观培育的角度分析红色基因的基本特征。对红色基因概念的界定,需要用辩证思维与科学逻辑进行分析归纳,以便对红色基因的解析更加准确。多视角研究红色基因内涵,进一步探讨红色基因的理论生成、内容结构与实践传承等方面对社会主义核心价值观的影响,提炼出红色基因的密码特质(马克思主义为什么行、中国共产党为什么能、社会主义为什么好)。这个"密码特质"孕育了社会主义核心价值观,是准确把握红色基因概念的关键所在。

2. 红色基因的传承研究

黄细嘉、韩晶晶以达尔文学说中的基因特征作类比,认定红色基因作为一种社会文化基因具有传承性。[①] 周静、陈再生认为,中共十八大以来,习近平总书记在深刻阐释红色基因时代内涵的基础上,科学解释了红色基因从哪里来、怎样传承、到哪里去三个重大问题。习近平总书记有关传承红色基因的系列重要论述为增强意识形态领域话语权、抵御历史虚无主义提供了有效手段。[②] 这一论述指出了红色基因的内涵、传承路径、时代意义。第一,关于红色基因传承路径的分析。研究文献较多,并呈现出理论和实践并重的倾向。刘建平、王昕伟认为,红色基因的发展动力是马克思主义中国化的不断推进。[③] 这种观点比较透彻剖析了红色基因的基本特征,为传承红色基因提供了条件。陈水林探讨了党的精神财富的内在结构、传承规律。[④] 张宏森以完善教育载体的方式激活红色记忆,推动红色基因的传承;以红色

---

① 黄细嘉、韩晶晶:《中国共产党红色基因的概念、本质内涵与基本特征》,《江西社会科学》2021年第7期。
② 周静、陈再生:《习近平关于红色基因传承的重要论述及时代价值》,《党史研究与教学》2020年第4期。
③ 刘建平、王昕伟:《新中国成立以来红色基因的传承与发展探析》,《红色文化学刊》2019年第3期。
④ 陈水林:《中国共产党精神财富的内容结构与传承规律》,《党史文苑》2008年12期。

故事讲述的方式激发民众的爱国热情,分析革命精神的内涵,激发民众在社会主义现代化建设中的奋进力量。① 中国井冈山干部学院调研组认为,中共党史与革命史中蕴含着红色教育资源,讲好党史与革命史,完善红色基因的传承方式。② 彭正德、江桑榆认为,利用红色文化资源,要注意利用方法的创新,拓宽红色教育的路径。③ 以上论文分析了红色基因的传承规律及其路径,但对红色基因传承机制的研究还有待进一步拓展。第二,关于传承红色基因意义的研究,学者们从不同的角度、用不同的语言表达方式阐述了传承红色基因的意义,有的阐述了传承某一时期或某一领域红色基因("井冈山精神""延安精神"等)的意义,有的阐述了传承红色基因对思想政治教育、实现中国梦、社会主义核心价值观培育等某一具体领域的意义。雷莹从共产党人奋斗历程的角度描述了红色基因的演变进程,分析了红色基因的特征。④ 吕红霞把传承红色基因视为推进自我革命的有效路径,从信念源泉的角度分析了推进自我革命的必要性,从实践路径的角度分析了推进自我革命的可行性。⑤ 学者们从不同角度分析了传承井冈山精神的意义。王宪魁、王晓东、周伶侧重于干部的党性教育、党性修养方面;蒋蓉侧重于中国梦的历史主题;李健侧重于中国特色社会主义建设。⑥ 中华文化发展促进会、中国延安精神研究会理论研究委员会、西柏坡精神研究课题组编纂了三本著作⑦,从不同视角阐述了弘扬不同形态革命精神的时代价值。以上的专著、论文从地域性的视角分析了红色基因所具有的时代价值,部分学者阐释了井冈山红色基因、延安红色基因等地域性红色基因的时代意义,有一定

---

① 张宏森:《传承红色基因 凝聚磅礴力量》,《人民日报》2020 年 7 月 24 日。
② 中国井冈山干部学院调研组:《用党史"讲"好党性 推进红色基因传承》,《中国井冈山干部学院学报》2019 年第 5 期。
③ 彭正德、江桑榆:《论红色基因及其在新时代的传承》,《湖南社会科学》2021 年第 1 期。
④ 雷莹:《不朽的丰碑:中国共产党革命精神历史嬗变研究》,光明日报出版社,2009。
⑤ 吕红霞:《传承红色基因 推进自我革命》,《红旗文稿》2019 年第 23 期。
⑥ 王宪魁:《学习和传承井冈山精神 加强领导干部党性信念作风教育》,《中国井冈山干部学院学报》2009 年第 5 期。王晓东、周伶:《传承和弘扬井冈山精神 提高干部教育培训水平》,《中共太原市委党校学报》2010 年第 6 期。蒋蓉:《弘扬井冈山精神 实现中华民族的伟大复兴——浅析"中国梦"和井冈山精神》,《传承》2013 年第 14 期。李健:《用井冈山精神推进中国特色社会主义事业——赴井冈山学习考察的体会》,《思想理论教育导刊》2014 年第 1 期。
⑦ 中华文化发展促进会:《追寻红军足迹 弘扬长征精神》,华艺出版社,2007。中国延安精神研究会理论研究委员会:《弘扬延安精神》,陕西人民教育出版社,1992。西柏坡精神研究课题组:《光大西柏坡精神 做人民利益的忠实代表》,党建读物出版社,2005。

的必要性,但更应该从跨地域的整体性视域对红色基因传承方式进行阐述。学术界围绕红色基因是什么、为什么要传承红色基因、如何传承红色基因等问题展开了多方面研究,取得了一定的研究成果。另一方面,对红色基因传承的价值要进行深入研究,可利用多学科交叉方法,对其进行多维度的分析,进一步充分发挥红色基因传承的作用。红色基因在传承发展中展示了与社会主义核心价值观之间的历史渊源,如何创新红色基因传承方式,推进红色基因传承与价值认同相统一,使红色基因更好地涵养德性,彰显红色基因的价值功能,从而促进社会主义核心价值观的培育,需要进一步深化研究。

3. 社会主义核心价值观培育研究

第一,社会主义核心价值观教育研究。秦宣强调了思想政治理论课的独特作用,提出了教学方法改革的路径,把思想政治理论课视为社会主义核心价值观教育的重要途径。[①] 刘凤英指出了社会主义核心价值观教育过程中教学方法陈旧、学生注意力不够的问题。[②] 金荣、姜永志提倡根据学生的接受心理完善社会主义核心价值观认同教育的方式。[③] 莫春菊主张从理念、模式、主体等方面进行教学改革,拓宽社会主义核心价值观教育的路径。[④] 潘玉腾、陈赵阳从微观的视角分析了社会主义核心价值观融入大学生日常生活的路径。[⑤] 青少年是社会主义核心价值观教育的重点对象,学者们从思政课程的角度论述青少年社会主义核心价值观教育,但理论分析缺乏系统性,还需要协调推进思政课程与课程思政建设,也需要从红色基因的传承角度来论述实现青少年社会主义核心价值观培育的路径。第二,社会主义核心价值观培育的层次。齐勇主张要以人为本,协调个人、社会、国

---

① 余华、王曦:《"培育和践行社会主义核心价值观的成效与经验研讨会"综述》,《社会主义核心价值观研究》2017年第4期。
② 刘凤英:《对大学生社会主义核心价值观认同教育的探讨》,《高教论坛》2014年第3期。
③ 金荣、姜永志:《大学生社会主义核心价值观认同教育研究》,《继续教育研究》2014年第12期。
④ 莫春菊:《思政课中的大学生社会主义核心价值观教育初探》,《江苏高教》2015年第4期。
⑤ 潘玉腾、陈赵阳:《大学生践行社会主义核心价值观的日常生活向度》,《思想理论教育导刊》2015年第8期。

家的三位一体,要以马克思主义为干,以主体地位为脉,包容、统领其他价值观念。① 窦立春认为,民族的集体记忆有助于推进社会主义核心价值观的认同。② 安娜主张立足于社会主义核心价值观认同的层次结构,健全利益协调机制,拓宽实践育人途径。③ 学者们在国家、社会、个人三个层面,层层剖析,不断深入,论述了新时代中国特色社会主义核心价值观培育存在的问题及其原因,探索了相应的路径。还需要对社会主义核心价值观培育对象的层次性开展具体分析。第三,关于社会主义核心价值观培育机制的分析。郭建新强调群众在社会主义核心价值观认同中的主体地位,分析了认同客体与外部环境对社会主义核心价值观认同路径的影响,指出社会主义核心价值观的践行,要有一定的保障机制。④ 季正聚倡导制度在社会主义核心价值观践行中的作用。⑤ 张明从整体性的视角倡导社会主义核心价值观的培育机制。⑥ 学术界围绕新时代主流意识形态话语这一主题,从多方面、多领域探索培育和践行社会主义核心价值观的有效机制,但在机制的完善方面有待于进一步深化。第四,培育和践行社会主义核心价值观的方式。刘书林倡导社会主义核心价值观培育的集体主义原则,并强调社会制度的作用。⑦ 王璇、吴俊认为,鼓励百家争鸣,使社会主义核心价值观在讨论甚至争论中广为传播。⑧ 张红霞、谭春波考察了意识形态生活化的现实基础,主张从社会现实出发,完善社会主义核心价值观培育的过程。⑨ 他们的论文从意识形态生活化的视角分析社会主义核心价值观的培育过程,观点新颖。

---

① 齐勇:《从马克思交往理论看社会主义核心价值观的践行路径》,《黑龙江社会科学》2016年第6期。
② 窦立春:《社会主义核心价值观大众化困境及其应对》,《长春理工大学学报》2012年第3期。
③ 安娜:《社会主义核心价值观认同的层次结构及培育路径探讨》,《思想理论教育导刊》2017年第11期。
④ 郭建新:《社会主义核心价值观大众认同路径与机制研究》,《江苏社会科学》2014年第1期。
⑤ 季正聚:《全面把握社会主义核心价值观的特点》,《思想政治工作研究》2012年第12期。
⑥ 张明:《着眼"四个全面"大力培育社会主义核心价值观》,《中国浦东干部学院学报》2015年第5期。
⑦ 姜苏容:《"社会主义核心价值观协同创新北京峰会"综述》,《道德与文明》2017年第2期。
⑧ 王璇、吴俊:《社会主义核心价值观难点、热点问题探究——"社会主义核心价值观协同创新北京峰会"会议综述》,《社会主义核心价值观研究》2016年第6期。
⑨ 张红霞、谭春波:《论社会主义核心价值观的生活化》,《学校党建与思想教育》2015年第11期。

韩震认为,社会主义核心价值观的培育伴随着红色文化的发展过程,红色文化丰富了社会主义核心价值观的内涵并引领其发展方向。① 黄建军认为,推动社会主义核心价值观认同的多种措施的不足影响了培育和践行的实际效果,道德认同是推动社会主义核心价值观认同的重要途径。② 以上的论文从不同视角分析了社会主义核心价值观的培育方式,有助于转换研究视角,创新研究方法,为进一步研究红色基因传承与社会主义核心价值观培育提供了新思路。如何创新社会主义核心价值观的培育方式,挖掘社会主义核心价值观蕴含的价值理念、道德观念,探索社会主义核心价值观对红色基因传承方向的引领,如何简化社会主义核心价值观的12个词汇,让社会主义核心价值观的内容朗朗上口,便于宣传,这些都是需要进一步深化研究的问题。

4. 红色基因与社会主义核心价值观的关系研究

在思想理念、道德观念、价值功能、生成逻辑等方面,红色基因与社会主义核心价值观具有内在的联系。第一,在思想理念与道德观念方面。刘晓华认为,红色基因与社会主义核心价值观都属于马克思主义意识形态,是中国共产党领导群众在特定历史时期创造的优秀文化成果。两者在文化追溯、精神本质、价值理念上具有内在的同构性。③ 袁秀认为,红色基因是红色文化的精华,以爱国主义为核心,带有一定革命传统;红色基因蕴含着崇高的理想信念、高尚的道德情操,在价值诉求与信仰信念方面,与社会主义核心价值观高度契合。④ 黄蓉生、田歧瑞认为,社会主义核心价值观继承了红色基因的优秀品质,红色基因融入了群众的血脉,保证了社会主义核心价值观的前进方向。⑤ 第二,在价值功能与生成逻辑方面。曾耀荣认为,从源

---

① 韩震:《让文化灵魂驱动中国——积极培育社会主义核心价值观》,《人民论坛》2012年第11期。
② 张磊:《新时代社会主义核心价值观的培育和践行——"社会主义核心价值观协同创新昆明峰会"会议综述》,《社会主义核心价值观研究》2018年第6期。
③ 刘晓华:《红色文化与社会主义核心价值观的同构性论析》,《思想教育研究》2017年第10期。
④ 袁秀:《红色文化与社会主义核心价值观的同向性思考》,《治理现代化研究》2019年第5期。
⑤ 黄蓉生、田歧瑞:《社会主义核心价值观的红色文化特性探析》,《思想教育研究》2015年第10期。

头来看,社会主义核心价值观在红色基因的形成过程中孕育了萌芽,在建设与改革过程中得以丰富与发展,红色基因在某种程度上是社会主义核心价值观的源头活水。① 张泰城、常胜认为,红色基因具有强大的吸引力和感染力、强大的亲和力和感召力、强大的向心力和凝聚力,在推动社会主义核心价值观培育方面具有不可替代的重要作用。② 卞成林认为,从文化自信的视角看,红色基因与社会主义核心价值观为文化自信提供精神支柱。③ 冯超认为,红色基因与社会主义核心价值观有着类似的形成过程。④ 杨建义认为,红色基因隐藏在红色文化中,红色文化以客观事实的形式为培育社会主义核心价值观提供历史语境,以存在于一定历史进程的价值形态为涵育社会主义核心价值观提供逻辑中介。⑤ 一些学者从整体视角,分析红色基因的理论品质、内容结构、生成逻辑等要素对社会主义核心价值观的渗透与影响。杨少华运用马克思主义理论,系统地梳理了红色基因的生成逻辑和演化规律,构建了社会主义核心价值观的基本内容。⑥ 杨峻岭分析了红色基因的演化过程,阐明红色基因蕴含的优良传统、精神财富,在塑造社会主义核心价值观方面的时代价值。⑦ 李忠、涂微微认为,作为红色基因精华的共产党人精神与社会主义核心价值观在主要内涵、形成机制、文化特征、培育传承等方面存在着内在统一的关系。⑧ 以上论文、论著分析了红色基因与社会主义核心价值观之间的关系,从文化基因、意识形态话语等角度拓宽了研究视野,为研究红色基因传承与社会主义核心价值观培育奠定了理论基础。还需要进一步剖析红色基因与社会主义核心价值观的内在联系,分析红色基因与社会主义核心价值观之间的同质性和二者之间的历史逻辑;探析红色基因与社会主义核心价值观之间的同构性和二者之间的理论逻

---

① 曾耀荣:《红色文化与社会主义核心价值观来源问题新探》,《红色文化学刊》2017年第1期。
② 张泰城、常胜:《红色文化资源与社会主义核心价值观培育》,《求实》2016年第11期。
③ 卞成林:《新时代传承红色基因坚定文化自信的思考》,《中国高等教育》2020年第15期。
④ 冯超:《红色基因与社会主义核心价值观的关系探讨》,《改革与开放》2017年第6期。
⑤ 杨建义:《以红色文化涵育社会主义核心价值观的中国特质》,《思想教育研究》2016年第8期。
⑥ 杨少华:《引领时代前行的永恒动力——中国共产党革命精神研究》,人民出版社,2015。
⑦ 杨峻岭:《新民主主义革命时期中国精神的历史发展及其主要特征》,《思想理论研究》2014年第6期。
⑧ 李忠、涂微微:《论社会主义核心价值观与共产党人精神的关联性》,《科学社会主义》2014年第6期。

辑;探讨红色基因与社会主义核心价值观之间的同向性和二者之间的实践逻辑;深入分析历史逻辑、理论逻辑、实践逻辑之间的相互影响与相互渗透。

5. 红色基因传承与社会主义核心价值观培育所遇到的挑战研究

在微媒体时代,多元思潮互相碰撞,给红色基因传承与社会主义核心价值观培育带来了一定的挑战。第一,红色基因传承存在的问题。方闻昊剖析历史虚无主义的危害,主张抵制历史虚无主义谬论对新中国红色基因的淡化和消解。① 宋开国通过调研发现,引导者能力不足,讲起红色历史来总是一副严肃的面孔,灌输式的教育让接受者打不起精神。② 乔林生认为,近年来一些以红色经典为题材的影视作品抛开了历史真实性,想当然地编造故事,制造了许多披着"红色"外衣、艺术格调不高的作品。③ 闫立光认为,红色基因的传承遭遇历史虚无主义思潮的冲蚀、代际践行弱化倾向的挑战。④ 魏忠胜认为,红色基因传承受到市场经济的影响;一些人一味追求金钱和享乐,使红色信仰被扭曲,红色基因被侵蚀。⑤ 第二,社会主义核心价值观培育遇到的难题。郭建新强调大众的主流价值认同危机,分析了认同主体、认同客体、认同环境存在的问题,以及对社会主义核心价值观的认同产生的影响。⑥ 曾建平、邹平林着重批判了历史虚无主义、"普世价值"给社会主义核心价值观带来的危害。⑦ 王学俭、李东坡分析了在社会主义核心价值观培育过程中面临的形式化、片面化和简单化问题。⑧ 杨兴林认为,市场经济负效应带来了拜金主义,社会发展不公带来了对集体主义价值原则的疑虑,社会主义核心价值观的认同面临一定的挑战。⑨ 彭小兰、李良成认

---

① 方闻昊:《传承红色基因抵制历史虚无主义》,《马克思主义与现实》2019年第4期。
② 宋开国:《红色基因教育的三次升级版》,《解放军报》2014年12月12日。
③ 乔林生:《创新发展:续写"红色文化"时代传奇——学习胡锦涛总书记"七一"重要讲话有感》,《解放军报》2011年10月17日。
④ 闫立光:《新时代革命文化的传承:价值、困境及推进路向》,《社会科学战线》2021年第2期。
⑤ 魏忠胜:《让"红色基因"世代传承》,《湖南日报》2011年7月29日。
⑥ 郭建新:《社会主义核心价值观大众认同路径与机制研究》,《江苏社会科学》2014年第1期。
⑦ 曾建平、邹平林:《社会主义核心价值观的当代挑战》,《江西师范大学学报》2013年第5期。
⑧ 王学俭、李东坡:《社会主义核心价值观研究述要》,《思想政治教育研究》2013年第4期。
⑨ 杨兴林:《社会主义核心价值观大众认同的内涵、挑战与抉择》,《中共浙江省委党校学报》2015年第2期。

为,培育社会主义核心价值观,面临社会思潮多元化、媒体融合的多重挑战。① 吴翠丽认为,微媒体的兴盛为社会主义核心价值观的践行带来了机遇与挑战。② 胡泊分析了价值观的传播规律,分析了多媒体对社会主义核心价值观教育带来的挑战。③ 第三,红色基因传承与社会主义核心价值观培育遇到的共同难题。胡建、何沙沙认为,在红色文化融入社会主义核心价值观培育过程中,面临着政府部门引领力度不够、各红色机构协调配合力不足的挑战。④ 魏和平认为,在红色基因教育工作中,存在一些只讲形式、不重效果的问题,严重制约了红色基因传播的实效性,也阻碍了社会主义核心价值观的宣传效果。⑤ 张朋林、石书臣认为,红色基因与社会主义核心价值观作为主流意识形态话语,面临着历史虚无主义的"解构性"危险。⑥ 相雅芳认为,"躺平文化"有一定的消极影响,消解主流意识形态话语⑦,红色基因与社会主义核心价值观作为主流意识形态话语,受到"躺平"思潮的挑战。以上的论文分析了红色基因传承与社会主义核心价值观培育遇到的挑战,分析了挑战的表现形式及其原因,然而在解决问题方面的理论分析缺乏系统性。这些挑战从思想方面来说主要有历史虚无主义、"普世价值"、"躺平"思潮;从传播方式来说主要是网络媒体带来的乱象;从表现形式方面来说主要为形式主义问题。面对挑战,如何"破",又如何"立","破""立"结合,如何创新红色基因传承方式,利用网络技术创新意识形态话语表达形式,如何让群众认同与践行社会主义核心价值观,需要进一步深入探讨。

---

① 彭小兰、李良成:《社会主义核心价值观教育的治理效能、现实挑战和机制构建》,《思想政治课研究》2021年第1期。
② 吴翠丽:《微时代背景下提升社会主义核心价值观引领力的挑战及应对》,《江苏行政学院学报》2018年第6期。
③ 胡泊:《自媒体时代大学生社会主义核心价值观教育的困境与对策》,《教育评论》2016年第5期。
④ 胡建、何沙沙:《红色文化融入大学生社会主义核心价值观培育的挑战及路径探析》,《西华师范大学学报(哲学社会科学版)》2016年第6期。
⑤ 魏和平:《内涵·价值·路径:革命文化涵育社会主义核心价值观的思考》,《思想理论教育导刊》2020年第9期。
⑥ 张朋林、石书臣:《革命文化话语转化:动力、价值及方式》,《思想教育研究》2021年第4期。
⑦ 相雅芳:《祛魅与重构:"躺平文化"的社会根源及文化反思》,《新疆社会科学》2021年第5期。

6. 红色基因传承与社会主义核心价值观培育的措施研究

第一,传承红色基因,促进社会主义核心价值观教育。顾正虎、龚成主张加强校园红色文化与学校社团建设,增强学生对于社会主义核心价值的自我教育意识。① 丁行高、吴书海主张以红色资源为媒介加强爱国主义教育,借以推进社会主义核心价值观教育。② 于建华分析了年轻毛泽东的励志精神,认为其精髓蕴含了社会主义核心价值观的基本内涵。③ 胡建认为,红色资源为社会主义核心价值观教育提供物质载体与精神载体。④ 李一楠论述了红色社会实践活动在推进大学生社会主义核心价值观教育方面的作用。⑤ 学生是红色基因传承的重要对象,也是社会主义核心价值观培育的重点对象,以学生为样本进行研究,有助于开拓研究思路,但仍需深入研究、系统分析红色基因的育人机制。第二,传承红色基因与培育社会主义核心价值观的方式。谢承新认为,红色基因滋养了社会主义核心价值观,历史与现实相结合,以弘扬革命传统的形式推进社会主义核心价值观的培育。⑥ 贾凌昌、金慧芳倡导以红色基因引领社会主义核心价值观教育。⑦ 邱小云、周艳红认为,红色文化在推动社会主义核心价值观培育方面有五个维度:提高认知度,增强说服力,提升引领力,拓展影响力,确保后续力。⑧ 孙绍勇、郑人杰认为,红色文化从政治、经济、文化、社会四个维度增进了群众对社

---

① 顾正虎、龚成:《红色文化在大学生核心价值观教育中的传承与创新》,《徐州师范大学学报》2018年第3期。
② 丁行高、吴书海:《传承红色基因:思想政治教育的现实课题》,《南京政治学院学报》2014年第5期。
③ 于建华:《青年毛泽东励志精神融入大学生社会主义核心价值观教育探析》,《毛泽东思想研究》2015年第4期。
④ 胡建:《红色资源:大学生社会主义核心价值观教育的重要载体》,《思想理论教育导刊》2016年第1期。
⑤ 李一楠:《以红色社会实践活动推进大学生社会主义核心价值观教育的理性审视》,《思想理论教育导刊》2019年第2期。
⑥ 谢承新:《深化党史教育 传承红色基因》,《新湘评论》2020年第4期。
⑦ 贾凌昌、金慧芳:《红色基因对社会主义核心价值观的嵌入》,《上饶师范学院学报》2017年第2期。
⑧ 邱小云、周艳红:《弘扬红色文化 涵养社会主义核心价值观》,《思想教育研究》2017年第6期。

主义意识形态的认同。① 该论文对传承红色基因、促进社会主义核心价值观的培育有借鉴意义。以上论文围绕红色基因传承与社会主义核心价值观培育的方式等问题进行了探讨,取得了一定的成效,为增强社会主义意识形态的吸引力等提供了重要参考,但对于二者之间的内在关系有待深化,红色基因传承命题有待于进一步深化,社会主义核心价值观多元实践视角需要进一步拓展。第三,传承红色基因与培育社会主义核心价值观的路径。丁恒星主张,落细、落小、落实,是红色基因与社会主义核心价值观飞进普通民众家的较好路径,传承红色基因要把握好感染力,培育社会主义核心价值观要提高政策的针对性,践行社会主义核心价值观要关注措施的实效性。② 该论文为建立红色基因与社会主义核心价值观教育的长效机制提供了新思维。红色基因蕴藏于红色家风之中,于安龙主张整理红色家风资源,营造培育社会主义核心价值观的良好氛围。③ 花佩认为,新时代践行社会主义核心价值观理应开发红色家风的载体作用,挖掘其所具有的丰富育人资源,推动全社会形成把弘扬红色家风与社会主义核心价值观相统一的理念与实践思维。④ 以上论文论述了红色基因传承的具体化,为培育社会主义核心价值观指明了具体路径,也是二者互构与互鉴的现实结果。何其鑫、向国华、余雪源倡导以红色文化资源为媒介,健全培育机制,创新传播方式,为培育社会主义核心价值观创造良机。⑤ 张华波、邓淑华倡导把红色文化资源融入国民教育之中,以红色文化引导社会主义核心价值观教育,为培育社会主义核心价值观创造良好氛围。⑥ 第四,传承红色基因与培育社会主义核心价值观的载体。方水明主张借鉴微文化的作用,充分发挥微媒介的载体作

---

① 孙绍勇、郑人杰:《红色文化增进社会主义意识形态认同的四维解析》,《湖北社会科学》2017年第11期。
② 丁恒星:《红色文化与社会主义核心价值观关系研究》,《思想教育研究》2017年第7期。
③ 于安龙:《红色家风与社会主义核心价值观培育:要义、理路与策略》,《社会主义核心价值观研究》2021年第3期。
④ 花佩:《红色家风传承与社会主义核心价值观培育的联动》,《改革与开放》2018年第15期。
⑤ 何其鑫、向国华、余雪源:《红色文化资源在培育社会主义核心价值观中的应用》,《江西社会科学》2013年第10期。
⑥ 张华波、邓淑华:《红色文化与社会主义核心价值观培育》,《重庆邮电大学学报》2017年第6期。

用,开展润物细无声的社会主义核心价值观教育。① 陈艳丽认为,红色经典美术作品感染力强,能够生动形象传承红色基因,是培育社会主义核心价值观的良好载体。② 何卓雅、陈克主张以红色经典美术作品为载体,塑造民众的高尚情操、优秀品质、坚定信念,促进社会主义核心价值观的培育。③ 梅岚、陈高华倡导以红色经典为载体,促进社会主义核心价值观的培育。④ 马静强调加强红色文化场馆、红色文化广场和拓展红色歌谣、红色戏剧等红色经典的传播渠道,扩大社会主义核心价值观的宣传教育载体。上述论文对红色基因传承与社会主义核心价值观培育的载体分析,无论是物质载体、非物质载体,还是微媒体,都是红色基因传承的重要方式,对促进社会主义核心价值观的培育发挥着不同的功能,但缺乏多种载体综合作用的剖析。⑤ 总之,以上论文阐述了红色基因传承与社会主义核心价值观培育的措施,对探索红色基因传承与社会主义核心价值观培育的路径、载体、机制、方式有一定的启发。但是,对红色基因的内涵界定模糊,也没有确切分析红色基因传承影响社会主义核心价值观培育的精神实质。还需要进一步分析,如何通过红色基因的传承,做到滋养心灵、净化灵魂、提升境界,彰显红色基因的育人功能,真正使社会主义核心价值观得到群众的认同。

(二) 红色基因传承与社会主义核心价值观培育研究的不足之处

首先,关于红色基因的研究。近年来,有关红色基因的研究成果较多,为深化红色基因传承研究奠定了一定的基础。现有研究成果中涵盖了红色基因的概念内涵、价值、传承载体、学科建设等,需要进一步梳理分析。关于红色基因的概念内涵,学界集中于红色基因在革命、建设和改革过程中所蕴

---

① 方水明:《"微"背景下红色文化资源融入大学生社会主义核心价值观教育的路径》,《浙江理工大学学报(社会科学版)》2019 年第 2 期。

② 陈艳丽:《论红色经典美术作品中的社会主义核心价值观意蕴》,《学校党建与思想教育》2021 年第 10 期。

③ 何卓雅、陈克:《论红色经典美术作品对弘扬社会主义核心价值观的重要意蕴》,《学校党建与思想教育》2021 年第 11 期。

④ 梅岚、陈高华:《红色经典与当代大学生社会主义核心价值观的塑造》,《广西社会科学》2018 年第 2 期。

⑤ 马静:《红色文化培育社会主义核心价值观的思考》,《井冈山大学学报》2016 年第 2 期。

含的精神特征和文化表征;关于红色基因的价值研究,主要集中于政治、教育、历史的研究视角,其蕴含的价值意义还有待于进一步拓展;关于传承载体研究,包括物质载体与非物质载体,借助于红色文化的开发、传播与转化,传播红色基因。从深化对红色基因的研究和适应社会主义核心价值观培育要求来看,相关研究仍存在着不足之处。一是对红色基因概念的界定有一定的局限性。红色基因是红色文化的精髓,对红色基因内涵的界定不能仅仅停留在民众的记忆中,对其概念的深化应着眼于新时代中国特色社会主义文化建设的需要。基于社会主义核心价值观培育的视角,红色基因与革命文化、红色文化的辩证关系如何,怎样确立红色基因的基本内涵?对红色基因的研究不仅仅局限于内涵的学术讨论,应着重于分析如何对红色基因进行传承,探索出有效的传承路径和策略。二是关于红色基因的研究,学术界在观点上大同小异,对实质性问题的论述有待于进一步深入,需要从实际效果方面拓展研究,丰富研究视角,进一步从社会主义核心价值观培育的角度深入挖掘红色基因的理论价值和时代价值。因此,需要创新红色基因传承的研究视角,将红色基因与社会主义核心价值体系建设联系起来,重视红色基因的育人作用,拓宽红色基因的传承路径,将红色基因渗透于民众的日常生活,借助于多媒体融合技术,积极打造多元传播平台,形成传承红色基因的良好氛围,进一步挖掘红色基因在培育社会主义核心价值观方面的功能。国内学者对红色基因的价值与功能研究成果众多,对红色基因的价值与功能的挖掘越来越深入,有助于进一步认识红色基因的重要价值,也有利于指导群众更好地发挥红色基因的作用。

其次,关于社会主义核心价值观的研究。学术界围绕社会主义核心价值观培育的内涵、意义、挑战、路径等问题进行了基本探讨,取得了一定的成果。学者关于社会主义核心价值观育人的研究成果丰富,研究视角多样,研究领域逐步拓展。在培育社会主义核心价值观的文化影响、育人价值及其意义等方面,学者对红色基因融入社会主义核心价值观培育的观点基本一致,需要进一步创新。学者们从不同视角对社会主义核心价值观进行阐释,深入浅出,有助于民众深刻领会社会主义核心价值观的本质,也有助于阐述基本价值理念,但还有进一步拓展的空间:学者们对爱国、富强、文明的价值观念阐述较多,对民主、自由等价值理念涉及得较少,尤其是民主的过程性特征分析不够,而这些理念是革命文化中包含的重要内容,也是社会主义先进文化建设中容易产生误解的部分;如何让红色基因深入群众的内心世界中,如何完善机制,让社会主义核心价值观有效地内化于心、外化于行,在社会主义核心价值观培育过程中,如何做到知情意行的统一,如何发挥模范人物的榜样作用,引导民众的日常行为,转化成民众生活的点点滴滴,让社会主义核心价值观趋于细化与具体化,有待于进一步研究。在处于社会深刻转型的中国,社会主义核心价值观培育存在着一些难题,这些难题在市场经济的进一步发展过程中得以产生。基于这一角度,社会主义核心价值观培育的研究应该基于时代背景,拓宽研究渠道,分析如何有针对性地推进社会主义核心价值观培育,如何应对社会主义核心价值观培育所遇到的现实挑战,增强社会主义核心价值观培育的有效性。

最后,关于红色基因传承与社会主义核心价值观培育的研究。学者们在这方面的研究取得了丰硕的成果,为进一步深化研究拓宽了研究思路。但是,也存在一些不足,仍需深入探索。第一,研究视角需要进一步拓展。纵观学术界对于红色基因的研究,大多是立足于狭义的内涵,缺少对广义红色基因内涵的解读。广义红色基因对社会主义核心价值观的作用及影响,较少提及。对于红色基因融入社会主义核心价值观培育的研究要全方位多角度地寻找切入点,应有意识地拓宽红色基因研究视野,深入挖掘红色基因融入社会主义核心价值观培育的价值意义。第二,研究现象较为详尽,但研究内容需要不断丰富。红色基因与社会主义核心价值观具有同构性,二者对中西文化优秀成果的吸纳,与马克思主义中国化成果的内在联系,二者的人民性体现,都需要系统分析。红色基因传承与社会主义核心价值观培育的主体具有层次性,如何区分不同区域群体,要对症下药。关于红色基因融入社会主义核心价值观培育过程中存在的问题,学术界进行了详细的论证,提供了大量的研究成果,但大多集中于国家层面和社会层面,对于民众这一参与主体的研究相对较少。充分尊重民众的主体地位是红色基因传承、社会主义核心价值观培育的关键,因此对民众接受心理的研究也要给予重视,这就需要从民众主体的视角出发,针对民众心理特点全面深入地开展探讨。第三,措施研究充分,针对红色基因传承、社会主义核心价值观培育的困境提出的对策研究较多,但很多对策较为碎片化,研究缺少系统性。针对红色基因传承与社会主义核心价值观培育过程中出现的挑战,"立"的分析较多,"破"的分析较少,缺乏从"破""立"统一的视角去系统分析挑战的应对。关于社会主义核心价值观培育的路径研究大多是自上而下地设计,容易陷入理想化状态,而在实际操作过程中效果一般。如何利用典型案例,如何吸取历史经验,如何利用技术手段,提高红色基因传承与社会主义核心价值观的实效性,需要进一步探讨。以卓有成效的社会主义核心价值观培育活动为抓手,积极挖掘红色基因的内涵,进行系统梳理分析,形成优化发展的机制,促进研究的不断完善。

三、研究思路与方法

(一)研究思路

本书以马克思主义理论作为指导,坚持历时性和共时性相结合、宏观分析和微观解剖相结合,对资料进行系统化整理。以习近平总书记关于红色基因与社会主义核心价值观的重要讲话精神为重点,以红色基因的传承为切入点,以社会主义核心价值观培育为目标,分析红色基因传承与社会主义核心价值观培育的内在联系。研究突出问题意识,对红色基因传承情况与社会主义核心价值观培育现状进行了大量的调查与细致的分析,以便查摆问题,分析原因,探求相关挑战,"破""立"结合,提出破除方案与"立"的针对性措施,探析红色基因传承与社会主义核心价值观培育的机制、路径、载体、方法。

(二)研究方法

(1)文献分析法。查阅有关红色基因与社会主义核心价值观的文件,整理文献资料。

(2)实证法。到高校、企业、政府部门进行调研,查摆问题,突出"问题意识"。

(3)多学科交叉法。运用政治学、教育学、心理学、社会学等多学科的理论与方法,综合分析,拓展研究视野;运用 STEAM 理念,侧重于多学科融合的方法。

(4) 历史分析法。运用发展、变化的观点分析红色基因与社会主义核心价值观的内在联系。

四、研究重点与难点

(一) 研究重点

(1) 如何把红色基因及其遗迹遗存作为社会主义核心价值观培育的最佳载体,如何创新红色基因传承方式,推进社会主义核心价值观的培育。

(2) 如何把红色基因的精神资源转化为群众社会主义核心价值观教育的教育资源,再把教育资源转化为民众的素质与能力优势,提高社会主义核心价值观教育的实效性。

(二) 研究难点

(1) 如何分析红色基因传承在社会主义核心价值观培育的路径、机制、方法等方面的价值功能,怎样梳理红色基因传承与社会主义核心价值观培育的关系。

(2) 如何拓宽社会主义核心价值观培育的路径,拓展红色基因传承的方法,如何探索红色基因与社会主义核心价值观内化于心、外化于行的方式。

五、基本内容

对红色基因传承与社会主义核心价值观培育的现状进行调查,找出问题,分析原因。引导群众深刻感悟红色基因蕴含的信仰追求,塑造群众的社会主义核心价值观,激励群众攻坚克难,应对挑战,为实现中国梦而奋斗拼搏。新时期,传承红色基因,把社会主义核心价值观培育的内容、方法、特点进行系统化概括,总结经验教训,提炼普遍规律,探寻破除错误思潮的方案,探索红色基因传承与社会主义核心价值观培育的措施。

（一）第一章分析红色基因与社会主义核心价值观的同质性

红色基因是红色文化与革命文化的精髓,三者在内容结构、价值功能、生成逻辑方面既有区别,也有联系。红色基因与社会主义核心价值观是共产党人领导人民群众在中国革命、建设、改革的过程中创造的先进文化成果。尽管红色基因与社会主义核心价值观面临的时代使命有所差异,但两者在精神内核、价值理念、道德观念方面具有同质性。红色基因与社会主义核心价值观之间有内在的联系,二者是一脉相承的,都属于马克思主义意识形态。红色基因蕴含着追求国家富强、民族解放的理想信念,蕴含着追求自由平等的价值理念,蕴含着舍身忘己、牺牲奉献的道德观念,这与社会主义核心价值观国家层面"富强、民主、文明、和谐"、社会层面"自由、平等、公正、法治"、个人层面"爱国、敬业、诚信、友善"的价值目标相契合。红色基因是伟大斗争实践的精神积淀与凝结,其生成和发展的历史体现了社会主义核心价值观倡导的价值目标、取向和准则。从内涵层面来说,红色基因与社会主义核心价值观具有同质性,这种同质性体现了红色基因与社会主义核心价值观内在关系的历史逻辑。

（二）第二章分析红色基因与社会主义核心价值观的同构性与同向性

红色基因与社会主义核心价值观是一脉相承的,二者相互渗透、相互影响。红色基因与社会主义核心价值观共同的理论基础是马克思主义中国化及其理论成果,共同的文化根基是中华优秀传统文化,共同的价值诉求是以人民为中心。这三个共同性反映了红色基因与社会主义核心价值观之间的同构性,也体现出红色基因与社会主义核心价值观之间存在一定的理论逻辑。红色基因与社会主义核心价值观都以共产主义为价值导向,二者都为中国共产党领导中国人民在中国革命、建设、改革过程中攻坚克难提供精神力量。红色基因与社会主义核心价值观的时代价值在动态互动中逐步显示出来,红色基因得以有效地传承,社会主义核心价值观能够被群众认同与践行,被群众内化于心,外化于行,有助于实现中国梦与增强文化自信。红色基因与社会主义核心价值观之间存在一定的同向性,二者之间也存在一定的实践逻辑。

(三)第三章对红色基因传承与社会主义核心价值观培育现状进行调查与分析

调查发现,红色基因传承与社会主义核心价值观培育的整体情况较好,但离群众的期待还有一定的距离,有待于进一步完善。如何挖掘红色基因的时代价值,让红色基因更好地孕育、涵养社会主义核心价值观,这些问题需要解决。通过对红色基因传承与社会主义核心价值观培育的整体情况调查,以及对分门别类的具体情况调查,查摆问题,分析存在问题的原因,探析面临的各种挑战。如何迎接挑战,找出"破"的方案与"立"的针对性措施,需要深入地分析与研究。

(四)第四章分析红色基因传承与社会主义核心价值观培育面临的挑战并提出"破"的方案

红色基因的传承与社会主义核心价值观的培育遇到了许多挑战,而在与错误思潮的斗争中,增强了主流意识形态的凝聚力与吸引力。(1)随着市场经济发展和对外开放的步伐加快,多元社会思潮涌现。红色基因传承与社会主义核心价值观培育受到市场经济的影响,受到"躺平"观念、"普世价值"与历史虚无主义等错误思潮的冲击,微媒体的出现带来了一些挑战,此外还有形式主义的问题。(2)意识形态领域的破与立是一个辩证统一的过程。红色基因传承过程,是一个打破错误思潮挑战的过程;社会主义核心价值观培育过程,是一个与反动意识形态不断斗争的过程。一方面,拿起红色基因的武器,提高群众的理论素养,激起群众自觉抵御错误思潮的决心,增强群众反击错误思潮的精神力量,彻底消除错误思潮,为社会主义核心价值观的培育提供清朗的意识形态空间。另一方面,创新红色基因传承方式,"浇水施肥",让红色基因占领意识形态阵地,为"鲜花"(社会主义核心价值观)在群众内心世界里开放准备了条件,破除了"毒草"(错误思潮)蔓延的机会。

(五)第五章分析红色基因传承与社会主义核心价值观培育的措施

应对错误思潮的挑战,既要"破",也要"立",制定针对性的措施,创新红色基因传承方式,推进社会主义核心价值观的培育。红色基因是在共产党人与人民群众中代代传承的,是人民群众的群体价值理念。如何传承好红色基因,在传承中让群众汲取信仰的力量,推动人民群众认同与践行社会主义核心价值观,这是一个需要回答的理论与现实问题。传承红色基因,对社会主义核心价值观培育的内容、方法、特点进行系统化概括,总结经验教训,提炼普遍规律,探索红色基因传承与社会主义核心价值观培育的措施。(1)加强爱国主义与民族团结教育是红色基因传承与社会主义核心价值观培育的前提。(2)抓住重点人群,精准发力,是红色基因传承与社会主义核心价值观培育的关键。(3)加强对群众的自我教育,是红色基因传承与社会主义核心价值观培育的内在机制。(4)拓宽红色基因传承与社会主义核心价值观培育的路径:讲好红色故事,推进日常生活化,学习"四史",总结共产党人在革命、建设、改革过程中的经验教训,汲取社会主义核心价值观培育的智慧。(5)加强传承红色基因与培育社会主义核心价值观的载体建设。载体主要包括物质载体、非物质载体、微媒体载体。(6)社会实践活动是红色基因传承与社会主义核心价值观培育的根本方法。

第一章　红色基因与社会主义核心价值观的同质性

红色基因与社会主义核心价值观具有共同的价值取向,二者是意涵相通的。以爱国主义为核心的民族精神始终是红色基因凝聚力量的源泉,在中国共产党精神谱系中,出现"爱国""热爱祖国"等类似词汇16次,爱国主义深深根植在共产党人和人民群众的内心世界里;"奋斗""艰苦奋斗"词汇出现28次,在不同历史时期反复出现,反映出中共党史就是自力更生、艰苦奋斗的历史;"奉献""牺牲"出现18次,还有"敬业""公而忘私"等精神特征在共产党人的模范事迹中有明显的体现,①凸显出共产党人崇高的政治品格与高尚的道德品质。表达红色基因内涵的这些词汇具有鲜明的价值取向,符合社会主义核心价值观的本质诉求。以社会主义核心价值观为基本内容的精神内涵是共产党人与人民群众达成的价值共识。红色基因是革命文化的核心,也是革命精神的精华。社会主义核心价值观从源头来看,在红色基因的形成过程孕育了萌芽,在建设与改革过程中得以丰富与发展,红色基因在某种程度上是社会主义核心价值观的源头活水。② 红色基因从国家、社会和个人三个层面与社会主义核心价值观高度契合,在意识形态领域能够起到凝魂聚气、强基固本的作用,是实现中华民族伟大复兴的精神力量。红色基因与社会主义核心价值观之间具有同质性,存在着历史逻辑。

---

① 黄细嘉、韩品品:《中国共产党红色基因的概念、本质内涵与基本特征》,《江西社会科学》2021年第7期。
② 曾耀荣:《红色文化与社会主义核心价值观来源问题新探》,《红色文化学刊》2017年第1期。

第一节　社会主义核心价值观视域下的红色基因与红色文化、革命文化的辨析

党的十八大以来,红色基因受到习近平总书记的高度重视。2013年2月,习近平总书记在原兰州军区视察时首次提到"红色基因",要求"发扬红色资源优势,深入进行党史军史和优良传统教育,把红色基因一代代传下去"①。2014年,他在新疆等地视察时强调:"要把红色基因融入官兵血脉,让红色基因代代相传。"②习近平总书记多次阐述红色基因,强调:"使红色基因渗进血液、浸入心扉。"③2021年2月,习近平总书记在党史学习教育动员大会上强调:"要教育引导全党大力发扬红色传统、传承红色基因,赓续共产党人精神血脉,始终保持革命者的大无畏奋斗精神,鼓起迈进新征程、奋进新时代的精气神。"④这些重要论述从党和国家发展战略高度,指出了红色基因、红色文化、革命文化重要的时代价值。学术界发表了大量关于红色基因、红色文化、革命文化的论文,从不同角度阐述了三者的基本内涵。但是,一些论文对三者内涵及其价值的挖掘还不够系统与深刻,存在着三者概念混用而导致指代不清的现象,不利于对红色精神的继承和发扬。在中国共产党及其革命历史的学术话语中,"红色基因""红色文化""革命文化"是较为普遍使用的三大概念。三者在内涵与外延上有一定的重合,在意识形态领域与社会主义核心价值观存在密切关系。红色基因与红色文化、革命文化既有区别,又有联系。概念是研究的逻辑起点,从加强社会主义核心价值观培育的视角分析红色基因、红色文化、革命文化的异同,对"红色基因"

---

① 习近平:《紧紧围绕强军目标全面加强部队建设为确保新疆社会稳定和长治久安提供坚强力量支撑》,《解放军报》2014年5月2日。
② 习近平:《紧紧围绕强军目标全面加强部队建设为确保新疆社会稳定和长治久安提供坚强力量支撑》,《解放军报》2014年10月9日。
③ 习近平:《论中国共产党历史》,中央文献出版社,2021,第108页。
④ 习近平:《学党史悟思想办实事开新局 以优异成绩迎接建党一百周年》,《人民日报》2021年2月21日。

"红色文化""革命文化"进行阐释与辨析,有助于更加明确地分析红色基因与社会主义核心价值观之间的辩证关系。

一、红色基因与红色文化、革命文化的概念界定

红色基因与红色文化、革命文化是共产党人领导人民群众在中国伟大斗争实践中创造和沉淀下来的精神财富,具有特殊的象征意义,都有着丰富的内涵,具有一定的历史价值和时代价值。弄清楚红色基因与红色文化、革命文化的内在关系,需要明白红色基因与红色文化、革命文化的基本概念。

什么叫作红色基因?学术界没有统一的定义。基因本来是一个生物学的概念,是指"生物体携带和传递遗传信息的基本单位"①。基因储存着生命成长过程中的全部信息,包含着生命性能,是生命密码所在。红色基因概念借用了生物遗传学的基因概念。实际上,红色象征着革命,是中国共产党的底色。红色基因与中国共产党的革命性密不可分,表征着共产党的先进性,在理想信念、理论品质、思想风格、精神风貌等方面表现出优秀特征。红色基因在中国共产党政治品格、行为特征的领域内无时不在、无所不有,深层潜藏在共产党人的灵魂深处,是共产党人内在的红色本质,与"中国共产党的理想信念、理论思想、性质宗旨、政治本色、精神作风运行同频、意义攸关,在最隐秘的地方支配、控制、维系它们的呈现和存在"②。黄细嘉、韩晶晶认为,红色基因是需要传承发展的精神血脉,是中国共产党最深层、最核心的"特有指纹"和本质属性。③ 综上所述,本文认为,红色基因是记录着中国共产党领导人民群众在革命、建设、改革的伟大实践中形成的理想信念、革命精神等核心密码,传递着共产党人的初心使命、光荣传统与优良作风,体现出中国共产党人独有的核心精神特质、思想品质和道德境界。它是共产党人攻坚克难、英勇前进的精神密码,是共产党人实现中华民族伟大复兴的不竭动力。主要内容包括坚定信仰、热爱祖国、对党忠诚、无私奉献、艰苦

---

① 辞海编辑委员会:《辞海》(第6版),上海辞书出版社,2009,第1009页。
② 罗心欲:《红色基因:科学内涵·作用机理·传承路径》,《中学政治教学参考》2021年第23期。
③ 黄细嘉、韩晶晶:《中国共产党红色基因的概念、本质内涵与基本特征》,《江西社会科学》2021年第7期。

奋斗、开拓创新、求真务实、清正廉洁。红色基因是一种特殊的基因,具有遗传性、再生性和不可逆性,能够代代传承。红色基因的核心精神,不因时代的改变而变异,也不会因时代的前进而被抛弃。红色基因在传承过程中不断彰显其时代价值,推进社会主义核心价值观的培育。

红色文化的内涵是什么？对于红色文化的概念界定,学术界有不同的观点。邓显超、杨章文认为,红色文化是在长期革命实践中所形成,其核心是伟大革命精神、革命传统及其价值观。① 张侃认为,红色文化是马克思主义中国化的理论成果,综合体现着党的信仰、制度、作风、道德、革命精神、革命传统等内容。② 还有学者从广义上界定红色文化的形成时期,红色文化在新民主主义时期和社会主义建设时期得以发展。③ 高翔认为,红色文化是在中国革命斗争中凝聚而成的,在社会主义建设和改革开放新时期得到继承和发展的。④ 沈成飞、连文妹认为,红色文化是以中国化马克思主义为核心的红色精神,红色文化融入了中国特色传统文化。⑤ 辛锐认为,红色文化涵盖了物质文化、制度文化和精神文化。⑥ 喻学林、向慧芳认为,红色文化的根本底色是革命文化,最终表现为中国特色社会主义先进文化。⑦ 综上所述,本书认为,红色文化是马克思主义中国化的结晶,形成于中国革命、建设、改革的实践,是中国共产党领导人民群众创建的一种文化形态。在内容上,红色文化汲取了中华优秀传统文化的滋养,涵盖了革命文化与中国特色社会主义先进文化的主要特征。分析红色文化,要把它的物质层面和精神层面分开来把握,物质层面是载体与依托,精神层面蕴含着先进的价值观。从社会主义核心价值观的视角来看,传承红色文化,主要是对其核心价值的发扬,主要展现红色文化蕴含的理想信念、斗争精神、爱国情怀、人民

---

① 邓显超、杨章文:《红色文化软实力的内涵及构成要素探析》,《毛泽东思想研究》2016年第2期。
② 张侃:《红色文化、国家记忆与现代国家建构的宏观思考——一个政治哲学的维度》,《福建论坛》2017年第7期。
③ 何克祥:《红色文化与马克思主义中国化要论》,《中共南昌市委党校学报》2007年第1期。
④ 高翔:《充分认识红色文化的深刻内涵》,《党建》2019年第5期。
⑤ 沈成飞、连文妹:《论红色文化的内涵、特征及其当代价值》,《教学与研究》2018年第1期。
⑥ 辛锐:《浅析红色文化的内涵及开发》,《人民论坛》2013年第11期。
⑦ 喻学林、向慧芳:《红色文化、红色资源和红色基因三者关系及其研究价值论析》,《红色文化学刊》2021年第4期。

立场。

革命文化的内涵是什么？学者们从文化主体、构成要素、时间跨度等视角分析了革命文化概念的内涵。李康平认为，革命文化形成于新民主主义革命时期，创造主体是党、军队和人民。① 程彪、张荣荣、王春林认为，革命文化凝聚着坚定的马克思主义信仰。② 李东朗认为，革命文化包含了物质财富和精神财富，蕴含了思想理论、精神品质，以革命文物等形式表现出来。③ 秦洁认为，革命文化形成于中国革命、建设和改革开放的实践，属于特殊的精神力量。革命文化在中华优秀传统文化与社会主义先进文化之间起到关键枢纽的作用。④ 许慎认为，革命文化是在新民主主义革命过程中形成的文化形态。⑤ 欧阳询认为，革命文化是在新民主主义革命时期形成的，包括物质文化、制度文化和精神文化三种形态，核心是精神文化。⑥ 总的来看，学术界对革命文化的概念界定呈现出重叠。综上所述，本书认为，革命文化形成于新民主主义革命时期，是物质文化、精神文化和制度文化的统一体。革命文化是推动中华民族伟大复兴的优秀文化，是共产党人领导人民群众创造的精神财富，对于涵养新时代中国特色社会主义核心价值观意义重大。从与社会主义核心价值观关系来看，要着重强调革命文化的精神层面，立足于新时代，加强革命文化的宏观研究，突出革命文化的意识形态功能研究。⑦ 在使用这个概念时，侧重于其蕴含的价值观。

二、红色基因与红色文化、革命文化的联系

通过对红色基因、红色文化、革命文化的概念界定，可以找到三者的共同之处。近年来，"红色基因""红色文化""革命文化"成为学术研究的热门话语，而在社会主义核心价值观研究中，红色基因与红色文化、革命文化存

---

① 李康平：《中国革命文化基本理论问题研究》，《马克思主义研究》2015年第7期。
② 程彪、张荣荣、王春林：《革命文化的历史性内涵与时代价值》，《理论探讨》2019年第3期。
③ 李东朗：《革命文化是党和人民宝贵的精神财富》，《人民论坛》2017年第17期。
④ 秦洁：《革命文化：中华民族最为独特的精神标识》，《红旗文稿》2016年第17期。
⑤ 许慎：《革命文化的出场、演进和生命力的内在逻辑》，《贵州社会科学》2018年第4期。
⑥ 欧阳询：《革命文化：内涵、特征及其当代价值》，《邵阳学院学报》2021年第4期。
⑦ 王晓丽、王俊飞：《改革开放40年来关于革命文化概念、价值、发展的研究》，《湖北社会科学》2018年第7期。

在着被混合使用的现象,这是因为三者具有同源性、同质性、同构性、同向性。红色基因是红色文化与革命文化的核心,三者之间存在着内在联系,三者同根同源,三者都源于中华优秀传统文化,都以马克思主义为指导思想,都植根于中国革命、建设、改革的实践,内容上都包含物质层面、精神层面、制度层面。红色基因与红色文化、革命文化都具有丰富多样的内容和博大精深的体系,三者在内容结构、价值功能、生成演化方面具有很多相似之处。

第一,红色基因与红色文化、革命文化具有同源性。红色基因与红色文化、革命文化都是以人民为中心的中国共产党政党文化的精华,在中国共产党所倡导的意识形态话语中,"不负人民""为人民服务"等政党理念与核心价值彰显出三者相同的文化元素;三者都蕴含着历史唯物主义的理论本质,都特别强调共产党人和人民群众的伟大精神和价值信念。在新民主主义革命时期孕育的革命精神,从红船精神、井冈山精神、苏区精神、长征精神、延安精神到西柏坡精神,都属于中国共产党革命精神谱系,正是红色基因、红色文化、革命文化的核心内容与价值归宿。三者都是党领导中国人民所创造的物质文化与精神文化的总和,包括革命年代形成的革命精神,这种革命精神是共产党人千锤百炼而淬火成钢的结晶,激励着人民群众为实现中华民族伟大复兴而披荆斩棘、奋勇向前。红色基因、红色文化、革命文化都属于马克思主义意识形态范畴,三者都是社会主义先进文化的源头活水,并随着社会主义先进文化的发展而得以传播。依据党的十九大报告,中国特色社会主义文化源于中华优秀传统文化,熔铸于革命文化与中国特色社会主义先进文化,植根于中国特色社会主义实践。① 革命文化主要是指在革命战争中形成的革命理念、价值理念、道德观念。在社会主义建设和改革时期,形成了社会主义先进文化,使红色文化的内涵得以发展,让红色基因的内涵得到了丰富。革命文化和社会主义先进文化,"是红色文化的两大组成部分,是当代文化的价值核心和精神主体"②。社会主义核心价值观是社会主义先进文化的精华,是社会主义先进文化在精神层面的重要体现。社会主义先进文化继承与发展了革命文化,红色基因传承了革命文化与社会主义先进文化的精髓。以社会主义先进文化为媒介,以社会主义核心价值观

---

① 本书编写组:《党的十九大文件汇编》,党建读物出版社,2017,第28页。
② 高翔:《充分认识红色文化的深刻内涵》,《党建》2019年第5期。

为桥梁,红色基因与红色文化、革命文化之间存在着内在联系。

第二,红色基因与红色文化、革命文化具有同构性。红色基因与红色文化、革命文化都是在中国共产党领导下争取民族独立、人民解放与国家富强、人民幸福的过程中凝结的文化结晶。三者都从文化内涵、文化形态、文化价值层面赞扬了中国共产党带领人民群众所取得的丰功伟绩。红色文化蕴含着革命文化的优秀基因和红色基因的优良传统,三者沿着马克思主义的轨道发展,坚守着党的初心使命;三者都以革命精神砥砺着价值向度。[①] 从根本思想、人文精神、信仰信念、价值观念、历史传统、文化根基等方面追本溯源,红色基因与红色文化、革命文化具有基本相同的属性与特征。汤红兵认为,红色文化与革命文化本质相同,有着共同的革命思想。[②] 魏本权认为,红色文化的历史根基是革命文化,红色文化是革命文化的当代形态。[③] 由此可见,革命文化与红色文化的概念在内涵上具有相似之处。红色基因与红色文化、革命文化的底色是革命的色彩。红色基因与红色文化之所以冠之以"红",蕴含了浓郁强烈的革命气息,二者的主体内容属于革命文化。红色代表革命鲜血、斗争烈火,意味着正义、激情,富有革命特征,彰显着先进性,为共产党人与人民群众所垂青。"一定的文化是一定社会的政治和经济在观念形态上的反映。"[④] 革命文化、红色文化反映了中国共产党人的政治观、价值观和群众观。革命文化是红色文化的主体内容,影响着红色基因的精神内核与红色文化的发展方向。红色文化倡导的理想信念属于革命文化、红色基因蕴含的政治信仰;群众路线属于共产党人的优良作风,在三者的价值范式中都有体现。红色基因与红色文化、革命文化在世界观、人生观和价值观的核心要义方面趋于一致,革命传统、革命意识形态话语是诠释三者概念的重要词汇,这些意识形态话语有利于宣传社会主义核心价值观,在阐释社会主义核心价值观的视域下,三者具有共同的价值旨趣。

此外,从功能作用看。红色基因、红色文化、革命文化都蕴含着中国共产党精神系统的核心要素、人民群众的价值共识、中华民族的优秀文化基

---

① 杨栋:《红色文化的内涵解读与时代价值》,《红色文化学刊》2020年第1期。
② 汤红兵:《从文化生态学视角看湘鄂西红色文化的形成原因》,《党史文苑》2006年第24期。
③ 魏本权:《从革命文化到红色文化:一项概念史的研究与分析》,《井冈山大学学报》2012年第1期。
④ 《毛泽东选集》,第二卷,人民出版社,1991,第694页。

因,为人民群众的实践活动提供了价值认同,为中国特色社会主义事业凝聚了力量,为全面实现社会主义现代化、为实现中华民族伟大复兴提供了精神动力。

三、红色基因与红色文化、革命文化的区别

红色基因与红色文化、革命文化之间既有一定的关联,也存在一定的区别,红色基因与红色文化、革命文化在形成时期、内容结构和生成逻辑层面存在一定的差异,主要体现以下三个方面。

第一,在形成时期方面。革命文化主要是指新民主主义革命时期的文化,包括土地革命时期、抗日战争时期、解放战争时期形成的文化。革命文化是"近百年革命先烈创造的"[①],在时限上与新民主主义文化相同,是在新民主主义革命实践中形成的一种文化形态。红色文化包含新中国成立之前的革命文化,还涵盖了建设与改革时期的新文化。红色基因是党在革命、建设和改革的历史进程中所形成的,体现着共产党人倡导的价值理念和道德品质,在历史时限上长于"革命文化",等同于"红色文化"。

第二,在内容结构方面。革命文化与红色文化之间是"种"与"属"的关系。[②] 革命文化与红色文化之间存在一定的差异。革命文化是关于革命的文化,侧重于中国共产党领导的革命活动;而红色文化不但包括革命活动,而且包含中国共产党的一切进步实践。相对于革命文化,红色文化的外延更为广阔,既有革命文化,也有中国共产党创造的其他主题文化。红色基因与红色文化、革命文化在具体的内容上有着明显的区别。首先,在内涵方面,相对于红色文化与红色基因,革命文化的"革命"特征较为清晰。中国共产党领导的革命活动是全面的、根本性的革命,革命浪潮推动中国的政治结构、经济基础、社会生活、文化领域发生剧烈变化。革命文化是反映革命的文化形态,反映革命斗争的"图式",并对革命自身进行反思。其次,相对于红色文化、革命文化而言,红色基因更着重研究的是中国共产党的斗争历程,更加关注中国共产党的历史贡献与优秀品质。再次,红色文化相对于革

---

① 陈先达:《文化自信既具有政治性又具有学术性》,《光明日报》2017年6月12日。
② 刘润为:《红色文化:中国人的精神脊梁》,《红旗文稿》2013年第18期。

命文化、红色基因而言,涵盖了革命文化、红色基因所包含的内容,包含中国革命、建设和改革的历史时期,蕴藏着共产党人的初心使命,凝结着人民群众勇于斗争、乐于奉献的高尚精神。① 在内容结构上,革命文化以文字记录、态度表达、价值评述为主要结构,强调革命的艰巨性与复杂性;红色基因则强调革命的斗争性和创造性;革命文化在马克思主义的指引下逐步发展壮大,红色基因在共产党人的宣传下逐步传承下去。红色基因相对于红色文化、革命文化而言,更加关注文化因素中的精神层面,强调对群众的思想引领与价值熏陶作用。红色文化的内容比革命文化的内容更为广阔,与社会主义先进文化联系更加密切,有利于促进中国特色社会主义文化的发展。

第三,在生成逻辑方面。革命文化侧重于斗争与革命,是以中国革命史为依托建构而成的文化。在新民主主义革命中创造的特有的革命文化形态,是马克思主义中国化的重大文化成果,这是中国革命文化的内涵属性与本质特征。② 红色基因与红色文化中的"红色"具有特定的政治色彩,被赋予一定的政治实践指向,融入了红色精神,是马克思主义中国化的革命精神表象③,红色基因与红色文化侧重于中国共产党治国理政的文化根基和政治实践指向。革命文化相对较于红色文化和红色基因而言,更强调价值内涵的历史性特征,革命文化相对于红色文化的宽泛性而言,更加突出救亡图存的历史背景和革命诉求的历史正当性。红色基因相对于红色文化、革命文化而言,更加强调中国共产党领导人民群众在长期的革命、建设、改革的实践中积淀而成的理想信念与价值理念。从生成逻辑来看,"红色基因"在新民主主义革命的进程中孕育、生长,在革命成功后不断丰富发展;"红色基因"通过传承彰显其价值,在弘扬精神、传播思想、凝聚力量等方面,"红色基因"继承发展了红色文化、革命文化的主要功能。

总之,学术界对红色基因、红色文化、革命文化的概念论述不系统、不深刻,还需要进一步深入研究。通过对红色基因与红色文化、革命文化的概念辨析,从一定程度上可以厘清三者与社会主义核心价值观的关系。一方面,

---

① 梁化奎:《概念的张力和边界——"革命文化""红色文化""党史文化"辨析》,《前沿》2016年第11期。
② 沈成飞、连文妹:《论红色文化的内涵、特征及其当代价值》,《教学与研究》2018年第1期。
③ 刘少杰:《当代中国意识形态变迁》,中央编译出版社,2012,第84页。

从三者的同源性、同构性与共同的价值功能方面,探析三者与社会主义核心价值观的内在联系。三者蕴含着类似的红色精神,这种红色精神涵养社会主义核心价值观。从价值传递规律的视角看,把意识形态话语以有效传递方法给予群众一定的教育与熏陶,在价值传递中谋求群众的价值共识与价值认同。价值认同"是指个体或社会共同体(民族、国家等)通过相互交往而在观念上对某一或某类价值的认可和共享,是人们对自身在社会生活中的价值定位和定向,并表现为共同价值观念的形成"①。以价值认同的方式推动群众自愿自觉地接受社会主义核心价值观。红色精神的传承符合价值传递规律,以特定的形式涵养社会主义核心价值观,以红色精神引导群众对社会主义核心价值的认可和共享,通过红色精神的传承凝聚了群众的价值共识,推动群众认同社会主义核心价值观。另一方面,通过对红色基因概念的溯源和特征的探讨,分析红色基因的内容结构、价值功能、生成逻辑对社会主义核心价值观的影响。从中国共产党百余年历史可以看出,红色基因是共产党人在革命、建设、改革过程中的思想结晶,是中国共产党精神谱系的先进因子,其基本要素(理想信念、政党意识、思想理念和价值观念)一直在传承。这些基本要素的本质具有先进性、历史传承性、实践发展性,贯穿于社会主义核心价值观之中,成为引领中华民族伟大复兴的精神力量。从红色基因的概念分析入手,科学阐释红色基因的本质属性,旨在探析红色基因与社会主义核心价值观的内在联系;基于对红色基因内容结构的解读,概括红色基因的精神根基,从红色基因的本质内涵、基本特征方面全面把握红色基因与社会主义核心价值观的关系。

第二节 红色基因与国家层面的社会主义核心价值观

红色基因体现了中国共产党的初心,理想信念是"不忘初心"的灵魂。共产党人追求共产主义的崇高理想,坚定实现中华民族伟大复兴的信念。

---

① 汪信砚:《全球化中的价值认同与价值观冲突》,《哲学研究》2002年第11期。

中国共产党人以为人民服务为根本宗旨,把建设富强民主文明和谐的国家和实现共产主义理想社会作为自己的奋斗目标。红色基因是渐进地确定国家价值目标的生命线。中国共产党领导中国人民站起来、富起来、强起来,新民主主义革命的首要目标就是实现中华民族的独立,推翻三座大山的压迫,建设强大的新中国,实现人民当家作主。民族独立了,中国站起来了,国家才有可能实现富强、民主、文明、和谐的目标。红色基因包括红船精神、井冈山精神、苏区精神、长征精神、延安精神、西柏坡精神、雷锋精神、"两弹一星"精神、抗洪救灾精神等中国共产党革命精神的具体形态,体现了红色文化孕育的富强、民主、文明、和谐的价值诉求,共同反映了红色文化在国家层面的理想诉求。从国家层面来看,这些价值诉求、理想诉求与社会主义核心价值观目标具有历史坐标的延续性和理论逻辑上的一致性。

从中国革命的历史进程看,红色文化的形成、发展是一个渐进的过程,红色基因具有丰富的历史内涵。以鸦片战争为标志,中国陷入了半殖民地半封建社会,中国人民经历"华人与狗不得入内"的屈辱,中华民族经历了被侵略、被蹂躏的磨难,国家富强、民族独立是当时最为紧迫的历史使命。近代先进的中国人以救亡图存为口号,探索中国出路,农民阶级、地主阶级、资产阶级先后都失败了,历史的重担落在无产阶级身上。作为工人阶级的先锋队组织,中国共产党自诞生以来,高举马克思主义的伟大旗帜,承接了救亡图存的历史任务,以富国强民为历史担当,确立反帝反封建的最低纲领与建设共产主义社会的最高纲领。党的一大纲领是,推翻资产阶级统治,建立无产阶级专政,实现共产主义。中国共产党成立之初,以人民当家作主为目标建设国家,在这样的国家里,没有剥削,没有压迫,只有文明与和谐。在土地革命时期,中国共产党开展了轰轰烈烈的农民运动,"把几千年封建地主的特权,打得个落花流水。地主的体面威风,扫地以尽。地主权力既倒,农会便成了唯一的权力机关,真正办到了人们所谓'一切权力归农会'"①。毛泽东建立井冈山革命根据地,领导农民开展斗争,先后制定了《井冈山土地法》《兴国土地法》,没收地主的土地,分给农民,使广大贫雇农得到解放,翻身作主,生活有了好转。在抗日战争时期,党组建了抗日民族统一战线,

---

① 《毛泽东选集》,第一卷,人民出版社,1991,第14页。

实施了"三三制"原则,建立了民主政权,推行民主政治,反抗日本帝国主义的蹂躏。"对于抗日任务,民主也是新阶段中最本质的东西,为民主即是为抗日。……民主是抗日的保证,抗日能给予民主运动发展以有利条件。"① 延安作为根据地的总后方,生活民主,社会和谐,呈现出欣欣向荣的政治局面,吸引了大批知识青年奔赴延安。在解放战争时期,党制定了《中国土地法大纲》,主张建立新民主主义国家。"这样,就可以使中华民族来一个大翻身,由半殖民地变为真正的独立国,使中国人民来一个大解放,将自己头上的封建的压迫和官僚资本(即中国的垄断资本)的压迫一起掀掉,并由此造成统一的民主的和平局面,造成由农业国变为工业国的先决条件,造成由人剥削人的社会向着社会主义社会发展的可能性。"②中国共产党号召、组织人民奋起斗争,推翻了帝国主义、封建主义、官僚资本主义的黑暗统治,建立了新中国。在新民主主义革命时期,中国共产党历经艰难险阻,始终把富强、民主作为国家建设的目标。以红色基因为内核的革命历史纪录的中国共产党奋斗目标涵盖了"富强、民主、文明、和谐",是孕育社会主义核心价值观的鲜活资料。红色基因的最初立足点是工人阶级的救国救民思想,主要表现在中国共产党为了确保大革命的领导权,确立了新民主主义革命以反帝反封建为国家价值目标,并向民众宣传革命纲领,推进国家价值目标的统一。新中国成立以后,红色基因主要表现在以实现国家的繁荣昌盛为目标,以此确立社会主义国家的基本价值准则。社会主义建设时期,中国共产党带领人民艰苦奋战,建立完善的水利系统,方便了人民群众的生产与生活。在大庆,铁人王进喜等一声吼,大庆油田建立,中国甩掉了"贫油"的帽子,奠定了国家能源基础,开辟了中国工业发展的新纪元,推动了国家的富强繁荣。红色基因在中国大地扎根,革命前辈虽经历"文化大革命"曲折,新中国虽遭受了国际共产主义运动挫折,但人民经受住国内外敌对思想的考验,红色基因历久弥坚。在改革开放的时期,红色基因主要表现在人民群众对社会主义本质新论断的认同,确立实现社会主义强国的基本价值目标。改革开放以来,中国大地热火朝天,社会主义现代化建设欣欣向荣。小岗村、华西村、上海浦东等逐渐成为改革开放的先进典型,张家港成为精神文

---

① 《毛泽东选集》,第一卷,人民出版社,1991,第274页。
② 《毛泽东选集》,第四卷,人民出版社,1991,第1375页。

明建设的先进典型,中华民族逐渐迈向富强、民主、文明、和谐的社会主义康庄大道。

一、红色基因蕴含"富强"的社会理想与社会主义核心价值观

"富强"是社会主义核心价值观的首要目标。鸦片战争爆发以后,中国的主权与领土完整受到侵犯,一步步沦为半殖民地半封建社会。寻求民族独立和争取国家富强是近代中国人民的首要任务。一部分先进的中国人探索近代中国的出路,社会各阶级的有识之士寻求救中国的方案。作为地主阶级的代表,魏源提出了"师夷长技以制夷"的主张,以奕䜣、曾国藩、李鸿章等为主要代表的洋务派,打出了"自强""求富"的旗号,掀起了一场轰轰烈烈的洋务运动。危难之时,洋务运动是一场救中国的试验,但这场试验以失败而告终,最终没有实现让中国富强起来的目标。① 作为农民阶级的代表,洪秀全掀起了太平天国运动,发布了《资政新编》,表达了近代中国学习西方资本主义、发展中国的美好愿望。但是,由于农民阶级自身的局限性,太平天国运动并没有让中国走上富强的道路。为了挽救民族危亡,以康有为为代表的资产阶级改良派发动戊戌变法,提出了设立以发展工商业为目标的工商总局。以孙中山为代表的资产阶级革命派发动了辛亥革命,孙中山喊出了"振兴中华"的时代强音,制定了《实业计划》,进行了以实现国家富强为目标的探索,但中国新兴的资本主义发展缓慢,自给自足的自然经济在农村仍然占统治地位,中国没有改变半殖民地半封建社会的性质,中国经济发展缓慢,依然处于贫困状态。自从有了中国共产党,中国的革命面貌焕然一新。中国共产党成立后,以实现民族独立和国家富强为己任。1921年6月7日,《共产党》月刊第五号发表《共产党在中国的使命》,提出共产党在中国有两大任务:一是政治的使命,改造中国的政党与制度,从而改造中国;

---

① 柯继铭:《中国共产党人们对国家独立和民族富强的历史追求》,《四川大学学报》1996年第4期。

二是经济的使命,发展经济,实现国家富强。① 解放战争时期,以蒋介石为首的国民党反动派企图走半殖民地半封建社会的老路,走这样的路,国家贫穷落后,人民水深火热,受到人民群众的坚决反对。民主党派希望中国走英美式资本主义发展道路,走这条路,中国发展不起来,不符合人民群众的利益,得不到人民群众的支持,资产阶级共和国方案在中国行不通。1946年1月,在重庆举行的旧政治协商会议上,中国共产党提出了在和平、民主、团结和统一的基础上,建立独立、自由和富强的新中国。② 中国共产党主张走由新民主主义到社会主义的新路,符合中国人民实现国家富强的美好愿望,在中国共产党领导下,人民推翻了三座大山,建立了新中国。革命胜利之后,中国共产党领导人民不懈地探索如何实现国家富强。毛泽东曾指出:"落后就要挨打。"只有走中国特色社会主义建设道路,才能实现国家富强,人民才能过上幸福生活。毛泽东指出:"我们的目标是要使我国比现在大为发展,大为富、大为强。"③1956年,毛泽东发表了《论十大关系》,提出了中国式发展道路,目标让中国走上繁荣富强。在十一届三中全会上,邓小平主张中国走改革开放的道路。邓小平分析社会主义的本质,强调:"社会主义要消灭贫穷。贫穷不是社会主义,更不是共产主义。"④1992年,邓小平南行讲话,提出了社会主义市场经济理论,推动中国解放生产力,发展生产力,最终走向共同富裕。中国共产党始终把富强作为社会主义现代化建设的重要目标。建立繁荣富强国家的共同理想反映在创作的红色歌曲里面。例如,《歌唱祖国》中唱道:"五星红旗迎风飘扬,胜利歌声多么响亮,歌唱我们亲爱的祖国从今走向繁荣富强。"⑤中国共产党领导中国人民在长期的建设、改革的征程中成功探索出一条富强道路,让中国人民在站起来的基础上逐渐富裕起来,并且迈入强起来的新时代。

---

① 《共产党在中国的使命》(1921年6月7日),中共中央宣传部办公厅、中央档案馆编研部编《中国共产党宣传工作文献选编(1915-1937)》,学习出版社,1996,第332页。
② 中共中央文献研究室、中央档案馆编《和平建国纲领草案》,《建党以来重要文献选编(1921-1949)》(第23册),中央文献出版社,2011,第51页。
③ 《毛泽东文集》,第六卷,人民出版社,1999,第495页。
④ 《邓小平文选》,第三卷,人民出版社,1993,第83-84页。
⑤ 刘天礼、孙鹏:《红色歌曲精选》,金盾出版社,2014,第62页。

二、红色基因蕴含的民主理念与社会主义核心价值观

在追求富强的同时,共产党人以民主政治作为奋斗目标。民主是社会主义核心价值观的重要组成部分,也是社会主义的内在要求。新文化运动,高举民主与科学的大旗,陈独秀、李大钊等新文化运动的闯将主张用民主和科学来唤醒民众。五四运动,一批初步具有共产主义思想的知识分子登上历史舞台,反对军阀的独裁专制,追求自由民主的生活。中国共产党成立后,以民主社会作为奋斗目标。中共二大,中国共产党的纲领是建立真正的民主共和国。在旧式中国军队中,官长打骂士兵现象普遍,更谈不上民主习惯。1927年秋,毛泽东在永新县三湾村对红军进行了改编。毛泽东强调:"中国不但人民需要民主主义,军队也需要民主主义。军队内的民主主义制度,将是破坏封建雇佣军队的一个重要的武器。"①"三湾改编"奠定了新型人民军队的民主原则,在红军中推行政治民主、经济民主与军事民主。民主制度让红军战士找到了主人翁的感觉,激发出强大的战斗力。正如毛泽东在《井冈山的斗争》中所说:"红军的物质生活如此菲薄,战斗如此频繁,仍能维持不敝,除党的作用外,就是靠实行军队内的民主主义。"②土地革命时期,中华苏维埃共和国实行真正的民主制度——工农兵代表大会制度。广大工农兵群众被吸收到各级苏维埃政府中参加政权管理,行使当家作主的权利。1933年8月,张闻天在《二次苏大会的改选运动与苏维埃的德谟克拉西》中认为,中华苏维埃工农民主专政实现形式只能是无产阶级民主,不能是资产阶级民主。③ 1936年,中国共产党提出:"在目前日寇积极侵略中华民族生死存亡的关头,主张实现民主共和国及其民主国会与民主政府,因为此种民主共和国为全国人民所热烈要求的。"④为了迎接抗战的到来,中国共产党希望通过民主制度动员群众。毛泽东指出:"……历史给予我们的革命任务,中心的本质的东西是争取民主。"⑤1937年6月,中共陕甘宁边区

---

① 《毛泽东选集》,第一卷,人民出版社,1991版,第65页。
② 《毛泽东选集》,第一卷,人民出版社,1991版,第65页。
③ 张闻天选集编辑组:《张闻天文集》(第一卷),中共党史资料出版社,1990,第391页。
④ 《中国人民要求真正的民主共和国》(社论),《红色中华》1936年9月23日。
⑤ 《毛泽东选集》,第一卷,人民出版社,1991,第274页。

委员会提出了《民主政府施政纲领》,明确提出:"在边区实施抗日民主的主张,造就一个抗日民主的模范区。"①抗战时期,中国共产党以"三三制"的形式成立抗日民主政府。中共七大,毛泽东作了《论联合政府》的报告,强调了民主的广泛性。抗日战争胜利以后,中国共产党再次强调民主政府的重要性。1945年,毛泽东在延安同黄炎培探讨政权周期率问题时,黄炎培提出了中国历史上政权更迭现象,指出了"其兴也勃也,其亡也忽焉"的历史周期率。② 毛泽东充满自信地说:"我们已经找到了新路,我们能跳出这周期率。这条新路,就是民主。"③1948年8月,中国共产党提出了《华北人民政府施政方针》,倡导实行人民民主制度,确保人民享有民主权利。④ 1949年,新政治协商会议召开,中国共产党提出的政治纲领就是建立人民民主专政的社会主义国家,确保人民当家作主,推行广泛而真正的民主。中国共产党倡导与实施的民主体现出过程性特征。

三、红色基因蕴含的文明观念与社会主义核心价值观

文明是社会主义核心价值观在国家层面的重要内容。人类社会发展的重要标志就是进入文明时代,从原始社会过渡到奴隶社会,是人类文明社会的开始。文明史包括自然文明史与社会文明史,人类社会的发展过程就是文明不断进步与累积的过程。在奴隶社会、封建社会、资本主义社会,大多数群众生活在底层,得不到文明的曙光,只有极少数人享受人类文明的发展成果。中国共产党倡导的新民主主义社会、社会主义社会,文明的成果,大多数人可以享有。中国共产党代表先进文化的前进方向,中国共产党一直致力于提高广大群众的受教育机会,把提高文明发展程度作为党的奋斗目标。1915年9月15日,陈独秀就在《法兰西人与近世文明》中提出:"文明云者。异于蒙昧未开化者之称也。""近代文明之特征,最足以变古之道,而使人心社会划然一新者,厥有三事:一曰人权说,一曰生物进化论,一曰社

---

① 宋金寿、李忠全:《陕甘宁边区政权建设史》,陕西人民出版社,1990,第131页。
② 黄宏:《西柏坡精神》,人民出版社,2004,第79页。
③ 郑谦、韦金:《毛泽东之路"晚年岁月"》,中国青年出版社,1993,第223页。
④ 《华北人民政府施政方针》,西北政法学院法制史教研室编《中国近代法制史资料选编(1840-1949)》(第1辑),1985,第359页。

主义,是也。"①中共一大纲领确立了实现共产主义的远大理想,确立了实现人民群众文明发展的指针。1925年,毛泽东发表了《中国社会各阶级的分析》,确立了新民主主义共和国的雏形,树立了文化发展的初步路径。中国共产党高度关注社会文明的传播。陈独秀以《新青年》杂志为舞台,喊出了"民主与科学"的时代强音。《向导》《妇女杂志》以马克思主义为指导,分析了民主的真实性问题。《民主青年》《学生杂志》《展望》等刊物针对青年人的现实困惑,探讨了文明的发展方向。②

  大革命时期,共产党为工人开办文化补习学校,同时开办农民运动讲习所,提高农民的思想政治觉悟与文化教育水平。土地革命战争时期,各级党组织高度重视提高农民群众的文化教育问题。各个根据地以开办夜校、半日制学校为手段,大力号召扫除文盲,通过设立补习学校,广泛设立识字班,提高农民的教育水平。根据地在农村,为了加强对农民的思想政治教育,提高广大党员的马克思主义思想理论水平,中央根据地"创办了马克思共产主义学校、列宁师范学校、中央农业学校、高尔基戏剧学校等"③。抗战时期,中共中央在延安设立了中国人民抗日军事政治大学(简称"抗大")、鲁迅艺术学院(简称"鲁艺"),着力培养领导抗战运动的干部和从事军工生产的专门人才。为了让工农群众获得广泛的受文化教育的机会,各个抗日根据地重视开展革命文化教育,"创办了大量的中、小学校,吸收农民子女入学"④。1940年1月,毛泽东在《新民主主义论》中指出:"我们不但要把一个政治上受压迫、经济上受剥削的中国,变为一个政治上自由和经济上繁荣的中国,而且要把一个被旧文化统治因而愚昧落后的中国,变为一个被新文化统治因而文明先进的中国。一句话,我们要建立一个新中国。建立中华民族的新文化,这就是我们在文化领域中的目的。"⑤解放战争时期,中国共产党为了破除2000多年封建思想的流毒,在各个根据地开展马克思主义教育运

---

① 生活·读书·新知三联书店编《陈独秀文章选编》(上册),生活·读书·新知三联书店,1984,第79页。
② 20世纪20—40年代,《向导》《新青年》《妇女杂志》《学生杂志》《民主青年》《展望》等中国共产党领导的报刊发表了一些关于社会文明方面的理论文章。
③ 本书编写组:《中国近现代史纲要》,高等教育出版社,2018,第140页。
④ 本书编写组:《中国近现代史纲要》,高等教育出版社,2018,第168页。
⑤ 《毛泽东选集》,第二卷,人民出版社,1991,第663页。

动,办夜校,提高农民的教育水平。新中国成立前夕,毛泽东思考新中国建设的方向,1949年6月,毛泽东发表了《论人民民主专政》,分析了社会各阶级在政权中的地位,论证了人民民主专政在社会转型中的作用,认定新中国的发展目标,是一个"先进文明的中国"①。新中国成立初期,中国共产党推动社会文明发展,主张以科学理论武装人民的头脑,让群众破除思想禁锢,自觉抵制愚昧的思想与落后的文化,倡导革命文化,利用红色歌曲进行文化宣传与教育,探索出一条具有实效性的路径。比如:扫除文盲就是文明的一大进步。《扫除文盲》歌中唱道:同志们,要记清,普通知识不可少……识字班、夜学校,大家起来要早到……②同时,中国共产党扎根于中国传统文化,对传统文化采取扬弃的态度,吸收精华,以革命文化为引领,大力推进社会主义先进文化建设与社会主义文明建设。

四、红色基因蕴含的和谐理念与社会主义核心价值观

和谐是社会主义核心价值观在国家层面的重要内容。精诚团结是共产党人的本色,是由共产党自身的无产阶级政党的本质属性所决定的。共产党人的初心与使命是为中国人民谋幸福,为中华民族谋复兴。为了实现这一崇高使命,共产党人光明磊落,人民群众在党的领导下,克服困难,紧密团结,从而构成和谐的人际关系。批评与自我批评是中国共产党的优良传统,共产党人拿起批评与自我批评的武器,严格要求自己,洗刷思想上的杂质,对标共产主义信念,达到思想上的统一。在错误面前,共产党人敢于承认错误,勇于承担责任,甘愿修正错误;在问题面前,共产党人有刮骨疗毒的勇气,敢于自我革命,及时查摆问题,解决问题。共产党人与群众有着鱼水之情,人民群众支持与拥护中国共产党,人民群众在党的领导下紧密团结,走新民主主义革命道路与中国特色社会主义建设道路,万众一心,众志成城,在革命、建设、改革方面都取得了举世瞩目的成就,彰显出人民群众之间的团结,用事实证明了群众在党领导之下的和谐亲密。

中国共产党成立之后,开展了工人运动,工人们在党的领导下紧密团

---

① 张全新:《共产党执政规律研究》,山东人民出版社,2002,第675页。
② 中国音乐家协会江西分会:《红色歌曲》(第2版),人民出版社,2007,第55页。

结,经受住了反动派的诱惑,粉碎了资本家挑拨离间的阴谋诡计,取得了三次工人罢工的斗争胜利。批评与自我批评是党的三大优良作风之一,共产党人一心为公,为了更好地为人民服务,透过批评与自我批评,提高服务态度与服务水平,把共产党对民众的承诺落到实处,是共产党区别于其他政党的重要标志,也是党的意识形态话语的魅力所在。毛泽东在党的七大所概括的党的三大优良作风,实际上在中央苏区时期就已初步形成。在党内同志之间,在党与广大人民群众之间,开展批评与自我批评、团结了同志,修正了错误,构建了和谐团结的社会关系。1933年底,《红色中华》就开展过一次"征求对本报的批评"的活动,一些青年读者投书《青年实话》,要求:"多载关于各地实际工作经验和个别工作的具体指示,多编些群众中流行的曲调和歌词。""关于政治名词的解释,要多登一些,要简单明了。"革新后的《青年实话》,注重宣传马克思主义,图文并茂,内容充实,短小精悍,更加受到读者的喜爱,彰显出党的意识形态话语的亲和力。墙报是一种有效的文化动员方式,是在一个单位内部开展批评与自我批评,进行思想斗争的工具,有利于克服错误观念,表扬正确的思想观点,成为传播党的意识形态话语的平台。墙报是群众发表言论的园地,群众的文章不一定能够被任何报刊所采纳、所发表,而墙报一般都能采纳和发表,鼓励群众积极发表自己的看法,与群众交流思想。① 通过思想的交流,群众在党的领导下达到了统一与团结,形成了和谐的社会关系。遵义会议期间,毛泽东、周恩来、张闻天等批评了博古的教条主义错误,博古为了党、红军与人民的利益,接受了批评,承担了责任。周恩来高风亮节,对在中央苏区时期与长征途中所犯的错误进行了自我批评。在此期间,党的干部所开展的批评与自我批评,发扬了民主,达到了团结,促进干部之间关系的和谐。抗战时期,延安整风运动,由于批评与自我批评的广泛开展,是一次胜利的运动,也是一场成功的运动。新中国成立以后,毛泽东在《论十大关系》一文中就政治经济生活出现的十大矛盾提出了十大原则,为经济的协调发展,为创造人与人之间的和谐关系,提供根本遵循。毛泽东在《关于正确处理人民内部矛盾的问题》一文提出了解决两种矛盾的不同方法,为和谐社会的建立提供了理论指导。毛泽东

---

① 刘云:《中央苏区文化艺术史》,百花洲文艺出版社,1998,第606页。

倡导"既有统一意志,又有生动活泼的政治局面","生动活泼的政治局面"是团结和谐社会关系的形象描述。改革开放以后,胡锦涛同志提出了科学发展观,主张建立社会主义和谐社会。习近平总书记在党的十八大之后倡导批评与自我批评,旨在以党的自我革命推进干部之间、干群之间的团结。回顾百年党史,可以发现,共产党人不畏艰难险阻,传承红色基因,发扬精诚团结的红色传统,攻坚克难。这种精诚团结精神是"和谐"的特殊表现形式。

在不同历史时期,红色基因蕴含的国家价值目标基本一致,追求国家的独立与富强,最终确立了国家层面社会主义核心价值观的基本要求。中国共产党以红色基因作为精神支柱,以国家富强作为价值诉求,先进的价值目标超越了"旧三民主义"的价值理念,确立了"建立新中国"的国家价值目标,"在这个新社会和新国家中,不但有新政治、新经济,而且有新文化"①,即无产阶级领导的人民大众的新民主主义政治、经济和文化。这样的国家价值目标阶级属性鲜明,具有的基本价值维度凸显。红色基因的价值取向引导中国共产党建立人民当家作主的根本政治制度,确立以公有制为主体的根本经济制度,确立了以为人民服务为目标的国家价值内容。"新民主主义革命的胜利,社会主义基本制度的建立,为当代中国一切发展进步奠定了根本政治前提和制度基础。"②以红色基因的内涵为价值导向,党的十二大高举中国特色社会主义伟大旗帜,提出的社会主义国家价值目标是高度文明、高度民主。党的十三大确立了"一个中心、两个基本点"的基本路线,第一次明确提出"富强、民主、文明"的社会主义现代化目标。此后,中国共产党以国家宪法的形式,确立国家奋斗目标的基本内容。在此基础上逐步阐释了社会文明,中国共产党提出了"社会和谐是中国特色社会主义的本质属性"③等论断。党的十七大提出"富强、民主、文明、和谐"的国家价值目标,党的十八大强调"五位一体"的总体布局,系统阐述了生态文明。党的十九大强调了"五位一体"的总体布局与"四个全面"的战略布局。在新民主主

---

① 《毛泽东选集》,第二卷,人民出版社,1991,第663页。
② 胡锦涛:《坚定不移沿着中国特色社会主义道路前进 为全面建成小康社会而奋斗》,《人民日报》2012年11月9日。
③ 中央文献研究室:《十七大以来重要文献选编》(上册),中央文献出版社,2009,第13页。

义革命时期,中国共产党面临国民党反动派的白色恐怖,面临三座大山的残酷压迫,没有被吓倒,而是临危不惧,坚定信仰,确立了"民族独立,人民解放"的价值追求。在社会主义建设和改革的新时代,改革开放进入了攻坚期,国际形势复杂多变,然而中国共产党人敢于担当,勇于进取,坚定"四个自信",逐步形成了"国家繁荣,人民幸福"的共同价值追求。以红色基因为价值导向,中国共产党与时俱进,逐渐完善国家价值目标,并以此作为社会主义核心价值观在国家层面的基本价值诉求。红色基因在中国革命时期以伟大斗争形式沉淀了革命精神的精华,在建设、改革的历史阶段以伟大梦想的形式展示了红色基因的精髓,孕育了当前社会主义核心价值观倡导的"富强、民主、文明、和谐"价值目标。从这个角度上来说,红色基因与社会主义核心价值观在国家层面的内涵具有同质性。

第三节 红色基因对社会层面的社会主义核心价值观的孕育

中国共产党坚持实事求是的思想路线,以自由、平等、公正、法治为社会理想。在寻找正确的革命、建设、改革道路过程中,共产党人以实现公平、正义为社会价值诉求。人民群众期待国家独立、民族解放,渴望拥有更加自由、平等、公正、法治的社会环境,从而过上幸福美好的社会生活。红色基因具有较强的社会价值取向,富有强大的生命力。在革命、建设、改革的各个历史时期,红色基因孕育的社会价值取向都体现了马克思主义意识形态的凝聚力与吸引力,体现了社会价值观对人民群众核心利益的价值诉求。

鸦片战争以后,中国渐渐沦为半殖民地半封建社会,列强横行,社会秩序受到破坏,灾难频繁,民不聊生。夏衍在《包身工》中生动描述了旧社会的普通工人过着"猪一般的生活"。在上海的外国租界,挂上了"华人与狗不得入内"的牌子,华人受到了侮辱与歧视,更谈不上自由、平等。在旧中国,"列强横行,军阀混战,社会秩序崩毁败坏,各种丑恶现象触目惊心"①。中国共产党成立后,以实现民族复兴、人民幸福为理想,针对旧社会普遍存在的各种丑恶现象,组织号召人民群众砸烂旧世界,扫除旧的社会秩序,以自由、平等、公正、法治等价值观念为导向,创造人民当家作主的新社会环境。中国共产党以人民的利益为出发点,倡导以马克思主义价值观为引导的新的社会价值观念,建立新的社会秩序,满足人们对自由、平等、公正的美好向往和对安定团结的社会新局面的追求,以实现人民群众利益的最大化。党的一大纲领以实现共产主义为目标,党的二大纲领要求实现真正的民主共和国,都以实现自由、平等、公正作为社会价值诉求的目标。在井冈山等革命根据地,中国共产党满足人民群众的心愿,砸烂旧社会的枷锁。人民群众在政治、经济、军事、婚姻方面获得了真正的自由、平等与公正。比如:在政治方面,党推行工农兵代表大会制度,人民群众参加自由选举,确立了人民当家作主的民主制度。在经济方面,设立公卖处,取消一切苛捐杂税,实行公平交易。确立土地分配的平等原则,规定"所有乡村中的男女老幼,一律平分"②。在军事方面,推行军民平等、官兵平等。共产党以大无畏的斗争精神,荡涤旧社会的污垢,引领社会革命。在中央苏区,宣传妇女解放,主张婚姻自由,主张男女平等。开办列宁小学,推行平民教育,不交学费,提供贫苦大众的子女以公平教育的机会。抗战时期,中国共产党在抗日根据地建设的过程中,践行自由、平等、公正、法治的价值目标,创造了被毛泽东称赞为"十个没有"的陕甘宁边区,社会景象欣欣向荣。中国共产党提出了抗日救国十大纲领,号召民众参与抗战,把个人的自由与民族的解放相结合。在抗日根据地,党制定了系统的规章制度,以公正的形式保障人民群众的自由、平等。解放战争时期,中国共产党颁布了《中国土地法大纲》,主张按照农村人口平均分配土地,体现出了公正平等原则,用法律的手段解决农民的土地问题,体现了法治精神。在新民主主义革命时期,中国共产党建立了许多农村革命根据地,共产党砸碎了禁锢在广大群众身上的封建枷锁,贫苦农民减轻了负担。人民群众从受压迫受剥削的铁链上解脱出来,翻身做了主人,在政治上、经济上和社会上获得了真正的自由与平等。无论是在根据地

---

① 张泰城、常胜:《红色文化资源与社会主义核心价值观培育》,《求实》2016 年第 11 期。
② 《毛泽东选集》,第一卷,人民出版社,1991,第 69 页。

还是在解放区,中国共产党制定的政策都体现了"自由、平等、公正、法治"的社会价值追求,体现出共产党人全心全意为人民服务的宗旨。在根据地和解放区,尽管物质条件较为艰苦,但政治清明,社会清新,人民群众的精神面貌焕然一新。在新民主主义革命时期,红色基因富有伟大的斗争精神,以自由、平等、公正的价值诉求,激励广大人民群众在中国共产党的领导下战胜反动阶级的黑暗统治,建立了人民民主制度,国家统一,民族团结,实现了人民群众当家作主的愿望。

一、红色基因蕴含的自由思想与社会主义核心价值观

自由是社会主义社会所倡导的基本价值追求,也是社会主义的内在本质。马克思在《共产党宣言》中强调:"代替那存在着阶级和阶级对立的资产阶级旧社会的,将是这样一个联合体,在那里,每个人的自由发展是一切人的自由发展的条件。"[1]从人类社会发展简史来看,从原始社会、奴隶社会、封建社会、资本主义社会到社会主义社会,是一个社会不断进步的历程,也是个人不断获得更多自由的过程。人类追求自由的脚步一直走下去,在人类获得基本生活保障的条件下,对更好生活不断向往,对自由世界不断渴望。

近代以来,中国人民遭受"三座大山"的沉重压迫,生活贫困潦倒,政治地位低下,没有享受自由的社会环境。"苦难的中国人民必须求得解放,并且他们坚信是能够求得解放的。"[2]追求广大人民群众的解放,赋予广大人民群众以自由的生活,一直是中国共产党所倡导的人生观与价值观。革命的过程是一个伟大斗争的过程,也是砸烂半殖民地半封建社会的枷锁,人民群众争取自由的过程。新文化运动时期,陈独秀、李大钊等人针对"尊孔会"掀起的复古浪潮,以"自由"为旗帜进行批判。陈独秀创办《新青年》杂志,呼唤自由,反对奴役。李大钊认为,自由不应受到外界的侵害。毛泽东早年认为,自由的价值在于不要盲目服从他人。[3] 党的一大纲领规定"实现

---

[1] 《马克思恩格斯选集》,第一卷,人民出版社,1972,第273页。
[2] 《毛泽东选集》,第四卷,人民出版社,1991,第1359页。
[3] 冯夏根:《近代中国马克思主义视阈中的自由主义——以"自由"为中心的考察》,《科学社会主义》2011年第1期。

共产主义",共产主义社会是自由人联合体的世界,党的纲领把实现大多数群众的自由作为共产党人的奋斗目标。在土地革命战争时期,中共中央庄严宣告:"我们是中国的工人、农民,和城里的乡里的穷人以及革命的兵士和知识分子,我们不愿永远作帝国主义和本国地主资本家的牛马奴隶,我们已经开始创造自己的新的自由生活了。"①1927年秋,毛泽东、朱德带领的红军队伍在井冈山会师。毛泽东从中国的国情出发,成功地探索出一条独特的革命道路。为了人民群众的翻身解放,毛泽东动员当地群众参加追求自由的伟大斗争,反对封建军阀的残酷压迫。在经济上,共产党人领导人民群众深入开展武装斗争,制定了第一部土地法——《井冈山土地法》,以立法形式满足广大农民对土地的基本要求,保障了农民的经济自由。在政治上,实行工农兵代表制度,农民群众可以参政议政,保障了农民的政治自由。井冈山根据地"民众普遍知道了各级'工农兵苏维埃政府'"②,宁冈民众亲切地称之为"我们的政府"。在文化上,用农民群众喜闻乐见的形式宣传革命道理,开办学校,学生可以免费读书,提高了群众的思想政治觉悟和农民的教育水平,保障了农民群众的文化自由。1931年3月17日,《少共赣西南特区委西路分委团特通告第十二号——关于少年先锋队问题发动少先队》倡导:"反对封建制度,争取青年特殊利益斗争是主要内容,因此团领导少先队'反对'封建压迫与剥削,反对压迫与虐待青年群众,改良青年生活与待遇,实行六小时工作制与同工同酬,争取青年的言论、行动、读书、婚姻、误[娱]乐、结社、集会一切自由权。"③抗日战争的过程就是倡导民族独立、人民自由的过程,中国共产党为之作出了不懈的努力。1945年6月,毛泽东指出:"革命是干什么呢?就是要冲破这个压力,解放中国人民的生产力,解放中国人民,使他们得到自由。"④抗战胜利后,中国共产党响应人民的呼声,提倡和平、自由、民主。1946年初,中共中央在《和平建国纲领草案》中提出:"政府应保障国内人民享受一切民主国家在平时应享受之思想、信仰、言论、

---

① 中国现代史资料编辑委员会翻印《苏维埃中国》,1957,第7页。
② 余伯流、陈钢:《井冈山革命根据地全史》,江西人民出版社,2007,第185页。
③ 江西省档案馆、中共江西省委党校党史研究室编《中央革命根据地史料选编》(下册),江西人民出版社,1982,第729页。
④ 毛泽东:《在中国革命死难烈士追悼大会上的演说》,《毛泽东文集》(第三卷),人民出版社,1996,第432页。

出版、集会、结社、通讯、居住、迁移、营业、罢工、游行、示威及免于贫苦、免于恐怖等自由。"①1949年9月新政治协商会议通过的《共同纲领》,确立了人民群众的民主与自由。新中国成立后,共产党人以法治的形式把人民群众的自由、民主制度化。正如毛泽东同志所说:"我们的国家之所以能够关心到每一个公民的自由和权利,当然是由我国的国家制度与社会制度来决定的。任何资本主义国家的人民群众,都没有也不可能有我国人民这样广泛的个人自由。"②向往自由,追求美好生活,在红色歌曲中有所体现。例如,歌曲《自由神》歌词中就有"我们是中国的主人!中国的主人!中国的主人!"体现了人民群众渴望自由、坚信民族解放的决心。

依照马克思的世界观与方法论,人类反抗自然的束缚,在斗争中不断获得自由。人民群众与不合理社会关系开展斗争,突破旧的思想观念的束缚,打破条条框框的制约,解放思想过程,也是一个获得自由的过程。生产力对生产关系有制约作用,经济基础对上层建筑有制约作用,人民群众的自由受生产资料私有制的制约。没有合理的政治、经济制度,难以保障自由的实现。中国共产党在坚持马克思主义的集体主义原则基础上,注重民族解放与民众自由。新中国成立后,完成了三大改造,确立了以公有制为基础的社会主义经济制度,从而奠定了民众自由的物质基础。人民代表大会制度的建立,创造性地实现了人民当家作主的真正自由,在中国特色社会主义实践过程中发展了马克思主义哲学的"自由是对必然的认识和世界的改造"的重要理论。中国共产党既坚持马克思主义自由观,捍卫了民主的理想,又从中国国情出发,赋予马克思主义自由理念以民族风格,对西方自由观念进行批判性改造,实现了对西方自由主义的扬弃与对中国传统自由观念的超越。

二、红色基因蕴含的平等理念与社会主义核心价值观

平等是人类社会进步的基本标志,在政治上、经济上、文化上都有所体现。在社会生活上的平等常常得以感受,当平等应用于社会领域中,指的是

---

① 《和平建国纲领草案》,中共中央文献研究室、中央档案馆编《建党以来重要文献选编(1921—1949)》,中央文献出版社,2011,第51—52页。

② 中共中央文献研究室:《建国以来毛泽东文稿》(第四册),中央文献出版社,1990,第549页。

"人与人之间在经济、政治、文化等方面处于同等地位,享有同等的权利"①。自古以来,农民群众对平等的追求一直延续,追求人与人之间关系的平等。陈胜、吴广提出"王侯将相宁有种乎",表达了追求平等的愿望;太平天国运动轰轰烈烈,洪秀全在《天朝田亩制度》提出了"有田同耕,有衣同穿,有饭同吃,有钱同使……"的设想,表达了农民阶级朴素的平等观。由于农民阶级的历史局限性,农民渴望的平等并没有真正实现。平等是共产党人的理想追求,中国共产党反对特权阶级,反对帝国主义、封建地主阶级、官僚资本主义的剥削与压迫。中国共产党带领人民群众,开展了伟大斗争,推翻了三座大山,取得了新民主主义革命的伟大胜利,人民翻身做了新中国的主人,实现了真正的平等。追求平等是人民群众的迫切愿望,在红色歌曲中有所体现。例如,歌曲《翻身农奴把歌唱》把平等比作漫天的霞光,生动形象地描述了人们获得自由、感受到平等的兴奋之情。社会主义制度的形成,为消灭不平等现象奠定了制度基础。社会主义的本质之一就是走共同富裕的道路,改革的成果惠及全体人民,人民群众在发展中体会到了平等的滋味,齐心协力,致力于实现中华民族伟大复兴。

中国共产党成立初期,中共一大纲领明确提出实现共产主义;中共二大纲领明确提出,"只有打倒帝国主义以后,才能实现平等"②,实现"真正的民主共和国",消除产生社会不平等现象的社会根源,铲除剥削和压迫的经济基础,人民群众能够获得真正的自由、平等。平等概念在人们日常生活主要表现在对公平的感受,中国共产党体会到了人民群众的心声,解决农民的土地问题,农民群众解脱了经济上的枷锁,感受到了平等的可贵与共产党带来的尊严,从内心世界拥护中国共产党。1938年3月,《新华日报》发表了社评,提出:"中华民族雄健地站在远东……取得国际地位的平等。国内各民族、各阶层、各抗日党派皆享有充分民主权利,取得政治地位的平等。国民经济日益发展,民众生活逐渐改善,逐渐走向经济地位的平等。这是我们需要建设的新中国的轮廓。"③1946年初,中共中央在《和平建国纲领草案》中

---

① 夏征农、陈至立主编《辞海》(第六版),上海辞书出版社,2010,第2999页
② 《中国共产党第二次全国代表大会宣言》,李颖:《从一大到十六大》,中央文献出版社,2003,第94页。
③ 《为建设新中国而奋斗》,《新华日报论评集》(第1辑),武汉顽强社,1938,第4页。

发出号召:"承认男女平等及各党派的平等合法地位。"①1948年8月,中国共产党提出《华北人民政府施政方针》:"确立了男女平等的方针、民族平等的原则。"②由此可见,中国共产党代表人类社会的发展方向,对外提出了人类命运共同体的设想,追求国家之间地位平等;对内提出了实现中国梦,谋求国家的尊严、民族的希望,寻求并实现了人民群众的经济平等、社会平等和政治平等。

三、红色基因蕴含的公正理念与社会主义核心价值观

在半殖民地半封建社会,工人与农民受到残酷的剥削与压迫,中国人民受到的压迫,世界罕见。"在资本—帝国主义和封建主义的双重压迫下(后来还加上官僚资本主义的压迫),中国的广大人民尤其是农民日益贫困化以至大批地破产,过着饥寒交迫和毫无政治权利的生活。"③社会的不公正导致了中国人民过着苦难的生活。五四运动之后,共产主义小组密切关注社会不公正问题。《北京共产主义组织的报告》描述了普通群众在北京遭受的欺压。普通中国人被外国人看不起,甚至侮辱。中国的达官贵族、军警常常刁难老百姓,敲诈勒索老百姓。交通工具被洋人、恶霸占用,行人被汽车压死的现象司空见惯,人力车夫被鞭子抽打,等等。④方志敏烈士在《可爱的中国》一文中描述了他在海上旅途的亲身经历,对老百姓受到的不公正虐待,心中很是痛恨,决心为解救苦难的群众、振兴中华而奋斗终生。共产党人把为人民谋幸福、为民族谋复兴、为世界谋大同作为自己的初心,把消除社会的不公正现象作为奋斗目标。

约翰·罗尔斯强调平等的重要性:"在社会的所有部分,对每个具有相似动机和禀赋的人来说,都应当有大致平等的教育和成就前景。那些具有

---

① 《和平建国纲领草案》,中共中央文献研究室、中央档案馆编《建党以来重要文献选编(1921-1949)》(第23册),中央文献出版社,2011,第52页。
② 《华北人民政府施政方针》,西北政法学院法制史教研室编《中国近代法制史资料选编1840-1949》(第1辑),1985,第361页。
③ 本书编写组:《中国近现代史纲要》,高等教育出版社,2018,第14页。
④ 《北京共产主义组织的报告》,中央档案馆:《中共中央文件选集》(第1册),中共中央党校出版社,1989,第14页。

同样能力和志向的人的期望,不应当受到他们的社会出身的影响。"①事实上,在半殖民地半封建社会的中国,由于经济上的不平等,普通群众难以享受公正的教育机会,广大人民群众的子女上不起学。马克思认为:"真正的自由和真正的平等只有在共产主义制度下才可能实现,而这样的制度是正义所要求的。"②"社会公正是马克思主义的核心价值观。"③中国共产党成立初期,中共一大的纲领规定,推翻资产阶级统治,实现无产阶级专政,建设共产主义。中国共产党把社会公正作为重要的奋斗目标,在一大、二大的纲领中,主张建立公正的共产主义社会,消灭剥削制度,消灭私有制,建立工农阶级的政权。④ 共产党人把公平正义作为基本价值追求,致力于打倒帝国主义,推翻封建统治,为公平正义价值观的落实创造社会条件。1940年,毛泽东在《新民主主义论》一文中指出,中国革命分两步走,第一步是新民主主义革命,消灭了封建剥削制度;第二步是社会主义革命,消灭资本主义私有制,走社会主义道路,实现社会公平。恩格斯指出:"平等要求更应当是从人的这种共同特性中,从人就他们是人而言的这种平等中引申出这样的要求:一切人,或至少是一个国家的一切公民,或一个社会的一切成员,都应当有平等的政治地位和社会地位。"⑤1949年,新中国成立,人民翻身做了主人,获得了真正的社会公正。新中国成立后不久,社会主义改造完成,公有制得以确立,为中国推行广泛的社会公正奠定了基础。毛泽东认为,人民群众应当拥有"人权"、政治权利、"财权及言论、出版、集会、结社、信仰、居住、迁徙之自由权"⑥。邓小平强调:"政治上,充分发扬人民民主,保证全体人民真正享有通过各种有效形式管理国家、特别是管理基层地方政权和各项企业事业的权力,享有各项公民权利……"⑦中国特色社会主义建设开创了新局面,生产力迅速发展,人民生活水平显著提高,中国综合国力列世界第

---

① 约翰·罗尔斯:《正义论》,何怀宏、何包钢、廖申白译,中国社会科学出版社,1988,第69页。
② 《马克思恩格斯全集》,第1卷,人民出版社,1956,第582页。
③ 吴忠民:《关于中国共产党社会公正观的初步研究》,《马克思主义研究》2006年第11期。
④ 《中国共产党第二次全国代表大会宣言》,中央档案馆:《中共中央文件选集》(第1册),中共中央党校出版社,1989,第115页。
⑤ 《马克思恩格斯选集》,第三卷,人民出版社,1995,第444页。
⑥ 《毛泽东文集》,第二卷,人民出版社,1993,第335页。
⑦ 《邓小平文选》,第二卷,人民出版社,1994,第322页。

二位,社会公正实现了历史性的飞跃。

四、红色基因蕴含的法治理念与社会主义核心价值观

中国共产党以法治的不断健全来保障公民享有真正的自由,彰显"法治"作为社会层面的社会主义核心价值观所特有的重要意蕴。自由是相对的,是"做法律所许可的一切事情的权利"①,自由的实现离不开法治的保障。如果法治不健全,社会就会处于无序状态,自由的价值观难以确立。中国共产党倡导的自由"不是凌驾于社会利益之上的、绝对的个人自由,而是受到法律和规范制约、权利和义务对等的自由"②。中国共产党倡导法治,在革命时期有着特殊的表现形式,主要体现在党内法规的不断完善,并且通过党内法规的健全引领革命政权法治建设的轨道。

中国共产党在新民主主义革命时期不断完善党内法规,在局部执政的根据地制定了一些法规,彰显党的初心,完成党的使命。无产阶级政党有着严密的纪律,铁的纪律是无产阶级政党发挥战斗力的保障。马克思明确指出:"我们必须绝对保持党的纪律,否则将一事无成。"③中国共产党实行民主集中制原则,通过建章立制不断完善"纪律"。中共"一大"以党纲的形式规定了党的性质,并对党员政治立场、保守秘密等以党内法规作了初步要求。1922年,党的二大制定了《中国共产党章程》,明确地规定了党的组织原则、组织机构、党的纪律,对党员行动提出了规范性要求,对"言论行动有违背本党宣言章程及大会各执行委员会之议决案"④的党员必须开除党籍。1927年,中共中央在《政治纪律决议案》中强调:"……只有最严密的政治纪律,才能增厚无产阶级政党的斗争力量,这是每一个共产党所必具的最低条件。"⑤在创建井冈山革命根据地的实践中,毛泽东提出了"三大纪律、六项注意",强调"一切行动听指挥",不断强调法治,依规治党。在古田会议上,毛泽东强调民主生活需要在集中指导下的必要性。1931年,党中央颁布了

---

① 孟德斯鸠:《论法的精神》(上册),许明龙译,商务印书馆,2009,第165页。
② 任仲平:《凝聚当代中国的价值公约数》,《人民日报》2015年4月20日。
③ 《马克思恩格斯全集》,第29卷,人民出版社,1972,第413页。
④ 王金玲:《中国共产党党章发展史》,中共党史出版社,2008,第32页。
⑤ 中央档案馆:《中共中央文件选集》,第3卷,中共中央党校出版社,1992,第478页。

《中央巡视条例》,明确了党组织关系的内部规则。在抗战时期,党中央不断完善党内法规。1938年,中共六届六中全会胜利召开,毛泽东总结长征途中的经验教训,分析了张国焘错误路线的根源,指出健全党纪的必要性,强调"制定一种较详细的党内法规,以统一各级领导机关的行动"。在这次会议上,刘少奇作了《党规党法的报告》,指出:"要保证党的团结与统一,除政治上思想上之统一外,条文上亦应规定法律上非团结不可,以避免个别人破坏党的团结与统一。并以此党规与党法去教育同志。"①《中国共产党在民族战争中的地位》一文明确了"党内法规"范畴,毛泽东强调:"为使党内关系走上正轨,除了上述四项最重要的纪律外,还须制定一种较详细的党内法规……"②党的七大以总纲的形式明确了党员的权利与义务,并写入党章,明确了党的纪律,强调了执行纪律的严肃性,提出了党的纪律建设的指导思想,明确了党的宗旨——"全心全意为人民服务"。解放战争时期,各个根据地独立作战,出现了"山头主义",为克服分散主义倾向,毛泽东提出了"加强纪律性,革命无不胜"的口号。1948年,《军委批转东北野战军入城纪律守则》明确了军队的纪律要求。在七届二中全会上,毛泽东制定了"不做寿,不送礼"等六条规矩。在新民主主义革命过程中,党规党纪以基本制度规定的形式逐步健全,以红色基因的政治传统形式不断得以宣传,虽然呈现出"战争年代所特有的即时性"③,但严密的党内法规使得党组织凝聚力增强,显示出中国共产党的强大战斗力,为党取得新民主主义革命胜利奠定了基础。1949年,新中国成立,党的主要任务发生了变化,中国共产党处于执政地位,社会主义建设前期的党规党纪建设打上了时代的烙印,党内法规的制定注重反对党内特权思想、腐败现象,目标以党风廉政建设为主,引领了革命政权的法治建设。

中国共产党一直重视法治建设。新民主主义革命时期,共产党人的法治思维逐渐彰显,其基本特征是强调党的领导,突出人民性。党在根据地探索法治建设的道路,取得了初步成功,积累了丰富经验,形成了红色法治基

---

① 中共中央文献研究室、中共中央党校:《刘少奇论党的建设》,中央文献出版社,1991,第46页。
② 《毛泽东选集》,第二卷,人民出版社,1991,第528页。
③ 郭文亮:《中国共产党党规党纪建设实践与经验梳理》,《人民论坛》2014年第12期。

因,巩固了根据地政权,积极影响着我国法治建设的历程。1922年,党制定了《劳动法大纲》,成为指导工人运动的纲领性文件。1923年,海丰总农会成立,设立了仲裁部。1925年,韦拔群成立了广西第一届农讲所,课程设置就有"法律常识"。土地革命战争时期,党组织陆续颁布了《井冈山土地法》等法规条例,运用法律的路径解决社会难题。在中央苏区,制定和颁布的法律、法令多达130部。① 中华苏维埃共和国通过了《中华苏维埃共和国宪法大纲》《苏维埃地方政府暂行组织条例》《苏维埃地方政府的组织条例》《中华苏维埃共和国劳动法》,还确立了人民调解制度。《红色中华》以推动群众"了解苏维埃国家的政策、法律、命令,及一切决议"为重要任务,开设了《临时中央政府训令》《法令的解释》等法制栏目。1943年,陕甘宁边三区高等法院陇东分庭庭长马锡五创造了"实行审判与调解相结合"的办案方法,被称为"马锡五审判方式",受到毛泽东的赞扬。② 陕北革命根据地还陆续颁布了《陕甘宁边区各级参议会组织条例》《陕甘宁边区婚姻条例》等法规,体现出为人民服务的宗旨。

新中国成立以后,中国共产党领导全国人民成功探索出一条有中国特色的社会主义改造道路,顺利地完成了改造,实现了广泛深刻的社会变革,探索实现更高水平的社会公平正义。红色基因驱使中国共产党完成了社会主义改造,确立了社会主义公有制,自由、平等、公正的社会价值理念有了强大的制度保障。1954年,中华人民共和国第一部宪法产生,人民代表大会制度得以确立,自由、平等、公正的社会价值理念有了法治的保障。红色基因所倡导的自由、平等、公正的社会价值理念在人民民主专政制度的影响下有了制度保障,集中表现为集体主义的价值取向。如何处理集体和个人关系,党面临着考验。1956年4月,毛泽东发表了《论十大关系》,对于集体与个人的关系作了辩证的分析,在个人服从集体的前提条件下,保障个人的正当利益。此后,毛泽东发表了《关于正确处理人民内部矛盾的问题》等著作,分析了集体主义与民主集中制的优点,剖析了社会主义制度的无比优越性,彰显出运用社会主义核心价值观在行业之间、区域之间、群众之间进行组织动员的精神优势。党的十一届三中全会在党的历史上具有里程碑式的

---

① 黄辉、周孝清:《130多部法律"保卫"新生红色政权》,《法制日报》2016年8月27日。
② 普治:《革命根据地铸就的红色法治基因》,《中国司法》2019年第8期。

转折意义,中国共产党倡导改革开放。改革开放以来,红色基因不断彰显出时代价值,自由、平等、公正的社会价值理念得以真正实现,并且以社会主义法治的形式确认了下来。从而健全了社会主义民主,完善了社会主义法治,保证了人民群众的主体地位,确立了社会主义的共同价值目标。红色基因孕育出自我革命精神,中国共产党不断加强组织建设,反对山头主义的非组织观点;强调政治规矩,反对宗派主义、自由主义;强调纪律建设,反对极端民主化、个人主义。开展党的建设伟大工程,以刮骨疗毒的精神进行组织的净化,提升党员修养,凝聚群众力量,致力于实现中国梦。红色基因所要求的自由、平等、公正的社会价值理念体现在分配制度上,以按劳分配为主体,多种分配方式并存,在初次分配与再次分配上都要体现出公正、平等精神,鼓励创新,承认差异,抛弃平均主义,依法保障个人正当利益,保证人民共享改革发展成果。红色基因体现出的依规治党的红色传统使中国共产党成功地探索出一条独具特色的法治道路,完善法律体系,根除封建陋习的影响,抵制资产阶级自由化,坚持集体主义原则与民主集中制传统,坚持民主和法治相结合、自由和纪律相结合的价值原则。

党的十八大以来,提出了"四个全面"的战略布局,吹响了全面深化改革的号角,改革强调初次分配与再次分配的公平性,强调人民群众共享发展成果,注重解决人民最关切的利益问题。2014 年,习近平总书记指出:"我们推进改革的根本目的,是要让国家变得更加富强、让社会变得更加公平正义、让人民生活得更加美好。"①新时代,红色基因展现出新的时代价值,中国共产党不忘初心、牢记使命,全面深化改革,全面依法治国,破除体制机制弊端,实现党的自我革命与社会革命,落实社会主义核心价值观在社会层面的价值诉求。自由、平等、公正、法治作为社会主义核心价值观社会层面的价值取向,也是红色基因蕴含着的宏伟目标和蓝图。革命文化形成与发展历程是中国共产党领导中国人民实现自由、平等、公正、法治的过程,为社会主义核心价值观社会层面的价值取向奠定了重要思想资源。红色基因以红色记忆的形式记录了中国共产党在革命、建设、改革时期的伟大斗争实践,凝练了"自由、平等、公正、法治"价值取向,体现了社会主义核心价值观在

---

① 习近平:《2014 年新年贺词》,《人民日报》2014 年 1 月 1 日。

社会层面的核心意蕴。从某种意义上来说,红色基因与社会主义核心价值观在社会层面的内涵具有同质性。

第四节 红色基因与个人层面的社会主义核心价值观

红色基因在价值层面上带有一定的递进性,不但有国家层面、社会层面,而且有个人层面,规定着个人生存与发展的价值准则。从红色基因的生成机理与发展历程来看,共产党人的价值理念,在微观方面表现为"爱国、敬业、诚信、友善"等高尚品质。"培养什么样的人"属于个人层面的价值准则,"爱国、敬业、诚信、友善"涉及"培养什么样的人"价值诉求,是公民应该具有的道德品质。在个人层面上,"拥有什么样的道德观是红色文化关于人的内在体现"①。红色基因以马克思主义为指导思想,蕴含着崇高的理想、坚定的信念和高尚的道德,内含着一定的价值追求。红色基因在历史进程中为"培养什么样的人"价值问题指明了方向。在新民主主义革命时期,红色基因体现为实现人民解放的精神动力,人民群众在中国共产党的领导下,满怀着爱国主义的激情,把为国抗争视为个人的价值准则,投身于革命事业,推翻"三座大山",成为国家政权的主人,为实现个人价值与梦想创造了条件。革命志士的爱国情怀浓厚强烈,他们恪尽职守,随时准备牺牲在斗争前沿,其敬业精神感天动地。革命先烈在伟大的革命斗争中以惊天动地的辉煌业绩演绎着共产党人的理想信念,英雄人物在实现中华民族伟大复兴的征程中创造了不可磨灭的历史贡献,彰显了共产党人的高尚品质,折射出了"爱国、敬业、诚信、友善"的精神追求,与个人层面的社会主义核心价值观在精神实质上具有一致性。新中国成立后,红色基因表现在为人民服务的理念深入民心,爱岗敬业,争做劳动模范;尊敬老人,关爱儿童,与人为善,把奉献框定为个人最高价值。无论是革命时期还是建设时期,共产党人视诚信为基本准则,时刻兑现对人民的承诺,赢得了人民群众的广泛支持。在

---

① 丁恒星:《红色文化与社会主义核心价值观关系研究》,《思想教育研究》2017年第7期。

改革开放时期,红色基因表现在以人为本理念的深入人心,民众争做"四有"新人,诚信友爱不仅被认同为道德规范,也被视为个人的行为准则。共产党人为了中华民族伟大复兴,实干苦干,勤勤勉勉,大爱无疆,彰显了共产党人的高尚情操。红色基因中一直孕育着"爱国、敬业、诚信、友善"的价值诉求,为个人层面的社会主义核心价值观提供了丰富的精神滋养。

一、红色基因蕴含的爱国精神与社会主义核心价值观相契合

在中国传统文化中,强调"治国、平天下",有着爱国主义的优良传统。中华民族有着悠久的爱国传统,中华民族历经沧桑,但中华文明一直保持连续,最根本的就是群众具有深厚的爱国情。爱国是群众对国家的一种深厚情感,其中包括自豪感、归属感等,国家利益至上,爱国对民众来说是一种基本的价值诉求。"国家是现实的,它的现实性在于,整体的利益是在特殊目的中成为实在的。"[1]爱国是一个民族最基本的核心价值观念。

在中国历史上,无数志士仁人在国家危难时刻、民族生死存亡之际,不怕流血牺牲,勇敢献身。甲午战争,中华民族面临生死考验,孙中山喊出了"亟拯斯民于水火,切扶大厦之将倾"[2]的时代强音,表达了"振兴中华"的信念。面对八国联军侵略中国的耻辱,周恩来立志"为中华之崛起而读书"[3],表达出深厚的爱国主义情感。"中华民国"建立后不久,中国陷入军阀割据的局面,外国列强虎视眈眈,先进的中国人高举爱国主义的大旗,唤醒民众的民族意识。爱国是先进的中国人应该坚守的价值原则。在1914年,陈独秀认为,立国的精神支柱就是一个民族所展现出来的爱国心,如果国民缺失爱国心,国家就难以生存。[4] 五四运动是一次爱国运动,初步具有共产主义思想的知识分子在运动中起到了领导作用,为中国共产党的成立准备了条件。中国共产党成立后,以救国救民为己任,这是爱国主义的具体

---

[1] 黑格尔:《法哲学原理》,范扬、张企泰译,商务印书馆,1996,第280页。
[2] 孙中山:《孙中山全集》,第一卷,中华书局,1981,第19页。
[3] 刘武生:《周恩来的革命春秋》,人民出版社,2012,第5页。
[4] 生活·读书·新知三联书店编辑《陈独秀文章选编》(上册),生活·读书·新知三联书店,1984,第67页。

体现。1931年,"九一八"事变爆发,民族矛盾激发。1932年,中华苏维埃共和国临时中央政府正式对日宣战,展示了共产党人的爱国主义激情。方志敏在狱中泣血写下的《可爱的中国》把祖国比喻为母亲,洋溢着爱国主义的情感。在抗战时期,毛泽东指出,我们爱国主义的目标是保卫祖国、反对侵略。① 共产党人让群众爱国忧民的朴素情感得以升华。在以爱国主义为核心的民族精神感召下,广大青年从五湖四海汇聚到共产党人高举的抗日救国大旗下,前赴后继,奋斗拼搏。抗战时期,中华民族保持强大的凝聚力,各阶层的群众团结一致,共同抗日。人民群众在中国共产党的领导下在抗战中表现出强大的战斗力,根源在于群众的爱国心。在新民主主义革命时期,在实现中华民族伟大复兴的征程中,涌现出许多革命烈士,这些革命烈士具有浓厚的爱国主义情感和坚定的责任担当。新中国成立以后,在社会主义现代化建设的征程中,共产党人不断激发民众心中的梦想,团结一切可以团结的力量,齐心协力,为实现社会主义现代化而努力奋斗。爱国表现为具体的实践行动,群众把个人的名誉与国家的荣耀结合在一起,为国家的繁荣昌盛而努力拼搏。

新时代,学习党史,传承红色基因,弘扬爱国主义传统,以红色歌曲为媒介,对群众开展持续的爱国主义教育活动,在活动中传唱一批经典的爱国主义红歌,如《社会主义好》《没有共产党就没有新中国》《东方红》等。爱国主义蕴含着强大的精神动力,包含着重要的社会主义核心价值观。21世纪以来,实现中华民族伟大复兴,成为新时代爱国主义的重要内容,高举爱国主义的旗帜,凝聚价值共识,"心往一处想,劲往一处使,用13亿人的智慧和力量汇集起不可战胜的磅礴力量"②。弘扬红色传统,激励民众热爱祖国,为实现中国梦而奋斗拼搏。综上所述,爱国主义在不同时期有着不同形式,但爱国主义的精神内核是一致的。

---

① 毛泽东:《中国共产党在民族战争中的地位》(1938年),《毛泽东选集》,第二卷,人民出版社,1991,第520—521页。
② 习近平:《习近平谈治国理政》,外文出版社,2014,第40页。

二、红色基因蕴含的敬业精神与社会主义核心价值观相契合

爱国的具体表现就是敬业。敬业是中国人民的优良传统,具有崇高的信仰价值,是维系中华民族生生不息的力量源泉。敬业精神蕴藏在中华民族的优良传统之中,在中国历史上,一大批兢兢业业的英雄人物被传为佳话,例如,大禹为了彻底治理水灾,三次经过家门,却没有进去看看。朱熹说:"敬业者,专心致志以事其业也。"①敬业精神就是人民群众在兢兢业业的工作中表现出来的一种精神状态,要求人们对事业与工作要专注地投入。敬业包含着一种精神信仰,是个人层面社会主义核心价值的内容之一。

共产党人以民族独立、人民解放、国家富强、人民幸福为己任,为无产阶级革命事业抛头颅、洒热血,无私奉献。对革命事业充满敬业精神,是共产党人克难攻坚、不断取得斗争胜利的力量源泉。大革命时期,中国共产党在一大纲领中提出了实现共产主义的崇高理想,共产党人以此为己任,林祥谦、施洋等在罢工斗争中为争取工人的正当利益而牺牲。大别山区红军主力长征之后,部分红军以金刚台为依托,开展游击斗争。1935年冬,大雪封山,金刚台红军已经缺粮三天,曾少甫带领陆化宏、肖九仇下山打粮,克服困难把粮食运到山上,救活了山上一百多名红军战士,三个人却晕倒了,表现出坚定的敬业精神。在延安革命根据地,张思德任劳任怨,为群众利益勇于献身,被毛泽东称赞为"为人民服务"的典范,升华了民族的道德境界。红色基因源于救国救民的内在情感。先进民众为了救国救民从五湖四海聚集在一起,共同奋斗。毛泽东在《为人民服务》一文中指出:"要奋斗就会有牺牲,死人的事是经常发生的。但是我们想到人民的利益,想到大多数人民的痛苦,我们为人民而死,就是死得其所。"②这种奉献精神远远高于"敬业"的内涵,是一种特殊的"敬业"精神。解放战争时期共产党人为人民解放的革命事业不怕牺牲,英勇奉献,刘胡兰在敌人铡刀面前不屈服,被毛泽东称赞为"生的伟大,死的光荣"。革命前辈发扬艰苦奋斗的优良传统,传承无私

---

① 习近平:《之江新语》,浙江人民出版社,2007,第177页。
② 《毛泽东选集》,第三卷,人民出版社,1991,第1005页。

奉献的革命精神,为民族独立与人民解放英勇奋斗,取得了革命斗争的伟大胜利。新中国成立初期,任弼时为了社会主义建设事业,日夜操劳,抱病工作,展现了奉献精神。新中国成立以来,在社会主义建设事业中涌现出了一大批英雄模范人物,以李瑞环、张百发为代表的劳动模范有强烈的事业心,对实现社会主义现代化有着强烈的责任感,对工作以身作则,埋头苦干,展现出巨大的人格魅力,推动着中国特色社会主义事业的发展。在中国特色社会主义实践中,共产党员中涌现出一大批模范人物,如带病实干的焦裕禄、忘我工作的孔繁森、艰苦奋斗的郑培民、敬业奉献的杨善洲等。这些英雄模范人物,是共产党员的杰出代表,以实际行动折射出崇高的理想和忘我的人生境界,诠释着"敬业"的科学内涵。"敬业具有重要的主体意义和崇高的社会价值。……作为一种主体意识,敬业要求人们确立起内在之'敬'和精神信仰。"[1]党的十八大把敬业列为个人层面社会主义核心价值观的内容之一,体现了共产党人无私奉献精神的本质。

敬业精神对民众个人来说,是一项重要的价值诉求。公民不论职业的不同、职位的高低,都应该有一定的职业理想,为社会主义建设事业增砖添瓦,尽职尽责。习近平总书记指出:"开创我们的美好未来……必须依靠辛勤劳动。"[2]实现中国梦,需要人民群众树立敬业精神,努力奋斗。敬业精神融入红色歌曲的传唱中,例如,《公仆赞》赞扬"送炭进柴门、甘为孺子牛"的孔繁森。以红色歌曲的形式宣传敬业精神,传播红色基因,让社会主义核心价值观走进民众的内心世界。中国共产党领导中国人民发扬独立自主、自力更生的敬业精神,践行社会主义核心价值观,为实现国家繁荣和人民富裕不懈努力,致力于实现中华民族伟大复兴。

三、红色基因蕴含的诚信精神与社会主义核心价值观相契合

敬业精神的落实需要诚信的社会氛围,诚信是中华民族的传统价值观

---

[1] 任者春:《敬业:从道德规范到精神信仰》,《山东师范大学学报(人文社会科学版)》2009年第5期。

[2] 《总书记同我们共话中国梦——习近平同全国劳动模范代表座谈侧记》,《人民日报》2013年5月1日。

之一。在中华优秀传统文化中,崇尚言行如一,强调诚实待人。诚信的价值理念源于中华优秀传统文化,熔铸于革命文化,植根于中国特色社会主义实践。

共产党人始终有着忠诚人民的政治本色。中国共产党光明磊落,言行一致,以实际行动落实对人民群众的庄严承诺,赢得了民心,在革命、改革、建设事业中取得了成功。大革命时期,共产党人遵守二大纲领中"建立真正民主共和国"的誓言,发动工人罢工,开展农民运动。在北伐战争中,共产党人发动群众,开展彻底的反帝反封运动。在土地革命战争时期,毛泽东等共产党人的诚信表现争取了以袁文才、王佐为代表的地方武装对红军的支持,履行了"三大纪律、六项注意"的庄严承诺,取信于井冈山上的广大群众,从"上门板、捆铺草"的细节着手,以实际行动感动群众,争取群众参加红军。马克思指出:"任何政治斗争都是阶级斗争……围绕着经济解放进行的。"共产党为人民谋幸福的政治宣传落实到群众的日常生活与生产中,共产党不但说了,而且做了,共产党的诚信形象体现在实际行动中,对于群众有强大的吸引力与信服力。1927年11月,苏维埃临时组织法规定:"开办各种合作社以运输到农村,并以调剂农业及工业品的价格。……整理市政、修筑道路,铺设铁路及汽车路,以便利交通。……修治河道,修筑堤防,以兴水利。"①1930年3月25日,《闽西第一次工农兵代表大会宣言及决议案》规定:"各区乡政府要尽可能修筑桥梁道路以利交通。各区乡政府应设法修理被烧房屋,木料由公家供给,使困难群众得以安居。"②1937年,八路军战士高捷成的家书很感人:"我所欠挂百川银庄二万多元的债,时刻记念在心,本利至今当在三万余。国家得救,民族得存,清债还利当不短欠分文……"③体现了共产党人抱诚守真的高贵品质。回顾百年党史,中国共产党党纲的核心是为中华民族谋复兴,为民众谋幸福,共产党人以实际行动兑现了对群众的庄严承诺,取信于民,赢得了群众的衷心拥护。革命时期,共产党人继承了诚实守信的中华民族优良文化传统,严守纪律,恪守承诺,开创了中国

---

① 江西省档案馆、中共江西省委党校党史研究室编《中央革命根据地史料选编》(下册),江西人民出版社,1982,第13-14页。
② 江西省档案馆、中共江西省委党校党史研究室编《中央革命根据地史料选编》(下册),江西人民出版社,1982,第53页。
③ 中共中央宣传部宣传教育局:《重读抗战家书》,中华书局,2015,第11页。

革命的新纪元。

"诚信"是共产党人的优良传统,也是个人层面社会主义核心价值观的基本要求。诚信是群众进行社会交往的核心规则,也是最基本的价值准则。敬业的基本要求就是坚守诚信,诚信是安身立命、治理国家的基石。诚信是社会道德建设的基石,支撑着社会经济的正常运行。然而,在当前,在商业活动中,商贩短斤缺两现象受到非议,商品中的假冒伪劣现象屡禁不绝。诚信缺失,群众缺乏安全感,也不利于培育良好的社会道德风尚。在改革开放的关键阶段,诚信问题日益显得更加重要。社会诚信出现危机,就会阻碍社会的健康发展。建立以诚信为基础的信用制度,树立群众的诚信意识,势在必行。新时代,学习百年党史,弘扬红色传统,培育诚信意识。弘扬共产党人讲诚信的优良传统,完善信用制度,宣传诚信理念,并赋予新的时代内涵,让诚信理念走入群众的内心深处。

四、红色基因蕴含的友善精神与社会主义核心价值观相契合

追求诚信的社会准则,需要人们之间友善相处。友善对公民来说是最起码的交往准则。友善也是一种道德规范的评价标准,"友善也是公民的一种主要道德品质"①。所谓善,"就是作为意志概念和特殊意志的统一的理念"②。"善"是价值追求的目的,具有高尚的目的性。友善观念在中国传统文化里根深蒂固,作为中华民族的传统美德之一,流传甚广,渗透于群众的日常生活中。孔子提出"仁者,爱人"的思想。孟子提出"老吾老以及人之老,幼吾幼以及人之幼"的理念,都是在倡导"友善"的价值观念。

在半殖民地半封建的旧社会,剥削阶级满口仁义道德,实际上剥削压迫人民群众,对于群众来说,是假友善。与之相反,中国共产党带领人民群众砸烂了旧枷锁,主张男女平等,关爱妇女儿童,主张由新民主主义社会过渡到社会主义社会,对待人民群众是真正的友善。大革命时期,以刘少奇、李立三为代表的共产党人走进工人的生活中,宣传马克思主义,践行马克思主

---

① 黄显中:《论友善》,《伦理学研究》2004年第4期。
② 黑格尔:《法哲学原理》,范扬、张企泰译,商务印书馆,1996,第132页。

义的阶级友爱观念,与工人同吃同住,对工人关怀备至,领导组织工人罢工。土地革命战争时期,革命根据地实行尊老爱幼的政策,妇女会、儿童团的成立让妇女、儿童等弱势群体得到了组织的特别关爱,体现出阶级性的群体友善。长征途中,半个被子的故事,一方面反映出军民鱼水情,共产党与群众心连心;另一方面体现出共产党人在艰苦的岁月里与群众同呼吸共命运,关心群众的疾苦,共产党人对贫苦群众表现出真诚的友善。《万泉河水清又清》中的"万泉河水清又清,我编斗笠送红军,军爱民来民拥军……"歌颂军民友善团结的情义,赞扬共产党人真诚友善的道德素养。在抗日根据地,共产党实行减租减息的政策,既有利于团结抗日局面的形成,也有利于减轻农民群众的负担,把对人民群众的关爱落到了实处,以真诚友善的态度调动了各阶层抗日的积极性。解放战争时期,《解放区的天是明朗的天》的歌谣唱到了农民的心坎里,共产党对人民的友善行为打动了人民,人民群众在解放战争中肩挑手推,以实际行动表达对共产党的支持。新中国成立以后,建立了以生产资料公有制为基础的社会主义基本制度,人民群众的根本利益是一致的,为"平等、和谐、友善"价值观的推行奠定了制度基础,也为实现平等、友善、和谐的价值追求创造了条件。

人与人之间、人与自然之间友善相处,是构建社会主义和谐社会的基础。当前,我国正处于社会转型的重要时期,友善是践行社会主义核心价值观的润滑剂。但是,受多元价值观的冲击,部分群众对处于困难中的群众表现冷漠。例如,对于路上摔倒的老人,一部分群众路过时观望犹豫,怕惹麻烦。对处于困境中的老人与小孩,人们应该伸出友爱的双手,及时给予帮助,让友善作为个人层面的价值理念在社会上发光发热。在新时代,传承红色基因,倡导友善的社会主义核心价值观,积极宣传以友善为基础的个人层面社会主义核心价值观。在实现社会主义现代化的征程中,让友善的价值观念引领社会潮流,彰显友善的魅力,"心往一处想,劲往一处使",社会成员和睦相处,团结协作,共同推进中国特色社会主义事业的发展。

红色基因蕴含了"爱国、敬业、诚信、友善"的价值规范,逐渐镶嵌在群众内心世界里,转化为个人层面的社会主义核心价值观。共产党人坚定"为国而战才能解放个人"的信念,对群众充满无产阶级的情感与友爱,从中国国情出发,实事求是,敢闯新路,探索出一条中国特色的革命道路,在这条道路上,共产党人大公无私,奋斗拼搏,埋头苦干,为实现民族独立与人民解放而努力奋斗。共产党人精神在革命斗争中不断放光芒,引导群众树立共产主义信仰,并以高尚的道德品质塑造群众品格。"一个人能力有大小,但只要有这点精神,就是一个高尚的人,一个纯粹的人,一个有道德的人,一个脱离了低级趣味的人,一个有益于人民的人。"①红色基因使共产党人坚持为人民服务的初心与以人为本的价值理念。传承红色基因,提高民众的共产主义觉悟,塑造群众的价值理念。培育群众正确的价值观念,要从个人层面的社会主义核心价值观入手。价值取向是红色基因核心内涵。就个体层面来说,社会主义核心价值观应该成为群众个体的基本价值准则,让每个群众在日常行动上拥有正确的价值判断和牢固的道德责任感,在日常生活中激发崇德向善的正能量。从微观视角而言,红色基因形成过程反映了中国共产党领导人民群众倡导和培育爱国、敬业、诚信、友善等崇高个人品质的历史。红色基因作为崇高品质的浓缩,折射出了"爱国、敬业、诚信、友善"的精神追求与道德情操,与社会主义核心价值观在个人层面倡导的价值准则具有同质性。在中国特色社会主义先进文化建设过程中,健全社会公德,培育职业道德,培养家庭美德,建立"爱国、敬业、诚信、友善"的公民道德体系,完善社会主义核心价值观在个人层面的价值规范。国家的繁荣昌盛有赖于群众的共同努力,倡导个人层面的社会主义核心价值观,汇聚磅礴前进的力量,有利于实现中华民族伟大复兴。

第五节　红色基因与社会主义核心价值观的内在联系

红色基因与社会主义核心价值观之间存在着密切的内在联系。从微观视角来看,社会主义核心价值观三个层面十二个词汇与红色基因在同质性方面有着具体体现;从宏观视角来看,红色基因与社会主义核心价值观之间存在一定的历史逻辑。从内容结构、价值功能、生成逻辑来看,红色基因对

---

① 《毛泽东选集》,第二卷,人民出版社,1991,第660页。

社会主义核心价值观产生深远的影响,体现出二者之间的同质性。

一、从内容结构的角度分析二者的内在联系

红色基因本身不是红色文化的全部内容,红色基因只是红色文化中的核心。红色基因是红色文化与革命文化的精髓,红色文化蕴含着红色基因,超越了历史时空。可以以文艺的形式勾起中华民族最深刻的历史记忆,展现共产党人高尚的理想、坚定的信念和执着的追求。"红色"的符号象征着"革命",与"自由""解放""进步""救国""奉献""牺牲"等价值意蕴是密切相连的,与社会主义核心价值观是一脉相承的。国家层面包含的"富强、民主、文明、和谐",社会层面包含的"自由、平等、公正、法治",个人层面包含的"爱国、敬业、诚信、友善",从革命历史的记忆中可以找到与之匹配的红色基因。红色基因蕴含着三个层次的价值内涵:一是国家"独立"和"解放"的政治价值目标。在这一价值目标的指引下,共产党人带领人民群众成功地探索出中国革命的独特道路,为了民族的独立和人民的解放,不怕牺牲,排除万难,奋发图强,争取了新民主主义革命的胜利。二是社会"自由"和"平等"的共产主义价值理想。正是在"自由平等"这一共产主义社会理想的指引下,人民群众看到了光明,看到了前途,看到了希望。广大人民群众参加革命的积极性、主动性被激发出来,产生了大无畏的革命精神。三是"爱国"和"奉献"的个人道德价值规范。爱国主义是民族精神的核心,在民族精神的感召下,人民群众产生了维护民族独立、人民解放的庄严使命感,即使抛头颅、洒热血,也在所不惜,展现了共产党人与人民群众的高尚道德品质。

红色基因滋养着社会主义核心价值观,从历史样态、历史语境、逻辑中介的视角来看,红色基因为认知、认同、践行社会主义核心价值观提供道德高地与话语体系。红色基因是红色文化的历史形态,社会主义核心价值观延续红色基因的精华,红色基因是孕育社会主义核心价值观的温床。① 人民群众是历史的主人,红色基因与社会主义核心价值观都体现了以人民为

---

① 杨建义:《以红色文化涵育社会主义核心价值观的中国特质》,《思想教育研究》2016年第8期。

中心的价值理念。社会主义核心价值观体现了全国人民价值观的"最大公约数",人民群众的幸福是中国共产党的奋斗目标。中国共产党从人民群众的根本利益出发,紧紧依靠人民的广泛支持完成了近代中国两大历史任务:民族独立、人民解放与国家富强、人民幸福,这决定了国家层面社会主义核心价值观的价值目标。中国共产党紧紧依靠人民群众的大力支持,完成了新民主主义革命、社会主义革命的任务,确立了中国特色社会主义制度,这就决定了社会主义核心价值观社会层面的价值取向。中国共产党的群众路线融入社会主义核心价值观的内涵之中。发挥广大人民群众在革命、建设、改革中的积极性、主动性、创造性,坚持、发展了中国特色社会主义事业,这就决定了社会主义核心价值观个人层面的价值准则。价值观是人类在认识、改造自然与社会过程中产生的基本观点与价值理念,社会主义核心价值观的思维逻辑体现主观和客观的一致性、整体与部分的统一性。社会主义核心价值观国家层面上的富强、民主、文明、和谐体现了全面协调可持续的基本要求、统筹兼顾的根本方法。社会层面上的价值观——自由、平等、公正、法治反映出法治与德治的辩证关系,体现了毛泽东所说的政治局面:既有集中也有民主,既有纪律也有自由,既有统一意志,也有个人心情舒畅、生动活泼。个人层面上的价值观——爱国、敬业、诚信、友善体现了社会主义的根本价值准则——爱国主义、集体主义,体现了个人、社会、国家之间的辩证统一关系。中国共产党以马克思主义为指导,在领导人民开展伟大斗争、进行伟大革命、建设伟大工程、推进伟大事业的过程中,以为人民服务为宗旨,从根本上改变了中国人民的前途命运,推进了中华民族伟大复兴。

二、从生成逻辑的角度分析二者的内在联系

红色基因蕴藏在红色文化资源内。红色文化资源主要指中国共产党在革命战争年代所形成的历史遗存。历史遗存有物质载体与信息载体,物质载体包括旧居、旧址、遗迹等,信息载体包括标语、文件、书信等,具备的精神形态包括井冈山精神、长征精神、延安精神、西柏坡精神。鼓励群众参观红色遗址,传承红色基因,让群众感悟红色基因的真谛。红色基因具有坚定的理想信念,传承红色基因,能够提升社会主义核心价值观的吸引力和感染

力;红色基因具有崇高的价值理念,传承红色基因,能够提升社会主义核心价值观的向心力和凝聚力;红色基因具有高尚的道德观念,传承红色基因,能够提升社会主义核心价值观的亲和力和感召力。红色基因"蕴涵着社会主义核心价值观最深刻的内容,在国家、社会、公民三个层面都有丰富而生动的体现"①。在文化根基、思想源泉、价值理念、精神血脉、道德观念方面,红色基因与社会主义核心价值观具有高度的一致性。红色基因与社会主义核心价值观为民族复兴提供精神动力,二者统一于实现中国梦的实践中。充分挖掘红色基因的时代价值,促进群众接受社会主义核心价值观,为厚植文化自信提供精神支撑。

  红色基因与革命文化之间的关系密切,红色基因是社会主义核心价值观的精髓。红色文化"要追溯到五四新文化运动前夕,马克思列宁主义传入中国的那一历史时刻"②,革命文化也是如此。从那时起,以马列主义为指导,在斗争过程中形成革命文化,从中国实际出发,对传统文化进行改造,在理论上实现自信,在精神上实现了自尊,在观念上实现了自强。中国共产党领导人民群众探索出一条成功的革命道路,演绎出波澜壮阔的历史画卷。红色基因强大的力量来源于把国家、民族、家庭、个人的命运紧密地捆绑在一起,在价值目标上形成了高度的一致。红色基因与社会主义核心价值观在时空上具有一致的延续性,而且在价值取向上,都以马克思主义为指导;在精神追求方面,都崇尚共产主义道德。红色基因为社会主义核心价值观提供了重要的思想资源和精神滋养。社会主义核心价值观是以红色基因为基础,继承了红色价值观,是红色基因与时俱进的结果,主要体现在以下两个方面:一是包括国家、社会、个人三位一体的整体性价值观。国家层面倡导的"富强、民主、文明、和谐",社会层面倡导的"自由、平等、公正、法治",个人层面倡导的"爱国、敬业、诚信、友善",组成了国家、社会和个人三位一体的意识形态体系。二是形成了符合经济、政治、文化和社会"四位一体"布局要求的价值观体系。从革命文化中蕴含的国家"独立""解放"的理想拓展到国家繁荣"富强"的经济价值诉求和"文明和谐"的文化价值理念,从革命文化中"自由""平等"拓展到要求社会"公平正义"的政治价值理念,体

---

① 张泰城、常胜:《红色文化资源与社会主义核心价值观培育》,《求实》2016年第1期。
② 刘润为:《红色文化:中国人的精神脊梁》,《红旗文稿》2013年第18期。

现出红色基因的生成演化对社会主义核心价值观的深刻影响。从实现中国梦的理想信念出发,中国共产党站在新的历史制高点上,在实现共产主义远大理想的征程中提炼出来的社会主义核心价值观,逐步成为指引国家、社会、个人协调发展的新的价值指南。从内在历史与理论的逻辑来看,社会主义核心价值观继承与发展了革命文化,延续了红色基因的精华。在中国共产党的领导下,在长期的革命、建设、改革的实践中,孕育了红色基因,形成、凝聚了各族人民普遍赞同的价值观方面的"最大公约数"——社会主义核心价值观。

总之,红色基因渗透到社会主义核心价值观的各个层面。国家层面的社会主义核心价值观包括"富强、民主、文明、和谐",反映了共产党人在经济、政治、文化、社会方面的价值目标,在社会主义核心价值观培育目标中居于最高层次,具有"硬壳"的特征,对社会与个人层次的价值目标起到统领作用。共产党人对价值目标的诉求成为中国共产党革命精神的重要来源,构成了红色基因的精髓。"自由、平等、公正、法治"属于社会层面的社会主义核心价值观,体现了中国特色社会主义内在的社会属性,是国家层面的价值目标和个人层面的价值准则的纽带,是推行红色基因教育的制度保障,以价值目标的方式引领社会规范的导向,并以一定的价值形式表现出来。"爱国、敬业、诚信、友善"属于个人层面的社会主义核心价值观,在中国特色社会主义实践过程中,体现了共产党人的道德品质,标示了群众的基本价值诉求,以价值理念的形式凝结在红色基因内,构成社会主义核心价值观的基础。无论是社会层面的价值取向,还是国家层面的价值目标,都渗透着红色基因的价值理念,都需要人民群众在实际行动中加以落实。[①] 社会主义核心价值观的分层与中国革命、建设、改革的历程密不可分,同时,在中国革命、建设、改革的实践中,红色基因的精华凝结在社会主义核心价值观内,红色基因孕育、滋养着三个层面的社会主义核心价值观。

[①] 陈殿林、徐沁沁:《论社会主义核心价值观三个基本层次的逻辑关系》,《学校党建与思想教育》2016年第12期。

小　结

　　红色基因是红色文化与革命文化的精髓,三者在内容结构、价值功能、生成逻辑方面既有区别,也有联系。红色基因与社会主义核心价值观是共产党领导人民群众在中国革命、建设、改革的过程中创造的先进文化成果。尽管红色基因与社会主义核心价值观面临的时代使命有所差异,但两者在精神内核、价值理念、道德观念方面具有同质性。① 在社会思潮多元与多变的时代背景下,红色基因与社会主义核心价值观一直成为动员人民群众为中华民族伟大复兴而拼搏的精神动力。红色基因与社会主义核心价值观之间有内在的联系,二者是一脉相承的,都属于马克思主义意识形态。红色基因蕴含着追求国家富强、民族解放的理想信念,蕴含着追求自由平等的价值理念,蕴含着舍身忘己、牺牲奉献的道德观念,这与社会主义核心价值观国家层面"富强、民主、文明、和谐"、社会层面"自由、平等、公正、法治"、个人层面"爱国、敬业、诚信、友善"的价值目标相契合。红色基因是伟大斗争实践的精神积淀与凝结,其生成和发展的历史体现了社会主义核心价值观倡导的价值目标、取向和准则。② 从内涵层面来说,红色基因与社会主义核心价值观具有同质性,这种同质性体现了红色基因与社会主义核心价值观内在关系的历史逻辑。

---

　　① 刘晓华:《红色文化与社会主义核心价值观的同构性论析》,《思想教育研究》2017年第10期。
　　② 刘晓华:《红色文化与社会主义核心价值观的同构性论析》,《思想教育研究》2017年第10期。

第二章　红色基因与社会主义核心价值观的同构性与同向性

红色基因是对中国人民寻求解放与幸福的斗争历程的精神凝结,蕴含着革命精神与红色传统。① 红色基因在革命文化中孕育而成,是红色文化与革命文化的精髓。红色基因与革命精神密切相连,包含着实事求是、理想信念、敢创新路、艰苦奋斗等。传承红色基因,激发正能量,凝聚价值共识,有利于促进社会主义核心价值观的认同。红色基因不但与社会主义核心价值观之间存在着历史逻辑,而且二者之间还存在着理论逻辑与实践逻辑。习近平总书记指出:"'明镜所以照形,古事所以知今。'今天,我们回顾历史……为了总结历史经验、把握历史规律……"②如何坚持马克思主义的指引,如何从中华优秀传统文化中吸取精华,从中国共产党百年奋斗史中总结历史经验,分析红色基因与社会主义核心价值观之间的同根性,让红色基因与社会主义核心价值观具有吸引力与凝聚力,这是一个值得探索的理论问题。红色基因与社会主义核心价值观的同根性包含了两个方面:一是文化基因的同根性,二者都是对中华优秀传统文化的继承和发展;二是理论基因的同根性,二者都是以马克思主义为理论基础而形成和发展。红色基因在内核和价值维度上同社会主义核心价值观内在契合,二者不但具有同质性,存在内在关系的历史逻辑;而且具有同根性和同向性,存在内在关系的理论逻辑与实践逻辑。二者都彰显了中国共产党的政党文化本色,体现了共产党人为人民服务的宗旨。在新的时代征程中,传承红色基因,强化社会主义

---

① 贾绘泽:《中国共产党文化自信的理论与历史逻辑》,《山西师范大学学报》2017年第2期。
② 习近平:《在庆祝中国共产党成立95周年大会上的讲话》,《人民日报》2016年7月2日。

核心价值观培育,为中国共产党带领人民群众实现中华民族伟大复兴提供精神动力。

第一节 共同的理论基础:马克思主义中国化及其理论成果

红色基因与社会主义核心价值观都是共产党领导人民群众在革命、建设、改革实践中创造的一脉相承的意识形态话语表现形式,都是马克思主义中国化的理论成果,都是在解决实际问题中需要借助的精神力量。红色基因与社会主义核心价值观同根同源、同质同构,二者在思想根源、理论根基方面是内在一致的。从马克思主义理论中国化的过程看,红色基因与社会主义核心价值观具有同根性;红色基因与社会主义核心价值观存在于中国共产党的政党文化中。马克思主义中国化及其理论成果是二者共同的理论基础。

一、马克思主义理论是红色基因与社会主义核心价值观的思想根源

红色基因与社会主义核心价值观都属于马克思主义意识形态范畴,依据马克思关于意识发展的重要论述,红色基因与社会主义核心价值观的产生是建立在传统文化基础之上的,也会受到传统与现实的价值观因素的影响。马克思指出:"人们自己创造自己的历史,但是他们并不是随心所欲地创造,并不是在他们自己选定的条件下创造,而是在直接碰到的、既定的、从过去承继下来的条件下创造。"①红色基因与社会主义核心价值观的形成受两种文化因素的影响较大:一是马克思主义;二是中华优秀传统文化。马克思主义哲学是关于世界观和方法论的学说,马克思主义崇高理想之一就是人的精神境界得到极大提高,为个人自由而全面的发展奠定基础。可以说,

---

① 《马克思恩格斯选集》,第一卷,人民出版社,2012,第585页。

马克思主义理论是红色基因与社会主义核心价值观的直接来源,红色基因以马克思主义理论为指导。中国共产党自成立以后高举马克思主义的伟大旗帜,领导人民群众开展革命、建设、改革活动,把马克思主义与中国国情相结合,开创了具有中国特色的道路。红色基因是马克思主义中国化的结晶,是马克思主义中国化的物质、制度、精神等文化成果。红色基因以马克思主义及其中国化理论为指导,在中国革命、建设、改革的实践中不断丰富发展,并凝结而成宝贵的精神财富。马克思主义中国化理论成果是社会主义核心价值观的理论基石。马克思主义哲学是科学性与革命性的统一,是关于价值观的学说,阐释着一系列的价值原则,包括实现人的自由全面发展、推动社会公平正义等,这些价值原则构成了社会主义核心价值观的主要思想来源。"社会主义核心价值观作为社会主义核心价值体系的高度凝练和集中表达,其命脉和灵魂,或理论精髓、精神内核自然是马克思主义信仰、共产主义信仰,只不过采用了价值观这种高度浓缩的形态。"[1]社会主义核心价值观的十二个词语贯穿着马克思主义的基本观点,传承了马克思主义基本价值理念。社会主义核心价值观坚持以马克思主义的价值理念为指导,保证其理论沿着正确的方向发展。

社会主义核心价值观赓续了革命文化的价值理念,而红色基因又是革命文化的精髓。社会主义核心价值观与红色基因都是以马克思主义为指导思想,马克思主义是引领群众认同社会主义核心价值观的"指南针"。在培育社会主义核心价值观的过程中,从马克思主义中找到信念与力量。习近平总书记强调:"中国特色社会主义理论体系归根到底是以马克思主义基本理论为指导的,是把这些基本理论同中国具体实际相结合的结果。不了解、不熟悉马克思主义基本原理,就不可能真正了解和掌握中国特色社会主义理论体系。"[2]红色基因与社会主义核心价值观属于中国特色社会主义理论体系中的意识形态部分,马克思主义意识形态在我国意识形态领域处于主体地位,引领红色基因传承与社会主义核心价值观培育的方向,引导文化软实力沿着正确方向逐步提升。

---

[1] 梅荣政:《关于社会主义核心价值观的几点思考》,《思想理论教育导刊》2015年第8期。
[2] 习近平:《在全国党校工作会议上的讲话》,《求是》2016年第9期。

二、从马克思主义理论中国化的过程看,红色基因与社会主义核心价值观具有同根性

马克思主义的中国化产生了毛泽东思想和中国特色社会主义理论体系。共产党人是马克思主义的坚定信仰者,"我们共产党人是坚定的马克思主义者,我们党的指导思想就是马克思列宁主义、毛泽东思想和中国特色社会主义理论体系"①。共产党人以马克思主义为思想武器,在中国革命、建设、改革的实践中经受住了种种考验。习近平总书记指出:"在把马克思主义基本原理同中国具体实际相结合、坚持走独立自主道路、坚定正确的政治路线和政策策略、建设坚强成熟的中央领导集体等方面,留下宝贵经验和重要启示。"②自从中国共产党成立以后,中国共产党高举马克思主义的旗帜,以马克思主义为指导思想,把马克思主义的立场、观点、方法运用到中国革命、建设和改革的实践,中国社会发生天翻地覆的变化,中国走向日益强大的新时代。总结党的百年奋斗经验,特别强调的一条就是以马克思主义为指导,促进马克思主义中国化,而红色基因与社会主义核心价值观正是在这一历史过程中孕育而产生的思想结晶。从中国近代史中汲取意识形态领域斗争的经验教训,从中国共产党百年思想政治工作史中汲取营养。以史资政,在当前的意识形态工作中借鉴历史经验,应对各种社会思潮的挑战,推动中国特色社会主义先进文化建设,这代表着共产党人对意识形态工作重要性的认识达到了一个新阶段。

马克思主义是红色基因与社会主义核心价值观共同的理论根基。马克思主义在中国得以广泛传播并不断中国化,为不同阶段红色基因的发展提供了理论源泉③,也为社会主义核心价值观的培育提供了理论基础。红色基因在马克思主义中国化的过程中不断得以孕育。五四运动之后,马克思主义在中国广泛传播,成为中国共产党创立的思想来源,在与中国国情相结

---

① 习近平:《牢记历史经验历史教训历史警示 为国家治理能力现代化提供有益借鉴》,《人民日报》2014年10月14日。
② 习近平:《看清形势适应趋势发挥优势 善于运用辩证思维谋划发展》,《人民日报》2015年6月19日。
③ 闫立光:《红色文化整体性研究推进的三个向度》,《江西理工大学学报》2016年第2期。

合的过程中,产生了一批理论成果,在中国革命、建设和改革实践中闪烁着思想光芒,红色基因在这特定理论基础上得以滋养与发展。在革命时期,红船精神、井冈山精神、遵义会议精神、延安精神、西柏坡精神相继产生;在中国建设与改革时期,焦裕禄精神、大庆精神、抗疫精神等红色基因在马克思主义的指导下得以孕育和发展。从这一角度来说,马克思主义是红色基因产生的理论根源。社会主义核心价值观沿着马克思主义指引方向得以培育与践行。一方面,在社会主义建设的新时代,社会思潮出现多元化趋势,社会价值观呈现出多样化的局面,利用主流意识形态加以引领势在必行。而社会主义核心价值观体现了主流意识形态话语体系,具有一定的先进性,能够引领各种社会思潮沿着正确方向发展。这种引领必须以马克思主义为指导,才能凝聚社会成员的价值共识。另一方面,在社会主义先进文化的建设过程中,培育社会主义核心价值观,需要汲取中国传统文化的有益成分,也需要借鉴不同国家历史文明成果,对多样化历史文明的扬弃,必须在马克思主义指导下,才能吸收精华,去其糟粕。因而,从这个方面来说,马克思主义是培育社会主义核心价值观的重要理论基石。红色基因和社会主义核心价值观的文化要素与理论要素不是各自独立的,而是在动态互动中,红色基因与社会主义核心价值观始终坚持以马克思主义理论为指导,对多种历史文明进行创新性发展。

三、红色基因与社会主义核心价值观共存于中国共产党政党文化中

马克思主义是红色基因与社会主义核心价值观共同的精神要义。红色基因不是无源之水,社会主义核心价值观不是无本之木,二者的产生有着特定的历史背景和浓厚的文化土壤。马克思主义为红色基因与社会主义核心价值观的产生提供了思想基础与精神滋养。思想孕育于行动,理论来源于实践。近代以来,伴随着帝国主义的入侵,中华民族处于内忧外患、风雨飘摇的危难时刻,为了实现民族独立、人民解放与国家富强、人民幸福,中国共产党带领人民群众在马克思主义的指引下奋斗拼搏,马克思主义与中国革命实践相结合,内发生成革命文化资源,孕育而成红色基因。中国共产党作

为无产阶级革命政党,坚持马克思主义的指导思想。习近平总书记在纪念马克思诞辰200周年大会上深刻指出:"马克思给我们留下的最有价值、最具影响力的精神财富,就是以他名字命名的科学理论——马克思主义。这一理论犹如壮丽的日出,照亮了人类探索历史规律和寻求自身解放的道路。"①马克思主义理论好似雄伟的太阳,照亮了劳苦大众前进的方向。在十月革命的影响下,先进中国人纷纷选择了马克思主义作为指路明灯,共产党人在斗争实践中认识到马克思主义的真理性,坚定了马克思主义信仰,树立了共产主义信念,铸造出先进的政党文化。事实证明,马克思主义改变了世界格局,深深地影响了中国的发展。中国梦的实现不仅要有一定的物质基础,而且要有一定的精神支柱,依靠一定的思想道德作为支撑。社会主义核心价值观的培育为实现中华民族伟大复兴提供了强大的精神力量。

　　社会主义核心价值观是中国共产党在新的历史条件下创造的理论成果,属于社会主义意识形态话语体系。社会主义核心价值观延续了红色基因的意识形态内核,体现出共产党人的价值诉求,反映出人民群众对主流意识形态的向往。中国共产党是工人阶级的先锋队组织,坚定信奉社会主义核心价值观;共产党员具有高尚的共产主义觉悟,是社会主义核心价值观的模范践行者。②"富强、民主、文明、和谐"体现了共产党人的奋斗前景和历史担当;"自由、平等、公正、法治"契合了共产党人的治国理政理念;"爱国、敬业、诚信、友善"体现了共产党人的基本价值诉求。以红色基因为核心的革命文化蕴含了马克思主义信仰,马克思主义理论是社会主义核心价值观的灵魂。③中国共产党的百年奋斗史就是一部践行信仰与信念的史诗,从中可以汲取智慧与力量。恩格斯指出:"共产主义不是教义,而是运动。它不是从原则出发,而是从事实出发。共产主义者不是把某种哲学作为前提,而是把迄今为止的全部历史,特别是这一历史目前在文明各国造成的实际结果作为前提。"④以史鉴今,在新时期,共产党人面临百年未有之大变局,需要坚定马克思主义信仰与共产主义信念,坚定实现中华民族伟大复兴的

---

　　① 习近平:《在纪念马克思诞辰200周年大会上的讲话》,人民出版社,2018,第6页。
　　② 魏和平:《内涵·价值·路径:革命文化涵育社会主义核心价值观的思考》,《思想理论教育导刊》2020年第9期。
　　③ 张朋林:《论中国共产党革命文化的历史性内涵》,《华北水利水电大学学报》2021年第1期。
　　④ 《马克思恩格斯文集》,第1卷,人民出版社,2009,第672页。

信心。作为马克思主义中国化的理论成果,红色基因与社会主义核心价值观在共产党人总结历史经验中得到滋养,在共产党人解决现实问题的过程中彰显强大的精神力量,为共产党人领导中国人民"站起来、富起来、强起来"的历史进程提供精神动力,体现了共产党人的责任与担当。因此,红色基因与社会主义核心价值观共存于中国共产党的政党文化中。

总之,红色基因与社会主义核心价值观渗透着马克思主义信仰。习近平总书记指出:"对马克思主义的信仰,对社会主义和共产主义的信念,是共产党人的政治灵魂,是共产党人经受住任何考验的精神支柱。"[1]红色基因与社会主义核心价值观都是以马克思主义为指导,二者都属于马克思主义信仰的一部分,在意识形态领域的本质是一样的,价值旨趣相同。

第二节 共同的文化根基:中华优秀传统文化

红色基因与社会主义核心价值观形成的过程也是改造群众主观世界的过程。中华优秀传统文化是现实条件,中国共产党改造群众的主观世界,受到这个现实条件的制约,这就需要以马克思主义为指导,正确对待中华优秀传统文化。吸收中华优秀传统文化精华是红色基因与社会主义核心价值观形成的文化基础。中华优秀传统文化精华潜移默化地影响着民族心理,深深地积淀在民族血脉之中。在继承与发展中华民族优秀文化遗产的过程中,形成了红色基因与社会主义核心价值观,中华优秀传统文化是红色基因与社会主义核心价值观的重要来源。

一、优秀传统文化是红色基因与社会主义核心价值观的源头活水

中华民族有着5000多年的文明历史,勤劳的中国人创造了博大精深的

---

[1] 习近平:《习近平谈治国理政》,第二卷,外文出版社,2017,第326页。

中华文明、光辉灿烂的历史文化。"自古以来,中国人民自强不息、勤奋创业的伟大精神塑造了千秋万代的民族之魂,构成了中华民族传统文化的主流精神。"①优秀传统文化为红色基因和社会主义核心价值观提供了扎实的文化根基。近代先进中国人对各种社会思潮(新村主义、互助主义、基尔特社会主义、改良主义、无政府主义等)进行甄别与实验,最终选择了马克思主义,在一定程度上是由于马克思主义与传统文化的内在关联。②例如,运用马克思主义作为思想武器,苏俄在十月革命后宣布废除与中国之间的不平等条约,主张坚持人民当家作主。在中国传统文化中存在着"等贵贱""民为本"的价值观念,契合了知识分子的民族心理体验与传统价值范式。苏俄的主张让中国知识分子找到了"知音",吸引了他们的关注,让面对各种西方思潮较为困惑的精英们看到了光明与希望,马克思主义成了他们的历史选择。中华优秀传统文化在马克思主义指引下发生了脱胎换骨的转变,传递着深厚的人文精神,彰显着群众的价值诉求,成为红色基因与社会主义核心价值观的滋养。因为中华优秀传统文化蕴含着炽热的民族情感与浓厚的历史气息,吸收了中华优秀传统文化养分的红色基因与社会主义核心价值观彰显出生命力、感染力、亲和力。红色基因与社会主义核心价值观承继了中华优秀传统文化的人文精神和道德理念,彰显了中华民族精神的精华。共产党人在中国革命、建设、改革的伟大实践中,运用马克思主义哲学,对中华优秀传统文化进行创造性改造,创造出红色基因,孕育出社会主义核心价值观。

从理论逻辑看,中华优秀传统文化是红色基因的源头活水与历史根脉,红色基因吸收了中华优秀传统文化的精华。例如,爱国主义是红色基因的底色,也是社会主义核心价值观的重要内容;在传统文化中,"精忠报国""捐躯赴国难""先天下之忧而忧"等表达爱国思想的语句比比皆是。在新民主主义革命时期,共产党员张思德为人民服务的故事流传甚广,服务群众是红色基因的重要内容;共产党人倡导社会主义核心价值观的目的是提高人民群众的精神文明程度,为提高群众的物质文明提供精神动力。红色基

---

① 李小三:《中国共产党人精神研究》,中央文献出版社,2008,第62页。
② 李约瑟:《四海之内:东方和西方的对话》,劳陇译,生活·读书·新知三联书店,1987,第67页。

因与社会主义核心价值观倡导以人民为中心的发展思想观念,发展传统文化的"民为本"理念,超越了传统文化中的民本思想。社会主义核心价值观发展了中华优秀传统文化的价值观念,体现了人民群众对美好精神生活的渴望。习近平总书记强调,社会主义核心价值观"传承着中华优秀传统文化的基因,寄托着近代以来中国人民上下求索、历经千辛万苦确立的理想和信念,也承载着我们每个人的美好愿景"①。在新时期,共产党人依据人民群众的价值诉求,吸收中华优秀传统文化的养分,从国家、社会、个人三个层面概括出社会主义核心价值观的基本内涵,为人民群众过上美好生活提供精神食粮。

二、优秀传统文化孕育滋养了红色基因与社会主义核心价值观

新民主主义文化是孕育红色基因的温床。新民主主义文化是科学的文化,一方面反对封建迷信,坚持真理,另一方面吸收中国传统文化的有益成分。对待传统文化应该持批判的态度,吸收精华,剔除糟粕,兼收并蓄。②恩格斯认为,新的学说"必须首先从已有的思想材料出发"③。毛泽东思想与中国特色社会主义理论是马克思主义中国化的产物,吸收了中国传统文化的营养成分,为红色基因的传承提供精神滋养。红色基因蕴含了崇高理想、坚定信念与高尚的道德观念,部分原因在于吸取了中华优秀传统文化的精粹内容,传承了传统文化的核心价值。新民主主义文化是革命的文化,具有民族形式与中国风格,深受群众的喜爱与欢迎,为践行社会主义核心价值观奠定了良好的文化氛围。研究传统文化,从历史文化中汲取营养,推动中国特色社会主义先进文化的发展壮大,为社会主义核心价值观的培育提供滋养。习近平总书记强调对传统文化要处理好继承和创造性发展的关

---

① 习近平:《习近平谈治国理政》,外文出版社,2014,第169页。
② 郑德荣:《毛泽东思想概论》,东北师范大学出版社,1994,第219页。
③ 《马克思恩格斯全集》,第19卷,人民出版社,2006,第205页。

系①,"坚持古为今用、洋为中用"②。红色基因在吸收中国传统文化精华的基础上茁壮成长,社会主义核心价值观的培育在借鉴这个历史经验的基础上得以成功。红色基因与社会主义核心价值观源于中华优秀传统文化,在建设中国特色社会主义先进文化实践中彰显出精神力量。习近平总书记指出:"优秀传统文化是一个国家、一个民族传承和发展的根本,如果丢掉了,就割断了精神命脉。"③习近平总书记强调了优秀传统文化的时代价值,要求发扬传统美德,并把具有五千年悠久历史的中华优秀传统文化视为战胜各种挑战的精气神。学习与宣传中华优秀传统文化,延续红色优良传统,凝练社会主义核心价值观的内容,传播马克思主义意识形态,宣传当代中国先进文化的价值观念,提升我国的文化软实力,践行社会主义核心价值观。传统文化以文化的形态保存前人的实践成果,后代人继承了适应社会进步的文化形态,在承袭与发展传统文明的过程中,不断前进。④ 红色基因与社会主义核心价值观以马克思主义为指导,汲取传统文化的智慧,吸收传统文化的精华,在革命斗争历程中不断发展壮大。习近平总书记指出:"……中国人民的价值观和精神世界,是始终深深植根于中华优秀传统文化沃土之中的,同时又是随着历史和时代前进而不断与日俱新、与时俱进的。"⑤

中华优秀传统文化是红色基因与社会主义核心价值观的共同文化开端。中华文明源远流长,中华文化在世界上影响深远,构成了红色基因的重要内容,也是社会主义核心价值观的重要养分。红色基因吸收了传统文化的价值理念,社会主义核心价值观吸纳了传统文化的精神品质,红色基因与社会主义核心价值观在传播与孕育的过程中都吸收了中华优秀传统文化提供的养分。从红色基因的内涵来看,中华优秀传统文化为其提供人文精神的滋养。从社会主义核心价值观来看,中华优秀传统文化能为其提供价值

---

① 习近平:《在纪念孔子诞辰2565周年国际学术研讨会暨国际儒学联合会第五届会员大会开幕会上的讲话》,《光明日报》2014年9月25日。
② 习近平:《胸怀大局把握大势着眼大事,努力把宣传思想工作做得更好》,《人民日报》2013年8月21日。
③ 习近平:《习近平谈治国理政》,第二卷,外文出版社,2017,第313页。
④ 张小荣:《中国传统文化及其现代价值》,西安出版社,2010,第29页。
⑤ 习近平:《在纪念孔子诞辰2565周年国际学术研讨会暨国际儒学联合会第五届会员大会开幕会上的讲话》,《人民日报》2014年9月25日。

理念与道德修养的滋养,社会主义核心价值观对传统文化中的"与人为善""讲信修睦"等道德素养进行根本性的优化升级,突出传统文化独特的历史价值与精神品质,为全面实现社会主义现代化提供精神动力。由此可见,红色基因与社会主义核心价值观都从中华优秀传统文化吸取营养,在新时代成为中国特色社会主义文化的组成部分。红色基因与社会主义核心价值观具有一定的民族性,以马克思主义的世界观与方法论为指导,对中华传统文化去粗取精、去伪存真,进行彻底的辩证唯物主义转化,把马克思主义与传统文化的文明素养结合起来,传承优秀文化精神,增强中华民族文化自信与历史自信。在传承红色基因与培育社会主义核心价值观的过程中,以马克思主义理论为指导,海纳百川,积极吸收中西文化的精华。挖掘传统文化的思想价值,梳理中华优秀文化体系,对传统文化进行通俗易懂的改造并赋予新的时代内涵,使之与社会主义核心价值观的培育相适应,让传统文化在新的历史条件下彰显时代价值。①

三、优秀传统文化是红色基因与社会主义核心价值观的根基沃土

中华优秀传统文化是中华民族的"根"与"魂",蕴含着自强不息、厚德载物、家国情怀等精神品质,彰显着中国人民勤劳勇敢、奋斗拼搏的人文精神。中华优秀传统文化是红色基因与社会主义核心价值观的文化源头。优秀传统文化强调伦理理念,蕴含着"天下兴亡,匹夫有责"的家国情怀、"求大同"的社会理想、"崇正义"的群体道德观念、"守信义"的诚信品德。② 无论是国家层面的,还是社会与个人层面的中华优秀传统文化,蕴含的人文素养与精神品格深深沉淀在群众的脑海里,体现在群众的生活方式上,深刻影响着群众对红色基因与社会主义核心价值观的认知与认同。红色基因扎根于中华优秀传统文化的肥沃土壤,凝聚成中国共产党革命精神谱系。中华

---

① 黄蓉生、田歧瑞:《社会主义核心价值观的红色文化特性探析》,《思想教育研究》2015年第10期。

② 魏和平:《内涵·价值·路径:革命文化涵育社会主义核心价值观的思考》,《思想理论教育导刊》2020年第9期。

优秀传统文化蕴含的历史观与价值观在马克思主义的指引下产生的激烈变革,凝聚升华,在新时期焕发出新的生机活力①,为社会主义核心价值观的培育奠定了文化基础。红色基因是激励中国人民攻坚克难、从一个胜利走向另一个胜利的精神密码,是培育社会主义核心价值观的思想源泉。② 中华优秀传统文化有着深厚的历史底蕴,为社会主义核心价值观提供文化滋养。中华优秀传统文化蕴含的人文精神增强了社会主义核心价值观的生命力、影响力。"中华优秀传统文化已经成为中华民族的基因,根植在中国人内心,潜移默化影响着中国人的思想方式和行为方式。今天,我们提出和弘扬社会主义核心价值观,必须从中汲取丰富营养,否则就不会有生命力和影响力。"③

共产党人在革命斗争实践中传承中华民族的传统美德,弘扬爱国传统,激励人民群众为中国解放事业奋斗拼搏,红色基因继承了中华优秀传统美德,并在革命斗争的过程中展现出强大的凝聚力与感召力。中华优秀传统文化,包含了儒家、道家等文化形态,还吸纳了辛亥革命等近代变革产生的珍贵文化遗产,在此基础上孕育而成红色基因,凝结而出社会主义核心价值观。中国传统哲学中的"唯实"观念、"知行观"是形成红色基因与社会主义核心价值观的"养料"。在春秋时期,老子强调"不为而成"。孔子提出"学而知之"的实践理念。荀况对其加以提升,强调:"凡以知,人之性也;可以知,物之理也。"④后来,王夫之倡导"先行后知",王阳明提出了"知难行易"。毛泽东对中国传统哲学知行观进行了批判性阐释,倡导"实事求是"。在中华优秀传统文化的浸润下,马克思主义中国化成果带有"民族风格",孕育而生了红色基因与社会主义核心价值观,社会主义核心价值观所表达的国家、社会、个人的价值取向传承了中华优秀传统文化的价值理念。⑤ 习近平总书记指出:"牢固的核心价值观,都有其固有的根本。抛弃传统、丢掉根本,就等于割断了自己的精神命脉。对于我们来说,博大精深的中华优秀

---

① 赵静、丁晓强:《革命文化对中华优秀传统文化的转化与发展》,《江淮论坛》2018年第2期。
② 汤玲:《中华优秀传统文化、革命文化和社会主义先进文化的关系》,《红旗文稿》2019年第19期。
③ 习近平:《习近平谈治国理政》,外文出版社,2014,第170页。
④ 冯友兰:《中国哲学史新编》(上卷),人民出版社,2001,第699页。
⑤ 袁秀:《红色文化与社会主义核心价值观的同向性思考》,《治理现代化研究》2019年第5期。

传统文化是我们在世界文化激荡中站稳脚跟的根基。"①中华文明博大精深,经过长期历史积淀,凝结而成文化传统与人文精神,成为红色基因和社会主义核心价值观的历史文化渊源。红色基因是在共产党人对中华民族传统文化批判性继承的基础上产生的。"中国共产党从成立之日起,既是中国先进文化的积极引领者和践行者,又是中华优秀传统文化的忠实传承者和弘扬者。"②红色基因以优秀传统文化为"源泉",以马克思主义为"灵魂"。社会主义核心价值观扎根于中华文化的土壤之中,体现了民族精神的发展趋势。社会主义核心价值观与中华优秀传统文化的价值理念是一脉相承的,在价值准则、道德品质和精神追求方面具有一致性。社会主义核心价值观来源于中华传统文化的价值理念,并对它们加以升华。

总而言之,中华优秀传统文化是红色基因与社会主义核心价值观的文化根基。"中国传统文化博大精深,学习和掌握其中的各种思想精华,对树立正确的世界观、人生观、价值观很有益处。"③红色基因的传承与社会主义核心价值观的培育离不开中华优秀传统文化的滋养。中华优秀传统文化在革命实践中得以转化与发展,蕴含的民族品格、民族精神在新时代闪烁着理论光芒。社会主义核心价值观萃取了中华优秀传统文化的有益成分,在中华优秀传统文化和红色基因高度融合的过程中得到赓续传播。价值观不是割裂的,而是相互关联的,后者是前者的创新性发展;三者各具特色又相互渗透、交互贯通,共同体现中国人民的精神诉求,浓缩着中华民族的精神品质。中华优秀传统文化是红色基因的文化沃土,也是涵养社会主义核心价值观的文化源泉,是发展中国特色社会主义文化的突出优势。

---

① 习近平:《习近平谈治国理政》,外文出版社,2014,第164页。
② 中共中央党史和文献研究院:《十九大以来重要文献选编》(上册),中央文献出版社,2019,第31页。
③ 习近平:《在中央党校建校80周年庆祝大会暨2013年春季学期开学典礼上的讲话》,《人民日报》2013年3月8日。

第三节　共同的价值诉求：以人民为中心

在百年革命、建设、改革实践中，共产党人构建了以人民为逻辑起点的群众观，形成了以人民为活力源泉和价值主体的群众路线理论，为群众实践活动提供根本遵循。群众是传播红色基因与社会主义核心价值观的主体，也是红色基因与社会主义核心价值观教育的服务对象。以人民为中心是红色基因与社会主义核心价值观的共同价值诉求。

一、为人民服务的价值理念凝结在红色基因与社会主义核心价值观的历史形成过程中

马克思主义政党的一切理论应致力于实现最广大人民的根本利益，这是马克思主义最鲜明的政治立场。毛泽东一直强调，革命文化工作要为大众服务。宣传工作要符合群众的实际文化水平与接受程度。老红军彭加伦回忆，他在《年关四字经》中用了"泪眼孤灯"。毛泽东批评这个用语太抽象，群众难以理解接受。对待中央苏区文艺工作，彭加伦总结经验教训：要结合实际，面向群众，通俗易懂。为政治、战争、群众服务。[①] 中央苏区涌现出来的文艺作品具有独特的风格和特点，这些文艺作品既来自广大工农兵群众，又服务于广大工农兵群众；既有革命的内容，又有广大工农兵群众喜爱的艺术形式，是真正属于工农兵群众的革命文艺，每一件文艺作品无不浸染着工农兵群众的感情和心血。为了贯彻文艺为工农兵服务的方针，瞿秋白非常重视剧本创作和演出效果，强调一出戏要边演边改，反复锤炼，才能产生好的剧本，演出好戏，为工农兵服务。抗战时期，毛泽东在延安文艺座谈会上提出文艺为工农兵服务。新民主主义的革命文化是大众的文化，民众是革命文化的主人。毛泽东指出："为什么人的问题，是一个根本的问题，

[①]《中央苏区队音乐、戏剧、美术——访老红军彭加伦》，江西省文化厅革命文化史料征集工作委员会编《中央苏区革命文化史料汇编》，江西人民出版社，1994，第396页。

原则问题。"①无产阶级的革命文化以人民为中心,反映群众的心声,彻底地为群众服务。红色基因是革命文化的核心,社会主义核心价值观是革命文化的延续,红色基因与社会主义核心价值观打上了为人民服务的烙印。

红色基因的价值核心是为大众服务,体现出以马克思主义为指导的红色基因站在道义与价值的高地上,为社会主义核心价值观的培育提供了理论逻辑。为人民服务,彰显出以人民为中心的价值旨趣。《共产党宣言》提出:"无产阶级的运动是绝大多数人的、为绝大多数人谋利益的独立的运动。"②无产阶级政权的经济基础是以公有制为主体,保障了在政治上人民当家作主,经济基础决定上层建筑,革命文化以无产阶级为领导,以为大多数群众服务为目标。在革命时期,强调文化为人民服务,中国共产党领导人民推翻帝国主义、封建主义和官僚主义的统治,实现民族独立与人民解放的目标。在新时期,中国特色社会主义先进文化的发展目标是提高人民的文化水平与思想修养,为群众过上美好生活提供精神食粮。习近平指出:"尽管经历过这样那样的曲折,但全心全意为人民服务的宗旨始终没有变。"③中国共产党的初心在文化上的表现是服务于群众,满足群众的精神文化需求,基于群众的价值诉求,培育群众的社会主义核心价值观。党的十九大报告指出:"中国共产党人的初心和使命,就是为中国人民谋幸福,为中华民族谋复兴。这个初心和使命是激励中国共产党人不断前进的根本动力。"④共产党人的初心与使命体现了以人民为中心的政党纲领,共产党人倡导红色基因与社会主义核心价值观,根本目的在于维护好群众的根本利益。在新的历史时期,共产党人勇担中国特色社会主义建设的使命,提供群众广阔的发展空间,增强群众的社会获得感,让群众感觉到社会的公平与温暖,激发群众的价值自觉与自主性观念。群众的价值追求伴随着个人的思想自觉、对社会理性的认知、对社会主义核心价值观的践行,逐步凝聚共识,促进群众观念的转变,推进社会主义核心价值观的培育。

---

① 《毛泽东选集》,第三卷,人民出版社,1991,第857页。
② 《马克思恩格斯选集》,第一卷,人民出版社,1995,第283页。
③ 习近平:《关于新中国60年党的建设的几点思考》,《学习时报》2009年9月28日。
④ 习近平:《决胜全面建成小康社会 夺取新时代中国特色社会主义伟大胜利——在中国共产党第十九次全国代表大会上的报告》,人民出版社,2017,第1页。

二、在实现好群众利益的基础上宣传红色基因与社会主义核心价值观

"……民众就是革命文化的无限丰富的源泉"①,革命文化的创造源于人民群众的实践,革命文化以人民群众为服务对象。红色基因是革命文化的精髓,像"革命文化"一样,红色基因在主体和功能上以人民群众为价值取向的基本对象。实际利益是激发群众投身革命活动的重要动力,共产党人在群众获得切身利益过程中传播意识形态话语,让群众有获得感,相信共产党人的意识形态宣传。马克思指出:"'思想'一旦离开'利益',就一定会使自己出丑。"②中国共产党成立以后,坚持马克思主义的群众路线理论,开展工农运动,致力于人民解放事业,以实现人民幸福为己任,维护好、发展好人民群众的根本利益,在实现好群众利益的基础上宣传红色基因与社会主义核心价值观,彰显红色基因与社会主义核心价值观的影响力与感召力。人民性是党的意识形态话语的重要特征,马克思指出:"他们并不想知道,他们称为理论、意识形态或者天晓得是什么的那些东西,早已成为人民的血肉,而且有一部分已经进入生活了。"③中央苏区时期,共产党人时刻牢记为人民服务的宗旨,以人民为中心的理念渗透于群众的日常生活,对群众核心利益的关注,体现在主流意识形态话语体系之中。共产党人把马克思主义的群众理论变成领导艺术,扎牢了党的意识形态话语权的群众根基,把高大上的意识形态话语转变为人民群众的日常生活语言。1930年5月18日,《闽西出席全国苏代会代表的报告》记述:"一年来群众对共产党的态度:闽西的党领导广大的群众,作长期的艰苦奋斗,当然对于一般群众有很大的影响。土地革命实现,苏维埃政权建立,更使群众有深刻的认识和拥护。"④共产党关注民生,为农民办实事,在1946年的《五四指示》与1947年的《中国土地法大纲》中,共产党不但宣传了为农民服务的土地政策,而且很快落到

---

① 《毛泽东选集》,第二卷,人民出版社,1991,第708页。
② 《马克思恩格斯全集》,第2卷,人民出版社,1995,第103页。
③ 《马克思恩格斯全集》,第41卷,人民出版社,1982,第154页。
④ 中央档案馆、福建省档案馆:《福建革命历史文件汇集(1930年)》,1984,第136页。

实处,赢得了农民的信任。国民党为了解决土地问题,曾经提出了"三民主义",提出了土地国有,并许诺把土地分配给农民,但是土地大部分是地主所有,国民党政权代表了大地主大资产阶级的利益,土地分配给农民的许诺是一句空话,农民感到的是欺骗,难以相信国民党的宣传。共产党说到做到,农民群众认识到共产党值得信任,相信共产党的宣传,党的意识形态话语显示出强大的吸引力,这就成为传播以马克思主义为指导的主流意识形态话语的重要法宝。红色基因与社会主义核心价值观都属于共产党人倡导的主流意识形态话语体系,二者的传播需要建立在满足人民群众实际利益的基础上,才能融入群众的内心世界。

新中国成立后,共产党人主张走社会主义道路,攻坚克难,解决了人民的温饱问题,使人民安居乐业,赢得了国家建设的胜利。邓小平指出:"革命是在物质利益的基础上产生的,如果只讲牺牲精神,不讲物质利益,那就是唯心论。"[1]邓小平强调两个文明一起抓,推进物质文明与精神文明协调发展,在实现群众物质利益的过程中宣传主流意识形态,作为主流意识形态话语体系的红色基因与社会主义核心价值观容易走进群众的内心世界。共产党人"关切民生福祉"[2],在政策制定上体现群众的利益诉求,在思想宣传上反映人民的心声,经济工作与意识形态工作一起抓,群众的切身利益得以维护,人民群众就会容易接受意识形态范畴的红色基因与社会主义核心价值观。

三、人民性是红色基因与社会主义核心价值观的根本属性

首先,人民性是红色基因的根本属性。人民群众是红色基因的主体,红色基因蕴含了以人民为中心的价值理念,这是以红色基因为核心的革命文化区别于一切旧文化的根本标志,也是红色基因的价值旨趣所在。[3] 红色基因的人民性,体现在中国共产党与人民群众的密切相连。共产党人坚持

---

[1] 《邓小平文选》,第二卷,人民出版社,1994,第146页。
[2] 逯继明:《革命文化是维系民族长盛不衰、国家兴旺发达的强大精神动力》,《毛泽东邓小平理论研究》2018年第7期。
[3] 张朋林:《论中国共产党革命文化的历史性内涵》,《华北水利水电大学学报》2021年第1期。

以人民为中心的理念,旗帜鲜明地提出一切为了群众、一切依靠群众的群众路线,把人民的利益放在第一位。红色基因在斗争实践中逐渐内化为群众价值共识的一部分。人民群众受到红色基因的熏陶,对革命历史充满敬意,在情感上与红色基因产生共鸣,自觉理解红色基因的内涵、接受红色基因的传播和认同红色基因蕴含的正能量,因此,红色基因逐渐融入群众的价值观内。习近平总书记指出:"中国革命历史是最好的营养剂。多重温这些伟大历史,心中就会增加很多正能量。"①近代以来,中国逐渐陷入半殖民地半封建社会的深渊,帝国主义国家的蹂躏与封建制度的盘剥,一度让民众饱受苦难的折磨,失去自尊心与自信心。中共建党精神唤起了人民群众的觉醒,激发了群众的民族意识,点燃了群众对民族独立的梦想,激励群众投入革命斗争实践。红色基因赋予人民群众强烈的爱国情感,提升了对自由平等、统一团结等价值理念的自觉意识。红色基因中的斗争精神是人民群众普遍认同的思想理念。红色基因蕴含的革命乐观主义精神激励人民群众艰苦奋斗、迎难而上,为实现中华民族伟大复兴而努力拼搏;红色基因蕴含的道德品质符合人民群众的基本价值诉求。红色基因具有鲜明的人民性,体现了马克思主义群众观,在团结、依靠群众中彰显力量,在服务群众的过程中显示价值。红色基因的人民性来源于实现中华民族伟大复兴的实践,红色基因依靠、服务于群众的伟大实践,是马克思主义哲学中动力论和价值论的科学统一。②

其次,人民性是社会主义核心价值观的根本属性。社会主义核心价值观集中体现了"人民性"的价值立场。人民性是马克思主义的本质特征,是社会主义核心价值观的灵魂所在。培育社会主义核心价值观的基本原则是:"坚持以人为本,尊重群众主体地位,关注人们利益诉求和价值愿望,促进人的全面发展。"③社会主义核心价值观符合马克思主义人民群众观的基本要求,以人民群众作为价值评价主体,以人民群众的评价作为评判价值的基本标准,体现了马克思主义价值观的精髓要义。依据马克思主义理论,人

---

① 《党面临的"赶考远未结束"——习近平总书记再访西柏坡侧记》,《光明日报》2013年7月14日。
② 欧阳秀敏、潘玉腾:《革命文化人民性的三维审视》,《思想教育研究》2019年第1期。
③ 中共中央办公厅:《关于培育和践行社会主义核心价值观的意见》,《人民日报》2013年12月24日。

民群众是价值创造的主体,价值理念是人民群众实践活动的产物,"人的实践过程,是价值本身的创造实现过程"①。社会主义核心价值观是人民群众主动价值选择的结果。在社会主义核心价值观的培育过程中,尊重人民群众的首创精神,共产党人在制定政策时要对人民负责。各级党组织积极动员群众参与到社会主义核心价值观的培育中来,凝聚共识,在价值观方面形成"最大公约数",汇聚实现中国梦的强大力量。社会主义核心价值观符合为绝大多数人谋解放、谋幸福的马克思主义哲学精神,以维护人民群众的根本利益为价值目标。社会主义核心价值观体现了最广大人民群众的价值诉求,其"根本着眼点和价值旨归就是最大限度地增进最广大人民的根本利益"②。社会主义核心价值观立足于提高人民群众的物质生活和精神生活,要求改革符合人民的利益诉求,"通过改革给人民群众带来更多获得感"③,要让人民群众共享改革发展的成果。社会主义核心价值观的价值评价主体是人民群众,以人民群众的评价作为各项政策制定的依据,人民是各项工作的"阅卷人",社会主义核心价值观的价值评价标准具有一定的人民性。群众利益需求得到满足,人民群众容易认同建立在一定经济基础之上的社会主义核心价值观。

总之,红色基因是马克思主义文化理论中国化的成果,崇尚共产主义思想,强调以人民为中心的价值理念,对中国传统文化与外来文化持批判吸收的态度。社会主义核心价值观是中国特色先进文化建设的重要内容,延续了红色基因的价值理念,赓续了红色血脉。④ 红色基因与社会主义核心价值观是中国共产党领导人民群众创造的,扎根于人民群众的革命、建设、改革实践,以为人民服务为宗旨,以实现人民群众的根本利益为目标,凝聚了人民群众共同的精神信仰,体现了人民群众共同的价值追求。

---

① 崔秋锁:《社会转型与价值选择》,吉林人民出版社,2005,第47页。
② 姚红艳:《人民性:社会主义核心价值观的本质特征》,《道德与文明》2012年第6期。
③ 习近平:《习近平谈治国理政》,第二卷,外文出版社,2017,第103页。
④ 段海超、赵爱霞:《文化自信视域下社会主义核心价值观的日常生活化探析》,《思想理论教育导刊》2018年第6期。

第四节 在实现中国梦方面的同向性

依据马克思主义认识论,改造主观世界与改造客观世界是辩证统一的。在改造客观世界的过程中,群众的主观世界得以提高;群众的主观世界持续得到改造,可以更好地推动人民群众改造客观世界。中国共产党尤其强调改造客观世界与改造主观世界的统一。正如毛泽东所说:"社会的发展到了今天的时代,正确地认识世界和改造世界的责任,已经历史地落在无产阶级及其政党的肩上。……无产阶级和革命人民改造世界的斗争,包括实现下述的任务:改造客观世界,也改造自己的主观世界——改造自己的认识能力,改造主观世界同客观世界的关系。"①一方面,传承红色基因,培育群众的社会主义核心价值观,改造群众的主观世界,为改造客观世界创造条件。另一方面,中国共产党努力带领人民群众改造客观世界,始终以实现中华民族伟大复兴为己任,在实现中华民族伟大复兴的过程中,推动群众的主观世界改造,通过红色基因的传承与社会主义核心价值观的培育,提高群众的思想道德修养。红色基因与社会主义核心价值观在价值目标方面存在密切的内在联系,都属于精神文明建设范畴,为中国特色社会主义现代化建设提供精神动力与智力支持,助推中国梦的实现。

一、共同助推中国梦的实现

"……理论一经掌握群众,也会变成物质力量。"②传承红色基因,培育社会主义核心价值观,以社会主义核心价值观"引领着中国梦的实现方向和进程"③。增强群众对马克思主义意识形态话语的认同,凝聚群众的思想共

---

① 《毛泽东选集》,第一卷,人民出版社,1991,第296页。
② 《马克思恩格斯选集》,第一卷,人民出版社,2012,第9页。
③ 傅李琦、周书俊:《社会主义核心价值观与中国梦的关系探究》,《思想理论教育导刊》2015年第7期。

识,团结一致,众志成城,为实现中国梦提供前行动力。中国梦凝结着近代以来中国人民的美好夙愿,承载着人民群众对未来生活的共同期望。中国梦的内涵就是国家富强、民族振兴和人民幸福。习近平总书记指出:"实现中国梦必须弘扬中国精神。"[1]红色基因与社会主义核心价值观都是中国精神的重要来源,都是共产党人领导人民群众在中国革命、建设和改革实践中创造的精神财富,在理想信念、价值理念与精神品质方面是一脉相承的。红色基因与社会主义核心价值观是全面实现社会主义现代化的内在精神动力,也是实现中国梦的精神源泉。中国梦的实现需要社会主义核心价值观的指引,社会主义核心价值观在实现中华民族伟大复兴的过程中起到凝心聚力的作用,是实现中国梦的"兴国之宝"与"强国之魂"[2]。社会主义核心价值观对新时代中国特色社会主义建设起到价值导向的作用,是人民群众价值追求的高度概括。社会主义核心价值观把中国梦转化为国家、社会、个人不同层面的价值诉求,以社会主义核心价值观的培育为媒介,推动群众在不同层面的价值观方面达成共识,为实现中国梦提供力量源泉和重要保障。社会主义核心价值观"奠定了中国梦最基本的价值底蕴"[3],社会主义核心价值观在国家层面、社会层面、公民层面的价值理念是相互联系的,共同成为实现中国梦的价值内核。总的来说,在新时期,红色基因与社会主义核心价值观作为精神动力与力量源泉,犹如车的两轮,共同推进中华民族伟大复兴的进程。

红色基因与社会主义核心价值观在精神文化层面具有相似性,把二者放在中华民族伟大复兴的宏观背景中进行分析,可以发现,二者在目标导向上有着共同点,都为民族振兴、国家富强和人民幸福提供价值指引与精神动力。"红色精神与中国梦相生相融于中国革命、建设和改革的伟大实践中,红色精神为实现中国梦提供思想理论与精神基础。"[4]红色基因是中国精神的核心,信念坚定、实事求是、敢闯新路、一心为民、清正廉洁是红色基因的内

---

[1] 中央文献研究室:《十八大以来重要文献选编》(上册),中央文献出版社,2014,第235页。
[2] 杨玉成:《社会主义核心价值观与民族复兴中国梦》,《中共福建省委党校学报》2016年第2期。
[3] 马健永、费聿辉:《中国梦与社会主义核心价值观的辩证统一性》,《中国石油大学学报》2018年第4期。
[4] 黄遵斌:《论红色精神与中国梦的内在逻辑》,《求实》2014年第3期。

涵,也体现了红色基因的时代价值。红色基因是中国共产党革命精神的来源,是新时期提高党的战斗力与强化党的创新力的源泉。弘扬党的光荣传统、优良作风,让红色基因世代传承,凸显出新的时代价值,推进实现中国梦的历史进程。社会主义核心价值观作为新时代的主流意识形态,引领社会思潮的发展方向,整合社会转型过程中出现的多元价值理念,构筑中华民族的价值之魂,不断夯实实现中国梦的力量源泉。社会主义核心价值观为中国梦的实现提供了价值支撑。红色基因与社会主义核心价值观具有独特的理想目标和精神信仰,传承红色基因,培育社会主义核心价值观,开展中国特色社会主义的"铸魂工程",形成最大范围的精神合力。① 从新时代中国的发展目标来看,"实现中华民族伟大复兴"②是战略任务;"人民日益增长的美好生活需要和不平衡不充分的发展之间的矛盾"③是现阶段我国的主要矛盾,需要在以人民为中心的理念引导下深化改革。中国特色社会主义的发展需要红色基因与社会主义核心价值观提供精神动力,也需要中国梦对其进行目标指引。传承红色基因,培育社会主义核心价值观,不断增强意识形态领域话语权,构筑中国精神与中国力量。把红色基因与社会主义核心价值观融入主流意识形态教育过程中,转化为对中国梦的情感认同和行为热情。红色基因与社会主义核心价值观有着共同的长远价值目标,共同回答了"从哪里来"和"到哪里去"这两个关于价值理念的重要问题,在价值目标方面具有内在统一性,有助于群众彼此产生思想共鸣,树立共同的价值标杆,固本铸魂,凝魂聚气。传承红色基因,培育社会主义核心价值观,提升社会整体道德水准,汇聚群众的精神力量,筑牢群众的思想之魂,夯实群众的信仰之基,从而助推中国梦的实现。习近平总书记指出:"历史和现实都表明,构建具有强大感召力的核心价值观,关系社会和谐稳定,关系国家长治久安。"④社会主义核心价值观是凝聚社会成员价值共识的最大公约数,

---

① 戴钢书、侯莲梅:《试论社会主义核心价值观与中国梦、中国精神的基本关系》,《社会主义核心价值观研究》2018年第4期。
② 习近平:《决胜全面建成小康社会 夺取新时代中国特色社会主义伟大胜利——在中国共产党第十九次全国代表大会上的报告》,人民出版社,2017,第19页。
③ 习近平:《决胜全面建成小康社会 夺取新时代中国特色社会主义伟大胜利——在中国共产党第十九次全国代表大会上的报告》,人民出版社,2017,第19页。
④ 习近平:《习近平谈治国理政》,外文出版社,2014,第163页。

引领社会思潮的发展方向,具有强大的号召力和向心力,有助于国家的长治久安,为实现中国梦提供稳定的社会环境。

二、红色基因与社会主义核心价值观具有信念坚定的伦理价值,为实现中国梦提供精神动力

中国崛起,标志着5000年伟大文明的复兴。伴随着中国崛起的传统历史文化,体现了中国人民的精神特质,浸润着红色基因,滋养着社会主义核心价值观。100多年来,面对着近代史上的内忧外患,中国共产党带领人民群众不断探索,坚忍不拔,奋发向上,依靠自己的信念,在短短几十年间就去除了"东亚病夫"的形象,彻底改变了颓势,步入了世界强国之林。"坚定理想信念,坚守共产党人精神追求,始终是共产党人安身立命的根本。"①大革命失败后,中国共产党面临诸多艰险,敢不敢于革命,怎样坚持革命,是对共产党员的巨大考验,广大党员干部坚定信念,不断探索中国的革命道路。在井冈山斗争中,红军取得了很多胜利,但也遭遇过挫折。当时,有的红军将领提出了"红旗到底能打多久"的疑问,悲观情绪一度蔓延。为此,毛泽东同志写了《星星之火,可以燎原》,坚定了广大军民的信念,鼓舞了军民革命到底的信心。1935年,刘伯坚不幸受伤被俘,在狱中写下了家书,坚信"中华民族必能得到解放"。在长征过程中,红军爬雪山、过草地,对革命的未来信念坚定,克服重重困难,成功地到达陕北。抗战时期,八路军、新四军克服了日军与国民党顽固派设置的种种障碍,信念坚定,不怕牺牲,取得了抗战的胜利。解放战争时期,中国共产党领导中国人民,抱有建立新中国的理想信念,以小米加步枪打败了国民党反动派的飞机加大炮,取得了民族独立,人民解放。正是有了信仰的力量、组织的力量,我们党能够不断发展壮大,取得一个又一个胜利。② 共产党人倡导马克思主义信仰,信仰是信念的前提与基础。红色基因与社会主义核心价值观都属于马克思主义意识形态范畴,传承红色基因,培育社会主义核心价值观,增强了群众的中国特色社

---

① 中共中央文献研究室:《习近平关于全面从严治党论述摘编》,中央文献出版社,2016,第57页。

② 强卫:《发扬光荣传统 传承红色基因》,《中国井冈山干部学院学报》2014年第5期。

主义共同理想与共产主义信念;发展中国特色社会主义事业推进了中国梦的进程,实现中国梦为发展共产主义事业增砖添瓦;中国特色社会主义共同理想与共产主义信念的确立,坚定了群众实现中国梦的信心。"对马克思主义的信仰,对社会主义和共产主义的信念,是共产党人的政治灵魂,是共产党人经受住任何考验的精神支柱。"①信仰、信念、信心之间具有内在的联系。红色基因与社会主义核心价值观在中国革命、建设、改革实践过程中彰显出理想信念的力量,在共产党人攻坚克难的斗争过程中起到聚合民心、凝聚力量的作用,为实现中华民族伟大复兴提供精神支撑。

传承红色基因,培育社会主义核心价值观,首要的就是激活党员干部的理想信念。习近平总书记指出:"理想信念就是共产党人精神上的'钙',没有理想信念,理想信念不坚定,精神上就会'缺钙',就会得'软骨病'。"②显然,理想信念是共产党人强大的精神力量,"革命理想高于天"。传承红色基因,培育社会主义核心价值观,增强群众的马克思主义信仰,树立群众实现中国梦的信心,才能经受住经济发展中的诸多风险和困难,取得辉煌的成就。在实现中国梦的征程中,挑战和阻力在所难免,更加需要团结一心的精神纽带,更加需要传承红色基因与培育社会主义核心价值观,大力弘扬爱国主义精神,凝聚共识,形成实现中国梦的精神源泉。在新时期,传承红色基因,培育社会主义核心价值观,有助于中国梦的实现。党的十八大以来,习近平一再强调坚定的信念对于党员干部的作用。"有了坚定的理想信念,站位就高了,眼界就宽了,心胸就开阔了,就能坚持正确政治方向……永葆共产党人政治本色。"③党的十八大报告指出,马克思主义信仰是共产党人的灵魂,也是共产党人的精神支柱。只有信念坚定,才能旗帜鲜明,无所畏惧,抵挡住各种诱惑。理想信念动摇是最危险的动摇,理想信念滑坡是最危险的滑坡。着眼于坚定信念,补足精神之钙。信念是共产党人精神上的"钙",只有坚定信念,才能树立正确的人生观、价值观。社会主义核心价值

---

① 习近平:《习近平谈治国理政》,外文出版社,2014,第15页。
② 中共中央文献研究室:《论群众路线——重要论述摘编》,中央文献出版社、党建读物出版社,2013,第121页。
③ 中共中央文献研究室:《论群众路线——重要论述摘编》,中央文献出版社、党建读物出版社,2013,第129-130页。

观是中国梦的价值内核,中国梦是社会主义核心价值观的信念支撑①,坚定信念的支撑是中国梦与社会主义核心价值观的共同特征。红色基因与社会主义核心价值观是信仰、忠诚、追求,各级党员干部要传承红色基因,践行社会主义核心价值观,敢于担当,勇于拼搏,自强不息。坚定的信念是红色基因的"根"与社会主义核心价值观的"魂"。在新形势下,传承红色基因,践行社会主义核心价值观,形成奋发向上的强大力量,为实现中国梦提供精神动力。

三、红色基因与社会主义核心价值观蕴含着一心为民的理念,为实现中国梦凝聚中国力量

红色基因与社会主义核心价值观蕴含着一心为民的价值理念,有利于凝聚实现中国梦的中国力量。全心全意为人民服务是党的根本宗旨。党的执政根基在于人民,党的力量源泉来自人民,党的最大价值追求是服务人民。人民群众对美好生活的向往就是我们的前进动力,用实干响应群众的呼声,通过为群众谋利益来赢得群众信任。一心为民是红色基因与社会主义核心价值观的内涵所在,也是共产党人的政治本色,更是中国共产党能够发展壮大,领导中国人民取得革命、改革、建设事业胜利的重要原因。在井冈山革命根据地时期,毛泽东把为人民服务作为党的宗旨,制定了《井冈山土地法》《兴国土地法》,放手发动群众,解决农民群众最为关心的土地问题,想群众之所想,为群众谋利益,翻身的群众衷心拥护、全力支援革命战争。长征期间,中国共产党善不善于开展群众工作,关系到党的生死存亡和革命事业的成败得失,是对当时党群关系的一次巨大考验。长征是宣传队,向群众宣传革命的道理;长征是播种机,播下革命的种子。党善于做群众工作,帮助群众,为群众服务,军民鱼水情。长征是无后方的流动作战,如果没有人民群众的支持,红军寸步难行。长征途中,发扬了密切联系群众的光荣传统,尊重群众利益,积极动员群众,保护群众财产,取得了群众的信任和支

---

① 项久雨、吴海燕:《论社会主义核心价值观与中国梦的内在联系》,《思想政治教育研究》2016年第4期。

持。同时,党制定了正确的民族和宗教政策,团结了少数民族,有了"彝海结盟"的历史佳话,受到了少数民族同胞的支持。长征的胜利是与中国共产党践行群众路线分不开的。长征途中,党在群众中留下了一心为民的形象,在群众中树立了伟大与光荣的形象。人民群众是历史的主体,也是历史的创造者;中国共产党的宗旨是为人民服务,红色基因与社会主义核心价值观是共产党人倡导的主流意识形态。

在红色基因与社会主义核心价值观的指引下,彰显中华优秀传统文化中"民本思想"的时代价值,突破时代局限性,吸收精华,去除糟粕,以人民利益为最终诉求,凝聚实现中国梦的力量。① 当前大力传承红色基因,培育社会主义核心价值观,弘扬一心为民的优良传统,贯彻党的群众路线,凝聚中国力量,推进实现中国梦的进程。习近平指出:"实现中国梦必须凝聚中国力量。这就是中国各族人民大团结的力量。中国梦是民族的梦,也是每个中国人的梦。只要我们紧密团结,万众一心,为实现共同梦想而奋斗,实现梦想的力量就无比强大……"②中国梦是人民的梦,实现中国梦必须依靠人民。人民群众是社会实践的主体,也是实现中国梦的主体。高举中国梦的旗帜,要充分调动人民群众的积极性、主动性、创造性,把党的宏伟蓝图变成群众的自觉实践,把中国梦的美好愿景变为现实。贯彻落实党的群众路线,相信人民群众,尊重人民群众的首创精神,善于听取群众心声,采纳群众意见,实现群众利益,让一切有利于实现中国梦的力量充分展示出来。把人民群众的智慧吸收进党的理论和路线方针政策中,扎根于民,立足现实,落实群众路线,凝聚中国力量,大力推进实现中国梦的进程。党的宗旨是全心全意为人民服务。坚持一心为民,贯彻群众路线,这是辩证统一的关系。党的十八大以来,习近平总书记反复强调传承红色基因,以便"发扬党的光荣传统和优良作风,保持同人民群众的血肉联系"③。一是强调站稳群众立场,把党的正确主张变为群众的主动行动,把群众路线作为治国理政的根

---

① 杨红星、王永和:《中国梦与社会主义核心价值观对传统民本思想的超越与发展》,《学校党建与思想教育》2016年第2期。
② 习近平:《实现中国梦必须走中国道路——在第十二届全国人民代表大会第一次会议上的讲话》,《人民日报》2013年3月18日。
③ 中共中央文献研究室:《论群众路线——重要论述摘编》,中央文献出版社、党建读物出版社,2013,第125页。

基。二是强调维护群众利益,对人民群众要有仁爱之心、关爱之心。三是强调始终依靠群众,把政治智慧的增长扎根于人民群众的实践沃土之中,要放下架子,多向群众请教。习近平总书记的系列重要论述体现了马克思主义的群众观,反映了红色基因与社会主义核心价值观蕴含的人民至上的价值诉求,既是对我们党传承红色基因与培育社会主义核心价值观的深刻经验总结,也是对实现中华民族伟大复兴的深刻认识。落实习近平总书记的重要讲话精神,传承红色基因,培育社会主义核心价值观,凝聚实现中国梦的力量。

总而言之,任何民族的复兴都离不开先进文化的支撑,离不开精神动力的推动。中国崛起形成并强化着中国模式,"中国模式"积淀和内化着中国理念,浸润和彰显着中国精神。① 红色基因与社会主义核心价值观属于中国精神的范畴,是中国共产党带领人民追寻中国梦过程中的历史纽带与精神产物。红色基因与社会主义核心价值观是中国共产党人革命精神面貌的重要展现,也是中华优秀传统文化的历史延续。在实现中国梦的历史征程中,红色基因将以其超越时空的巨大力量,社会主义核心价值观以强大的精神力量,引领未来发展方向,二者发挥着导向、激励和教化功能,推动中国特色社会主义事业不断前进。历史的硝烟已经散去,世情、国情、党情也产生了巨大变化,党在革命战争年代的一些具体做法需要与时俱进,但是红色基因所蕴含的基本价值理念仍然会延续下去,社会主义核心价值观赓续了红色血脉,延续了红色基因的理想信念、价值理念与道德观念。传承红色基因,践行社会主义核心价值观,坚定实现中国梦的信念,使之转化为夙兴夜寐的创业激情;一心为民,凝聚中国力量,推动实现中华民族伟大复兴的中国梦。红色基因、社会主义核心价值观与中国梦有着内在逻辑。红色基因与社会主义核心价值观在实现中国梦的过程中孕育而成;红色基因与社会主义核心价值观是中国梦的重要价值内核,中国梦承载着红色基因的光明前景和社会主义核心价值观的价值归宿。红色基因是实现中国梦的精神支柱,社会主义核心价值观是实现中国梦的力量之源,中国梦是传承红色基因与培育社会主义核心价值观的重要载体。

---

① 王泽应:《中国精神:形塑中国模式,助推中国崛起》,《华中科技大学学报》2014 年第 5 期。

第五节　在增强文化自信方面的同向性

从实践逻辑来看,文化自信筑基于中国梦的历史进程,也会在实现中国梦的实践中得以增强。文化自信是一个国家兴旺发达的精神动力,是一个民族走在时代前列的精神底气。文化自信相对于道路自信、理论自信和制度自信,是"更基础、更广泛、更深厚的自信"①。文化自信是中华民族崛起于世界民族之林的思想前提,是中国特色社会主义道路、理论、制度形成和发展的文化基础。厚植中华民族文化自信的根基,有助于增强群众对道路自信、理论自信、制度自信的把握与理解。社会主义核心价值观是文化自信的灵魂和旨归,为增强文化自信提供了思想基础;以爱国主义为核心的红色基因是文化自信的精神源泉,为增强文化自信提供了强大动力和精神支持。② 红色基因与社会主义核心价值观是增强文化自信的重要精神支柱,从增强文化自信的效果来看,红色基因和社会主义核心价值观都起到重要支撑作用。

一、红色基因与社会主义核心价值观厚植了文化自信的基础

红色基因和社会主义核心价值观厚植文化自信的功能显著,二者在增强文化自信的价值上具有同向性。耿玉娇在《"社会主义核心价值观与文化自信"理论研讨会综述》一文中归纳了华中师范大学王建国教授的观点:"我国自信的文化有中国优秀传统文化、革命文化、社会主义先进文化。"③ 红色基因是革命文化的精髓,社会主义核心价值观是社会主义先进文化的

---

① 习近平:《在庆祝中国共产党成立95周年大会上的讲话》,《人民日报》2016年7月2日。
② 郑海祥、阚道远:《托起文化自信的三大支柱:社会主义核心价值观、民族精神和时代精神》,《思想理论教育导刊》2017年第10期。
③ 耿玉娇:《"社会主义核心价值观与文化自信"理论研讨会综述》,《高等教育评论》2017年第1期。

集中体现;红色基因与社会主义核心价值观来源于中华优秀传统文化,并从优秀传统文化中吸取营养成分,提高了增强文化自信的能力。红色基因与社会主义核心价值观都是从革命文化中孕育而生的。近代以来,帝国主义入侵中国,给中国带来了巨大的灾难与痛苦,国民在屈辱历史中浸润已久,容易产生文化自卑的心理,必须克服这种不良心态,才能树立民众的文化自信。毛泽东批判了文化专制主义,认为文化专制主义为大资产阶级服务,文化专制主义遏制人民的政治自由,也不愿工农在文化上抬头。毛泽东主张发展民族的科学的大众的文化。在新时期,学习与借鉴毛泽东的新民主主义革命文化理论,总结革命文化的内涵,传承红色基因,推动社会主义先进文化建设,传播作为主流意识形态的社会主义核心价值观,抵制文化虚无主义。通过广泛凝聚群众的价值共识,培育社会主义核心价值观,促进群众的文化自信,助推中国梦的实现。

社会主义核心价值观从国家价值目标、社会价值属性和个人价值遵循三个方面凝结着人民群众的共同价值诉求,明确了"建设什么样的国家、发展什么样的社会、塑造什么样的个人"的价值目标,彰显了人民群众的价值自信,增强了人民群众的文化自信。① 文化自信是一个国家与民族对自身理想发自内心的敬畏,对自身的价值观表现出十分的尊崇,整个国民具有积极向上的心理状态。历史虚无主义与西方的普世价值观容易导致群众的文化不自信,解决此类问题,需要增强群众对社会主义核心价值观的认同和对红色基因的认可。文化自信从根本意义上说就是价值观的自信,培育社会主义核心价值观是坚定文化自信的根本要求,坚定文化自信是培育社会主义核心价值观的集中体现,是发挥社会主义核心价值观功能作用的基本前提。习近平总书记指出:"在5000多年文明发展中孕育的中华优秀传统文化,在党和人民伟大斗争中孕育的革命文化和社会主义先进文化……代表着中华民族独特的精神标识。"②培育文化自信,可以从优秀传统文化与革命文化中找到理论逻辑。

---

① 徐海楠:《论培育和践行社会主义核心价值观的文化自信》,《思想教育研究》2020年第2期。
② 习近平:《在庆祝中国共产党成立95周年大会上的讲话》,《人民日报》2016年7月2日。

二、以马克思主义为指导,加强红色基因与社会主义核心价值观对文化自信的思想引领

"文化自信是一个国家、一个民族发展中更基本、更深沉、更持久的力量。"①文化自信需要一定的物质基础和雄厚的经济实力,也需要精神文化的重要支撑。红色基因与社会主义核心价值观属于精神文化,所蕴含的思想理念、价值观念、高贵品质是文化自信的精神支撑。红色基因与社会主义核心价值观都是马克思主义中国化的理论成果,都是对革命文化的延续与发展。新民主主义文化是一种特殊形态的革命文化。毛泽东在《新民主主义论》一书中指出,帝国主义文化在中国横行,封建文化是帝国主义文化的帮凶。封建文化倡导旧礼教与旧思想。帝国主义文化和封建文化是文化领域中的反动联盟,反对中国的新文化。② 五四运动以前,资产阶级文化与封建文化进行斗争。由于中国资产阶级的软弱性,中国资产阶级的文化被帝国主义文化和中国封建文化打败。五四运动以后,崭新的文化生力军出现,这就是新民主主义文化,以马克思主义为指导,为共产党人所领导。新民主主义文化属于共产主义的宇宙观。在中国共产党的领导下,新民主主义文化以马克思主义为思想武器,展现出强大的战斗力,与帝国主义文化和封建文化进行了残酷的斗争,并取得了胜利。在中国革命、建设、改革的历程中,中国共产党领导中国人民取得的成功,不但离不开以马克思主义为核心的世界观与方法论的指导,而且离不开以马克思主义为核心的价值观的引领。

习近平总书记指出:"我们干事业不能忘本忘祖、忘记初心。我们共产党人的本,就是对马克思主义的信仰,对中国特色社会主义和共产主义的信念……"③红色基因与社会主义核心价值观都体现了共产党人的初心,本质上都属于马克思主义信仰。共产党人怀着"理想信念高于天"的价值理念,勇往直前,进行了伟大斗争,取得了伟大的胜利。以马克思主义为指导,中

---

① 习近平:《决胜全面建成小康社会 夺取新时代中国特色社会主义伟大胜利——在中国共产党第十九次全国代表大会上的报告》,人民出版社,2017,第23页。
② 郑德荣:《毛泽东思想概论》,东北师范大学出版社,1994,第217页。
③ 习近平:《习近平谈治国理政》,第二卷,外文出版社,2017,第326页。

国共产党在革命过程中找到自信的源泉。① 近百年来,中国共产党人坚持以马克思主义为指导,在革命过程中孕育了革命文化,倡导社会主义核心价值观;同时,坚持百花齐放、百家争鸣,但不排斥文化领域中的多元共生现象,既反对文化盲从主义,又反对文化虚无主义,塑造了中国特色的文化自信。通过马克思主义意识形态教育,教化群众以社会主义核心价值观自信为支点,坚定对中华优秀传统文化的文化自信,克服文化自信面临的挑战②,强化马克思主义对增强文化自信的引领作用。红色基因属于革命文化的范畴,高举马克思主义旗帜,凸显了马克思主义意识形态的凝聚力、向心力,促进群众在价值理念上达成共识,有利于增强群众的文化自信。

三、吸收中西方文化的精华,为红色基因与社会主义核心价值观补充养分,增强文化自信的能力

耿玉娇在《"社会主义核心价值观与文化自信"理论研讨会综述》一文中归纳了武汉理工大学朱喆教授的观点,文化自信来源于群众对理想信念的信任及对优秀传统文化的珍爱与自身文化价值的肯定。文化自信包括:含有制度文化、精神文化的优秀传统文化,在反帝反封建的革命过程中逐步形成的革命文化。③ 中华优秀传统文化体现了中华民族的"精气神",为增强文化自信奠定了坚实的文化根基。毛泽东说过:"从孔夫子到孙中山,我们应当给以总结,承继这一份珍贵的遗产。"④毛泽东熟读中国历史,了解中国传统文化,从中国实际出发,以马克思主义为指引,从优秀传统文化中汲取智慧,领导中国革命走向成功。在吸收优秀传统文化成果的基础上,毛泽东提出了新民主主义文化理论,激发了民族自信,激起了群众当家作主的信心,去除了群众文化自卑的心理。加强对中国传统文化的考察研究,弘扬中华民族的传统美德,推进群众对社会主义核心价值观的认同,夯实群众文化

---

① 吴桂韩:《牢固树立党史文化自信》,《理论与改革》2016年第5期。
② 张春和、张学昌:《坚定文化自信的价值理路分析——兼论社会主义核心价值观教育》,《理论与改革》2016年第6期。
③ 耿玉娇:《"社会主义核心价值观与文化自信"理论研讨会综述》,《高等教育评论》2017年第1期。
④ 《毛泽东选集》,第二卷,人民出版社,1991,第534页。

自信的根基。借鉴革命文化发展的历史经验,吸收中华优秀传统文化的精华,培育社会主义核心价值观,树立文化自信。增强文化自信,需要从中华优秀传统文化教育中吸收精华,与现实需要相结合转化优秀传统文化成果。在转化过程中,要阐释中华优秀传统文化与红色基因形成的过程及其内在关系;在传承中华优秀传统文化和红色文化的同时,促进社会主义核心价值观的培育,服务于中国特色社会主义先进文化建设。中华优秀传统文化滋养社会主义核心价值观,红色基因熔铸社会主义核心价值观,培育社会主义核心价值观离不开坚定的文化自信。① 以红色基因、社会主义核心价值观引领传统文化的转化与发展,实现坚定文化自信与传承红色基因、培育社会主义核心价值观之间的协调发展。

红色基因不仅来源于中华优秀传统文化,还以马克思主义理论为指导,融合吸收了国外优秀文化成果,植根于中国革命、建设和改革的具体实践。② 红色基因是革命文化的精华,吸收了国外文化成果的有益成分。增强文化自信,不但要吸收中华优秀传统文化的精华,而且要博采外国文化之所长。在洋务运动中,先进中国人对待外来文化持排斥态度;在新文化运动中,先进中国人对待外来文化持全盘肯定的态度。十月革命之后,马克思主义在中国得以广泛传播,"中国人在精神上就由被动转入主动"③,共产党人拿起马克思主义的武器,对待外来文化采取辩证法思维,冷静客观对待西方文化。李大钊、毛泽东、瞿秋白、周恩来等一批初步具有共产主义思想的知识分子认为中西文化各有所长,倡导中西文化融合④,而胡适等自由主义者激进地反对传统文化。李大钊在《东西文明根本之异点》一文中指出:"东西文明,互有长短,不宜妄为轩轾于其间。"⑤毛泽东指出:"世界文明分东西两流,东方文明在世界文明内,要占个半壁的地位。然东方文明可以说就是中国文明。吾人似应先研究过吾国古今学说制度的大要,再到西洋留学才有

---

① 冯刚:《在坚定文化自信中培育和践行社会主义核心价值观》,《社会主义核心价值观研究》2017年第6期。
② 张侃:《红色文化、国家记忆与现代国家建构的宏观思考——一个政治哲学的维度》,《福建论坛》2017年第7期。
③ 《毛泽东选集》,第四卷,人民出版社,1991,第1516页。
④ 袁秀:《红色文化与社会主义核心价值观的同向性思考》,《治理现代化研究》2019年第5期。
⑤ 《李大钊全集》,第二卷,人民出版社,2006,第213页。

可资比较的东西。"①后来,毛泽东在《新民主主义论》中指出:"中国应该大量吸收外国的进步文化,作为自己文化食粮的原料。"②新民主主义文化是民族的,反对帝国主义的压迫,维护中华民族的尊严。革命文化同外来文化相连,吸收外国文化中的精华,互相借鉴而发展。共产党人倡导在扎根于中华民族文化文库的基础上逐步推进马克思主义的中国化,"使马克思主义在中国具体化,使之在其每一表现中带着必须有的中国的特性"③,同时,吸收各国文明的有益养分,推进中华传统文化的现代化转型,形成具有民族风格的红色基因传承方式,让社会主义核心价值观具有鲜明的民族特色,为增强文化自信打下坚实的基础。共产党人以马克思主义为思想武器,吸收中华文明的文化养分,积极推进不同文明之间的交流互鉴,使"文明因交流而多彩,文明因互鉴而丰富"④。在推进文明交流互鉴中,对各国文化成果扬长补短,正确对待别国的发展模式,通过冷静的对比分析,让群众增强道路自信、理论自信和制度自信,在此基础上增强了文化自信。

毛泽东提出的"取其精华、去其糟粕"有利于革命文化的发展壮大,也是正确对待外来文化的基本态度,为增强红色基因与社会主义核心价值观的吸引力提供借鉴。新时代,要以博大宽广的胸怀对待世界多元文明。习近平总书记指出:"每一个国家和民族的文明都扎根于本国本民族的土壤之中,都有自己的本色、长处、优点。"⑤社会主义先进文化建设应该吸收人类文明一切有价值的东西,社会主义核心价值观的培育也要吸收世界文明的长处。习近平总书记指出:"文明之间要对话,不要排斥;要交流,不要取代。"⑥马克思主义本身就是外来文化的璀璨明珠,革命文化应该吸收外国文化的营养成分。将世界文化与本国文化结合起来,吸收国外文化的有益成分,实现红色基因与广大群众的紧密联结,是传承红色基因的必要条件,

---

① 中共中央文献研究室、中共湖南省委《毛泽东早期文稿》编辑组:《毛泽东早期文稿》,湖南人民出版社,1990,第474页。
② 《毛泽东选集》,第二卷,人民出版社,1991,第706页。
③ 《毛泽东选集》,第二卷,人民出版社,1991,第534页。
④ 习近平:《习近平谈治国理政》,外文出版社,2014,第258页。
⑤ 习近平:《在纪念孔子诞辰2565周年国际学术研讨会暨国际儒学联合会第五届会员大会开幕会上的讲话》,《光明日报》2014年9月25日。
⑥ 中共中央文献研究室:《十八大以来重要文献选编》(中),中央文献出版社,2016,第697页。

也是推进社会主义核心价值观践行的群众基础。耿玉娇在《"社会主义核心价值观与文化自信"理论研讨会综述》一文中归纳出湖北大学教授江畅的观点:社会主义核心价值观应该吸收西方文化理念的合理之处。① "师夷长技以制夷",吸收包括先进价值观在内的外来文化的精华,克服恐怖主义、经济危机等人类面临的共同问题,同时以文化自信的态度,培育社会主义核心价值观,形成民众的价值共识,统一民众的意志,正确应对西方多元价值观的严峻挑战,在世界多元文化竞争的形势下取得胜利。正确处理中国传统文化与外国文化之间的关系,立足本国的实际,面向世界的发展潮流,讲好中国故事,传播中国的文化理念,宣传中国特色的核心价值观念,以开放包容的态度对待世界多元文化,树立文化自信。世界优秀文化成果为红色基因和社会主义核心价值观提供了经验借鉴。"穷则独善其身,达则兼济天下。"和而不同是中国传统文化的理念,在这种理念影响下,人民群众对待中外一切优秀文化成果持批判性态度。红色基因和社会主义核心价值观在借鉴世界优秀文化成果基础上不断彰显出强大的渗透力与影响力②,在增强文化自信方面彰显出强大的吸引力与感召力。

总之,红色基因是红色文化的精华隐藏在红色文化价值理念之中,红色基因是文化自信的精神源头。社会主义"核心价值观是文化软实力的灵魂、文化软实力建设的重点。这是决定文化性质和方向的最深层次要素"③。社会主义核心价值观延续了红色基因的精髓,为文化自信提供价值支撑。传承红色基因,培育社会主义核心价值观,增强文化自信,存在一个动态固化的过程。④ 需要让传统文化基因依据群众的需求在马克思主义指引下进行现代化转化,营造文化自信的良好环境,创新红色基因与社会主义核心价值观的现代融合方式,构建文化自信的话语体系,提升红色基因的感召力,推动社会主义核心价值观融入群众的日常生活,夯实文化自信的现实根基。

---

① 耿玉娇:《"社会主义核心价值观与文化自信"理论研讨会综述》,《高等教育评论》2017年第1期。
② 袁秀:《红色文化与社会主义核心价值观的同向性思考》,《治理现代化研究》2019年第5期。
③ 习近平:《把培育和弘扬社会主义核心价值观作为凝魂聚气强基固本的基础工程》,《光明日报》2014年2月26日。
④ 王英杰、张朝彬、张舵:《文化自信与社会主义核心价值观认同机制构建》,《重庆社会科学》2019年第5期。

第二章　红色基因与社会主义核心价值观的同构性与同向性

红色基因与社会主义核心价值观在理论来源上是一脉相承的,二者具有马克思主义意识形态的开放性,与时俱进,不但吸纳中华优秀传统文化的精华,而且借鉴其他民族的优秀文化成果,吸收世界文明的有益成分,在厚植文化自信方面具有同向性。传承红色基因与培育社会主义核心价值观是增强新文化自信的重要途径。

小　结

红色基因与社会主义核心价值观是中国共产党带领人民群众在不同的历史条件下创造的先进文化成果。尽管二者面临的历史任务不同,但都蕴含着崇高的价值理念、高尚的道德观念、远大的理想信念,两者在文化追溯、精神内核、价值指向上具有同质性、同构性、同向性。[1] 马克思主义中国化理论成果增强了红色基因的生命力与社会主义核心价值观的凝聚力、影响力。中华民族无比深厚的历史文化底蕴是社会主义核心价值观的源头活水和文化滋养,增强了红色基因与社会主义核心价值观的亲和力与渗透力。红色基因与社会主义核心价值观坚持以人民为中心的理念,以为人民服务为价值归属,调动了群众参与中国革命、建设、改革的积极性。从价值指向层面来说,红色基因与社会主义核心价值观具有同向性,二者都属于马克思主义意识形态话语体系,有助于群众达成思想共识,凝聚力量;二者在助推中国梦、厚植文化自信方面都起到突出的作用。[2]

红色基因与社会主义核心价值观是一脉相承的,二者相互渗透、相互影响。红色基因与社会主义核心价值观共同的理论基础是马克思主义中国化及其理论成果;共同的文化根基是中华优秀传统文化;共同的价值诉求是以人民为中心。这三个共同性反映了红色基因与社会主义核心价值观之间的

---

[1] 刘晓华:《红色文化与社会主义核心价值观的同构性论析》,《思想教育研究》2017年第10期。

[2] 刘晓华:《红色文化与社会主义核心价值观的同构性论析》,《思想教育研究》2017年第10期。

同构性,也体现出红色基因与社会主义核心价值观之间存在一定的理论逻辑。红色基因与社会主义核心价值观都以共产主义为价值导向,二者都为中国共产党领导中国人民在中国革命、建设、改革过程中攻坚克难提供精神力量。红色基因与社会主义核心价值观的时代价值在动态互动中逐步显示出来,红色基因得以有效地传承,社会主义核心价值观能够被群众认同与践行,被群众内化于心、外化于行,有助于实现中国梦与增强文化自信。红色基因与社会主义核心价值观之间存在一定的同向性,二者之间也存在一定的实践逻辑。同构性与同向性之间的区别是相对的,理论逻辑、实践逻辑之间的区别也是相对的,它们之间相互渗透。

第三章 红色基因传承情况与社会主义核心价值观培育现状的调查与分析

中国处处红歌比赛,在广场舞上,新民主主义革命时期创作的红歌嘹亮,体现出人民群众对红色基因的浓烈情感。网上"社会主义核心价值观、我的信念"已成为群众共同的心声,每个群众都以主人翁的姿态积极投身于践行社会主义核心价值观的实践中。群众志愿者活动表现了群众对祖国的炽烈热爱,表现出群众的民族自尊心和民族自信心,反映出群众的社会主义核心价值观意识得到了较大的提升。把社会主义核心价值观宣传教育同促进群众健康成长结合起来,进一步焕发广大群众践行社会主义核心价值观的激情。社会主义核心价值观寄托着群众的信仰,也最能点燃他们为梦想而奋斗的热情。把面向大众的宣传教育作为一项重点任务,加强规划、精心谋划,通过宣传倡导、教育培养等多种途径,使社会主义核心价值观深深扎根于群众心中。大力推动社会主义核心价值观的宣传教育,把社会主义核心价值观融入思想道德建设和思想政治教育之中,融入红色文化建设工程之中。传播红色基因的价值理念,宣传红色基因的道德魅力,提升社会主义核心价值观对于广大群众的说服力与感染力。[1] 广泛开展"社会主义核心价值观认知与认同"主题教育,抓住重要时间节点,利用节日活动等方式,传承革命精神,发挥爱国主义教育基地、优秀图书和影视作品的教育功能,引导群众树立远大理想,健康成长,积聚正能量,同心共筑中国梦。[2]

---

[1] 邱小云、周艳红:《弘扬红色文化 涵养社会主义核心价值观》,《思想教育研究》2017 年第 6 期。
[2] 刘云山:《推动形成实现中国梦的强大精神力量》,《党建》2013 年第 6 期。

红色基因传承与社会主义核心价值观培育情况如何？怎样分析现状与发现问题？意识形态随着人类实践活动不断产生问题。马克思指出："人类的理性最不纯洁，它只具有不完备的见解，每走一步都要遇到新的待解决的问题。"①增强问题意识，开展调查研究，发现问题、研究问题，并逐步解决问题。通过调查研究，课题组可以对红色基因传承与社会主义核心价值观培育情况获得更加全面、深刻的现实认知。习近平总书记指出："调查研究是谋事之基、成事之道，没有调查就没有发言权，没有调查就没有决策权。"②为了更加准确地把握红色基因传承与社会主义核心价值观培育的现实样态，课题组不仅到上海、河南、江西等省市的图书馆与档案馆查阅了相关文献资料，而且认真咨询、请教有关专家，经过二次小规模测试③，在多次修改的基础上，设计和编纂了"红色基因传承与社会主义核心价值观培育现状调查问卷"。其具体情况如下。

（一）问卷设计思路与基本结构

本次调研旨在考察和了解群众对红色基因传承的认知情况，对社会主义核心价值观的认同、践行情况，学校、家庭与社会对红色基因与社会主义核心价值观教育的影响程度，新媒体对红色基因与社会主义核心价值观传播的影响情况。调查并获得一手资料，在此基础上分析当前我国红色基因传承与社会主义核心价值观培育的现状、存在的问题及其原因，进而为加强红色基因传承与社会主义核心价值观培育提供科学的决策依据。课题组尽力收集相关资料，广泛吸收借鉴国内相关调查问卷的设计方案，抽样分析调查报告，在此基础上制作了调查问卷。在问卷中主要采用选择题，在对选择题的进一步分析调查时使用了主观题。第一部分为"个人基本信息"，主要

---

① 《马克思恩格斯文集》，第1卷，人民出版社，2009，第610页。
② 习近平：《加强对改革重大问题调查研究 提高全面深化改革决策科学性》，《人民日报》2013年7月25日。
③ 调查问卷初次设计于2017年10月，随后在上海、河南、江西抽取了200名不同性别、年龄、政治面貌、职业的群众进行测试。2017年12月，在初次测试的基础上，课题组补充、修订了部分内容，又在福建、贵州、辽宁、宁夏同样抽取了300名群众进行测试，在此基础上，再次查阅资料，请教有关专家、基层干部，并对问卷进行了修订与补充。

调查群众的性别、年龄、政治面貌、职业、文化程度等内容。第二部分是"问卷的主要内容",共分三个小部分,主要采用选择题的方法,主要从红色基因传承情况、社会主义核心价值观培育情况、红色基因与社会主义核心价值观关系的认知情况,考察当前我国红色基因传承与社会主义核心价值观培育的现实样态。此外,课题组依据问卷中所涉及的内容经常咨询政治学、教育学、心理学、社会学、历史学等领域的专家学者、基层党员干部,关注问卷内容是否反映红色基因传承与社会主义核心价值观培育现状,了解广大群众对问卷内容的意见。在此基础上,课题组开会讨论,反复斟酌,不断完善调查问卷。

(二)调查对象选取及主要特征

在调查对象选取上,课题组考虑以下因素:首先,在群体界定上以学生、农民、党员干部为主。青年学生是祖国的未来与希望。青少年时期,是学生的世界观、人生观、价值观形成的黄金时期,是红色基因与社会主义核心价值观教育的关键时期。"江山就是人民,人民就是江山。"农民是人民中的大多数,是传播红色基因与社会主义核心价值观需要关注的重点对象。党员干部是"关键少数",毛泽东指出,政策制定之后,干部是关键因素。党员干部是组织宣传红色基因与社会主义核心价值观的关键。其次,在区域选择上以福建、江西、河南、上海、陕西、宁夏、贵州、辽宁为重点。考虑到地域平衡,调查地域的代表性,涉及我国的东部、中部、西部、东北地区;考虑到红色基因产生的历史背景,考虑到社会主义精神文明建设情况、社会主义核心价值观培育情况。了解群众对红色基因的认知情况与对社会主义核心价值观的认同、践行情况,有利于掌握总体情况,查摆问题、分析问题、解决问题,提高解决措施的针对性和实效性。

(三)样本情况

课题组开展的调查活动,以问卷调查为主,以专题采访为辅,于2017年10月1日至12月31日发放5000份调查问卷,回收有效问卷4887份,回收率达到 97.7%。此次调研活动选取了国内北京、广东、上海、浙江、福建、山东、黑龙江、内蒙古、新疆、陕西、四川、云南、河北、河南、湖南、江西等省区部分省会、市、县、乡的 5000 名群众作为样本,之所以选择这些地方,是因为这些地方比较具有代表性。所选择的这些地方红色基因传承与社会主义核心价值观培育现状,反映出中国未来的红色基因传承与社会主义核心价值观培育发展趋势,关系到中国社会经济的发展。为提高调查研究的准确度,采取了随机抽样的方法,涵盖了这些地方不同特征的群众。总体而言,样本的选取,考虑到城乡的差别,涉及不同年龄、职业、性别、政治面貌、文化程度的调查对象,具有较高的信度与效度。在回收与整理问卷后,课题组把调查数据录入计算机并建立信息库,利用 SPSS19.0 软件对采集的数据进行整理和分析。其具体情况如下:

表 3-1　关于调查对象性别的具体情况[①]

性别	男	女
比例	A	B

调查结果显示,调查对象为 A 的占 52.7%,调查对象为 B 的占 47.3%。从以上的统计情况看,男性的比例较高。进一步调查发现,男性对子女的教育较为关注,不但关注子女的文化水平,而且关注子女的思想道德修养情况。家庭在红色基因与社会主义核心价值观教育中占据重要地位。

表 3-2　关于调查对象城乡的分布情况

城乡	城市	乡镇	农村
比例	A	B	C

调查结果显示,调查对象为 A 的占 23.7%,调查对象为 B 的占 26.9%,调查对象为 C 的占 49.4%。从以上的统计情况看,农村占比较高,农民在群

[①] 依据回收的有效问卷 4887 份,对调查数据进行整理与分析,为了叙述得简洁与方便,表中调查对象以大写字母代替,调查数据折算成百分比。以表 3-1 为例,调查对象为 A 的群众 2575 人,占 52.7%,调查对象为 B 的群众 2312 人,占 47.3%。本书中其他问卷的设计与分析有许多类似情况。也有的把调查数据直接填入表格中,例如,表 3-99"影响红色基因传承与社会主义核心价值观认同的因素调查",调查数据填入表格中。

众中的比例最高,农村的教育又相对落后,农村是红色基因传承与社会主义核心价值观培育关注的重点区域。

表3-3 关于调查对象年龄的具体情况

年龄	20岁以下	21-30岁	31-40岁	41-50岁	51-60岁	60岁以上
比例	A	B	C	D	E	F

调查结果显示,调查对象为A的占11.7%,调查对象为B的占26.6%,调查对象为C的占22.6%,调查对象为D的占14.7%,调查对象为E的占13.3%,调查对象为F的占11.1%。从以上的统计情况看,青年人的比例较高,青年人的世界观、人生观的可塑性强,是红色基因传承与社会主义核心价值观培育关注的重点对象。

表3-4 关于调查对象的文化程度情况

文化水平	高中或高中以下	大专	大学本科	硕士研究生及以上
比例	A	B	C	D

调查结果显示,调查对象为A的占47.7%,调查对象为B的占22.3%,调查对象为C的占19.6%,调查对象为D的占10.4%。从以上的统计情况看,高中或高中以下的调查对象人数较多,符合我国人口文化程度比例情况。依据不同文化程度划分调查对象,体现出红色基因传承与社会主义核心价值观培育的层次性,对文化程度较低的群众,采用感性教育的方式效果较好;对文化程度较高的群众,采用理性教育的方式效果较为明显。

表3-5 关于调查对象的政治面貌情况

政治面貌	中共党员(含预备党员)	共青团员	民主党派	群众
比例	A	B	C	D

调查结果显示,调查对象为A的占22.7%,调查对象为B的占25.5%,调查对象为C的占3.6%,调查对象为D的占48.2%。从以上的统计情况看,调查对象侧重普通群众,从政治面貌来说,群众占人口的大多数。红色基因传承与社会主义核心价值观培育,既要抓住党员干部"关键少数",也要以人民为中心,重点关注普通群众。共青团员是青年人,处于人生观、价

值观养成的关键时期,也作为调查对象的重要部分。八个民主党派是参政党,借助于政协平台可以发挥着政治协商与民主监督的重要作用,是中国特色社会主义民主的体现,作为调查红色基因传承与社会主义核心价值观培育情况的特殊群体。

表3-6 关于调查对象的职业划分情况

职业划分	学生	生产人员	销售人员	客服人员	技术人员	管理人员	教师
比例	A	B	C	D	E	F	G

调查结果显示,调查对象为A的占18.6%,调查对象为B的占12.7%,调查对象为C的占13.4%,调查对象为D的占14.9%,调查对象为E的占13.8%,调查对象为F的占12.5%,调查对象为G的占14.1%。从以上的统计情况看,调查对象的职业涉及方方面面,反映出调查样本选择的科学性与全面性,能够真实地体现出红色基因传承与社会主义核心价值观培育的情况。

第一节 红色基因传承情况的调查与分析

红色基因是社会主义核心价值观的源头活水,为培育社会主义核心价值观提供重要思想资源,在践行社会主义核心价值观过程中起到激励引导作用,为抵御错误思潮提供精神资源。① 群众对红色基因的认知情况影响到红色基因的有效传播,需要对此加以调查。红色基因传承,需要突出表现其精神文化的作用。② 为了发挥红色基因传承在培育社会主义核心价值观方面的作用,需要调查红色基因的传承情况。

---

① 丁恒星:《红色文化与社会主义核心价值观关系研究》,《思想教育研究》2017年第7期。
② 黄细嘉、韩晶晶:《中国共产党红色基因的概念、本质内涵与基本特征》,《江西社会科学》2021年第7期。

第三章 红色基因传承情况与社会主义核心价值观培育现状的调查与分析

一、关于群众认知红色基因情况的调查与分析

了解红色基因概念,需要把握红色基因的内容结构、价值功能、生成演化,由此才能清楚红色基因对社会主义核心价值观的深刻影响。为了调查群众对红色基因了解的情况,设计了下面的问卷。

表3-7 您愿意接受红色基因的熏陶和洗礼吗

选项	很愿意	愿意	不愿意	服从安排
字母代码	A	B	C	D

调查结果显示,选择了A的占27.2%,选择了B的占44.3%,选择了C的占15.8%,选择了D的占12.7%。从以上的统计情况看,多数群众愿意接受红色基因的熏陶,从思想意识上认同红色基因;部分群众缺乏学习红色基因的主动性,还需要创新红色基因传承方式,增强红色基因的吸引力。

表3-8 您认为您身边以红色基因为主题的活动是否有意义

选项	很有意义	一般	觉得无聊
字母代码	A	B	C

调查结果显示,选择了A的占59.6%,选择了B的占36.7%,选择了C的占3.7%。从以上的统计情况看,多数群众认为传承红色基因能够提高自身的思想觉悟,绝大多数群众认为开展以红色基因为主题的活动是很有意义的;还有部分群众对红色基因的时代价值认识不够,需要加强引导与教育。

表3-9 您认为下列哪些因素属于红色基因的内容

选项	坚定信念 艰苦奋斗	实事求是 敢闯新路	依靠群众 勇于胜利	批评与 自我批评	国家民族 利益至上
字母代码	A	B	C	D	E

调查结果显示,选择了A的占16.5%,选择了B的占18.2%,选择了C的占23.4%,选择了D的占22.3%,选择了E的占19.6%。从以上的统计情

况看,群众对红色基因内涵的理解侧重点不同,不同地域的群众理解也不一样,往往把红色基因与中国共产党革命精神的具体形态(井冈山精神、苏区精神、长征精神、延安精神、西柏坡精神、红旗渠精神等)相连。江西吉安市的群众选择 B 的较多,往往把红色基因与井冈山精神相联系;贵州遵义市的群众选择 D 的较多,往往把红色基因与长征精神相联系。部分群众对红色基因概念的界定不清晰,需要加强对红色基因的阐释与宣传。

表 3-10 您了解红色基因与红色文化、革命文化的关系吗

选项	很是了解	一般了解	了解较少	不了解
字母代码	A	B	C	D

调查结果显示,选择了 A 的占 5.6%,选择了 B 的占 31.4%,选择了 C 的占 36.3%,选择了 D 的占 26.7%。从以上的统计情况看,很了解红色基因与红色文化、革命文化之间关系的群众较少,大多数群众了解不多,还有部分群众不了解。进一步调查发现,有马克思主义理论相关专业背景的群众对此关系了解较多,理工科专业背景的群众了解较少。

表 3-11 您对红色基因产生的时期了解吗(不定项选择)

选项	新民主主义革命时期	社会主义革命时期	社会主义建设时期	改革开放时期
字母代码	A	B	C	D

调查结果显示,选择了 A 的占 47.3%,选择了 AB 的占 34.9%,选择了 ABC 的占 10.4%,全选的占 7.4%。从以上的统计情况看,认为红色基因产生于新民主主义革命时期的群众占多数,其次是新民主主义革命与社会主义革命时期;认为革命、建设时期或革命、建设、改革时期的群众较少。这说明,多数群众把红色基因概念与"革命"联系起来,对红色基因的生成演化情况并不太了解。

表 3-12 您认为红色基因的结构包括哪些(可以多选)

选项	理想信念	价值理念	道德观念	人文精神
字母代码	A	B	C	D

调查结果显示,选择了 A 的占 76.4%,选择了 B 的占 81.7%,选择了 C 的占 75.8%,选择了 D 的占 71.5%。从以上的统计情况看,认为红色基因内涵包括价值理念的群众最多,选择理想信念、道德观念、人文精神的群众较多。这说明,对于红色基因的内涵(理想信念、价值理念、道德观念、人文精神),群众普遍认可。

二、对红色基因传承现状的调查与分析

红色基因的价值通过有效的传承才能展现出来,拓展与创新红色基因传承方式,推进社会主义核心价值观的培育,彰显红色基因与社会主义核心价值观的影响力与渗透力,为实现中国梦与增强文化自信提供精神动力。掌握红色基因的传承现状,才能推进红色基因的传承。为了了解红色基因传承情况,特设计如下调查问卷。

表 3-13 您认为从哪种渠道可以加强对红色基因内涵的认知

选项	电影	电视	报纸	无线广播
字母代码	A	B	C	D

调查结果显示,选择了 A 的占 31.7%,选择了 B 的占 45.3%,选择了 C 的占 13.2%,选择了 D 的占 9.8%。从以上的统计情况看,在传统媒介方面,群众对红色基因的内涵的认知主要来源于电影、电视。进一步调查发现,不同群体对传统媒介有着不同的偏爱。出租车司机尤其喜欢无线广播;70 岁以上的老人保留着看报纸的习惯,单位内部的报纸也有着一定数量的读者;电影的影响力逐渐增强,《血战台儿庄》展现出的抗战精神震撼了中国观众,激起了群众的爱国主义热情。电视剧受到不同年龄群体的喜爱,儿童喜爱用 VR 技术制作的电视片,男大学生比较喜爱战斗片,女大学生喜欢谈论红色电视剧的爱情故事。观看《血战台儿庄》《解放》等红色影视剧的共产党员与共青团员的比率比较高。这说明,对红色基因的宣传,要发挥着共产党员与共青团员的带头作用。红色基因的传播针对不同性别、年龄、政治面貌、职业的群众,采用不同的传播方式,提高红色基因的宣传效果。

表 3-14 您认为从家庭的角度看红色基因的传承形式有哪些(可以多选)

选项	红色家书	红色家训	红色家风
字母代码	A	B	C

调查结果显示,选择了 A 的占 69.7%,选择了 B 的占 71.7%,选择了 C 的占 78.6%。从以上的统计情况看,群众对三种红色基因传承方式较为了解,党的十八大以来,新闻媒体、电影、电视剧、微信等,无论是传统媒体,还是新兴媒体,对革命英雄人物的报道有所增加,增强了群众对红色家书、红色家训、红色家风的认知。通过进一步调查发现,党员干部比较关注红色家风,对"学习强国"平台发布的习仲勋家风很为敬佩。农民群众往往以对联的方式表达了对红色家训的喜爱。女青年比较关注红色家书中革命前辈的爱情故事。

表 3-15 您知道哪些名人(可以多选)

选项	董存瑞	黄继光	刘胡兰	哈林	那英
字母代码	A	B	C	D	E

调查结果显示,选择了 A 的占 7.3%,选择了 B 的占 6.3%,选择了 C 的占 7.8%,选择了 D 的占 39.4%,选择了 E 的占 39.2%。从以上的统计情况看,群众的意见不一,群众相对关注娱乐界明星,却对革命先烈缺乏了解,而宣传革命英雄与传承红色基因是密切相连的,这说明对红色基因的传播存在着不足之处。进一步调查发现,部分群众过度崇拜明星,却对革命英雄缺乏应有的尊重。文化工作过度商业化,文艺创作以经济效益为导向,忽视了社会效益。文艺创作者为了迎合观众的口味,忽视了社会责任,文艺作品丢掉了社会价值。一些影视文艺作品具有形象化的特征、直观性的特点,影响群众的价值观念,对革命英雄人物的宣传不足,网络上充满了娱乐明星的八卦新闻,造成了群众审美观念的偏离,影响红色基因的学习与社会主义核心价值观的认同。需要加强爱国主义与革命传统教育。

第三章 红色基因传承情况与社会主义核心价值观培育现状的调查与分析

表 3-16 您认为下列哪些因素蕴含着红色基因

选项	红色影像视频	红色文艺作品	红色经典故事	英雄形象和事迹	红色革命遗迹
字母代码	A	B	C	D	E

调查结果显示,选择了 A 的占 17.4%,选择了 B 的占 19.4%,选择了 C 的占 21.3%,选择了 D 的占 21.6%,选择了 E 的占 20.3%。从以上的统计情况看,新时代,多媒体技术发展迅速,对传播红色基因信息发挥着重要影响,群众对红色基因的认知渠道趋于多元化。综合发挥多种因素的协调作用,共同推进红色基因的传承。

表 3-17 您听说过下列哪些红色故事(可以多选)

选项	七根火柴	半截皮带	四渡赤水	飞夺泸定桥	翻雪山过草地
字母代码	A	B	C	D	E

调查结果显示,选择了 A 的占 16.7%,选择了 B 的占 18.8%,选择了 C 的占 60.6%,选择了 D 的占 75.3%,选择了 E 的占 80.6%。从以上的统计情况看,群众对"七根火柴""半截皮带"的故事了解较少,对"四渡赤水""飞夺泸定桥""翻雪山过草地"的故事知道得较多。通过与调查对象的交谈发现,中小学语文教材有"四渡赤水""飞夺泸定桥""翻雪山过草地"的故事,电影与电视剧也有"四渡赤水""飞夺泸定桥""翻雪山过草地"的故事。这说明,开设思政课程对于宣传红色基因的必要性,电影与电视剧对传播红色基因产生深刻影响,利用电影与电视剧传播红色故事是宣传红色基因的重要途径。

表 3-18 您认为下列哪些历史事件纪念日有利于传播红色基因(可以多选)

选项	抗战胜利纪念日	建党庆祝日	新中国成立纪念日	革命烈士纪念日	五四运动纪念日
字母代码	A	B	C	D	E

调查结果显示,选择了 A 的占 66.7%,选择了 B 的占 78.5%,选择了 C 的占 80.1%,选择了 D 的占 65.7%,选择了 E 的占 59.2%。从以上的统计情

况看,善于捕捉纪念日和选择特殊时间,巧妙设置重点议题①,开展纪念活动,在传承红色基因方面有强大的震撼力,在塑造共产党人伟大形象方面有强大的影响力。这说明,找准切入点,有利于宣传红色基因;顺势而为,主动部署议题,有利于增强红色基因的感召力。

表3-19 您认为下列哪些红色典型形象有利于宣传红色基因(可以多选)

选项	百折不挠的江姐	在烈火中永生的邱少云	敢堵枪眼的黄继光	舍身炸碉堡的董存瑞	勇跳悬崖的狼牙山五壮士
字母代码	A	B	C	D	E

调查结果显示,选择了A的占76.3%,选择了B的占83.5%,选择了C的占85.3%,选择了D的占75.7%,选择了E的占89.2%。从以上的统计情况看,红色典型形象无论是鲜明的个体形象,还是典型的群体形象,再现了战争年代共产党人的英雄形象,带给群众思想与心灵上的强烈震撼。进一步调查发现,群众对这些红色典型形象的了解大多来源于文艺作品,这些形象往往以栩栩如生的艺术形象展现在群众面前。群众对英勇事迹较为熟悉,被英雄人物的高尚精神所感染。文艺作品增强了红色形象的吸引力,增强了红色基因的感染力,增强了红色传统的影响力。这就需要创作一批有影响力的文艺作品,用以推进红色基因的宣传。

表3-20 您认为下列哪些经典红色文艺作品有利于传承红色基因(可以多选)

选项	歌曲《义勇军进行曲》	小说《铁道游击队》	电影《烈火中永生》	歌剧《小二黑结婚》	京剧《杜鹃山》
字母代码	A	B	C	D	E

调查结果显示,选择了A的占78.4%,选择了B的占51.6%,选择了C的占53.7%,选择了D的占48.1%,选择了E的占47.9%。从以上的统计情况看,经典文艺对群众仍然产生深刻影响,红色歌曲的影响较大,主要原因在于机关单位经常组织红歌比赛。这些红色文艺作品既具有深刻的思想性,又具有鲜明的艺术性,善于使用典型化创作方法,所创造出来的红色艺术形象具有鲜明特征,历久弥新,给群众留下深刻印象。英雄的斗争精神感

---

① 骆郁廷、陈娜:《论红色文化的微传播》,《江淮论坛》2017年第3期。

动了群众,英雄的价值理念渗透在群众的脑海里,社会主义核心价值观慢慢浸润到群众的内心世界里。

表 3-21 您在微平台、微博、微信上所知道的抹黑革命历史英雄人物的事例有哪些(可以多选)

选项	笑喷了,数学帝分析雷锋事迹	经不起细致琢磨的邱少云	董存瑞的碉堡上有双面胶	焦裕禄的事迹是拼凑起来的
字母代码	A	B	C	D

调查结果显示,选择了 A 的占 75.4%,选择了 B 的占 68.5%,选择了 C 的占 67.3%,选择了 D 的占 72.7%。从以上的统计情况看,微博、微信上所传播的抹黑革命历史英雄人物的事例层出不穷,以上四例是比较典型的历史虚无主义案例。历史虚无主义打着"戏说、考证、还原"的幌子,传播迷惑性和煽动性的信息,攻击、丑化英雄模范人物,污蔑革命文化,诋毁模范人物的高尚人格,借以否定马克思主义的价值理念,否定红色基因和革命精神。历史虚无主义者的用心极其险恶。

表 3-22 您所知道的红色基因的微传播方式有哪些(可以多选)

选项	微故事	微小说	微视频	微电影
字母代码	A	B	C	D

调查结果显示,选择了 A 的占 72.3%,选择了 B 的占 78.1%,选择了 C 的占 87.3%,选择了 D 的占 82.6%。从以上的统计情况看,微传播形式对群众接纳红色信息影响较大,这种方式有别于传统的宏大叙事方式,可以再现革命故事中的人、事、物,放大革命英雄的画面,从而革命精神以"接地气"的方式表现出来,增强了革命文化的体验性和红色传统的吸引力。习近平总书记指出:"互联网是一个社会信息大平台,亿万网民在上面获得信息、交流信息,这会对他们的求知途径、思维方式、价值观念产生重要影响。"[1]微媒体是互联网的重要形式,是传承红色基因的重要平台,加强微媒体传播方式的引导,为宣传社会主义核心价值观提供清朗的网络空间。

---

[1] 习近平:《习近平谈治国理政》,第二卷,外文出版社,2017,第 335 页。

表 3-23　您认为下列哪些红色革命遗存有利于宣传红色基因(可以多选)

选项	革命英雄的回忆录	重大历史事件发生地	重大战役发生地	革命烈士事迹发生地	革命根据地
字母代码	A	B	C	D	E

调查结果显示,选择了 A 的占 66.2%,选择了 B 的占 59.6%,选择了 C 的占 58.7%,选择了 D 的占 51.7%,选择了 E 的占 69.6%。从以上的统计情况看,红色革命遗存作为革命前辈战斗与生活过的地方,引起了群众的关注,革命前辈的红色故事流传广泛。群众对重要遗址与文字资料十分感兴趣,经常到红色遗址进行社会实践活动,通过讲解员的宣讲,群众受到红色基因的感染。

表 3-24　您认为下列哪些红色文化微传播方式有利于宣传红色基因(可以多选)

选项	微博	微信	微视频	微电影	微直播
字母代码	A	B	C	D	E

调查结果显示,选择了 A 的占 86.7%,选择了 B 的占 81.3%,选择了 C 的占 87.1%,选择了 D 的占 84.6%,选择了 E 的占 83.5%。从以上的统计情况看,新时代,多媒体技术发达,微传播方式对群众学习、生活与工作的影响普遍。让群众观看经典革命画面,满足群众对红色文化的探寻心理,澄清群众对革命历史问题的困惑,进而让群众明白,中国共产党的领导是人民群众历史选择的结果。

以上调查结果说明,群众对红色基因传承较为关注,说明中国各地的先进文化建设开展得较好。部分群众对红色基因的认知较为感性,有一定的理解,但理解缺乏深度,不能完全正确认识红色基因与革命文化、社会主义核心价值观的辩证关系。一方面,部分群众不知道如何传承红色基因,不知道运用正确的方法宣传红色基因,对红色基因的认识明显带有个性色彩;群众传承红色基因的自觉性还有待提高。另一方面,伴随着市场经济的发展,社会处于转型时期,追求经济利益最大化的社会风气弥漫,群众面临着拜金主义、享乐主义等多元思潮的冲击,部分文艺工作者迷失了方向,难以创作出好的革命题材作品,反而生产出一些媚俗的、缺乏思想性与艺术性的艺术作品。部分影视文艺作品对重大革命历史题材的描述过于娱乐化,对一些反动阶级的颓废生活以直观方式进行展示,一些年轻人缺乏辨别能力,对他们的人生观与价值观产生了不良影响;部分群众缺乏引导与教育,不能完全辩证看待文艺作品的不良影响,对他们的世界观、人生观产生了消极影响。因此,需要运用马克思主义哲学原理,从多维视角深入研究红色基因的传承,更好地发挥红色基因的价值与功能,进一步探析传承红色基因的路径、载体、方式与机制。

第二节 社会主义核心价值观培育情况的调查与分析

社会主义核心价值观分为三个层面,国家层面包括富强、民主、文明、和谐;社会层面包括自由、平等、公正、法治;公民层面包括爱国、敬业、诚信、友善。"社会主义核心价值观"是引领实现中国梦的精神动力,而公民对"社会主义核心价值观"的认同和认识,能够凝聚共识,致力于中国特色社会主义建设。培育社会主义核心价值观,构建基于现实的共同愿景,必须贴近现实的价值追求。社会主义核心价值观的传播可以借鉴中华优秀传统文化理念的表达方式,如"仁义礼智信",朗朗上口,便于传播;社会主义核心价值观的 12 个词语,也可以进一步凝练,便于宣传。① 社会主义核心价值观有一个发展过程,随着时代的发展,社会主义核心价值观将会有新的时代内容,需要新的概括与总结。通过学习、讨论和感悟,宣传革命先烈事迹,引导群众在理想信念、价值理念、道德观念方面达成共识,达成对组织、社区、地方乃至国家的共同愿景。通过调查,分析群众在社会主义核心价值观认知、认同与践行方面存在的问题,分析当前"社会主义核心价值观"培育所遇到的挑战,分析"普世价值"等西方思潮对社会主义核心价值观的冲击。通过

---

① 在"三个倡导"提出之后,冯颜利、廖小明认为还有进一步凝练的空间,古为今用,洋为中用,体现社会主义核心价值观的精神实质,力求通俗易懂,便于得到群众的广泛认同,社会主义核心价值观可凝练为"人本""正义""法治""自由""诚信"五个要素。冯颜利、廖小明:《社会主义核心价值观凝练的三个维度与大众化》,《辽宁大学学报(哲学社会科学版)》2013 年第 1 期。

调查,分析实现"社会主义核心价值观"与实现个人价值观之间的关系,调查社会主义核心价值观培育情况以及群众的社会责任感和使命感情况。通过对社会主义核心价值观培育情况的调查,了解群众自身的精神需求和性格特征,选择符合群众实际情况的社会主义核心价值观教育方式,塑造群众的社会主义核心价值观。依据社会主义核心价值观的国家层面、社会层面、个人层面分类,对社会主义核心价值观的培育情况进行调查。

一、关于社会主义核心价值观现状的调查与分析

表3-25 您认为个人价值观与社会主义核心价值观的关系是什么

选项	各自独立又相互对立	相互对立	对立统一
字母代码	A	B	C

调查结果显示,选择了A的占35.1%,选择了B的占31.5%,选择了C的占33.4%。从以上的统计情况看,相当一部分群众对个人价值观与社会主义核心价值观的关系认识模糊,还搞不清二者之间的辩证联系。社会主义核心价值观体现了群众的信仰。群众有正确的信仰,脚下有力量,有利于凝聚精神力量,实现中国梦,中华民族就会有光明的未来。正确处理好个人价值与社会主义核心价值观的关系,用社会主义核心价值观凝魂聚力,促进红色基因的传播,为社会主义现代化建设提供精神动力。

表3-26 您认为社会主义核心价值观对于个人价值观树立的作用如何

选项	有很大作用	作用不大	没有作用
字母代码	A	B	C

调查结果显示,选择了A的占36.7%,选择了B的占32.6%,选择了C的占30.7%。从以上的统计情况看,大部分群众认识到,将个人价值观与国家理想结合成精神共同体,是社会主义核心价值观的逻辑定位,充分肯定社会主义核心价值观在塑造个人价值观方面的作用。社会主义核心价值观汇聚了中国人的梦想,是个人价值观合力的结果。但是,部分群众还没有认识到社会主义核心价值观与个人价值观的内在关系,需要加以引导。事实上,

对群众的价值观进行整合、凝聚、升华,才会推动社会主义核心价值观的认同。社会主义核心价值观源于个人价值观又高于个人价值观,它引领个人价值观,用共同价值协调个人理想、凝聚个人价值观,最终才能实现个人价值观与社会主义核心价值观的共赢。

表 3-27　您认为实现人生价值的判断标准是什么

选项	对社会的贡献	满足个人的需求	实际掌控权力的大小	金钱的数量	社会地位
字母代码	A	B	C	D	E

调查结果显示,选择了 A 的占 45.4%,选择了 B 的占 35.3%,选择了 C 的占 8.6%,选择了 D 的占 6.5%,选择了 E 的占 4.2%。从以上的统计情况看,大部分群众把对社会贡献作为实现人生价值的基本判断标准,但一部分群众的价值评判标准混乱。从整体上看,社会贡献观念深入民心,个人价值与社会价值相结合,自身发展与国家的繁荣相结合,体现了群众的爱国情怀。对比分析发现,对社会主义核心价值观的认同程度与对人生价值的评断标准密切相关,认同社会主义核心价值观的群众,对集体主义原则和奉献精神持赞赏态度;对社会主义核心价值观认同度低的群众,对权力本位和金钱本位持膜拜态度,人生观与价值观是扭曲的。这就需要加强社会主义核心价值观教育,引导群众树立正确的个人价值观。

表 3-28　您是否赞同社会主义核心价值观

选项	完全同意	比较同意	不确定	不同意
字母代码	A	B	C	D

调查结果显示,选择了 A 的占 48.4%,选择了 B 的占 22.5%,选择了 C 的占 15.5%,选择了 D 的占 13.6%。从以上的统计情况看,大部分群众认识到社会主义核心价值观对于自身成长的意义,而小部分群众却存在着错误观念。习近平总书记强调:"核心价值观,承载着一个民族、一个国家的精神追求……"[①]培育社会主义核心价值观,要引导群众认识到社会主义核心价值观

---

① 习近平:《习近平谈治国理政》,外文出版社,2014,第 168 页。

的重要性,要引导群众认识到正确对待个人价值观与社会主义核心价值观之间关系的重要性,认识到个人命运与国家、民族命运休戚相关,增强历史责任感。引导群众在社会主义核心价值观所规定的框架下,构筑自己的梦想,与他人共享人生出彩、美梦成真的机会,同祖国共享一起成长与进步的机会。

表 3-29　您认为了解"社会主义核心价值观"途径有哪些

选项	线上社交平台	线上资讯平台 (门户网站、贴吧论坛等)	学校教育	亲戚朋友	线下纸媒
字母代码	A	B	C	D	E

调查结果显示,选择了 A 的占 21.5%,选择了 B 的占 25.5%,选择了 C 的占 19.7%,选择了 D 的公民占 17.6%,选择了 E 的占 15.7%。从以上的统计情况看,群众了解社会主义核心价值观的途径多元化,其中网络媒体的影响较大,一般群众主要通过网络媒体认知社会主义核心价值观。社会主义核心价值观教育的主渠道是学校。农村老年人群体了解社会主义核心价值观的途径主要是戏剧、电影、电视等传统媒体。

表 3-30　您了解社会主义核心价值观的渠道是什么

选项	大众传媒 (网络媒体及传统媒体)	社会教育	学校教育	家庭交流
字母代码	A	B	C	D

调查结果显示,选择了 A 的占 36.4%,选择了 B 的占 28.5%,选择了 C 的占 15.3%,选择了 D 的占 19.8%。青少年是祖国的未来。青少年阶段,是价值观念、理想信念养成的关键时期,所以青少年是社会主义核心价值观培育重点关注的对象。从以上的统计情况看,青少年的社会主义核心价值观教育是全方位的,要完善青少年价值观培育的家庭机制、社会机制、学校机制。

表 3-31　您对倡导"社会主义核心价值观"的基本看法是什么

选项	需要倡导与践行	对该命题不感兴趣	不必倡导
字母代码	A	B	C

调查结果显示,选择了 A 的占 78.7%,选择了 B 的占 18.6%,选择了 C 的占 2.7%。从以上的统计情况看,大部分群众对倡导社会主义核心价值观持积极看法,主动采取各种方式学习、宣传社会主义核心价值观。少数群众对待社会主义核心价值观的态度较为消极,需要采取针对性措施,加强对这部分群众的思想政治教育。

表 3-32　您认为对社会主义核心价值观缺乏认同的原因是什么

选项	各种媒体传播的负面信息的影响	学校价值观教育效果不好	部分领导干部和教育者未以身作则	西方思潮的影响	家庭教育机制不完善	理论与现实有一定的反差	践行社会主义核心价值观,在实际工作中会碰壁
字母代码	A	B	C	D	E	F	G

调查结果显示,选择了 A 的占 10.2%,选择了 B 的占 14.5%,选择了 C 的占 16.6%,选择了 D 的占 17.1%,选择了 E 的占 11.2%,选择了 F 的占 14.5%,选择了 G 的占 15.3%。从以上的统计情况看,部分群众缺乏对社会主义核心价值观充分认同的原因有方方面面,有西方思潮冲击的因素,也有教育方法不当的因素。在进一步调查访谈中,部分学生认为,家长日常事务繁忙,家庭教育不足;部分家长错误认为,子女进了大学门,学习与生活只是学校的职责,忽略了子女身心的变化,忽视了对子女价值观的培育。社会教育缺乏系统性,社会上存在价值失范现象,存在着道德滑坡问题。部分教育工作者一味地唱高调,回避社会负面现象的影响,对学生的困惑缺乏疏导与答疑,从而导致学生对社会主义核心价值观的教育感到困惑。针对不同群众,只有采用不同的方式,对症下药,才能提高社会主义核心价值观培育的实效。

对于社会主义核心价值观认同的现状调查,培育社会主义核心价值观的意义如何,是调查关注的重要方面,并需要对群众的选择进行一定的分析。

表 3-33 您认为开展社会主义核心价值观宣传教育活动有必要吗

选项	根本没必要	很必要	有必要	无所谓
字母代码	A	B	C	D

调查结果显示,选择了 A 的占 21.3%,选择了 B 的占 28.6%,选择了 C 的占 26.7%,选择了 D 的占 23.4%。从以上的统计情况看,大部分群众认知到社会主义核心价值观的意义,理解社会主义核心价值观在实现中国梦方面的作用。但也有部分群众对社会主义核心价值观的作用认识模糊,甚至持有错误观念。对于宣传社会主义核心价值观的意义,群众持何种态度,基于此种问题的调查数据分析,有助于弄明白群众对社会主义核心价值观意义的看法,进而分析群众是否从内心上真正接受社会主义核心价值观的熏陶,群众是否将社会主义核心价值观作为个人的价值选择。群众对社会主义核心价值观意义的认同,显示出群众乐意接受社会主义核心价值观,培育社会主义核心价值观对自身价值观的确立具有引导作用。另一方面,群众从思想上认识到社会主义核心价值观的意义,但在实际行动上,他们表现出矛盾的情况,表里不一,想法前后矛盾。进一步调查发现,相当一部分的群众对进行社会主义核心价值观的培育较为赞同,可问及是否接受社会主义核心价值观培育时,却出现"无所谓、没必要"的回答,这反映出部分群众的想法与现实选择之间存在着矛盾现象。这种矛盾现象不利于社会主义核心价值观的培育与践行。

表 3-34 您认为社会主义核心价值观教育存在哪些问题(可以多选)

选项	振兴中华的责任义务意识较弱	认识水平较高,但行为水平较差	在实现中国梦方面,团结合作的意识较弱	自由意识较强,为国家富强的服务意识较弱	自我意识较强,社会主义核心价值观意识较弱
字母代码	A	B	C	D	E

调查结果显示,选择了 A 的占 16.5%,选择了 B 的占 18.3%,选择了 C 的占 22.1%,选择了 D 的占 24.4%,选择了 E 的占 18.7%。从以上的统计情况看,社会主义核心价值观教育存在的问题表现在,部分群众强调个人价值,忽视社会价值的实现;部分群众缺乏一定的责任意识与担当精神;部分

第三章 红色基因传承情况与社会主义核心价值观培育现状的调查与分析

群众的理论与行动不一致。群众社会主义核心价值观意识的某些方面表现得比较强与另一些方面表现得比较弱并存。

表 3-35 您如何评价社会主义核心价值观的培育现状

选项	很差	较差	一般	较好	很好
字母代码	A	B	C	D	E

调查结果显示,选择了 A 的占 14.2%,选择了 B 的占 18.6%,选择了 C 的占 26.8%,选择了 D 的占 20.5%,选择了 E 的占 19.9%。从以上的统计情况看,仅有约 40% 的群众赞赏社会主义核心价值观培育的现状;部分群众对社会主义核心价值观培育情况不满意。从上述调查情况可以看出,需要采取有针对性的措施提升社会主义核心价值观的培育水平。以"社会主义核心价值观"的精神力量引导群众积极参加社会实活动,号召群众将个人的成长成才梦与"国家梦""民族梦"统一起来,树立正确的人生观、价值观,在践行"社会主义核心价值观"的奋斗中描绘美好未来,展示靓丽的形象。"社会主义核心价值观"为群众的成长、成才和过上幸福生活提供了新的精神动力,群众必须担当起践行"社会主义核心价值观"的责任。责任意识强烈,在一定程度上反映了群众好的精神风貌,也体现着他们的社会责任感和历史使命感。传承红色基因,培育群众的责任意识,加强对群众的"社会主义核心价值观"教育,必将促使更多有为青年承担起实现中华民族伟大复兴的时代责任。

当代群众"社会主义核心价值观"的认同是群众基于政治、道德、社会心理中的认知、情感、意志、信念和行为,形成对"社会主义核心价值观"的内心感悟、心理认同和自觉践行。① 群众对"社会主义核心价值观"的认同情况,影响着马克思主义意识形态话语体系的建构。② 传承红色基因,充分调动群众爱国激情,以引领实现中华民族伟大复兴的社会主义核心价值观为基础,激起国家富强与人民幸福的民族自豪情感,增强群众对党的政策和社会主义制度的认同基础。这说明,要敏锐把握群众的思想脉搏,耐心解答

---

① 陆树成:《论当代大学生社会主义核心价值体系心理认同机制》,《思想理论教育导刊》2009 年第 1 期。
② 黄聚云:《大学生"中国梦"认同状况调查》,《当代青年研究》2014 年第 1 期。

群众的思想困惑,努力提升群众的思想境界,让红色基因的传承引领群众的思想进步,要积极回应群众的关切,密切关注群众的精神诉求,努力满足群众的发展愿望,让红色基因的宣传教育助力社会主义核心价值观培育。

二、网络影响群众践行社会主义核心价值观的情况调查

习近平总书记指出:"移动互联网已经成为信息传播主渠道。……要坚持移动优先战略,建设好自己的移动传播平台。""让主流媒体借助移动传播,牢牢占据舆论引导、思想引领、文化传承、服务人民的传播制高点。"[①]多媒体网络的普及,群众接受社会主义核心价值观教育的方式趋于多元化,如何运用多媒体技术,让主流媒体占据意识形态宣传的阵地,是培育社会主义核心价值观需要回答的问题。让社会主义核心价值观走进群众的内心世界,并达到入脑入心的效果,一直是社会主义核心价值观培育的基本准则。但是,移动互联网的发展,群众面临网上多元思潮的冲击,增加了实现社会主义核心价值观入脑入心目标的难度。对于群众践行社会主义核心价值观,网络影响如何,需要进行调查,查找在网上传播社会主义核心价值观方面存在的问题,分析群众践行社会主义核心价值观的动机,找出群众学习社会主义核心价值观的内在动力。

表3-36 您认为从网络视角看群众践行社会主义核心价值观的主要原因有哪些

选项	同情患病人士,筹集善款帮助他们	觉得自己有义务和责任来维护网络文明	因为单位有要求,不得不参加	受身边人的影响而参与	学校网络教育形式生动新颖,吸引自己参与	个人自愿行为
字母代码	A	B	C	D	E	F

调查结果显示,选择了A的占12.3%,选择了B的占16.5%,选择了C的占18.4%,选择了D的占20.7%,选择了E的占14.8%,选择了F的占17.3%。从以上的统计情况看,中国特色社会主义先进文化建设取得了良

---

① 习近平:《习近平谈治国理政》,第三卷,外文出版社,2020,第318页。

好的成效,社会主义核心价值观已经深入民心,群众的思想觉悟、道德素养有了显著提高,部分群众热衷于慈善行动。互联网是一种新兴的媒体传播平台,对传统媒体传播方式进行重构,创造出自媒体等全新媒体传播形式,对塑造群众的社会主义核心价值观产生了巨大影响。在浏览互联网信息时,群众能够积极地参与互动,对群众的道德行为,可以通过微信、QQ进行交流,通过点赞、留言的方式表达自己的观点,在视频网站上以发弹幕的方式交流关于社会主义核心价值观的心得体会,有助于社会主义核心价值观的培育。

表3-37 您认为群众在网络上参与社会主义核心价值观践行活动的主要目的是什么

选项	为社会弱势人群募捐,转发求助信息,助人为乐	了解国家重要会议内容和领导人讲话精神,关心国家大事	在网上讨论热点新闻事件,参与舆论监督	参与网络教育活动,开阔视野,收获知识	通过网络讨论,传播自己的观点看法,彰显自我	获得政治资本,有助于入党评优
字母代码	A	B	C	D	E	F

调查结果显示,选择了 A 的占 13.2%,选择了 B 的占 15.3%,选择了 C 的占 21.8%,选择了 D 的占 16.6%,选择了 E 的占 16.7%,选择了 F 的占 16.4%。从以上的统计情况看,群众在网上参与社会主义核心价值观培育活动的目的各式各样,存在一定的差异性。网络媒体对群众的价值观念有一定的影响。"近朱者赤,近墨者黑",群众在网上接触的言论对群众价值观的形成影响较大。相对于报纸、电视等传统媒介,移动互联网上的信息对于群众具有更强的吸引力。在互联网上,信息的传播大多采用文字描述、图片展示、视频播放等混合交叉的方式,声音播报悦耳动听,能够给群众带来强烈的冲击,感官受到一定的刺激,引起群众浓厚的兴趣,吸引群众关注社会主义核心价值观的内容。因此,要加强对网络意识形态话语的引导,善于利用网络媒体培育社会主义核心价值观。

表 3-38　您认为个人在网络上践行社会主义核心价值观的主要动力是什么

选项	追求公正和法治	受到网民认可	受社会环境的影响	传播正能量
字母代码	A	B	C	D

调查结果显示,选择了 A 的占 38.6%,选择了 B 的占 26.3%,选择了 C 的占 15.7%,选择了 D 的占 19.4%。从以上统计情况看,群众在网络上践行社会主义核心价值观的行为,有的是出于内在道德素养的自觉行为;还有部分群众容易受外部环境的影响。因此,塑造优良的网络舆论环境,有助于培育社会主义核心价值观。

表 3-39　您如何在网络上践行社会主义核心价值观(可以多选)

选项	严格规范自己在网络上的言行,不信谣,不传谣	不轻信网上未经查实的新闻信息、看到偏激的言论不点赞	看到朋友圈里有弘扬正能量的信息会随手转	参加过"微公益""轻松筹"活动	借助网络加强理论学习
字母代码	A	B	C	D	E

调查结果显示,选择了 A 的占 69.1%,选择了 B 的占 67.2%,选择了 C 的占 71.6%,选择了 D 的占 72.5%,选择了 E 的占 67.8%。从以上统计情况看,网络环境下,群众的社会主义核心价值观行为整体情况较好,部分群众接受了社会主义核心价值观的教育,网络言论较为规范。但在实际的学习与生活中,部分群众不同程度地不遵守社会主义精神文明建设规范,充满负能量的网络谣言仍然存在,一些不良网络言论需要严格规范,以便扫除培育社会主义核心价值观的障碍。

表 3-40　您认为哪一种方式有利于社会主义核心价值观的宣传

选项	课堂讲授	学术讲座	网络传播
字母代码	A	B	C

调查结果显示,选择了 A 的群众占 23.1%,选择了 B 的占 15.3%,选择了 C 的占 61.6%。从以上统计情况看,网络传播是群众最喜欢的宣传社会主义核心价值观的方式。在实际工作中,开展社会主义核心价值观教育活

动,主要以学术讲座的方式对群众进行点对面的宣讲,以课堂讲授的方式对青少年进行灌输。在培育社会主义核心价值观过程中,主体与客体之间缺乏良好交流与有效的互动。在如何改进社会主义核心价值观培育的问题上,部分群众主张活动形式应该适应性强,丰富多彩;部分群众主张与日常生活紧密相连;部分群众主张创新话语形式。对群众进行社会主义核心价值观培育,注意守好传统的思政课课堂教学,应对多媒体传播带来的挑战,善于利用移动互联网平台,创新课堂讲授与学术讲座的方式,线上与线下两个空间同时使用,发挥协同效应,顺应群众对社会主义核心价值观培育的新诉求。

表3-41 您参与过哪些社会主义核心价值观网络践行活动

选项	参加网上微公益、献爱心活动	浏览学校官方网络平台上的青春励志类网络文化作品	积极宣传先进人物集体事迹,进行推优网络投票
字母代码	A	B	C

调查结果显示,选择了A的占75.7%,选择了B的占20.7%,选择了C的占3.6%。从以上的调查数据可以看出,大部分群众通过网上公益活动来践行社会主义核心价值观。开展社会主义核心价值观网络践行工作时,内容上要从群众实际出发,方式上要考虑群众的爱好,尽量激发群众利用网络践行社会主义核心价值观的热情。

表3-42 您在利用微工具学习社会主义核心价值观的过程中主要关注的领域有哪些

选项	时政要闻、科学教育	生活资讯	文化艺术	娱乐八卦	潮流时尚
字母代码	A	B	C	D	E

调查结果显示,选择了A的占22.5%,选择了B的占17.3%,选择了C的占30.6%,选择了D的占15.2%,选择了E的占14.4%。从以上的调查数据可以看出,时政要闻、文化艺术是群众关注的主要微工具。微工具在群众的社会主义核心价值观学习中处于重要位置,以丰富多样的形式给群众带来了精神大餐,越来越受群众的关注。进一步调查发现,青少年普遍利用微工具学习社会主义核心价值观,70岁以上的农村老人很少使用微工具。相对于男性比较关注娱乐八卦,女性更加关注潮流时尚。

表 3-43　您认为在学习社会主义核心价值观方面微工具有哪些弊端

选项	信息爆炸与信息失真	无规范性易引起道德缺失	虚拟隐匿性易导致人格角色的混乱、责任缺失	碎片化的表达缺乏深度和逻辑	流言谣言在微工具上的传播更难以辨别和控制
字母代码	A	B	C	D	E

调查结果显示,选择了 A 的占 23.5%,选择了 B 的占 17.3%,选择了 C 的占 18.6%,选择了 D 的占 16.2%,选择了 E 的占 24.4%。从以上的调查数据可以看出,在学习社会主义核心价值观方面,微工具存在一些弊端,这些弊端容易被利用,历史虚无主义、"普世价值"、"躺平主义"等错误思潮利用微工具传播,给社会主义核心价值观的宣传带来了障碍,这需要政府部门对微工具进行治理整顿,对微工具的信息传播加以规范。

表 3-44　您所在的单位是否使用官方微博或微信公众平台宣传社会主义核心价值观

选项	了解自己所在单位使用官方微博或微信公众平台的宣传情况	不清楚单位有没有开通或使用	所在单位没有使用官方微博或微信公众平台进行宣传
字母代码	A	B	C

调查结果显示,选择了 A 的占 63.8%,选择了 B 的占 18.7%,选择了 C 的占 17.5%。从以上的调查数据可以看出,大部分群众关注单位的微博或微信公众平台,部分群众对于单位微博或微信公众平台的信息宣传了解不够。这说明,群众广泛关注单位使用微工具的情况,单位要加大对员工在微工具使用方面的宣传力度,推动社会主义核心价值观的传播。

表 3-45　您认为单位应该如何使用微工具传播社会主义核心价值观

选项	建立属于单位的官方微博、微信公众平台等	培养一批权威的意见领袖来引导舆论、引领社会主义核心价值观的传播	传播信息要用生动、活泼、平实、生活化的语言	积极开展热点话题的讨论,介绍践行社会主义核心价值观的典型案例	以各种艺术形式把具有正能量的信息展示出来	定期公布和表彰单位模范人物和典型事例
字母代码	A	B	C	D	E	F

调查结果显示,选择了 A 的群众占 18.3%,选择了 B 的占 16.5%,选择了 C 的占 12.2%,选择了 D 的公民占 20.7%,选择了 E 的占 15.2%,选择了 F 的占 17.1%。从以上的调查数据可以看出,单位使用多种微工具手段传播社会主义核心价值观。其中,关心热点话题,介绍典型案例,是单位关注的主要方面。随着网络工具的不断更新,群众通过多种方式主动学习社会主义核心价值观,其中微博、微信更受欢迎。

通过对以上调查数据的分析,可以看出,微时代下,微工具在群众学习社会主义核心价值观的过程中得到普遍使用,单位广泛使用微工具开展社会主义核心价值观宣传活动,部分群众参与了微博、微信平台话题讨论。大部分群众树立了社会主义核心价值观,部分群众在价值观方面需要加以改进。微工具在传播社会主义核心价值观方面存在着一些弊端,需要加以整治。

社会主义核心价值观属于意识形态范畴,源于生活,高于生活,作为一种理论宣传,与群众的现实生活与实际工作有一定的距离,有的内容对于部分群众来说比较抽象。如何拉近群众与社会主义核心价值观的距离,让群众产生亲近感,如何让社会主义核心价值观走进群众的内心世界,入脑入心,是社会主义核心价值观培育需要解决的难题。入脑入心的前提与基础是入眼入耳,即认知是认同和践行的前提。各级政府部门在社会主义核心价值观培育方面,竭尽全力,宣传社会主义核心价值观的横幅到处可见,标语与海报遍布乡镇街道与城市社区的各个角落,但调动群众的热情仍然缺乏一定的火候,这就需要创新社会主义核心价值观的培育方式。互联网上的信息播送灵活多样,符合群众的欣赏口味,声情并茂,带给群众一定的情感体验;另一方面,多媒体上的多元思潮给群众的价值观带来了巨大冲击。因此,正确利用多媒体手段,是培育社会主义核心价值观的有效方式。

三、对社会主义核心价值观三个层面的调查

对社会主义核心价值观,既要有宏观的、整体层次的调查,也要有微观的、分层次方面的调查。社会主义核心价值观的培育有层次性的要求。"三个倡导"从国家、社会、个人三个层面阐述社会主义核心价值观的价值目标,

社会主义核心价值观三个层面的内容之间既有区别,也有内在的密切联系。从分层次的视角开展有针对性的调查,有助于准确地弄清楚社会主义核心价值观培育现状,以便有针对性地提出解决问题的措施,推动社会主义核心价值观的培育。

表3-46　您对于社会主义核心价值观的内容是否了解

选项	了解	了解一些	不了解
字母代码	A	B	C

调查结果显示,选择了A的占36.7%,选择了B的占30.8%,选择了C的占32.5%。从以上的统计情况看,相当一部分群众了解社会主义核心价值观,但是部分群众仅仅听说过这个概念,能完整准确地说出内容的群众比例不高。进一步调查发现,农民群众由于文化水平较低,对于社会主义核心价值观的12个词汇,能够说出2—3个的群众很少。从事宣传工作的干部与高校思政课教师大多数能够说出全部内容。小学低年级的学生处于机械记忆的黄金时期,绝大多数能够说出全部内容,但是理解有限;而大学生可以谈出自己对社会主义核心价值观内容的理解,而说出全部内容的人数则低于小学低年级的学生。对于社会主义核心价值观的教育要体现出层次性,对于不同的群体采取不同的对策。可以借鉴历史经验,在革命时期,中国共产党提出的宣传口号,简洁鲜明,朗朗上口,便于记忆。对社会主义核心价值观的12个词汇,需要进一步凝练,以便于宣传,给群众留下深刻的印象。

表3-47　您认为党的哪一次会议提出了"社会主义核心价值观"的概念

选项	十七大	十七届五中全会	十八大	十八届四中全会
字母代码	A	B	C	D

调查结果显示,选择了A的占15.5%,选择了B的占16.4%,选择了C的占48.8%,选择了D的占19.3%。从以上的统计情况看,接近一半的群众知道党的十八大提出了"社会主义核心价值观"的概念,还有一半群众不能正确回答,需要加强社会主义核心价值观的宣传力度。

第三章 红色基因传承情况与社会主义核心价值观培育现状的调查与分析

（一）群众对社会主义核心价值观国家层面的认同情况

表 3-48 您认为国家层面的社会主义核心价值观内容是什么

选项	富强	文明	民主	和谐
字母代码	A	B	C	D

调查结果显示,选择了 A 的占 22.8%,选择了 B 的占 30.2%,选择了 C 的占 20.6%,选择了 D 的占 26.4%。从以上的统计情况看,部分群众对社会主义核心价值观的认识还处于模糊的状态。群众对于国家富强的理解不清晰,常常在概念上把社会主义核心价值观与文明联系起来。一般是在处理邻里纠纷的时候,群众才认识到社会主义核心价值观的作用,意识到和谐观念的重要性。一旦中国边境发生冲突,特别是近年来的中印冲突,群众认识到国家富强的重要性。但是,每时每刻都能意识到社会主义核心价值观作用的群众较少。对于国家层面社会主义核心价值观的内涵,多数群众缺乏整体性理解,往往关注"富强、民主、文明、和谐"中的某一个方面,对国家层面的社会主义核心价值观的认识,部分群众还处于不自觉状态。

表 3-49 您认为"富强、民主、文明、和谐"的社会主义核心价值观是否符合中国人民寻求民族复兴的愿望

选项	符合	较符合	不符合
字母代码	A	B	C

调查结果显示,选择了 A 的占 61.7%,选择了 B 的占 33.6%,选择了 C 的占 4.7%。从以上的统计情况看,绝大多数群众赞同,国家层面的社会主义核心价值观符合群众寻求民族复兴的伟大愿望。实现中华民族伟大复兴的中国梦,是亿万中国人民的共同梦想,社会主义核心价值观为实现中国梦提供精神的动力,有助于社会各阶层达成价值共识,众志成城,共同投身于实现中国梦的实践。

1. 对群众富强意识的调查

表 3-50　您如何看待中国特色社会主义的发展

选项	充满信心,相信中华民族伟大复兴一定能实现	充满信心,但中华民族伟大复兴不一定能实现	没有信心,中华民族伟大复兴举步维艰
字母代码	A	B	C

调查结果显示,选择了 A 的占 55.7%,选择了 B 的占 33.8%,选择了 C 的占 10.5%。从以上的统计情况看,大部分群众对中国特色社会主义的发展前景充满信心。中国的发展,世界瞩目,群众对国家富强、社会主义现代化建设前景充满了期望。中国特色社会主义的发展树立了群众的"四个自信",而"四个自信"的宣传又与社会主义核心价值观的培育密不可分。

2. 对群众民主意识的调查

表 3-51　您在单位举行民主评议大会时会怎么做

选项	积极参与,并清晰表达自己的诉求,维护自身的权利	即使去参与也不知道应该做什么,缺少相关技能培训	与我无关,不会参与	不清楚
字母代码	A	B	C	D

调查结果显示,选择了 A 的占 28.2%,选择了 B 的占 60.7%,选择了 C 的占 4.5%,选择了 D 的占 6.6%。从以上的统计情况看,绝大多数群众民主参与意识缺乏。部分群众口头上喊民主,部分群众在网络上议论民主,部分群众在理论上对民主高谈阔论,难以落实到具体行动上。

3. 对群众文明意识的调查

表 3-52　您在街道里看到乱涂乱画等不文明的行为时会怎么做

选项	马上上前制止,并对其进行教育	当着没看到,不想惹麻烦,但自己不会这么做	别人都这么做,我有时也这么做	不清楚
字母代码	A	B	C	D

调查结果显示,选择了 A 的占 24.5%,选择了 B 的占 43.3%,选择了 C 的占 10.7%,选择了 D 的占 21.5%。从以上的统计情况看,面对损害公共设施的不文明行为,大多数群众表现出冷漠的态度,需要加强对群众的引导,培育群众的文明习惯。

表 3-53　您对中国共产党领导的认识是什么

选项	中华民族伟大复兴要靠党的领导	我国应借鉴西方政党制度进行改革	解决所有社会矛盾只能靠党的领导	没信心,无所谓
字母代码	A	B	C	D

调查结果显示,选择了 A 的占 52.4%,选择了 B 的占 7.5%,选择了 C 的占 33.3%,选择了 D 的占 6.8%。从以上的统计情况看,大多数群众对中国共产党的领导充分肯定。这次新冠疫情让群众认识到,党的领导是攻坚克难、战胜一切挑战的保障;更加明白,中国共产党是伟大、光荣、正确的政党。中国共产党的领导是中国特色政治文明的表现,受到绝大多数群众的肯定,说明中国政治文明建设成就显著。还有少数群众对中国特色的政党制度缺乏足够信心,需要加强党史学习教育宣传活动。

4. 对群众社会和谐意识的调查

实现中国梦,必须凝聚中国力量,这就需要实现社会和谐,全国各族人民大团结,凝聚成巨大的力量。我国 56 个民族都是中华民族大家庭的平等一员,共同构成了你中有我、我中有你、谁也离不开谁的中华民族命运共同体,民族团结,社会和谐,尤为重要。以实现中国梦为愿景的社会主义核心价值观是中华民族每个成员共同的价值观。中华民族一家亲,同心共筑中国梦。习近平总书记指出,社会主义核心价值观是国家的稳定器。① 社会主义核心价值观为国家的富强、民族的繁荣、人民的幸福提供精神动力,为推动民族团结提供了强大的凝合剂。群众对于中华民族有着强烈的情感,尤其是生活在中国红土地上,人民群众耳闻目睹了老革命根据地社会和谐的大好局面,这种情感特别热烈。社会和谐意识在较长的历史时期内逐渐

---

① 中共中央宣传部:《习近平总书记系列重要讲话读本》,人民出版社,2016,第 189 页。

形成,也与中国共产党在长期的改革与建设过程中实施的社会和谐政策有关。

表 3-54　您对在公共场合吵架等行为的看法如何

选项	行为极度不文明,必须严厉批评并惩罚	行为不文明、不道德,应该给予批评教育	行为不文明、不道德,但与我无关	不关心
字母代码	A	B	C	D

调查结果显示,选择了 A 的占 36.5%,选择了 B 的占 24.7%,选择了 C 的占 20.2%,选择了 D 的占 18.6%。从以上的统计情况看,大部分群众对违反公共秩序的行为持批评态度。大部分群众受"和为贵"传统文化观念的影响,也受倡导"谦让、团结"的红色传统的熏陶,追求社会的和谐。部分群众认识到"和谐"的重要性,但在实践上缺乏积极主动性。

表 3-55　您认为自己居住、工作或学习的社会秩序如何

选项	非常好,安定有序	社会稳定,秩序良好	治安糟糕,社会秩序混乱
字母代码	A	B	C

调查结果显示,选择了 A 的占 45.5%,选择了 B 的占 41.7%,选择了 C 的占 12.8%。从以上的统计情况看,大部分群众认为社会秩序良好。这体现出社会主义核心价值观中的"和谐"理念经过宣传教育,已经深入人心。人与人、人与自然和谐相处的理念落实到生产与生活之中。但是,在有的地方,如城乡接合部、几省交界处的农村,偷鸡摸狗的行为时有发生;在小城市火车站的周边,还存在着混乱现象,需要加强社会治理。

表 3-56　您作为中华民族大家庭的成员感觉社会如何

选项	非常和谐	比较和谐	一般和谐	不和谐
字母代码	A	B	C	D

调查结果显示,选择了 A 的占 86.1%,选择了 B 的占 7.3%,选择了 C 的占 4.4%选择了 D 的占 2.2%。从以上的统计情况看,党的民族平等团结、共同繁荣政策实施很好,政府积极推行社会和谐政策,群众的社会和谐感油然

而生。改革开放以来,中国经济腾飞,综合国力提高,人民生活显著改善,人与人之间和谐相处,群众对社会和谐信心十足,致力于实现社会和谐。

表 3-57 您感觉自己生活的社区怎么样

选项	混乱	安定	有序	和谐
字母代码	A	B	C	D

调查结果显示,选择了 A 的占 25.2%,选择了 B 的占 26.7%,选择了 C 的占 19.6%,选择了 D 的占 28.5%。从以上的统计情况看,群众对社区环境的认同感较高,邻里和谐相处意识较强。在当代中国,"社会主义核心价值观是我们的国家、我们的民族应该坚守的"[①]。大多数群众心怀国家富强、社会和谐的价值理念。

表 3-58 您认为与外国相比中国怎么样

选项	社会和谐	民族团结	说不清
字母代码	A	B	C

调查结果显示,选择了 A 的占 51.8%,选择了 B 的占 45.7%,选择了 C 的占 2.5%。从以上的统计情况看,绝大多数群众认同自己的国家,群众在把中国与外国对比时已经感受到了民族大家庭的温暖,认同自身所处的社会环境是优越的,从一定程度上反映群众对社会和谐有着强烈的认同感;也从一个侧面反映出,我国执行了民族团结的好政策。

精心设计一些调查问卷,力求对国家层面的社会主义核心价值观现状展开全面的调查。从以上的调查情况可以看出,对国家层面的社会主义核心价值观有一定了解的群众超过 50%,这反映出国家层面的社会主义核心价值观得到了广泛的宣传。通过对文明行为的调查,可以发现,大多数群众能够理解社会主义道德的内涵,并对某一行为依据道德标准作出明确的判断;但令人遗憾的是,部分群众对身边的一些不文明行为持漠视的态度。关于"和谐"的相关调查,大多数群众肯定现有的社会秩序,认为社会治安良好。发展是党执政兴国的第一要务,沿着中国特色社会主义道路,我国经济

---

① 中共中央宣传部:《习近平总书记系列重要讲话读本》,人民出版社,2016,第 189 页。

腾飞,生产力取得了较大的发展,群众的生活水平有了显著的提高。经济的发展为促进社会的文明和谐,为发展全过程人民民主打下了坚实的基础。但部分群众对"富强、文明、民主、和谐"的态度冷漠,令人担忧,仍需从理想信念、道德观念方面加大对国家层面社会主义核心价值观的宣传教育力度。

(二) 群众对社会主义核心价值观社会层面的认同情况

表 3-59 您对建设"自由、平等、公正、法治"社会主义社会的认识如何

选项	充满信心	信心不足	说不清楚
字母代码	A	B	C

调查结果显示,选择了 A 的占 83.7%,选择了 B 的占 11.7%,选择了 C 的占 4.6%。从以上的统计情况看,大部分群众对建设"自由、平等、公正、法治"社会主义社会充满信心。随着经济的发展,群众文化水平的普遍提高,群众对自由与法治的辩证关系有了清醒的认识,在日常生活中,群众的公正平等意识有了显著的提高。自由、平等、公正、法治是社会层面的社会主义核心价值观,对社会层面的社会主义核心价值观的调查分析,选择平等、公正、法治作为调查的参考变量。

1. 对群众平等参与意识的现状调查

中国这么大一个国家,就像是在大海中航行的一艘超级巨轮。在这艘巨轮上,我们每个人都是"梦之队"的一员,都是社会主义核心价值观的认同者、践行者,都应当同舟共济、齐心协力、奋勇前行。社会主义核心价值观的认同为实现个人价值观提供了蓬勃生长的空间,每个人向着梦想不断努力,又都是践行社会主义核心价值观的一份力量。在当代中国,培育社会主义核心价值观,就要确立群众广泛认同的价值观的"最大公约数"[①]。群众不仅要关注个人价值观的养成,同时要明白个人价值观与社会主义核心价值观是密不可分的,社会主义核心价值观的践行离不开广大群众的热情

---

① 何毅亭:《以习近平同志为核心的党中央治国理政新理念新思想新战略》,人民出版社,2016,第95页。

第三章 红色基因传承情况与社会主义核心价值观培育现状的调查与分析

参与。

表 3-60 您在找工作中遇到了性别等方面的歧视时会怎么做

选项	向有关部门反映情况,希望得到妥善解决	希望得到平等的待遇,但不知道如何解决此问题	发发牢骚,忍气吞声,灰心丧气	不清楚
字母代码	A	B	C	D

调查结果显示,选择了 A 的占 5.4%,选择了 B 的占 77.5%,选择了 C 的占 12.3%,选择了 D 的占 4.8%。从以上的统计情况看,大部分群众的平等意识强烈,但缺乏实现平等权利的法治意识,遇到困难时,不知道用法律手段维护自己在寻找工作上的平等权利。进一步调查发现,女同志抱怨在工作中遇到性别歧视,尤其是女大学生到企业应聘时,发现性别歧视较为明显。这就需要完善政策与法规,确保就业机会平等,扫除性别歧视。

表 3-61 您在竞选干部候选人纷纷请您吃饭企图让您投他一票时会怎么办

选项	婉拒之,因为吃了别人嘴短,就会出卖自己神圣的一票	接受之,这是小事,票投给谁都一样	吃归吃,白吃白喝后我还会按自己意愿投票	无所谓,我从来不在乎这些所谓的"民主权利"	不论在什么情况下,我只投那些有领导能力又能热心为群众服务的人的票
字母代码	A	B	C	D	E

调查结果显示,选择了 A 的占 13.4%,选择了 B 的占 12.5%,选择了 C 的占 32.6%,选择了 D 的占 13.2%,选择了 E 项的占 28.3%。从以上的统计情况看,群众对自己的民主权利的重要性普遍重视,认识到在实现个人梦想方面,单位干部所起引领作用的重要性,对选举权的行使很在意,也反映出群众的参与意识较强。随着社会经济的发展、普法教育的推广,群众的平等参与意识呈现增长趋势。

2013 年 4 月 28 日,习近平总书记提出自觉践行社会主义核心价值观。

习近平总书记指出："核心价值观是文化软实力的灵魂、文化软实力建设的重点。"①不言而喻，"社会主义核心价值观"赋予群众的理想以现实和实践意义，群众的理想信念关乎"社会主义核心价值观"的践行。把践行"社会主义核心价值观"的巨大激励作用与提高当代群众参政议政意识有机结合，将促使当代群众在追求真理的过程中始终胸怀远大理想，承载使命，在为实现中华民族伟大复兴的奋斗过程中，实现自身的人生价值。"社会主义核心价值观"是当代的主旋律，把"社会主义核心价值观"融入群众的思想政治教育中，能够唤醒群众的参政议政意识，促进群众成长成才，激励群众在实现"个人梦"的同时，为国家的发展贡献自己的力量。②调查发现，在"社会主义核心价值观"精神力量引领下，群众的政治参与度提高，社会责任感增强。

社会主义核心价值观是个人信仰的核心，关乎国家的未来、民族的希望，也是广大群众的价值观的公约数。群众在个人的成长和成才上，尤其是在实现自己的个人价值上，首先要树立较强的参政议政意识。两会期间，群众关注人大代表、政协委员的发言，群众对时政与民生的关注反映出群众较强的参政议政意识。

表3-62 您对两会热点最为关注的问题是什么(可以多选)

选项	改进干部作风	反腐倡廉	物价	住房	就业
字母代码	A	B	C	D	E

调查结果显示，选择了A的占61.5%，选择了B的占56.6%，选择了C的占63.2%，选择了D的占71.7%，选择了E的占46.1%。从以上的统计情况看，群众认为，干部作风有明显的改进。各级党组织开展了学习"四史"活动，促进干部转变作风。"物价""住房"是受群众关注的民生问题，受访者普遍认为，物价上涨明显，生活成本加大。群众对就业高度关注，但同时更加关注住房问题，担心早晚要面临城市生存发展的问题，房价牵动他们的神经。民生问

---

① 何毅亭：《以习近平同志为核心的党中央治国理政新理念新思想新战略》，人民出版社，2016，第93页。
② 王望林、应迪、邓银银：《"中国梦"视角下的大学生参政意识——对武汉市40所高校的问卷调查》，《经营与管理》2014年第10期。

题解决得好坏,影响群众在践行社会主义核心价值观过程中的积极性、主动性、创造性。对现实生活中的一些民生问题,通过热烈讨论,分析利弊,引导群众理解社会主义核心价值观所蕴含的以人民为中心的价值理念。

2. 对群众公正意识的现状调查

表 3-63 您认为判断公平正义的依据是什么

选项	大多数人的利益	个人的需要与利益	所在群体的要求	弱势群体和社会底层的利益	说不清楚
字母代码	A	B	C	D	E

调查数据显示,选择了 A 的最多,占 41.4%,选择了 B 的占 27.7%,选择了 C 的占 17.3%,选择了 D 的占 9.2%,选择了 E 的占 4.4%。从以上的统计情况看,大部分群众认为,判断公平正义的依据是把公共利益放在首位,适当考虑个人的正当利益,同时关注弱势群体的利益。但是,部分群众对标准"说不清楚",表明他们对于公正内涵的理解比较模糊。

表 3-64 您对社会上公平正义现象关注吗

选项	不关注	不太关注	一般关注	比较关注	非常关注
字母代码	A	B	C	D	E

调查结果显示,选择了 A 的最少,占 4.5%,选择了 B 的占 7.6%,选择了 C 的占 21.4%,选择了 D 的占 39.3%,选择了 E 的占 27.2%。从以上的统计情况看,大部分群众对于社会公正问题的关注度较高,尤其涉及司法公正,群众对此类案情的由来十分关注。把公正与法治相结合,司法公正是守住社会公正的底线。公平正义是社会文明进步的重要体现,受到群众较高的关注。

表 3-65 对区县与"公正问题的关注度"交叉调查

区县	不关注	不太关注	一般	比较关注	非常关注
城区	4.5%	7.8%	27.2%	42.1%	18.4%
郊区	3.6%	9.7%	33.1%	39.4%	14.2%

从以上的统计情况看,从区县的角度,对比群众对公正问题的关注度,在"非常关注"与"比较关注"公平正义现象方面,城区群众高于郊区群众。总体看来,相对于郊区群众,城区群众更加关注公平正义问题。

表 3-66　您对改善社会公平现状的建议是什么(可以多选)

选项	修改有关法律法规	政府加大对特定人群的扶持	维护群众合法的利益表达渠道	全社会树立新的社会公平观	调整收入分配政策
字母代码	A	B	C	D	E

调查结果显示,选择了 A 的占 62.5%;选择了 B 的占 53.2%;选择了 C 的占 56.1%;选择了 D 的占 63.6%;选择了 E 的占 60.2%。从以上的统计情况看,大部分群众认为,解决公正问题的方式是多样的,公正观念已经深入民心。扶持弱势人群,维护公平正义,受到了群众的普遍关注。这说明,采取多种方式,通过多渠道解决公正问题,势在必行。

表 3-67　您对给老师送礼而获得特别关注的现象持什么态度

选项	非常气愤	无所谓	不赞成,但条件允许,自己也会这样做	比较正常,大家都这么做	很正常
字母代码	A	B	C	D	E

调查结果显示,选择了 A 的占 47.4%,选择了 B 的占 26.5%,选择了 C 的占 17.2%,选择了 D 的占 5.3%,选择了 E 的占 3.6%。从以上的统计情况看,对于走后门的现象,约一半的群众不赞成,部分群众表示"无所谓",部分群众在理论上不赞成,但在行动上为谋取特殊待遇还会送礼,出现言行不一致的现象,约 50%的群众对于送礼现象存在错误的认知。这说明,群众对公正的认知情况具有多样性与复杂性。

表 3-68　您遇到不公正的待遇时会怎么做

选项	寻求合法的手段改变不公	不服气,强烈反击	表面上接受,内心不接受,软抵抗	逆来顺受	无所谓,遇到不公平是正常的
字码代码	A	B	C	D	E

调查结果显示,选择 A 的占 54.3%,选择 B 的占 18.1%,选择 C 的占

15.3%,选择 D 的占 6.6%,选择 E 的占 5.7%。从以上的统计情况看,当遭受到不公正的对待时,进行积极应对的群众比例超过一半。还有一部分群众受到不公平待遇时行动消极,缺乏法治意识,不知道用法律手段保护自己的合法权益。

3. 对群众法治意识的现状调查

全面推进依法治国,要求开展法治国家、法治政府、法治社会的一体化建设,推动三者之间的互动,凝聚各族人民的共识,确保国家可持续发展与社会稳定,维护人民利益。全面推进依法治国,为建设法治中国开辟前进道路,引领中国沿着法治轨道进入发展新境界,推进实现"两个一百年"奋斗目标,为实现中华民族伟大复兴提供可靠的法治保障。① 自觉行使权利,履行义务,是社会治理法治化的重要体现。公正法治是社会层面的社会主义核心价值观的重要内容。受依法治国理论宣传的影响,群众在践行社会主义核心价值观方面,逐渐认识到,享有的权利与履行的责任、义务是辩证统一的。

表3-69 您认为自己享有哪些基本权利(可以多选)

选项	有言论自由	有受教育权	人格尊严不受侵犯	有批评、建议的权利	有选举权和被选举权
字母代码	A	B	C	D	E

调查结果显示,选择了 A 的占 56.3%,选择了 B 的占 51.7%,选择了 C 的占 46.6%,选择了 D 的占 55.4%,选择了 E 的占 47.1%。这说明,相当一部分群众对于宪法规定的基本权利了解得不够全面,不清楚在实现个人梦想方面享有的基本权利,也不明白国家为此提供的法治保障。

表3-70 您认为自己应尽哪些基本义务(可以多选)

选项	劳动的义务	接受教育的义务	遵守社会公德	维护国家统一	维护民族团结	维护国家荣誉	保卫祖国	计划生育
字母代码	A	B	C	D	E	F	G	H

调查结果显示,选择了 A 的占 57.1%,选择了 B 的占 31.6%,选择了 C

---

① 景俊海:《"四个全面":解读中国梦的四个维度》,《党建》2015 年第 2 期。

的占 45.7%,选择了 D 的占 57.9%,选择了 E 的占 46.9%,选择了 F 的占 58.4%,选择了 G 的占 59.6%,选择了 H 的占 68.9%。从以上的统计情况看,群众对宪法规定的基本义务并不十分清楚,不完全明白在践行社会主义核心价值观方面个人承担的责任与义务。当前确实有一部分群众由于主客观原因,对社会主义核心价值观教育表现出一定的冷漠,表现为不愿意参与政治,不愿意关注时事政治,这实际上就是无形中放弃了自己的政治权利,也放弃了自己的责任与义务。还有部分群众认为,关心政治简直是"吃地沟油的命,操中南海的心"。显然,这种错误观点影响了群众践行社会主义核心价值观的政治热情,这说明群众的权利义务意识需要加强。部分群众重视享受实现自己梦想的权利,而往往对自己在践行社会主义核心价值观方面应尽的责任与义务较为忽视,还没有完全搞清楚权利与义务的辩证统一的关系,群众对应该享有哪些权利、履行哪些义务并不是很清楚,认识存在一定的模糊性。在实现个人价值与践行社会主义核心价值观方面,权利与义务之间是辩证统一的。在我国,没有无权利的义务,也没有无义务的权利。依据现行法律的原则,群众在行使实现个人梦想的权利同时,也应当履行践行社会主义核心价值观的责任与义务。

表 3-71 您对为了真正解决问题而采取法律手段持什么看法

选项	完全同意	比较同意	基本同意	不同意
字母代码	A	B	C	D

调查结果显示,选择了 A 的占 26.4%,选择了 B 的占 23.5%,选择了 C 的占 17.3%,选择了 D 的占 32.8%。从以上的统计情况看,面对困难,约三分之二的群众具有较强的法律意识,还有三分之一的群众法律意识淡薄,有待于进一步加强法治教育。

表 3-72 您会主动去了解法律知识吗

选项	会,经常了解	会,偶尔去	不会,太无聊,与自己无关
字母代码	A	B	C

调查结果显示,选择了 A 的占 19.1%,选择 B 的占 71.6%,选择 C 的占 9.3%。从以上的统计情况看,在学习法律的态度上,大部分群众偶尔去了解,只有少数群众有意识地学习法律基本知识。这就需要通过普法宣传,增进群众对法律知识的认知,培育群众的法治意识,让公平、正义理念走进群众的脑海里,推进群众追求法律至上的基本价值,养成群众的学法、用法等法治实践习惯。

表 3-73 您认为下列哪些说法侵犯了公民的肖像权

选项	未经当事人同意,把其照片印在宣传册上	偷拍	恶搞别人的照片	擅自为别人画像
字母代码	A	B	C	D

调查结果显示,选择了 A 的占 73.2%,选择了 B 的占 12.4%,选择了 C 的占 11.8%,选择了 D 的占 2.6%。从以上的统计情况看,大部分群众能够认识到"未经当事人同意,把照片印在宣传册上"属于非法行为,部分群众不自觉地侵害了公民的肖像权,法治意识薄弱。公民的肖像权属于群众的人身基本权利,受到法律的特定保护。普法教育可以以讲故事的方式、以案例的方式加强法治教育,增强群众的法治意识。

表 3-74 您获取法律知识的最主要的途径是什么(可以多选)

选项	传统媒体(电视、广播、书刊等)	新媒体(网络、电子期刊等)	学校教育(相关活动、课堂教学等)	国家普法宣传	自身经历	其他
字码代码	A	B	C	D	E	F

调查结果显示,选择了 A 的占 81.5%,选择了 B 的占 72.2%,选择了 C 的占 73.3%,选择了 D 的占 41.4%,选择了 E 的占 17.3%,选择了 F 的占 4.3%。从以上的统计情况看,群众学习法律知识的途径较为广泛。传统媒体、课堂教学、新媒体是群众获得法律知识的主要途径,而积极参与法律实践活动的群众较为少见。

表 3-75　您对"法律面前人人平等"的理解是什么(可以多选)

选项	任何公民都平等地享有宪法、法律规定的权利和平等地履行宪法、法律规定的义务	任何公民的合法权利都受法律的保护	任何公民的违法犯罪行为都受法律的制裁	所有公民享有相同的权利和履行相同的义务
字母代码	A	B	C	D

调查结果显示,选择了 A 的占 78.6%,选择了 B 的占 80.1%,选择了 C 的占 68.5%,选择了 D 的占 41.2%。从以上的统计情况看,大部分群众对"法律上平等意识"的理解较为准确,部分群众对此的认知存在着某些偏差,"平等"不等于同等。这就说明,不但要贴出宣传法律的标语,而且要加强对法律基本内涵的解释工作,让群众真正知法、懂法、用法。

表 3-76　您认为部分群众法治意识淡薄的原因有哪些(可以多选)

选项	社会风气影响	宣传教育不到位	个人价值有偏差	经济水平还没达到一定程度	其他
字母代码	A	B	C	D	E

调查结果显示,选择了 A 的占 78.5%,选择了 B 的占 81.1%,选择了 C 的占 69.4%,选择了 D 的占 69.8%,选择了 E 的占 35.1%。从以上的统计情况看,大部分群众认为,部分群众法治意识淡薄的主要原因在于社会风气影响、宣传教育不到位、个人价值有偏差。部分群众认为是经济发展造成的结果。群众的法治教育缺乏连贯性与普遍性,法律知识的讲解较为零散,也是其中的原因。

表 3-77　当您在公共场合看到有人乱涂乱画时您会如何做

选项	马上制止不文明行为	有礼貌地加以提醒环境保护	忍受	事不关己,无所谓
字母代码	A	B	C	D

第三章 红色基因传承情况与社会主义核心价值观培育现状的调查与分析

调查结果显示,选择了 A 的占 13.5%,选择了 B 的占 21.7%,选择了 C 的占 22.2%,选择了 D 的占 42.6%。从以上的统计情况看,群众对法治内涵的认识存在误区,法治意识与行为之间有一定的差距,对一些法治规范说得多,做得少。公正与法治,是经常挂在群众嘴边的词语,但是,在实际行动中,说得多,做得少。

表 3-78 您对政府立法举措持什么态度

选项	非常满意	满意	不太满意	不满意
字母代码	A	B	C	D

调查结果显示,选择了 A 的占 37.6%,选择了 B 的占 32.5%,选择了 C 的占 16.7%,选择了 D 的占 13.2%。从以上的统计情况看,大部分群众对政府立法举措感到满意。党的十八大以来,加强了社会主义法治建设,政府出台了一系列行政法规,以保证群众的利益得以实现。部分群众不太满意,说明了民主法治建设有待于进一步完善。开展普法宣传,培育群众的法治思维,让群众明白,维护合法权益,必须采取正确方式,善于利用法律手段处理难题,做到知法、用法。① 法治教育是社会主义核心价值观教育的重要内容。现代社会的重要特征是法治社会,学习法律知识,培养法律素养,是社会发展的需要。培养群众的法治意识,适应全面建设社会主义现代化国家的需求。鉴于此,需要调查群众的法治意识,调查对群众开展法治教育的状况,剖析法治教育中存在的问题,分析群众乐于接受的法治教育的内容和途径。

调查群众对社会主义核心价值观社会层面内容的认同情况,分析群众的社会价值取向。从以上的统计情况看,大多数群众认识到,真正解决问题的途径在于法律;政府应该鼓励群众参与立法,树立群众的法治意识。群众对国家的自由、平等、公平、法治建设充满信心,同时对社会层面的社会主义核心价值观建设持支持与肯定的态度。

---

① 石芳:《中学生社会主义核心价值观调查研究》,四川人民出版社,2017,第 50 页。

（三）公民对社会主义核心价值观个人层面的认同情况

表 3-79　您对"爱国、敬业、诚信、友善"的价值观的看法是什么

选项	非常认可	比较认可	说不清楚
字母代码	A	B	C

调查结果显示，选择了 A 的占 47.7%，选择了 B 的占 39.7%，选择了 C 的占 12.6%。从以上的统计情况看，大部分群众认同把"爱国、敬业、诚信、友善"视为我国社会的主流价值观，少数群众对社会层面的社会主义核心价值观的认知模糊。爱国、敬业、诚信、友善是个人层面的社会主义核心价值观，对个人层面社会主义核心价值观的调查，以爱国与诚信作为调查分析的主要参考变量。

1. 对群众爱国主义情感的现状调查

爱国主义是对祖国最深厚感情的体现。爱国主义表现在维护国家统一，反对各种分裂势力。认同社会主义核心价值观必须弘扬中国精神，这就是以爱国主义为核心的民族精神。[①] 传承红色基因，发扬爱国主义传统，推动社会主义现代化建设。根据以上对爱国主义含义的解读，设计了如下的问卷。

表 3-80　您对"爱国"的理解是什么

选项	一种行为	包含爱国意识	包括爱国情感	包括爱国意志
字母代码	A	B	C	D

调查结果显示，选择了 A 的占 56.6%，选择了 B 的占 14.2%，选择了 C 的占 15.4%，选择了 D 的占 13.8。从以上的统计情况看，大部分群众认为爱国是一种行为，部分群众从意识、情感、意志三个方面理解"爱国"的内涵。群众对国家、对民族具有深厚情感，这种情感是群众爱国行为的润滑剂、催化剂。爱国行为内在地包含着意识、情感、意志，并且是这三者的外在表现。

---

① 中共中央宣传部：《习近平总书记系列重要讲话读本》，人民出版社，2016，第 11 页。

爱国行为是情感与理性的统一体,是知、情、意、行的综合系统。群众对爱国的认知,是爱国行动的先导,是表达爱国情感的前提,是坚定爱国意志、爱国信念的基础。爱国行动的前提是一种理性认知活动。

表 3-81　您了解我国的国情吗

选项	非常了解	比较了解	一般	不怎么了解	不了解
字母代码	A	B	C	D	E

调查结果显示,选择了 A 的占 22.3%,选择了 B 的占 46.3%,选择了 C 的占 27.2%,选择了 D 的占 2.8%,选择了 E 的占 1.4%。从以上的统计情况看,大多数群众对我国的地理基础、历史传统、环境状态、经济发展、政治现实有一定的了解,这说明,对群众的基本国情教育卓有成效;少数群众对此了解不够。国情教育是群众爱国主义教育的重要内容。对国家知之深深,就会爱之切切,能激发群众志存高远。

民族自信心来源于群众对民族未来的期望,这种期望需要群众团结一致,努力奋斗,自强不息,不断克服发展过程中遇到的困难。"四个自信"是中国特色社会主义事业前进发展的推进剂,也是爱国精神在新时代的体现。

表 3-82　您的朋友在爱国行为上的表现是什么

选项	很有激情,并有所行动	很遥远,但在祖国危难之际,一定会挺身而出	冷漠,无动于衷	冲动、情绪化	其他
字母代码	A	B	C	D	E

调查结果显示,选择了 A 的占 49.3%,选择了 B 的占 15.4%,选择了 C 的占 13.5%,选择了 D 的占 11.2%,选择了 E 的占 10.6%。从以上的统计情况看,约一半的群众对爱国行为具有激情,还有部分群众的表现不如人意,部分群众的爱国行为缺乏理性。这说明,要结合实例加强对群众的爱国主义教育,让群众对爱国主义有一定的可知、可感。理性爱国主义应该是"国家、社会、个体"的有机结合,在"权利—责任—义务"之间寻求平衡,在"国家化"和"个体化"的矛盾中推进爱国行为的"社会化"趋势,在实现中国梦

的过程中彰显理性爱国主义的情怀。① 在群众中应该加强理性爱国主义教育。

表3-83 您对接受爱国主义教育的态度是什么

选项	非常愿意	比较愿意	一般	不太愿意,但跟从别人或单位,没法逃避	不愿参加
字母代码	A	B	C	D	E

调查结果显示,选择了 A 的占 68.4%,选择了 B 的占 19.3%,选择了 C 的占 7.6%,选择了 D 的占 2.5%,选择了 E 的占 2.2%。从以上的统计情况看,非常愿意与比较愿意接受爱国主义教育的群众占绝大多数,这表明,大部分群众对爱国主义教育怀有巨大的愿望与满腔的热情;部分群众对爱国主义教育持消极态度,应该采取针对性措施,重点加以教育。进一步调查发现,党团员对爱国主义教育持正面看法的比例较高,由于各个机构把党团员视为思想政治教育的重点,进行"不忘初心"的红色文化教育,他们一般来说政治素养较高。政治身份是影响政治立场的重要因素。

表3-84 您对最近的中印边境冲突持什么态度

选项	上街游行示威	发表网络言论,情绪激烈	理性表达爱国情感	不清楚
字母代码	A	B	C	D

调查结果显示,选择了 A 的占 15.6%,选择了 B 的占 11.4%,选择了 C 的占 51.3%,选择了 D 的占 21.7%。从以上的统计情况看,大部分群众表达爱国情绪时采取了理智行为,部分群众不知道如何表达自己的爱国情感,部分群众的行为较为激进。理智的爱国行为符合国家利益的要求,过左过激的行为表面上"爱国",实际上误国。

---

① 沈东:《冲击与回应:新时代青年理性爱国主义的"社会化"转向》,《中国青年研究》2019年第5期。

表 3-85　当奥运会上升起中国国旗、奏响中国国歌时您的感觉如何

选项	感觉无比自豪、非常激动	感觉不大，无所谓	没感觉
字母代码	A	B	C

调查结果显示，选择了 A 的占 51.7%，选择了 B 的占 26.8%，选择了 C 的占 21.5%。从以上的统计情况看，在奥运会上，国旗升起、国歌奏响，大部分群众民族自豪感油然而生，爱国激情喷薄而出，对中国特色社会主义充满自信；而部分群众表现出来的漠然态度，值得关注，如何加强爱国主义教育，是一个需要探索的问题。

表 3-86　您认为应采取哪些措施强化"爱国主义"教育(可以多选)

选项	加强网络宣传	开设主题讲座，开展知识竞赛	组织观看爱国主义题材影片	参观文化遗址，陶冶爱国情操	其他
字母代码	A	B	C	D	E

调查结果显示，选择了 A 的占 59.3%，选择了 B 的占 57.2%，选择了 C 的占 77.7%，选择了 D 的占 72.4%，选择了 E 的占 2.9%。从以上的统计情况看，群众喜欢的爱国主义教育活动方式多种多样，网络传播、主题讲座、观看电影、参观文化遗址，都是群众接受爱国主义教育的形式。除此之外，夏令营、主题班会、家庭教育、社区服务等是群众喜爱的教育方式。

表 3-87　您认为爱国主义教育需要加以改善的方面有哪些(可以多选)

选项	教育内容陈旧，不吸引人	教育方法简单	学校不重视	老师水平有限	其他
字母代码	A	B	C	D	E

调查结果显示，选择了 A 的占 73.1%，选择了 B 的占 70.3%，选择了 C 的占 15.8%，选择了 D 的占 11.6%，选择了 E 的占 9.8%。从以上的统计情况看，内容陈旧、方法简单被视为影响爱国主义教育效果的主要因素。"其他"中所描述的情况，归纳起来主要是教育方法问题。对群众开展爱国主义教育，要想收到实效，需要改革教育内容，创新教育方法。社会主义核心价值观的培育需要明确"爱国主义"的核心内涵，积极开展宣传，多方面培育

和践行爱国主义。① 在开展社会主义核心价值观教育时,注意加强对群众的爱国主义教育。

表3-88 您外出留学时将会怎么样(可以多选)

选项	自觉维护中国形象	一心留在国外	出国旅游后回来	定居在经济发达的国家	只想待在国内
字母代码	A	B	C	D	E

调查结果显示,选择了 A 的占 21.6%,选择了 B 的占 23.2%,选择了 C 的占 16.5%,选择了 D 的占 19.4%,选择了 E 的占 19.3%。从以上的统计情况看,群众在爱国方面言行不一致。爱国是国家、社会与个人价值的最大公约数,也是社会主义核心价值观的基石。② 群众要有一定的责任担当意识,正确对待个人价值观与社会价值观的关系,推动社会主义核心价值观对个人价值观的积极引导、个人价值观向社会主义核心价值观的自觉靠拢,在两者有机统一的基础上释放出爱国激情。

表3-89 您觉得自己参与爱国活动的意愿如何

选项	意愿很强	意愿强	意愿一般	意愿较差	意愿非常差
字母代码	A	B	C	D	E

调查结果显示,选择了 A 的占 11.3%,选择了 B 的占 34.5%,选择了 C 的占 44.2%,选择了 D 的占 6.9%,选择了 E 的占 3.1%。从以上的统计情况看,大部分群众有较强的意愿参与爱国活动,少数群众参与政治活动的意愿是消极的。进一步调查发现,男女群众在政治意愿的主观评价上存在一定的差异,男群众比女群众在爱国活动上表现得更为积极。对政治面貌进行交互分析之后发现,党员的主观意愿评价最高,对自己的爱国活动持肯定意见的比例较高,其次是共青团员。此外,不同专业群众对其政治意愿的评价是不平衡的,对自身政治意愿持积极态度的比例较高的是文史类专业背景

---

① 周文军、王晴:《论大学生思想政治教育与以爱国主义为核心的社会主义核心价值观》,《山西青年》2020 年第 8 期。
② 张有武:《对社会主义核心价值观中爱国主义思想的思考》,《中共山西省直机关党校学报》2018 年第 5 期。

的群众,而艺体类的相对较弱。

2. 对群众诚信状况的调查

诚实守信是人际交往的基本准则,也是培育社会主义核心价值观的重要因素。体现为群众在与父母生活时要坦诚,与同事相处时不欺骗、守诺言,与朋友进行交往时重信用、讲信誉。

表 3-90　您认为造成诚信缺失问题的因素有哪些(可以多选)

选项	考试作弊	抄袭	小偷小摸	欺骗他人
字母代码	A	B	C	D

调查结果显示,选择了 A 的占 69.2%,选择了 B 的占 78.6%,选择了 C 的占 46.8%,选择了 D 的占 62.3%。从以上的统计情况看,造成诚信缺失问题的因素是多样的。在学校教育方面,对待考试的诚信程度对群众的诚信养成影响深远。要在群众的日常行为与日常生活中培养诚信素养。培育群众的诚信品质,要从小事抓起,要从点滴着手。可以对儿童讲述革命英雄庄重承诺的故事,在幼小的心灵里种下诚信的种子。

表 3-91　您认为诚信会对下列哪些方面产生重要的影响(可以多选)

选项	个人道德发展	人与人之间的交往	整个社会的风气与道德水准	市场经济的平稳运行	国家的安全与稳定
字母代码	A	B	C	D	E

调查结果显示,选择了 A 的占 87.1%,选择了 B 的占 90.2%,选择了 C 的占 84.2%,选择了 D 的占 59.3%,选择了 E 的占 65.7%。从以上的统计情况看,人与人之间的交往程度影响群众的诚信水平,个人的道德素养与整个社会的风气深深影响着群众的诚信水平。这说明,诚信问题受社会各方面多种因素的影响。

表 3-92　您在买东西买到了假冒伪劣商品时会怎么做

选项	向消费者协会或有关法律部门反映情况，希望得到妥善解决	要求退货，如果被拒绝就算了	忍气吞声，自认倒霉	纠集一大群人，用威胁、恐吓的方式解决	不清楚
字母代码	A	B	C	D	E

调查结果显示，选择了 A 的占 16.6%，选择了 B 的占 17.3%，选择了 C 的占 58.1%，选择了 D 的占 5.2%，选择了 E 的占 2.8%。从以上的统计情况看，面对市场经济中的不诚信行为，大部分群众自认倒霉，部分群众采取极端的方式（实际上已经违法）对待不诚信行为，只有少数群众采用合法的行动维护自己的合法权益。这说明，经济交往的诚信原则需要用法治手段加以维护，加强法治教育是保障诚信的重要方法。

表 3-93　您对"不管在任何情况下我考试决不会作弊"的态度是什么

选项	完全同意	比较同意	不确定	不同意
字母代码	A	B	C	D

调查结果显示，选择了 A 的占 26.3%，选择了 B 的占 23.6%，选择了 C 的占 17.7%，选择了 D 的占 32.4%。从以上的统计情况看，约一半的群众对"考试作弊行为"持反对态度，约三分之一的群众对"考试作弊行为"持赞成态度。群众希望社会公正平等，在理论方面说得较多，但在实际行动上，部分群众对"考试作弊行为"并不反对，反映出理论与行为的脱节，也反映出群众对待社会主义核心价值观的细节方面呈现出多样性、复杂性的特征。对考试作弊，部分群众态度不坚定且易变化，这反映出诚信意识不强。"考试作弊行为"危害公正平等，也是一种不诚信的行为，从社会主义核心价值观的层面看，既有社会层面的，也有个人层面的。这说明，对社会主义核心价值观的认同与践行，需要从整体上进行把握。

表3-94 您觉得提高社会诚信度的有效途径是什么(可以多选)

选项	提高青少年的修养和道德水平	创新教育方式,开展诚信教育活动	制定规范条例,建立个人诚信档案	健全法律制度,并加大惩戒力度	表彰宣传诚信模范人物	加强舆论监督
字母代码	A	B	C	D	E	F

调查结果显示,选择了A的占88.7%,选择了B的占67.6%,选择了C的占70.2%,选择了D的占65.4%,选择了E的占56.1%,选择了F的占49.5%。从以上的统计情况看,社会诚信建设的途径是多种多样的,既有个人思想道德修养的作用,也有诚信教育的影响;既有制度建设的规范,也有舆论宣传的影响,为加强社会诚信建设提供了依据。提高社会诚信度,要采用多种途径,协调推进。群众诚信观的培育是一个渐进的过程。在不同年龄阶段,随着青少年认识水平的提高,青少年诚信水平呈现出鲜明的阶段性特征。随着群众人生经验的增长,诚信教育依据群众的文化程度、心理差异性等具体情况,分层次、分阶段地革新教育内容,创新教育方式,改变引导方法,提高群众的整体道德认知水平。要将红色基因蕴含的普遍性伦理规范与群众道德发展水平结合起来,根据群众在不同年龄阶段的道德认知特征与行为方式特点,有针对性地提出开展诚信教育的措施,深化群众对诚信内涵的理解。在对诚信规则和制度的深度理解的基础上,推动群众认同和捍卫诚信规范,把诚信融入公平、正义等马克思主义的道德规范,自觉践行诚信观念。

3. 对群众敬业与友善情况的调查

表3-95 您是否会更换您的工作岗位

选项	会的	看情况	不会
字母代码	A	B	C

调查结果显示,选择了A的占46.3%,选择了B的占39.5%,选择了C的占14.2%。从以上的统计情况看,大部分群众认为,如果有待遇更佳、环境更优越的工作,即使现有的工作岗位需要他,他也会调动工作。在有关敬业问题的考察中,部分群众愿意坚守岗位,相当一部分群众以待遇作为择业

标准,部分群众在二者之间难以抉择。由此可见,群众价值取向带有明显的利己主义特征。在传统的计划经济情况下,一个人一生待在一个单位是常见现象,但随着市场经济的发展,人才的流动较为频繁,群众的敬业观念也在不断变化。

表 3-96　您在公交车上会主动给老弱病残让座吗

选项	会的	看情况	不会
字母代码	A	B	C

调查结果显示,选择了 A 的占 49.3%,选择了 B 的占 48.2%,选择了 C 的占 2.5%。从以上的统计情况看,近一半群众在公交车上会主动给老弱病残让座,一部分群众心态复杂,犹豫不定。市场经济的冲击,多元思潮的影响,群众面对主动给老弱病残让座的友善行为表现出的分歧,说明社会主义核心价值观教育的必要性,让爱充满人间,让友善的行为到处可见。

通过对社会主义核心价值观培育现状的调查与分析,可以发现:第一,群众践行社会主义核心价值观的责任意识不强,实现个人价值观的愿望强烈,但对于实现个人价值观应该享受的权利意识处于不自觉状态。权利意识提升,责任意识增强,二者在一定程度上是高度统一的。第二,群众参与践行社会主义核心价值观的意愿较强,群众关注政治大事,但对直接参与选举却缺乏热情,显现出一种矛盾的态势。第三,在践行社会主义核心价值观方面,群众表现出强烈的爱国主义情感,但对于一些具体事件缺乏理性分析,过于激情,在具体行为方面就有可能过激,脱离法治的轨道。第四,社会和谐是践行社会主义核心价值观的重要社会环境,群众对此有一定的体会,群众对生活在民族大家庭内感到温暖。但是,少数群众对民族与宗教的关系认识不清楚,民族团结意识模糊。如果忽视社会和谐对群众心态的影响,就会制约着社会主义核心价值观践行的进程。第五,对群众的实证调查发现,"社会主义核心价值观"得到群众的广泛认同,但仍有少部分群众持不赞同态度,"社会主义核心价值观"教育有待加强。第六,多数群众具有一定的政治素养,关心党的事业,关注国家和民族的发展,了解"社会主义核心价值观"的基本内容。但是,由于缺乏对"社会主义核心价值观"基本知识的学习,部分群众对基本政治理论表现冷漠。在对"社会主义核心价值观"

理论知识的理解方面,部分群众具有感性认知的特点,"知其然不知其所以然",有激情的呐喊,却缺乏理性的认识。

第三节 红色基因与社会主义核心价值观的关系调查

习近平指出:"实现我们的发展目标,不仅要在物质上强大起来,而且要在精神上强大起来。"①红色基因传承与社会主义核心价值观培育都属于精神文明建设的内容,二者都属于加强社会主义精神文明建设的精神资源。红色基因是指,以毛泽东同志为代表的中国共产党在领导全国各族人民走农村包围城市、武装夺取政权和取得最后胜利的过程中创造的历史遗迹和精神瑰宝。② 红色基因以其自身特殊的思想政治教育作用,与社会主义核心价值观在主流意识形态方面具有一致性,在精神领域存在着高度的契合。因此,传承红色基因,有助于推进社会主义核心价值观的培育。传承红色基因,可以用各种各样的形式。为了调查群众对红色基因与社会主义核心价值观关系的认知情况,特设计了下面的调查问卷。

表3-97 您认为对红色基因与社会主义核心价值观认同影响最大的是什么

选项	家庭教育	书本知识	新闻媒体、网络和舆论宣传	革命英烈事迹
字母代码	A	B	C	D

调查结果显示,选择了A的占18.2%,选择了B的占21.1%,选择了C的占46.3%,选择了D的占14.4%。从以上的统计情况看,多媒体传播是群众传承红色基因、学习社会主义核心价值观的重要途径,革命英烈故事蕴含着丰富的红色基因,革命英烈的先进事迹对群众践行社会主义核心价值观起到示范作用。传统的家庭教育与书本知识也会对宣传红色基因与社会主义核心价值观产生一定的作用。

---

① 习近平:《在同全国劳动模范代表座谈时的讲话》,《人民日报》2013年4月29日。
② 刘志山:《红色资源的真善美意蕴及其德育价值探讨》,《思想教育研究》2011年第9期。

表3-98　您认为红色基因传承与社会主义核心价值观培育对您的现实生活影响程度如何

选项	很小	较小	中等	较大	非常大
字母代码	A	B	C	D	E

调查结果显示,选择了A的占4.5%,选择了B的占18.2%,选择了C的占22.3%,选择了D的占30.6%,选择了E的占24.4%。从以上的统计情况看,大部分群众肯定红色基因与社会主义核心价值对现实生活的积极影响,他们认识到,红色基因蕴含的时代价值有利于树立群众实现个人梦想的信心,社会主义核心价值观引导群众奋斗拼搏,过上美好生活。还有部分群众没有认识到红色基因与社会主义核心价值观蕴藏的正能量,需要加以引导与教育。

为掌握影响红色基因传承与"社会主义核心价值观"认同的因素,可以分析正相关因素(自我满意度、亲社会倾向、命运自我掌控感),也可以比较分析负相关因素(个体化程度、宗教参与度和命运受掌控感)。

表3-99　影响红色基因传承与社会主义核心价值观认同的因素调查

持该种态度(信念)的群众	赞成	一般	不赞成
自我满意度	63.3%	16.2%	20.5%
亲社会倾向	60.6%	16.3%	23.1%
命运自我掌控感	53.4%	19.2%	27.4%
命运受掌控感	36.5%	24.3%	39.2%
个体化程度	30.8%	19.1%	50.1%
宗教参与度	23.2%	25.7%	51.1%
享乐主义	32.1%	33.5%	34.4%
超自然信念	33.6%	35.2%	31.2%

调查结果显示,在命运自我掌控感方面,大部分群众坚信可以实现个人理想,奋斗拼搏能够改变命运。在命运受掌控感方面,只有少数群众赞成命运掌控在别人手中,有贵人相助,才能实现个人梦想。部分群众认为领导的提携、亲友的帮助,有助于事业的发展。有亲社会倾向的群众对待社会发展持积极向上的态度,容易接纳社会主义核心价值观,对红色故事有浓厚的兴

趣。个体化程度倾向较强的群众把个人价值放在首位,漠视社会价值,对红色基因与社会主义核心价值观持冷淡的态度。有学者认为,中国社会呈现出"个体化趋势不断加强的态势"①。这种现象不利于红色基因与社会主义核心价值观的宣传。一些学者没有真正明白"以人为本"的科学内涵,过分强调个人价值的实现,导致部分群众对红色基因与社会主义核心价值观的学习缺乏足够的热情。在今后的"四史"学习过程中要引以为戒,重点开展对红色基因与社会主义核心价值观的学习与宣传活动。

为了调查红色基因与社会主义核心价值观关系的具体情况,需要调查红色基因的内容与结构、功能与生成演化对社会主义核心价值观的影响情况,也需要调查红色基因传承与社会主义核心价值观培育所遇到的难题与应对措施,特设计以下调查问卷。

一、红色基因的内容与结构对社会主义核心价值观影响的情况调查

表3-100 您认为对社会主义核心价值观培育产生影响的红色基因结构有哪些(可以多选)

选项	物质层面	制度层面	精神层面
字母代码	A	B	C

调查结果显示,选择了A的占66.3%,选择了B的占73.2%,选择了C的占79.8%。从以上的调查数据可以看出,群众认为,精神层面的红色基因对社会主义核心价值观的培育影响较大,物质层面与制度层面的红色基因对社会主义核心价值观的培育也产生一定的影响。"物质文化是红色文化的载体,精神文化是红色文化的核心,制度文化是红色文化的灵魂。"②红色基因在三者的关系上类似于红色文化,精神层面是红色基因的内在核心,物质层面和制度层面内蕴着伟大的革命精神。实际上,要综合发挥三个层面红色基因的整体作用,搞好合力战,共同推进群众对社会主义核心价值观的

---

① 文军:《个体化社会的来临与包容性社会政策的建构》,《社会科学》2012年第1期。
② 辛锐:《浅析红色文化的内涵及开发》,《人民论坛》2013年第11期。

认同与践行。

表3-101 您认为对社会主义核心价值观培育产生影响的物质层面红色基因有哪些(可以多选)

选项	红色遗址遗迹	革命根据地等历史遗留物、红色文物	革命领袖故居
字母代码	A	B	C

调查结果显示,选择了A的占71.4%,选择了B的占78.6%,选择了C的占81.6%。从以上的调查数据可以看出,群众认为,参观革命领袖故居对培育社会主义核心价值观的影响较大,红色遗址遗迹、红色文物也有一定的影响。物质层面的红色基因是中国共产党领导人民群众在革命、建设的不同时期创造的物质产品的文化样态。遗址遗迹、红色文物、革命领袖故居属于红色基因的物化形态,参观红色遗址遗迹、革命根据地等历史遗留物、红色文物、革命领袖故居,瞻仰烈士纪念馆、纪念碑,接受红色基因的熏陶,群众的思想道德素养得以提高,更容易认同社会主义核心价值观。

表3-102 您认为红色基因传承与社会主义核心价值观培育的载体有哪些(可以多选)

选项	物质载体	非物质载体	人物载体	教育载体	网络载体
字母代码	A	B	C	D	E

调查结果显示,选择了A的占14.7%,选择了B的占24.1%,选择了C的占15.6%,选择了D的占26.7%,选择了E的占18.9%。从以上的调查统计情况看,群众认识到,载体对于红色基因传承与社会主义核心价值观培育有一定的重要性,但对不同载体的作用,群众认识有所分歧。部分载体(如革命纪念馆)属于物质层面的红色基因,有助于传播红色基因与开展社会主义核心价值观教育。

表3-103 您认为对社会主义核心价值认同产生影响的制度层面红色基因有哪些(可以多选)

选项	革命理论	革命政策	传播意识形态话语的革命方式与行为文化
字母代码	A	B	C

调查结果显示,选择了A的占75.1%,选择了B的占77.3%,选择了C

的占73.2%。从以上的调查数据可以看出,群众认为,革命政策的影响较大,对三者的选择比率接近。制度层面的红色基因是马克思主义与中国实际情况相结合的过程中逐步形成的路线、方针、政策、纲领和革命理论。进一步调查发现,文化程度较高的群众认为学习革命理论的影响大,能够理解红色基因的马克思主义意识属性;文化程度较低的群众倾向于选择革命政策,好的政策体现了他们的利益诉求,推动他们相信党的意识形态话语;农民群众倾向于选择革命方式与行为文化,对于标语、口号、楹联、戏剧等传播革命意识形态话语的形式,农民的感受较为强烈。红色基因与社会主义核心价值观都属于共产党人倡导的主流意识形态范畴,接受传承红色基因方式的农民,更加认同党组织的意识形态宣传,也就容易认同社会主义核心价值观。

表3-104 您认为对社会主义核心价值观认同产生影响的红色基因在制度层面上包括哪些内容(可以多选)

选项	政治制度	经济制度	文化制度	军事制度	法律制度
字母代码	A	B	C	D	E

调查结果显示,选择了A的群众占72.3%,选择了B的占69.9%,选择了C的占70.4%,选择了D的占70.9%,选择了E的占74.5%。从以上的调查数据可以看出,选择法律制度的群众比率较高,政治制度、经济制度、文化制度、军事制度也有一定数量的赞成者。中国共产党依规治党,严格规章制度,推进自我革命,也标志着中国共产党在各个阶段治理能力的提高。红色基因在制度层面的传承,提升了党组织的意识形态传播能力,促进了群众对社会主义核心价值观的践行。

表3-105 您认为红色基因传承与社会主义核心价值观培育的机制有哪些(可以多选)

选项	家庭机制	学校机制	社会机制
字母代码	A	B	C

调查结果显示,选择了A的占34.7%,选择了B的占32.8%,选择了C的占32.5%。从以上的统计情况看,群众的意见不一,相对重视家庭环境的熏陶;群众普遍认为,红色基因传承与社会主义核心价值观培育的机制是综

合性的,需要协调推进家庭机制、学校机制、社会机制在传播红色基因与社会主义核心价值观方面的综合作用。

表3-106 您认为对社会主义核心价值观培育产生影响的精神层面红色基因有哪些(可以多选)

选项	言行举止	思想理念	道德观念	精神意志
字母代码	A	B	C	D

调查结果显示,选择了 A 的占 77.6%,选择了 B 的占 71.5%,选择了 C 的占 72.5%,选择了 D 的占 69.8%。从以上的调查数据可以看出,群众认为,英雄人物的言行举止对社会主义核心价值观的践行影响较大。当看电影、电视时,革命人物的英勇壮举常常让观众泪流满面,党的意识形态话语走进群众心中,提高了红色基因的感染力与社会主义核心价值观的吸引力。精神层面的红色基因是马克思主义中国化的结晶,是共产党人不畏艰苦、不怕牺牲、追求真理和理想的真实写照,彰显出共产党人的精神面貌。以红色基因中的精神资源为载体促进社会主义核心价值观的培育与践行。[①] 群众对思想理念、道德观念、精神意志等精神层面的红色基因都有一定的认同与选择,红色基因的思想理念、道德观念、精神意志在革命斗争实践过程中逐渐彰显出来,体现了革命先辈的马克思主义理论品格与高尚道德品质,是反映共产党人初心与使命的特殊文化形态,精神层面红色基因的延续与传承孕育了社会主义核心价值观。

表3-107 您认为传承下列哪些精神有利于培育社会主义核心价值观

选项	红船精神	井冈山精神	中央苏区精神	延安精神	西柏坡精神
字母代码	A	B	C	D	E

调查结果显示,选择了 A 的占 26.2%,选择了 B 的占 24.5%,选择了 C 的占 14.3%,选择了 D 的占 22.1%,选择了 E 的占 12.9%。从以上的统计情况看,选择红船精神、井冈山精神、延安精神的群众比例高于选择中央苏区精神、西柏坡精神的群众比例,这与中小学语文教材、历史教材的内容有关,

---

① 魏和平:《内涵·价值·路径:革命文化涵育社会主义核心价值观的思考》,《思想理论教育导刊》2020 年第 9 期。

如八角楼上的灯光、红船故事、宝塔山故事流传广泛。进一步调查发现,地域不同,群众的倾向性不同。例如江西的群众,大多数群众选择了井冈山精神与中央苏区精神。群众普遍认为,革命精神的传承有利于推进社会主义核心价值观的认同。

表 3-108　您认为红色基因与社会主义核心价值观的同构性体现在哪些方面(可以多选)

选项	以马克思主义为指导	源于中华优秀传统文化	吸收外国文化的精华	以人民为中心
字母代码	A	B	C	D

调查结果显示,选择了 A 的占 78.4%,选择了 B 的占 81.3%,选择了 C 的占 65.6%,选择了 D 的占 74.5%。从以上的统计情况看,群众对吸收外国文化的精华的选择率较低,认为红色基因与社会主义核心价值观源于中华优秀传统文化的群众比率最高,二者扎根于中国传统文化,具有民族风格。群众普遍赞成,红色基因与社会主义核心价值观的本质都属于马克思主义意识形态,二者都有一定的宗旨意识,都以为人民服务为目标。

表 3-109　您认为对社会主义核心价值观产生影响的红色基因构成要素有哪些(可以多选)

选项	共产党人的世界观	共产党人的政治观	共产党人的革命观	共产党人的价值观	共产党人的群众观
字母代码	A	B	C	D	E

调查结果显示,选择了 A 的占 72.5%,选择了 B 的占 71.1%,选择了 C 的占 69.6%,选择了 D 的占 73.4%,选择了 E 的占 75.7%。从以上的统计情况看,群众的选择比率有所不同,但普遍认为,对社会主义核心价值观产生影响的红色基因构成要素是多方面的。共产党人在无数次危机中攻坚克难,红色基因薪火相传,重要原因在于红色基因传承主体的纯洁性与先进性,能够源源不断地为群众提供精神动力。毛泽东指出:"……无产阶级里头出了那样一部分比较先进的人,组织成一个政治性质的团体,叫共产党。"[1]作为红色基因的"寄主",共产党人始终是红色基因传承的主体,以共产党人的世界观、政治观、革命观、价值观、群众观教育人民群众,为培育社

---

[1] 《毛泽东文集》,第三卷,人民出版社,1996,第 305-306 页。

会主义核心价值观提供滋养。党的十八大以来的系列学习教育推进了群众对红色基因构成要素的认知,群众广泛认识到共产党人精神蕴含了红色基因,宣传共产党人精神,助推了社会主义核心价值观的培育。

二、红色基因的功能与生成演化对社会主义核心价值观影响的情况调查

为了调查红色基因的功能与生成演化对社会主义核心价值观的影响情况,设计了如下调查问卷。

表3-110　您认为在促进社会主义核心价值观践行方面红色基因的时代价值有哪些(可以多选)

选项	信念价值	求是价值	创新价值	人本价值
字母代码	A	B	C	D

调查结果显示,选择了A的占82.3%,选择了B的占83.1%,选择了C的占79.8%,选择了D的占81.4%。从以上的调查统计情况看,选择信念价值、求是价值、创新价值、人本价值的群众都有较高的比率。群众普遍认为,开展红色基因教育对推进社会主义核心价值观践行有较大影响。红色基因的功能体现在所蕴含的价值方面,包括信念价值、求是价值、创新价值、人本价值,对社会主义核心价值观的认同与践行具有重大的现实意义。例如,红色基因的信念价值为实现中国梦提供精神动力,红色基因的求是价值、创新价值有助于探索实现中国梦的中国道路,红色基因的人本价值有助于凝聚实现中国梦的中国力量。实现中国梦的过程是中华民族走向繁荣富强的过程,也是发扬爱国主义传统的具体体现;富强、爱国是社会主义核心价值观的重要内容。可见,传承红色基因,有助于人民群众践行社会主义核心价值观。

表3-111　您认为如何发挥红色基因的价值功能促进社会主义核心价值观的培育

选项	政府加强管理	区域之间加强合作	制定法规	建立制度	更新理念与创新方法	加强党的建设
字母代码	A	B	C	D	E	F

第三章　红色基因传承情况与社会主义核心价值观培育现状的调查与分析

调查结果显示,选择了 A 的占 22.1%,选择了 B 的占 11.2%,选择了 C 的占 13.7%,选择了 D 的占 23.4%,选择了 E 的占 10.3%,选择了 F 的占 19.3%。从以上的统计情况看,群众认为,政府加强管理、建立制度、加强党的建设在发挥红色基因的价值功能方面作用明显,区域之间加强合作、更新理念与创新方法、制定法规的作用次之。为了充分发挥红色基因的德育功能,需要系统推进各相关要素之间有序、科学地运行。在政府加强管理、区域之间加强合作、制定法规、建立制度、更新理念与创新方法、加强党的建设等方面进行整合,实现红色基因时代价值的成功转化[1],提高红色基因的影响力,促进社会主义核心价值观的培育。

表 3-112　您认为红色基因的育人功能对社会主义核心价值观教育的影响表现在哪些方面(可以多选)

选项	爱国主义教育	理想信念教育	创新能力教育	高尚情操教育	优良作风教育
字母代码	A	B	C	D	E

调查结果显示,选择了 A 的占 82.2%,选择了 B 的占 79.4%,选择了 C 的占 61.3%,选择了 D 的占 72.7%,选择了 E 的占 71.6%。从以上的统计情况看,群众认为,红色基因的育人价值对社会主义核心价值观教育的影响主要表现在爱国主义教育、理想信念教育,其次是高尚情操教育、优良作风教育,选择创新能力教育的群众较少。进一步调查发现,群众的选择具有地域性差异,陕西地区的群众选择优良作风教育的较多,与延安精神的艰苦奋斗有密切关系,南泥湾故事影响较大;江西地区的群众选择创新能力教育的比率较高,井冈山精神已经进入江西高校思政课教材,井冈山精神中的敢闯新路特征给该地区的群众留下了深刻印象。红色基因的育人价值对社会主义核心价值观教育具有精神引领作用。加强红色基因教育,有利于引导群众认同社会主义核心价值观。

---

[1]　程彪、张荣荣、王春林:《革命文化的历史性内涵与时代价值》,《理论探讨》2019 年第 3 期。

表3-113 您认为为了培育社会主义核心价值观能够发挥红色基因功能的重点主体有哪些(可以多选)

选项	政府	企业	社会	学校
字母代码	A	B	C	D

调查结果显示,选择了A的占63.1%,选择了B的占59.3%,选择了C的占63.2%,选择了D的占66.1%。从以上的统计情况看,群众认为,政府在传播红色基因、彰显红色基因功能方面是影响较大的主体,有力地促进社会主义核心价值观的培育,政府制定的政策与法规在红色基因传承与社会主义核心价值观培育方面发挥着重要作用。政府、企业、社会、学校都是彰显红色基因功能的重点主体,应该密切联系,相互配合,分工协作,协调制作出遵循德育规律的文化艺术作品与体现美学理念的红色文化实物,不断激发红色基因的时代价值,在红色基因传承的过程中让群众能够感受到红色基因的精神魅力,接受社会主义核心价值观的熏陶。

表3-114 您认为对红色基因与社会主义核心价值观的生成演化影响较大的文化思潮是什么

选项	中国传统文化	西方文化	马克思主义教育	国外民族文化	说不清楚
字母代码	A	B	C	D	E

调查结果显示,选择了A的占34.1%,选择了B的占11.3%,选择了C的占33.5%,选择了D的占12.5%,选择了E的占8.6%。从以上的统计情况看,群众认为,中国传统文化对红色基因与社会主义核心价值观的生成演化影响最大,马克思主义教育的影响较大。红色基因与社会主义核心价值观都属于马克思主义意识形态,批判吸收了中西方文化的精华。在中国近代史上,红色基因孕育的背景就是五四运动之后的东西方文化问题论战、问题与主义之争。改革开放之后,社会主义核心价值观在与西方思潮斗争的过程中彰显出理论的光芒,不断增强对群众的感染力与吸引力。

表 3-115　您认为红色基因与社会主义核心价值观的形成过程分为哪些时期(不定项选择)

选项	新民主主义革命时期	社会主义革命时期	社会主义建设时期	改革开放时期
字母代码	A	B	C	D

调查结果显示,选择了 A 的占 61.5%,选择了 A、B 的占 39.4%,选择了 A、B、C 的占 24.2%,全选的占 72.7%。从以上的统计情况看,群众对红色基因与社会主义核心价值观的形成时期争议较大,认为是四个时期的群众比率较高,仅认为是新民主主义革命时期的次之。进一步调查发现,文科专业背景的群众对四个时期划分的了解高于理工科专业背景的群众,认为是四个时期的群众受红色文化概念的影响较大,仅认为是新民主主义革命时期的群众受革命文化概念的影响较大。因此,需要在党史学习教育中加强对相关知识的教育。

表 3-116　您认为从对社会主义核心价值观产生影响的视角看红色基因发展历程有哪些(可以多选)

选项	中国共产党的诞生	中国革命实践	中国建设实践	中国改革实践
字母代码	A	B	C	D

调查结果显示,选择了 A 的占 81.3%,选择了 B 的占 78.6%,选择了 C 的占 71.4%,选择了 D 的占 69.8%。从以上的统计情况看,群众广泛认同中国共产党的诞生在红色基因发展历程的重要地位。从红色基因的形成和发展的历史进程看,红色基因是伴随着马克思主义在中国的广泛传播、中国共产党的诞生和中国革命、建设、改革的每一个脚印应运而生的。马克思主义是红色基因的指导思想,中国共产党是传播红色基因的领导者与组织者,在中国革命、建设、改革的实践中,红色基因展示出的思想理念与价值观念为社会主义核心价值观提供了精神滋养。红色基因蕴藏着马克思主义为什么行、中国共产党为什么能、社会主义为什么好的"精神密码",这个"精神密码"为社会主义核心价值观的践行搭建了良好的平台。

三、调查红色基因传承与社会主义核心价值观培育所遇到的难题情况与应对情况

(一) 对红色基因传承与社会主义核心价值观培育所遇到的难题情况的调查

表3-117 您认为对红色基因传承与社会主义核心价值观培育产生不良影响的网络行为有哪些(可以多选)

选项	传播未经授权的音频、视频	在网络聊天或论坛上发言交流时"爆粗口"	从网络上抄袭他人作品、引用论文不注明出处	在网络上转发未经核实的新闻信息	浏览色情图片、小说、视频	参与"人肉搜索"
字母代码	A	B	C	D	E	F

调查结果显示,选择了A的占63.8%,选择了B的占79.1%,选择了C的占61.3%,选择了D的占63.6%,选择了E的占64.5%,选择了F的占59.7%。从以上的统计情况看,网民的不良网络行为不利于红色基因的传播,也不利于社会主义核心价值观的宣传。网络上的不文明行为企图消解红色基因,也不利于宣传革命英雄人物的事迹。习近平指出:"建设网络良好生态,发挥网络引导舆论、反映民意的作用。"①各级党组织应加强对群众网络行为的引导,充分发挥网络在传播红色基因与社会主义核心价值观方面的积极作用,进一步提高群众学习红色基因与践行社会主义核心价值观的自觉性。

表3-118 您认为红色基因传承与社会主义核心价值观培育遇到的挑战有哪些(可以多选)

选项	"普世价值"	历史虚无主义	新自由主义	宗教信仰	形式主义
字母代码	A	B	C	D	E

---

① 习近平:《习近平谈治国理政》,第二卷,外文出版社,2017,第335页。

调查结果显示,选择了 A 的占 68.3%,选择了 B 的占 71.7%,选择了 C 的占 43.6%,选择了 D 的占 65.2%,选择了 E 的占 61.6%。从以上的统计情况看,历史虚无主义对红色基因传承与社会主义核心价值观培育的负面影响最大,历史虚无主义虚构红色历史故事,抹黑革命英雄的形象,企图对社会主义核心价值观进行解构。"普世价值"对群众产生消极影响,宗教信仰主要对农民群众思想观念带来巨大冲击,二者都对红色基因传承与社会主义核心价值观培育构成一定的挑战。新自由主义虽然有一定的影响,但逐渐消退。在红色基因与社会主义核心价值观的宣传教育方面,形式主义表面"花哨",实际有害。

(二) 对红色基因传承与社会主义核心价值观培育措施的调查

为了了解红色基因传承与社会主义核心价值观培育的措施,从路径、方式、策略等方面展开调查。

表3-119　您认为通过哪些途径了解红色基因与社会主义核心价值观(可以多选)

选项	课堂讲授	书刊	党员、团干培训	网络媒体	广播电视	大街小巷的标语和公益广告
字母代码	A	B	C	D	E	F

调查结果显示,选择了 A 的占 72.1%,选择了 B 的占 51.2%,选择了 C 的占 26.3%,选择了 D 的占 52.6%,选择了 E 的占 59.3%,选择 F 的占 57.4%。从以上的统计情况看,"课堂讲授"是群众了解红色基因与社会主义核心价值观的主渠道;标语、广告、广播电视、网络媒体、书刊等社会媒体是宣传红色基因与社会主义核心价值观的重要途径。少数群众认为,"党团培训"是学习红色基因与社会主义核心价值观的方式。这说明,群众学习红色基因与社会主义核心价值观的渠道是多元的。要多管齐下,提高红色基因传承与社会主义核心价值观培育的实效性。

表 3-120　您认为红色基因传承与社会主义核心价值观培育的方式有哪些(可以多选)

选项	历史与现实的结合	理论与实际的结合	内容与形式的结合	激情与理性的结合
字母代码	A	B	C	D

调查结果显示,选择 A 的占 26.4%,选择了 B 的占 23.5%,选择了 C 的占 17.3%,选择了 D 的占 32.8%。从以上的统计情况看,群众关注现实,善于用革命精神激励工作与学习,充满爱国激情,并且富于理性的思考;喜欢用红歌表达对生活的热爱。认识是知、情、意、行的统一,也是感性认识与理性认识的统一,激情与理性相结合的方式,对于传承红色基因、对于培育社会主义核心价值观,能够收到良好的效果。

表 3-121　您认为利用现代传播技术传承红色基因与推动社会主义核心价值观培育的方式有哪些

选项	"互联网+"	主题网站	手机 APP	互动留言
字母代码	A	B	C	D

调查结果显示,选择了 A 的占 21.9%,选择了 B 的占 23.1%,选择了 C 的占 35.3%,选择了 D 的占 19.7%。从以上的统计情况看,现代传播技术在推动红色基因传承与社会主义核心价值观培育方面得以广泛利用,选择手机 APP 的群众较多,手机成为群众普遍使用的通信工具,通过手机 APP 传播红色基因与社会主义核心价值观,是一种有效方式。深刻把握新媒体发展的特点,了解现代传播技术规律,能够加强对红色基因、社会主义核心价值观的正面宣传。

表 3-122　您认为对红色基因传承与社会主义核心价值观培育的受众吸引策略有哪些(可以多选)

选项	亲临体验	现场互动	场景模拟	实物展示	图文介绍
字母代码	A	B	C	D	E

调查结果显示,选择了 A 的占 73.6%,选择了 B 的占 69.9%,选择了 C 的占 60.5%,选择了 D 的占 64.7%,选择了 E 的占 58.2%。从以上的统计情

第三章 红色基因传承情况与社会主义核心价值观培育现状的调查与分析

况看,群众侧重于亲临体验、现场互动;实践是认识的来源,依据受众心理开展实践活动,可以让群众感受到红色基因、社会主义核心价值观的"亲近感"与"亲和力"。亲临体验、现场互动、场景模拟、实物展示、图文介绍是一个综合体系,集思想性与接受性、艺术性于一体,从而深度感染群众,达到心灵受震撼、精神受洗礼的良好效果。

表3-123 您认为推进社会主义核心价值观培育的红色文化资源整合策略有哪些(可以多选)

选项	加强红色文化资料的搜集整理	加大红色文物的保护力度	加快红色文化传播实务研究	补充完善承载红色文化的历史材料
字母代码	A	B	C	D

调查结果显示,选择了A的占71.2%,选择了B的占68.7%,选择了C的占81.4%,选择了D的占69.2%。从以上的统计情况看,群众侧重于红色文化的传播技术,关注对红色文化资料、史料、文物的整理与利用。充分利用红色文化资源整合策略,加强红色文化创新发展基础工程建设,让广大群众在陶冶身心的同时,深刻感悟红色基因的历史底蕴,发挥红色基因的时代价值,促进群众对社会主义核心价值观的认同。

表3-124 您认为推进社会主义核心价值观培育的红色基因传播工程策略有哪些(可以多选)

选项	加强红色基因传播的顶层设计	综合运用信息媒体、纸媒体等传播样态	丰富革命文化的资源库	打造精品革命文化工程	运用戏剧、音乐、美术等文体形式传播红色基因	丰富红色基因的作品制作和传播
字母代码	A	B	C	D	E	F

调查结果显示,选择了A的占75.1%,选择了B的占70.2%,选择了C的占68.3%,选择了D的占69.5%,选择了E的占78.6%,选择了F的占71.4%。从以上的统计情况看,群众侧重于红色基因传播的顶层设计与艺术形式。加强对红色基因传播工程策略的研究,打牢红色文化建设的良好基础,形成完整的红色基因传播产业链条;创新传播红色基因的方法,不断增强群众对红色基因的情感认同和对社会主义核心价值观的理性认同,大

力推进社会主义核心价值观的培育。

表3-125 您认为推进社会主义核心价值观培育的革命文化话语体系构建策略有哪些(可以多选)

选项	传播红色基因的话语方式,贴近群众的思维方式与心理特征	用新时代语言传播好红色基因	构建传承红色基因的话语常态化建设机制	制定可操作的制度措施和科学的评价体系
字母代码	A	B	C	D

调查结果显示,选择了A的占69.4%,选择了B的占70.1%,选择了C的占74.2%,选择了D的占79.8%。从以上的统计情况看,群众侧重于革命文化话语体系构建的制度与评价体系。从制度层面解决在传承红色基因的话语体系方面所存在的空化、泛化问题,有效地传播中国革命文化话语,让群众感受到中国革命文化话语的时代魅力,完善传承红色基因的方式,展现出红色基因的高尚道德品质与崇高的价值理念,为培育社会主义核心价值观创造良好氛围。

表3-126 您认为红色基因传承与社会主义核心价值观培育的途径是什么

选项	媒体对正面事件的宣传	父母的影响	学校环境和老师的影响	社会环境的影响
字母代码	A	B	C	D

调查结果显示,选择了A的占18.8%,选择了B的占28.1%,选择了C的占23.2%,选择了D的占29.9%。从以上的统计情况看,群众认为外部环境、父母的教导对自身价值观的形成影响较大。出生在红色家庭的孩子,容易受红色家风的影响,红色基因得以有效地传承。媒体的正面宣传充满正能量,有利于培育社会主义核心价值观。

表3-127 您认为红色基因传承与社会主义核心价值观培育的路径有哪些(可以多选)

选项	全面考察红色遗迹,汲取精神力量	凝聚价值共识	主客体之间的良性互动	政府对群众物质与精神的帮助	精诚团结,致力于实现中国梦
字母代码	A	B	C	D	E

调查结果显示,选择了 A 的占 25.2%,选择了 B 的占 15.6%,选择了 C 的占 20.8%,选择了 D 的占 24.3%,选择了 E 的占 14.1%。从以上的统计情况看,群众侧重于参观红色遗迹,在红色基因传承与社会主义核心价值观培育的路径方面,感性认识影响较大。基层党组织发扬红色传统,加强对群众物质与精神的帮助,有利于克服群众的困难,实现政府与群众的良性互动,让群众牢记党恩,相信党组织传播的社会主义核心价值观。

表 3-128　您认为红色基因传承与社会主义核心价值观培育的媒介是什么(可以多选)

选项	日常生活	学校教育	报纸、杂志、小说	电视、电影、广播	网络
字母代码	A	B	C	D	E

调查结果显示,选择了 A 的占 68.3%,选择了 B 的占 58.6%,选择了 C 的占 47.2%,选择了 D 的占 69.4%,选择了 E 的占 73.8%。从以上的统计情况看,网络是红色基因传承与社会主义核心价值观培育的最主要媒介,其次是电影电视广播、日常生活和学校教育,报刊、小说、杂志在这方面的影响最小。这说明,新时代,网络媒体传播信息的速度较快,对红色基因传承方式与社会主义核心价值观培育模式产生深远的影响。红色基因是培育社会主义核心价值观的"红内核"[①],创新红色基因的传承方式,有助于提高社会主义核心价值观的培育实效。

为了更好地开展意识形态工作,需要调查红色基因与社会主义核心价值观融入群众日常生活的情况,进一步从实际出发,探索红色基因与社会主义核心价值观融入群众日常生活的路径。为此,设计了以下的调查问卷。

表 3-129　您在日常生活中是否会以红色基因与社会主义核心价值观的要求规范自己的言行

选项	一直都会	有时会	偶尔会	不会	不好说
字母代码	A	B	C	D	E

调查结果显示,选择了 A 的占 23.6%,选择了 B 的占 47.4%,选择了 C

[①] 于润艳:《红色基因视阈下的大学生爱国主义精神培育》,《学校党建与思想教育》2020 年第 20 期。

的占12.2%,选择了D的占7.3%,选择了E的占9.5%。从以上的调查数据可以看出,仅有23.6%的群众认为,在日常生活中,一直都会按照红色基因与社会主义核心价值观的内在要求规范自己的言行;近一半的群众持犹豫态度;还有一部分群众对红色基因与社会主义核心价值观的道德规范持消极态度。这说明,把红色基因与社会主义核心价值观融入群众的日常生活,很有必要。

表3-130 您认为红色基因与社会主义核心价值观同日常生活联系的程度如何

选项	联系密切	有联系,但不多	没有联系	不确定
字母代码	A	B	C	D

调查数据显示,选择了A的占24.6%,选择了B的占59.3%,选择了C的占9.4%,选择了D的占6.7%。从以上的调查数据可以看出,24.6%的群众认为,红色基因与社会主义核心价值观同日常生活的联系密切,大多数群众认为联系不多,有少数群众表示不联系。这说明,对红色基因与社会主义核心价值观的宣传方式需要改变,宣传要与群众的实际生活相结合,才能对群众的价值观念产生影响。同时,对红色基因与社会主义核心价值观融入群众的日常生活状况进行调查分析,才能找出针对性的措施。

(三) 对学习、教育方式对红色基因传承与社会主义核心价值观培育的影响情况的调查

思政课程与课程思政是开展红色基因与社会主义核心价值观教育的重要形式,从小学到大学,思政课程与课程思政以不同的形式呈现,积极开展红色基因与社会主义核心价值观的大中小一体化教育。对思政课程与课程思政相关情况的调查与分析,是了解与研究红色基因传承与社会主义核心价值观培育的一个重要窗口。为此,特设计了一些调查问卷。

表3-131 您对思想政治理论课的兴趣如何

选项	感兴趣	不感兴趣	视教师的水平而定	无所谓
字母代码	A	B	C	D

调查结果显示,选择了 A 的占 41.4%,选择了 B 的占 19.7%,选择了 C 的占 34.3%,选择了 D 的占 4.6%。从以上的调查数据可以看出,41.4%的群众对思政课有兴趣,约 1/3 的群众因为教学的内容与方式的不同,对思政课的兴趣有所差异,还有部分群众对思政课不感兴趣。进一步调查发现,有理工科学习背景的群众对思政课的兴趣低于文科出身的群众,甚至部分群众认为"学好数理化,走遍天下都不怕",出现了思政课无用论。这就说明,不但要改革思政课的教学内容,创新思政课的教学方式,而且推行课程思政,把红色基因与社会主义核心价值观教育有机地融入课程思政当中。

表 3-132　您认为思想政治理论课对红色基因与社会主义核心价值观教育起到什么样的作用

选项	作用非常大	作用较大	作用不大	没有起到作用
字母代码	A	B	C	D

调查结果显示,选择了 A 的占 13.4%,选择了 B 的占 47.5%,选择了 C 的占 31.3%,选择了 D 的占 7.8%。从以上的调查数据可以看出,百分之六十的群众认为,思想政治理论课对红色基因与社会主义核心价值观教育有明显的作用,少数群众否认思政课在这方面的作用。这说明,思政课是开展红色基因与社会主义核心价值观教育的主渠道,要加强思政课建设,充分发挥思政课的作用;同时,可以考虑发挥课程思政在红色基因与社会主义核心价值观教育方面的作用,协调推进课程思政与思政课程的建设。

表 3-133　您认为课程思政应如何开展

选项	增强实效性	实践教学	提高教师教学水平
字母代码	A	B	C

调查结果显示,选择了 A 的占 36.6%,选择了 B 的占 43.7%,选择了 C 的占 19.7%。从以上的调查数据可以看出,群众比较喜欢实践教学模式;群众对课程思政目标有一定的诉求,说明加强课程思政教学改革的必要性;教师在课程思政教学中发挥重要作用,除了提高课程思政教师的道德素养外,还要在思维与视野方面提高课程思政教师的业务水平。课程思政的实效性影响到思想政治教育工作的效果,也影响了红色基因与社会主义核心价值观的教育效果。进一步调查发现,部分群众认为,目前课程思政教学存在着

理论脱离实际的现象,部分教师不善于将红色基因教育、社会主义核心价值观教育与课程思政结合起来,教学方法落后,削弱了课程思政的影响力,从而影响了红色基因教育的感召力与社会主义核心价值观教育的渗透力。

思政课程、课程思政是学习红色基因与开展社会主义核心价值观教育的主渠道。除此以外,其他的学习、教育方式对红色基因传承与社会主义核心价值观培育产生了深刻影响。为了调查分析影响情况,特设计如下调查问卷。

表3-134 您喜欢的红色基因与社会主义核心价值的教育方式有哪些(可以多选)

选项	思想政治理论课	讲座	师生互动活动	社会实践活动	参观考察	主题活动	宣传
字母代码	A	B	C	D	E	F	G

调查结果显示,选择了 A 的占 10.1%,选择了 B 的占 14.5%,选择了 C 的占 19.3%,选择了 D 的群众占 17.4%,选择了 E 的占 15.2%,选择了 F 的占 13.2%,选择了 G 的占 10.3%。从以上的调查数据可以看出,群众希望红色基因与社会主义核心价值的教育方式多样化,相对于理论的学习,群众更喜欢在社会实践活动中领悟红色基因与社会主义核心价值的内涵。

表3-135 您认为在学习红色基因与社会主义核心价值观方面微工具有哪些吸引你的地方

选项	微工具的信息来源广泛,信息更新及时,并且转发评论方便	微工具具有开放性、互动性强和传播能力强的特点	微工具里拥有属于自己的个人空间,言论自由	微工具的界面简单、操作方便	微工具参与者的角色多样化
字母代码	A	B	C	D	E

调查结果显示,选择了 A 的占 22.4%,选择了 B 的占 13.3%,选择了 C 的占 26.8%,选择了 D 的占 16.2%,选择了 E 的占 21.3%。从以上的调查数据可以看出,在学习红色基因与社会主义核心价值观方面,微工具对群众有很大的吸引力。微工具带给群众丰富的信息,因为传播速度快,传播范围广,深受群众的喜爱。进一步调查发现,微工具对农村地区 60 岁以上老人的影响微乎其微,多数农村老年人使用的还是"老年机",用不好互联网。

微工具对青少年的影响较大,影响到青少年的人生观、价值观,甚至就业观,以网络主播、网红为理想职业的比例高达四成。该现象表明了青少年受网红人物言论的影响,极易产生消极情绪,导致青少年的价值观产生错乱。青少年的价值观念没有定型,可塑性强,需要加强微工具在信息传播方面的管理,加强红色基因与社会主义核心价值观教育,树立青少年正确的理想信念。

表 3-136　您用手机上网通常做什么事情

选项	交友聊天	看电影	看小说	玩游戏	学习知识
字母代码	A	B	C	D	E

调查结果显示,选择了 A 的占 32.5%,选择了 B 的占 19.4%,选择了 C 的占 16.6%,选择了 D 的占 17.3%,选择了 E 的占 14.2%。从以上的调查数据可以看出,大部分群众把移动互联网视为娱乐工具,用于学习的时间较少。随着手机上网的广泛运用,互联网成为群众了解外部信息的主要渠道。群众使用网络的时间与方式不合理,影响了群众对红色基因与社会主义核心价值观的学习。

表 3-137　您认为应该通过什么途径加强红色基因与社会主义核心价值观的自我教育

选项	课堂传授	书刊	培训班	网络媒体	电视广播
字母代码	A	B	C	D	E

调查结果显示,选择了 A 的占 23.2%,选择了 B 的占 16.2%,选择了 C 的占 11.6%,选择了 D 的占 36.1%,选择了 E 的占 12.9%。从以上的统计情况可以看出,网络媒体是群众自我教育的主渠道,课堂讲授、书刊、培训班、电视广播等方式对群众在红色基因与社会主义核心价值观方面的自我教育产生了不同的影响。进一步调查发现,群众在红色基因与社会主义核心价值观方面的自我教育存在着性别、学历层次、政治面貌等方面的差异。例如,文化水平低的群众比较喜欢网络媒体,文化水平高的群众相对倚重培训班。这说明,对于群众在红色基因与社会主义核心价值观方面的自我教育,要分层次开展。

表 3-138　您喜欢哪种家庭教育方式

选项	狼爸虎妈式教育	身受平等交流式教育	身受放任自由式教育	说不清楚
字母代码	A	B	C	D

调查结果显示,选择了 A 的占 21.4%,选择了 B 的占 36.5%,选择了 C 的占 22.3%,选择了 D 的占 19.8%。"狼爸虎妈式"属于高度严格管理模式,"放任自由式"属于轻松管理模式,这两种模式容易滋生青少年的偏激情绪,不利于青少年的健康成长,导致子女对意识形态问题的情绪化思考,并容易走向极端。平等的教育环境容易让父母与子女就革命传统、思想认识问题展开互动、交流,培养子女的独立思考能力,子女容易从情感上认同红色基因、社会主义核心价值观。因此,红色基因与社会主义核心价值观教育,需要抓住家庭教育的环节,主动发挥父母的言传身教作用,传播家庭正能量,引导青少年尊崇红色基因与社会主义核心价值观。

表 3-139　您认为哪种形式有利于加强红色基因传承与社会主义核心价值观培育(可以多选)

选项	字母代码
融入思政课大中小一体化教学体系中	A
各级培训	B
邀请专家开展相关的讲座	C
主题报告会	D
主题竞赛活动	E
社会实践活动	F
注重渗透教育,以环境育人	G
将其内容纳入考试范围	H
树典型,学榜样	I
喜闻乐见的传播方式	J
其他	K

调查结果显示,选择了 A 的占 64.1%,选择了 B 的占 38.2%,选择了 C 的占 33.8%,选择了 D 的占 31.2%,选择了 E 的占 37.7%,选择了 F 的占

45.8%,选择了 G 的占 42.4%,选择了 H 的占 9.6%,选择了 I 的占 37.3%,选择了 J 的占 42.5%,选择了 K 的占 1.9%。从以上的统计情况看,群众认为,加强红色基因与社会主义核心价值观教育的主要途径是"融入思政课大中小一体化教学体系中"。群众比较倾向于参加社会实践活动,说明社会实践教育可以收到实效。各级培训、竞赛活动、榜样示范、专家讲座、主题报告等方式对红色基因传承与社会主义核心价值观培育产生一定的作用。在各种渠道中,影响较小的是"将其内容纳入考试范围"。

通过对红色基因传承与社会主义核心价值观培育现状的调查与分析,可以发现,红色基因从内容结构、价值功能、生成演化方面对社会主义核心价值观产生深刻的影响。红色基因传承与社会主义核心价值观培育遇到多元社会思潮的挑战,面临着多媒体传播技术带来的挑战,需要探索有效的应对措施。例如,盗版光碟猖獗,一些不良影片进入市场,对革命先烈的描述充满了历史虚无主义,对部分群众的思想观念造成冲击,这就说明,当前影视作品审查制度有待于完善。一些教材在传播革命精神方面表现淡薄,引起部分群众价值观念的混乱。部分传媒对革命历史事件的不恰当描述,造成群众思想观念混乱,道德趋于滑坡。部分网络对抗战历史事实的描述趋于表面化,只讲经济效益,不顾社会影响,存在着娱乐化、庸俗化的现象,事实上抹杀了红色基因的内在魅力,淡化了红色基因的吸引力。对于红色基因传承过程中与社会主义核心价值观培育过程中存在的一些问题,应该进行反思。红色基因在提高群众的思想道德修养方面具有一定的价值与功能,红色基因以红色文化资源的形式存在着,具有一般历史文化资源的共同特征,需要被创造性地加以开发与利用,创新红色基因的传承方式。从娃娃抓起,建立大学、中小学一体化的社会主义核心价值观教育体系;协调推进思政课程与课程思政建设,让红色基因以喜闻乐见的方式进课堂,以通俗易懂的形式进教材,以感染力强的艺术形式进校园。基于 STEAM 理念,利用多媒体技术,采用多学科融合的方式,以全方位育人的模式讲述红色故事,传播红色基因,开展社会主义核心价值观教育,传递群众正能量,增强红色基因的感染力,提高社会主义核心价值观的吸引力。

小　结

通过对红色基因传承与社会主义核心价值观培育现状的调查与分析，可以看出，红色基因传承与社会主义核心价值观培育的整体情况较好，但离群众的期待还有一定的距离，有待于进一步完善。广大群众普遍愿意接受红色基因与社会主义核心价值观教育，从思想意识上广泛认同红色基因与社会主义核心价值观；但部分群众认为二者的宣传效果不理想。在现实的生活中，虽然部分群众能够对红色基因给予令人满意的回复，但在具体落实中出现了一些偏差，对于如何传承红色基因缺乏清晰的方案。部分群众对社会主义核心价值观内容有一定的了解，但对于其真正含义却含糊其词，对于如何践行社会主义核心价值观难以给出明确的回答。因此，当前需要进一步提高红色基因的传播效果，提升社会主义核心价值观的影响力，增强群众对二者的认同感与获得感。如何传承红色基因还处于探索中，取得了一定的成绩，还存在一些不足。如何挖掘红色基因的时代价值，让红色基因更好地孕育、涵养社会主义核心价值观，还有一些问题需要解决。调查红色基因传承与社会主义核心价值观培育的现状，查摆红色基因传承与社会主义核心价值观培育过程中存在的问题，分析存在问题的原因，探析面临的各种挑战，如何迎接挑战，找出有针对性的解决措施，需要深入地分析与研究。

第一，在特定的意识形态话语体系中，红色基因与社会主义核心价值观都属于马克思主义意识形态范畴，强化人民群众对主流意识形态话语体系的认同，增强红色基因的情感认同，展现群众对社会主义核心价值观认同的一致性。如何创新红色基因的传承方式，以便释放红色基因的亲和力？如何探索社会主义核心价值观的培育方式，彰显社会主义核心价值观的渗透力、感染力？成为我们需要深入分析、研究和解决的问题。

第二，传承红色基因与培育社会主义核心价值观的时代背景是复杂的现实社会：外有西方文化的冲击，内有社会多元思想动态的影响，甚至威胁到马克思主义意识形态的主导地位。面对意识形态领域的挑战，既要"破"

也要"立"。如何破除历史虚无主义、"普世价值"、"躺平"思潮对红色基因传承与社会主义核心价值观培育的负面影响？如何探求应对措施,让红色基因与社会主义核心价值观成为深入人心的主流意识形态话语？成为摆在我们面前的时代拷问。

第三,新媒体时代,网络信息传播较快,一些错误思潮换了"马甲",以欺骗的方式出现在群众面前,部分群众容易受到各种错误思潮的蛊惑。错误思潮已经渗透社会领域各个方面,对传统的思想政治教育方式构成了挑战。如何利用新兴技术手段宣传红色基因与社会主义核心价值观,如何从教育引导、制度保障、实践养成方面狠下功夫,使之成为群众共同信奉的价值理念,是一个值得探索的理论与实践问题。

第四章 红色基因传承与社会主义核心价值观培育的挑战及其破除

面对世界多元思潮激荡的新态势,面对改革开放和市场经济对思想意识的冲击,红色基因传承与社会主义核心价值观培育遭遇巨大挑战,为了应对挑战,需要坚持马克思主义哲学中"破与立"相统一的辩证思维。在改造主观世界中,需要打破"旧世界",建立"新世界"①;采取必要手段,破除错误的社会思潮,制定针对性措施,构建包括红色基因与社会主义核心价值观在内的马克思主义意识形态话语体系。"立"以正面宣传教育为主,采取必要措施,让红色基因与社会主义核心价值观内化于心、外化于行,成为群众的基本价值遵循。"破"就是拿起红色基因的武器,提高群众的思想觉悟与道德素养,破除错误思潮,消除社会主义核心价值观培育的阻碍因素。习近平总书记指出:"当今时代,社会思想观念和价值取向日趋活跃,主流的和非主流的同时并存……社会思潮纷纭激荡。"②非主流思潮、落后的价值观念都会对红色基因与社会主义核心价值观的宣传教育产生一定的负面影响。在新时期,红色基因传承与社会主义核心价值观培育,并不是一帆风顺的,会遇到各种思潮的挑战,其中比较大的挑战就是历史虚无主义与"普世价值"。除此以外,还有形形色色的有悖于社会主义核心价值观、红色基因精

---

① "新世界"与"旧世界"的区分是依照马克思主义哲学中新事物的定义而言的。"新世界"是指符合历史发展潮流、代表人民群众利益的意识形态;"旧世界"是指逆历史发展潮流而动、违背人民群众利益的意识形态。
② 习近平:《习近平谈治国理政》,第二卷,外文出版社,2017,第328页。

髓的错误思潮，如"躺平"观念。① 2021年春季，"躺平思潮"喧嚣一时，部分网络从业者，在西方敌对势力的蛊惑下，对持享乐主义的青年人投其所好，捏造一些图片，误导青年人放弃理想信念，诱导青年人遇到困难就躺倒不干，号称"躺平"，大言不惭地声称"躺赢中共"。红色基因传承过程，是一个打破错误思潮挑战的过程；社会主义核心价值观培育过程，是一个与反动意识形态不断斗争的过程。微媒体对传统媒体形式进行重构，酝酿而产生新媒体形式——自媒体，还有主流媒体、商业媒体和境外媒体。这四种媒体模式以各自不同的逻辑对红色基因与社会主义核心价值观的宣传教育有着不同的影响。主流媒体以政治逻辑为主，力图用马克思主义意识形态引领红色基因的宣传，加强社会主义核心价值观的规范化建设。商业媒体以市场逻辑为主，对红色基因与社会主义核心价值观的宣传教育持放任自流态度。境外媒体怀抱冷战思维，以冷战逻辑为主，企图以技术手段强化西方的话语霸权，鼓吹西方价值观，销蚀红色基因与社会主义核心价值观的感染力与吸引力；自媒体则以生活逻辑为主，搭建群众交流观点的网络平台，侧重于让群众自主地表达个人的价值观。历史虚无主义、"普世价值"、"躺平思潮"等错误思潮以自媒体、商业媒体和境外媒体为工具，冲击主流意识形态，对红色基因与社会主义核心价值观的传播构成挑战。整合媒体资源，充分发挥主流媒体的主导作用，引导商业媒体与网络媒体关注社会效益、公益事业，自觉抵制西方媒体的反动宣传，加强对自媒体、商业媒体和境外媒体的管控，消除非主流媒体的负面影响。

如何应对多元社会思潮与西方价值观的挑战，是红色基因传承与社会主义核心价值观培育共同需要解决的问题。当主流意识形态话语权遇到挑战时，如何以红色基因传承作为培育社会主义核心价值观的手段，如何克服种种障碍，让社会主义核心价值观浸润于群众内心世界中，需要进一步研究。意识形态有一定的话语体系，影响着人们的认知模式。中国共产党以马克思主义为指导，通过政治理念的宣传与方针政策的贯彻为社会主义核心价值观的培育创造良好的条件；通过红色基因的宣传与英雄模范人物道

---

① "躺平"观念，放弃了中国人民勤劳勇敢的优良传统，与倡导坚定信念、艰苦奋斗、敢于拼搏、勇于胜利的红色基因在实质上迥然不同，有悖于倡导爱国、敬业、责任、担当的社会主义核心价值观。

德观念的感化,促进群众对社会主义核心价值观的认同。在以红色基因传承为手段推动群众认同社会主义核心价值观的过程中,让群众逐渐接受红色基因的熏陶,将红色基因蕴含的思想信念、道德观念转化为社会主义核心价值观的吸引力。在学习红色基因的实践中,通过和风细雨的宣传,党的意识形态话语植根于群众的内心世界中,群众逐步认识到社会主义核心价值观的魅力,逐渐认知并践行社会主义核心价值观。在红色基因的传承过程中,在社会主义核心价值观的培育过程中遇到了哪些挑战,又如何克服困难,在破与立的过程中,推动群众崇尚红色基因、认同与践行社会主义核心价值观?这些问题都需要加以分析与探究。

第一节 红色基因传承与社会主义核心价值观培育所面临的挑战

改革开放以来,我国生产力有了显著提高,综合国力上升到世界第二位,群众的生活水平日新月异。但是,对外开放促进经济发展的同时也面临着西方思潮的冲击。经济模式由计划经济转变为市场经济,社会不断转型,引发了一些矛盾与群众价值观念的变化。经济基础的变革带来了意识形态的变化,随着经济的变革,群众利益诉求趋于多样化,社会思潮的演变趋于多元化,红色基因传承与社会主义核心价值观培育面临着巨大的挑战。

一、西方思潮与西方价值观的冲击

当今世界,各国的文化思潮与价值理念不断激荡,随着多元思潮的冲击,西方文化思潮陆续涌入中国。有的文艺工作者照搬西方文艺理论,一旦文化理念脱离了具体环境与国情基础,脱离了中国特色社会主义实践,产生的文化作品与群众的审美观念相去甚远。同时,由于价值导向的不成熟,西方一些负面观念夹杂在文化作品中,对社会的健康发展产生了一定的负面影响,尤其是对群众的人生观、世界观产生消极影响,不利于群众形成高尚的人格。例如，后现代主义者标榜时尚，打着高雅艺术的旗号，实际上追求市场经济的利益，丧失了应有的审美和价值，误导群众的社会价值观念，逐渐消解中国传统节日观念与群众的英雄崇拜思想。思想文化多元交织、碰撞，给红色基因传承与社会主义核心价值观培育带来了严峻挑战。各种反马克思主义思潮混进中国，攻击马克思主义，倡导指导思想多元化，企图造成群众思想观念的混乱。这类反动思潮一旦进入国内，就会借着国内热点事件进行包装，以某种变异形态广为散播，严重影响了群众对红色基因的认知与对社会主义核心价值观的认同。西方的"实用主义"观念在中国流传，一些人标榜"务实"，实际上是精致的利己主义，追求片面的物质利益，理想信念、价值观念等视为无用的口号与装饰，"理想、高尚不能当饭吃"成了部分人的口头禅，"实用"成了价值评判准则。这样的价值评判标准对群众学习红色基因与认同社会主义核心价值观构成了挑战。网络传播在方便群众生活的同时，也会造成价值观的变异与扭曲。新媒体时代，西方思潮以各种变异形态对群众的价值观念进行群体性渗透，对红色基因与社会主义核心价值观产生了负面影响。① 西方国家一些反动政客基于意识形态的冷战思维及霸权主义的考量，企图利用技术优势，向我国群众传播西方生活方式与价值理念，公开挑战社会主义核心价值观的宣传。多元文化思潮给群众带来一定的正面影响，也带来了消极的因素，加之部分群众的辨别能力弱，难以抵挡西方思潮的诱惑，痴迷于国外生活方式，对民族的未来失去希望，对国家的发展失去了信心。文化自信的缺失不利于红色基因与社会主义核心价值观的传播。

二、市场经济的冲击与拜金主义、享乐主义等思潮的挑战

在市场经济发展过程中，竞争普遍存在，产生优胜劣汰的结果。在市场经济中，利益主体趋于多元化，群众的价值观差异较大。相对于计划经济，市场经济条件下竞争主体之间的矛盾趋于复杂化，实际上"大量的还是随着

---

① 江敏：《新媒体时代高校意识形态建设应对西方思潮的渗透研究》，《记者观察》2019年第24期。

形势环境变化新出现的矛盾"①。市场主体之间存在道德决策与绩效之间的矛盾,导致社会经济发展过程中产生道德与利润之间的博弈②,这会产生错误的义利观,导致拜金主义、享乐主义等思潮的流行,唯利是图,对共产主义理想、社会主义核心价值观一概不放在心上。这种消极影响对群众认同社会主义核心价值观构成了严峻挑战。在市场经济浪潮中,群众接触到相互矛盾的价值理念,面临着多元思潮的不断冲击,部分群众在意识形态领域迷失了方向。世界经济一体化的发展使部分群众在责任意识、民族情感等方面发生了变化,在政治信仰上出现动摇,对中国特色社会主义的发展缺乏自信。受利己主义等思潮的影响,部分群众在价值取向上过分注重金钱,过分强调与张扬个性,团队意识淡化,在处理个人价值与社会价值的关系时,往往推崇个人利益至上的价值观念。价值取向的变化折射了意识形态在社会转型时期的变动。随着一系列社会问题的产生,社会价值观与道德观念成为群众关注的焦点。如果以现实利益问题为导向,就会影响意识形态领域的话语权,那么,现实利益深深影响群众对价值观的选择,群众接受某一价值观仅仅出于对利益因素的考量,而不是源于思想的认同,这就意味着对某种价值观赞成与否,群众更多考量利益诉求。这种状况影响群众对红色基因的尊崇与对社会主义核心价值观的向往。

改革开放前,推行计划经济,文化思想较为单一,马克思主义作为核心意识形态受到群众高度认同。随着爱国主义、集体主义教育的开展,群众认可国家和社会推广的价值理念。改革开放以来,伴随着经济的发展,人民群众的文化水平有了显著改善,人的社会心理发生深刻的转变,美丽与共享成为群众追求价值尊严的重要行为取向。市场经济潜藏着追求利润最大化的倾向,放任这种倾向,就会造成"物欲横流,市场无序"③现象。人的发展受制于物的依赖关系,诱发"商品拜物教"观念,对群众的价值观念也会产生负效应,导致精神、信仰的物化,误导群众抛弃正确的价值理念、高尚的道德观念。基于物质利益的片面追求,部分群众崇尚自然科学的学习,对蕴含着

---

① 习近平:《辩证唯物主义是中国共产党人的世界观和方法论》,《求是》2019年第1期。
② 彭小兰:《国家、企业、公民:企业竞争力的道德机制》,《华南理工大学学报(社会科学版)》2011年第5期。
③ 叶小文:《让道德成为市场经济的正能量》,《光明日报》2014年4月17日。

道德情操、人文关怀的社会科学重视不够,缺乏一定的人文底蕴和心理素质,对市场竞争容易产生精神失落,对经济发展过程中出现的区域差异容易产生心理失衡,一旦遇到外部思潮的冲击,容易在价值观方面迷失方向,容易片面追求物质利益而忽视精神价值的培养。

三、微媒体传播带来的挑战

微媒传播的代表是微博、微信、微视频,微媒体发展迅速,为红色基因传承与社会主义核心价值观的培育带来了机遇与挑战。多媒体技术发展,信息传播速度快,微媒体在传播意识形态话语方面的影响力日益加大。非主流价值观借助于微媒体的扩散,对红色基因的传承与社会主义核心价值观的培育造成冲击。

(一)微媒体的负面信息对群众的主流价值观构成了冲击

网络时代拉近了群众之间的距离,这是网络亚文化产生的基础,恶搞、模仿、二次元等网络亚文化成为西方敌对势力攻击红色文化的主要渠道。新媒体时代,网络从业者为了一定的商业利益,利用大数据技术分析消费者的偏好,给群众传送了鱼目混珠的信息;为了引起群众的关注,信息传播者捏造猎奇、低俗的话题,发布庸俗信息以达到一定的点击量,导致红色基因的崇高被亵渎、社会主义核心价值观的深度被平庸。面对不良的信息,群众容易沉迷其中,难以自拔,尤其是青年人容易受不良价值观念的影响,不利于红色基因的传承与社会主义核心价值观的培育。微时代,微媒体传播出现娱乐化趋势,冲淡了红色基因的神圣性;微媒体话语的"嘻哈"风格影响了社会主义核心价值观在理论阐述方面的严肃性,"一切公众话语都日渐以娱乐的方式出现,并成为一种文化精神。……其结果是我们成了个娱乐至死的物种"[1]。网络信息泛娱乐化的目标是吸引群众的关注,在"数字绩效"的引诱下,对微媒体的泛娱乐化起到推波助澜的作用,大量影视明星的消息充斥网络空间,革命英雄与道德模范的事迹被忽视,影响了红色基因与社会

---

[1] 尼尔·波兹曼:《娱乐至死》,章艳译,广西师范大学出版社,2009,第6页。

主义核心价值观的传播。软性历史虚无主义与"泛娱乐化"合流,在"大众娱乐"掩护下用"偶像明星"的套路包装历史,隐蔽性、欺骗性和迷惑性都很强。①信息时代,媒体融合的速度加快,对社会主义核心价值观的培育构成挑战。德国哲学家卡尔·雅斯贝尔斯认为:"个人就其社会生存而言,是局限于某种不确定的环境。"②媒体融合是以媒介为核心的新发展理念,包括技术与交往方式的融合,给信息的传播带来了不确定性,因此,红色基因的宣传与社会主义核心价值观培育在利用新兴媒体方面面临着一定的挑战。数字技术改变了群众的生产生活方式,影响了群众的交往方式和消费习惯。媒体融合重塑了红色基因的宣传方式、社会主义核心价值观培育模式。智能信息技术"渗透到人类活动的全部领域,促进了技术、社会和历史的变迁"③。社会媒体为了吸引青年的关注,过多报道负面新闻,对正面新闻宣传不足,导致部分群众对以前的价值观产生困惑,在一定程度上淡化了部分群众的社会主义价值理念。

在传统的交往圈中,群众拘泥于固定的生活范围,相互交流较为简单。微媒体拓展了群众交流的圈子。群众通过微媒体对见闻、感想进交流和互动,频繁使用网络用语,以图片与表情表达对一些问题的态度。微媒体给群众提供了丰富的信息资源,信息资源应该为群众的学习和成长带来便利与益处,但现实情况差强人意,大部分群众并没有把微媒体当作学习舞台,而是当作娱乐消遣的工具。面对丰富网络资源,如何选择有益于群众红色基因与社会主义核心价值观教育的内容,是一个需要解决的难题。以马克思主义意识形态为指导原则,引导群众进行理性的思考、深度的理解,选择有益于树立正确世界观与价值观的信息内容,促进群众对红色基因与社会主义核心价值观的认知和认同。

---

① 张博:《警惕"娱乐包装"下的软性历史虚无主义》,《毛泽东邓小平理论研究》2021年第3期。
② 卡尔·雅斯贝尔斯:《时代的精神状况》,王德峰译,上海译文出版社,1997,第18-19页。
③ 曼纽尔·卡斯特:《网络社会的崛起》,夏铸九等译,社会科学文献出版社,2006,第1页。

（二）微媒体传播呈现出碎片化的特点，销蚀了红色基因的高尚性与社会主义核心价值观的系统性

微媒体时代，信息传播趋于"短、快"。信息传播者叙事追求"小片段"，用精短语言来叙述，导致信息的日益碎片化，影响了信息的真实性。这种传播方式影响了革命叙事的完整性，英雄模范人物的事迹被裁剪，群众接触到的并非真实全面信息，容易被误导①，稀释了红色基因与社会主义核心价值观的感染力。同时，网络信息以碎片化方式占领了大量空间。微博、微信等微媒体推送的信息被群众点击与转发的同时，传播信息的碎片化解构了信息的语境化，给群众对信息的理解造成了困难。② 革命英雄与道德模范的故事难以被完整讲述，红色基因与社会主义核心价值观以碎片化的面目呈现在群众面前，慢慢丧失了应有的魅力。微媒体传播信息强调即时性原则，视觉图像在传播信息方面快捷，就像"快餐"一样，质量难以得到保障。简单化的画面销蚀了群众深层次的理性思考空间，渐渐改变着群众的认知方式和思维习惯。这种趋势会影响群众学习红色基因的热情，也会削弱群众对社会主义核心价值观的理解。媒体技术改变了社会主义核心价值观培育的互动机制和共享机制，对联系平台提出了新要求，并影响了虚实互动环境。媒体融合影响群众的认知能力，改变了群众的价值诉求，也影响了价值评判方式。网络媒体深度融入群众的生活，信息在传播过程中呈现出匿名性和开放性的特征，导致部分群众的价值观念是模糊多变的。大数据技术改变了群众的价值规范，诚信、友善、平等等正面价值观受到冲击，引发群众在接受社会主义核心价值观培育时产生莫名的焦虑感。

对群众开展红色基因与社会主义核心价值观教育，需要用社会主义核心价值观整合群众各种价值理念、道德观念，引导群众正确对待个人理想与社会理想的关系，正确处理自我价值与社会价值之间的关系，"在实现中国梦的生动实践中放飞青春梦想"③。在新时代，群众的价值观和人生观在微

---

① 赵丽涛：《我国主流意识形态网络话语权研究》，《马克思主义研究》2017 年第 10 期。
② 周宪：《时代的碎微化及其反思》，《学术月刊》2014 年第 12 期。
③ 习近平：《决胜全面建成小康社会 夺取新时代中国特色社会主义伟大胜利——在中国共产党第十九次全国代表大会上的报告》，人民出版社，2017，第 70 页。

媒体上呈现出碎片化的趋势，群众较为关注现实利益关系，对国家的未来、民族的期望缺乏足够情怀。不从整体上审视个人价值与社会价值之间的辩证关系，以碎片化方式阐述红色基因与社会主义核心价值观，红色基因与社会主义核心价值观就会失去原有的"风貌"，就有可能为历史虚无主义等错误思潮留下攻击的机会与空间。

（三）微媒体传播模式易使群众认知呈现非理性化的特征，影响群众对红色基因与社会主义核心价值观的科学性认知

微媒体信息传播模式汇聚了价值取向趋同的朋友圈，微空间中的群众对感兴趣的话题自由交流，发表观点，"人不投机半句短"，渐渐形成一个"同温层"。微媒体的从业者出于经济利益的考量，利用大数据手段，为微信群等网络群体投送他们喜爱的信息。微媒传播信息的同质化现象进一步强化群众对同一事件的评价趋于同样的声音，容易导致网络群体成员固执己见，不愿意对事件进行理性的反思。对社会整体来说，撕裂了社会群体，难以达成价值共识，不利于群众对社会主义核心价值观的认同。对中国特色社会主义发展过程中出现的难题，部分群众只是情绪化宣泄，影响群众对社会主义核心价值观的科学性认知。情感代替了理性，情绪化代替了真理，容易误导群众对革命文化与社会主义核心价值观持虚无主义态度，这会影响红色基因对群众的吸引力，也会影响社会主义核心价值观对群众的凝聚力。多媒体技术发展，信息传播速度快，大众传播在传播意识形态话语方面的影响力日益加大。微媒体成为群众生存环境的组成部分，在建构意识形态话语权方面的作用越来越突出。各种非主流价值观借助于网络传播形式影响群众的价值理念，并利用互联网等新技术手段，让非主流价值观以声音、文字、图像"立体化"方式在群众中传播，结合群众的日常生活，传播方式趋于"平民化"，联系群众关注的就业难、看病难等民生问题阐述观点，表达方式通俗化，语言趋于"煽情化"。非主流价值观的扩散对红色基因的传承与社会主义核心价值观的培育造成冲击。

（四）微媒体传播的开放性导致社会思潮的多元化，对红色基因传承与社会主义核心价值观培育产生负面效应

微媒体的信息传播具有一定的虚拟性，网友自由交谈，信息交流又具有一定的开放性，各种思潮互相碰撞。网络的虚拟性推动了群众参与话语的爆炸，为多元思潮的传播搭建了新的平台。网络游戏满足了网民的虚拟成就，但游戏暴力、色情内容影响了群众的健康成长，甚至部分网络信息歪曲革命历史，破坏革命英雄的崇高形象，解构革命文化的话语体系。部分网络信息的传播缺乏责任意识，扭曲了群众的历史观与价值观。微媒体时代，网络信息传播快，不同价值理念随意传播，多元化思潮相互碰撞，影响了社会主义核心价值观的主导性。形形色色的思潮打着"生活化、娱乐化"的旗号，捏造各种荒诞怪异的价值符号，制造热点话题以便吸引群众的关注，传播方式具有隐蔽性，言论具有煽动性，价值观念具有欺骗性。"当下许多错误思潮和观点……以隐蔽的方式悄然渗透而出。"①例如，历史虚无主义、"普世价值"、"躺平观念"等社会思潮经过媒体人的精心策划，荒谬性被掩盖，严重影响了群众对红色基因的欣赏，扰乱了群众对社会主义核心价值观的认同。"躺平观念"的欺骗性较强，部分群众不想吃苦，不想奋斗，想着"躺倒不干"，部分网络媒体为博眼球，歪曲宣传，夸大个案，又被西方反对势力利用，故意渲染，借以攻击党和政府的政策。历史虚无主义、"普世价值"、"躺平观念"等错误思潮所倡导的价值理念、道德观念与社会主义核心价值观相悖，因为这些错误思潮具有较强的迷惑性，对群众的思想观念产生了误导；错误思潮企图引诱群众对马克思主义意识形态话语产生怀疑，从而破坏了红色基因的感染力，冲淡了社会主义核心价值观的吸引力。

四、形式单一带来的严峻挑战

改革开放以来，经济建设迅速发展，社会利益趋于多元化，多种思潮相

---

① 侯惠勤：《理想信念的引领与建构——当代大学生的社会主义核心价值观研究》，清华大学出版社，2010，第6-7页。

互激荡,多种价值观念交织在一起。为了应对挑战,各级党组织宣传理想信念与价值理念的传播方式发生了变化,宣传手段更新,在宣传社会主义核心价值观时,推出了"学习强国"平台,推出了"感动中国"的新闻,以讲故事的方式宣传道德模范,推动群众共鸣,引导群众崇尚红色基因与认同社会主义核心价值观。但是,在红色基因的宣传和社会主义核心价值观的传播方面存在着一些不足,形式主义严重,宣传的关注点放在了领导感受方面,注重吸引领导眼球,忽视了群众的内心感受。文山会海,层层传达,传播内容千篇一律,缺乏足够的吸引力,没有从当地实际情况出发,难以进入群众内心,难以收到实效。党和政府在宣传红色基因与社会主义核心价值观时花费越来越高,由于流于形式,群众却缺乏足够的兴趣,有的群众产生了逆反心理,有的群众不屑一顾。这种情况不利于推进群众对红色基因的学习与对社会主义核心价值观的认同。新时代,各级部门重视对群众进行主流意识形态的引导,制定了相关政策,鼓励宣传红色基因与社会主义核心价值观。但是,政策、措施的落实上存在着形式主义,有的仅仅喊在嘴上,有的仅仅写在纸上;在各种会议上不断被强调,在各种媒体上被广泛宣传,但社会主义核心价值观的践行不到位。形式主义削弱了群众对思想教育及其价值理念教导的信任,导致人心浮动,导致群众放弃了理想信念,不利于红色基因的传承与社会主义核心价值观的培育。

入脑入心是学习红色基因与社会主义核心价值观培育的基本目标。微媒体的普及在某些方面减少了实现这一目标的难度。要做到入脑入心,首先要入眼入耳,要想让群众崇尚红色基因,必须首先让群众了解红色基因;要想让群众认同和践行社会主义核心价值观,首先让群众认知社会主义核心价值观。各单位在开展红色基因与社会主义核心价值观宣传方面采取了许多措施,有关宣传的标语、口号、海报等广泛分布在大街小巷,但由于形式单一,群众却缺乏足够的热情。调查显示,有近三分之一的群众对红色基因与社会主义核心价值观的内容缺乏认知。相比之下,微媒体的信息更容易引起群众的关注。微媒体既有文字说明,有悦耳的声音环绕,又有视频、图片等形式带来综合的感官享受,而红色基因、社会主义核心价值观的现实宣传工作拘泥于传统模式,没有很好地综合利用各种信息传播方式。微媒体的信息大多能主动迎合群众的需要,带给群众美好的情感体验。社会主义核心价值观来源于生活,但又与群众的生活有一定的距离,不容易让群众直接产生亲近感。针对这一情况,党组织要想方设法利用微媒体调动群众学习红色基因与社会主义核心价值观的积极性。群众在浏览微媒体信息时,有机会较好地参与互动,例如,群众对红色故事、模范人物事迹发言、点赞,提高群众的学习兴趣。在主流意识形态的现实宣传中,主要采取点对面的灌输方式,群众之间的交流不多,互动有限。对于主流意识形态的宣传,可以借鉴共产党人在革命过程中开展宣传教育工作的一些经验,利用标语、口号、楹联、戏剧等文化动员方式,也可以利用微媒体等新兴传播方式,采取多种宣传手段,贴近群众的生活实际,让主流意识形态话语显得生动有趣,切实提高红色基因与社会主义核心价值观的吸引力。

总之,我国正处在社会转型期,各地发展不平衡,民主法治不是很健全,贪污腐败事件时有发生,各种矛盾错综复杂。部分青年社会阅历较浅,缺乏辩证思维,容易受新自由主义的影响,产生对中国特色社会主义的信仰危机。在社会生活领域中,拜金主义、享乐主义、个人主义抬头,有的群众盲目崇拜西方资本主义的社会生活方式,对社会主义制度缺乏应有的自豪感与自信心,这种现象不利于红色基因的传承与社会主义核心价值观的培育。红色基因与社会主义核心价值观的宣传教育中存在的形式主义弱化了二者自身的影响力与感召力。由于西方思想文化的渗透、各种社会思潮的冲击,新时期社会主义主流意识形态教育面临着被淡化、被冲击的风险。有的学者崇拜西方国家的民主、宪政观念,鼓吹所谓"普世价值";有的学者倡导历史虚无主义、"躺平观念",导致少数群众对马克思主义的信仰产生怀疑。各种错误思潮借助微媒体传播方式,给红色基因的传承与社会主义核心价值观的培育带来了巨大挑战。其中,历史虚无主义、"普世价值"、"躺平观念"的负面影响较为突出。如何创新红色基因传承方式,推进社会主义核心价值观的培育,破除历史虚无主义、"普世价值"、"躺平观念"的挑战,是值得深思的理论与实践问题。

第二节　传承红色基因，推进社会主义核心价值观的培育，批判历史虚无主义

在红色基因传承与社会主义核心价值观培育遇到的挑战中，历史虚无主义、"普世价值"、"躺平观念"的影响较大，而且比较典型。历史虚无主义思潮是境内外反动势力攻击中国共产党领导地位的一种舆论工具，是西方反华集团大搞心理舆论战的手段，是西方分化中国的文化路径。对历史虚无主义的批判，是当前一场严肃的意识形态斗争。拿起红色基因的武器，推进社会主义核心价值观的培育，破除历史虚无主义的挑战。红色基因是中华民族精神的精华，受到传统文化的滋养，是党领导的革命、建设和改革的实践结晶，体现了党的先进本质，反映了党的思想路线，也是党的光荣传统和优良作风的真实写照，是中国共产党实现民族独立、人民解放与国家富强、人民幸福两大历史任务的密码，"是中国共产党能够始终与时俱进的精神内核"[①]。加强对红色基因及其背后历史逻辑的研究和解读，是贯彻落实习近平总书记强调的"把红色基因传承好"的现实需要，更是批判历史虚无主义的重要武器。与历史虚无主义进行斗争，需要对革命历史记忆进行修复，加强对红色基因的学习传承。习近平总书记在瞻仰中共一大会址时指出："……回顾我们党的光辉历程特别是建党时的历史，进行革命传统教育，学习革命先辈的崇高精神。"[②]学习好中国共产党的革命文化，建构好中共党史的话语体系；利用好红色资源，传承好红色基因，巩固意识形态领域的主导权、话语权，践行社会主义核心价值观，彻底批判历史虚无主义。宣传红色基因，晓之以理，动之以情，与时俱进，坚定信念，培育社会主义核心价值观，做到知情意的统一，才能彻底批判历史虚无主义。历史虚无主义对红

[①]　肖文燕：《习近平的红色情怀与治国理政视野下的红色基因》，《江西财经大学学报》2017年第6期。

[②]　习近平：《铭记党的奋斗历程时刻不忘初心 担当党的崇高使命矢志永远奋斗》，《人民日报》2017年11月1日。

色基因传承与社会主义核心价值观培育构成了巨大挑战,破与立是一个辩证统一的过程,传承好红色基因,培育好社会主义核心价值观,彻底破除历史虚无主义。

一、晓之以理:阐明红色基因与社会主义核心价值观的科学内涵,揭露历史虚无主义本质

以马克思主义理论阐明红色基因的科学内涵,强化理性认知,揭露历史虚无主义本质,从理论上领悟社会主义核心价值观。习近平总书记在2014年的中共十八届四中全会上指出:"在西方和国内一些人鼓噪下,不少群众受到蒙蔽,一些党员、干部的认识也发生了偏差。"[①]这种鼓噪以历史虚无主义为代表,历史虚无主义者打着学术研究的旗号乱说一通,胡编乱造,如果不及时澄清,就会以讹传讹,让群众产生他们有理似的错觉。红色基因以马克思主义为指导,是革命性与科学性的统一,与马克思主义哲学精神一致。以红色基因内涵之一的实事求是为例,按照毛泽东同志的阐释,实事求是马克思主义哲学唯物论、辩证法、认识论的统一。搭建红色宣传平台,加强马克思主义理论的教育,宣传红色基因,注重讲清楚党史发展的客观规律,分析党史事件偶然性背后所掩藏的必然性,分析红色基因的科学内涵,强化理性认知,揭露历史虚无主义的本质,为群众领悟社会主义核心价值观创造条件。

(一)反击历史虚无主义,要牢固树立马克思主义唯物史观

历史虚无主义企图抹黑革命文化,抹杀红色基因的时代价值,其哲学基础是唯心史观。历史虚无主义属于资产阶级政治思潮,本质是反动的。受新文化运动的影响,历史虚无主义否定传统文化遗产,倡导"全盘西化"。改革开放以来,历史虚无主义披着新的马甲再次抬头。马克思曾痛批唯心历史观:"迄今为止的一切历史观不是完全忽视了历史的这一现实基础,就

[①] 中共中央文献研究室:《习近平总书记重要讲话文章选编》,中央文献出版社、党建读物出版社,2016,第226页。

是把它仅仅看成与历史进程没有任何联系的附带因素。"①历史虚无主义冲蚀红色基因传承的思想基础。历史虚无主义歪曲中国共产党在革命、建设、改革中的光辉形象,否定人民群众选择中国特色社会主义发展道路的必然性。以马克思主义唯物史观为指导,在"四史"学习过程中,加强党史国史理论研究,阐明红色基因的时代价值与科学性,揭开历史虚无主义的虚伪面纱。历史虚无主义者打着学术交流、学术讨论的旗号,对历史事实进行随心所欲的编纂,对历史情节根据自己的主观臆断进行解读,把唯物史观抛在脑后,否定并抹黑黄继光、狼牙山五壮士等革命先烈,以诋毁英雄人物来抹黑党的光辉形象,否定中国共产党的领导,借以消除红色基因教育的正能量。事实上,科学地评价历史人物和历史事件,应放在特定的历史条件之下去审视,不能随意割裂。②深入调查群众的思想状态与精神需求,创新马克思主义的传播方式,用唯物史观武装群众的头脑。"人们自己创造自己的历史,但是他们并不是随心所欲地创造。"③历史虚无主义否认马克思主义的实事求是原则,罔顾历史事实,任意揣测历史。用马克思主义唯物论武装群众头脑,给群众打上"防疫针",增加群众的抵御能力,让群众有揭露历史虚无主义伪装的能力与本领。习近平总书记指出:"历史就是历史,历史不能任意选择,一个民族的历史是一个民族安身立命的基础。"④历史虚无主义者争夺建构革命历史的话语权,主观臆造革命历史,企图消解红色基因的时代意义。马克思主义理论是"照妖镜",以马克思主义理论为武器,以社会主义核心价值观为精神动力,透过纷繁复杂的现象,分析历史虚无主义的本质与动机。

(二) 反击历史虚无主义,要善于运用马克思主义哲学的辩证法

历史虚无主义倡导"规律虚无论",否认历史的发展存在客观规律⑤,违

---

① 《马克思恩格斯选集》,第一卷,人民出版社,2012,第 173 页。
② 江大伟:《抵制历史虚无主义在网络上蔓延需精准发力》,《红旗文稿》2018 年第 2 期。
③ 《马克思恩格斯选集》,第一卷,人民出版社,1995,第 585 页。
④ 中共中央文献研究室:《十八大以来重要文献选编》(上册),中央文献出版社,2014,第 694 页。
⑤ 张婷婷:《历史虚无主义"规律虚无论"的批判理路》,《思想教育研究》2019 年第 7 期。

背了马克思主义哲学的辩证法。历史虚无主义把党史研究碎片化,把特定历史条件下党史人物犯的错误肆意放大,但对中国共产党领导人民在革命、建设、改革中取得的伟大成就视而不见,歪曲党史宣传,在历史叙事中,只见树木,不见森林,编纂所谓的历史"真相",借以抹黑革命先烈在人民群众心目中的正面形象。历史虚无主义以碎片化的方式消解红色记忆,破坏群众对红色基因的认同,对培育和践行社会主义核心价值观产生消极影响。①列宁批判唯心主义:"如果事实是零碎的和随意挑出来的,那么,它们就只能是一种儿戏。"②历史虚无主义的碎片化叙事风格以片面的观点评价历史英雄与道德模范人物,兜售其错误言论。对此,以马克思主义辩证法为"透视镜",批判历史虚无主义对社会政治思潮的错误影响。把党史国史理论研究放在突出位置进行强调,加强中国近现代史的整体性研究与宏观叙事研究,着力揭示党史国史的主题,阐述革命文化的历史价值及其对现实的启示,展示红色基因的时代内涵。红色基因蕴藏于党史国史之中,从整体性出发,阐述党的优良传统与作风,阐述红色基因与社会主义核心价值观的关系。立足党史国史的基本问题,从中华民族伟大复兴的角度进行论证,进而加强党史理论和学科体系建设,构建以传承红色基因为目标的党史话语体系,分析红色基因蕴含的辩证法思维,夯实运用红色基因的方法论基础。马克思主义哲学闪烁着理论的光芒,以马克思主义辩证法为武器,阐述红色基因的革命性与真理性,彰显红色基因的吸引力,进一步凝聚各族人民的价值共识,以社会主义核心价值观凝聚实现民族复兴的精神力量③,齐心协力,与历史虚无主义进行斗争。

(三) 反击历史虚无主义,要善于运用马克思主义哲学的认识论

善于运用马克思主义哲学的认识论,总结历史经验教训,彻底批判历史虚无主义。"在学习历史知识的时候,要坚持马克思主义的历史观和方法

---

① 杨建义:《以红色文化涵育社会主义核心价值观的中国特质》,《思想教育研究》2016 年第 8 期。
② 《列宁全集》,第 28 卷,人民出版社,1990,第 364 页。
③ 宋月红:《党史国史研究中抵制历史虚无主义的三个关键抓手》,《红旗文稿》2017 年第 6 期。

论……知古鉴今、古为今用,这样才能在我们认识和处理现实问题中发挥历史知识应有的积极作用。"①历史虚无主义在苏联的泛滥,留下深刻的历史教训,"苏联解体的原因是多方面的、综合的,但其中起决定作用的,是以戈尔巴乔夫为首的苏共中央推行一条自我否定、自我丑化的机会主义路线"②。"苏联为什么解体? 苏共为什么垮台? 一个重要原因就是……搞历史虚无主义,思想搞乱了……这是前车之鉴啊!"③这种机会主义路线导致了历史虚无主义的泛滥,最终导致苏联的解体。历史虚无主义一度很猖狂,肆意攻击以毛泽东为代表的革命前辈。对此,要吸取苏联的教训,以马克思主义认识论为武器,打破环罩在历史虚无主义周边的肥皂泡。历史是一面镜子,坚持马克思主义哲学的认识论,吸取历史经验教训。毛泽东指出,历史的经验值得注意。习近平总书记强调:"各级领导干部还要认真学习党史、国史,知史爱党,知史爱国。"④学习中国共产党的革命历史,增加对红色基因内涵的认知,增加群众对社会主义核心价值观在斗争历程中所发挥的作用的理解,坚决抵制在革命英雄人物评价中存在的错误观点,坚决反对党史研究方面出现的错误倾向。⑤ 尤其在学习"四史"过程中,力求"学思结合,要从弄懂基本史实和把握历史规律着手"⑥,避免在"四史"历史学习过程中的简单化倾向,对历史事件的解读避免纯粹的概念化,以基本史实阐述中国人民"四个选择"的必然性,彻底击败历史虚无主义。以科学的态度展示中共党史的真实现场,展现革命精神的演变历程,阐释革命精神对塑造群众社会主义核心价值观的影响,回归历史本身的真理性与价值性,在当代历史的叙事与书写中彻底消除历史虚无主义。⑦ 学习百年党史,从中汲取历史智慧,明白红色基因与社会主义核心价值观作为马克思主义意识形态的

---

① 习近平:《领导干部要读点历史——在中央党校2011年秋季学期开学典礼上的讲话》,《学习时报》2011年9月5日。
② 梁柱:《历史虚无主义评析》,社会科学文献出版社,2012,第6页。
③ 中共中央文献研究室:《十八大以来重要文献选编(上)》,中央文献出版社,2014,第113页。
④ 本书编写组:《〈十八届中央政治局关于改进工作作风密切联系群众的八项规定〉学习读本》,新华出版社,2013,第12页。
⑤ 中共中央党史研究室:《历史是最好的教科书:学习〈习近平同志关于党的历史的重要论述〉》,中共党史出版社,2014,第8页。
⑥ 熊成帅:《学思践悟:学习"四史"的方法路径与基本要求》,《理论建设》2021年第3期。
⑦ 张政文:《历史虚无主义阐释观的迷失与阐释的知识图谱重建》,《中国社会科学》2019年第9期。

真理性,崇敬红色基因与社会主义核心价值观蕴含的高尚道德品质,增强对马克思主义意识形态的理论自信,以实际行动践行社会主义核心价值观,自觉抵制历史虚无主义的虚假宣传。

二、动之以情:讲好红色故事,破除历史虚无主义的迷惑性

内含着红色基因的红色故事为理解社会主义核心价值观时代意义提供了历史画卷。讲好红色故事,彰显红色基因蕴含的理想信念、价值理念、道德观念,达到情感共鸣。历史虚无主义肆意颠倒中共革命史与新中国史,肆意否定群众的庄重历史选择,肆意践踏群众对革命人物的深厚情感。[①] 红色基因以爱国主义为核心,所蕴含的思想观念、人文精神、道德规范,具有很强的感染力与吸引力,最能触动人们的内心深处。讲好红色故事,利用多媒体手段,结合新时期的时事热点,采用灵活多样的艺术形式,满怀激情,感染群众,以便广大群众认同革命话语,对历史虚无主义的宣传从内心中感到厌恶与愤怒。在中国革命的过程中,党组织开展"诉苦"运动,用讲故事的方法,激发群众的情感共鸣。借鉴历史经验,讲好红色故事,传承红色基因,弘扬红色传统,动之以情,以完整叙事强化红色基因的历史记忆,触动人民群众内心深处,以革命英雄事迹感染群众,发挥与历史虚无主义针锋相对的红色基因正面教育作用,推动群众从情感上认同社会主义核心价值观,破除历史虚无主义的迷惑性。

(一)讲好红色故事,以红色基因蕴含的理想信念打动人

历史虚无主义攻击革命英雄人物,抹黑人民领袖,肆意歪曲党史。历史虚无主义否定革命文化的叙事风格,企图抹去群众对革命历史人物的记忆,瓦解群众因深受革命英雄事迹的感染而树立的理想信念。[②] 这会影响人民群众实现美好生活的愿望,动摇人民群众实现中国梦的信心。历史虚无主义思潮的蔓延,影响了马克思主义的指导地位,削弱了社会主义核心价值观

[①] 方闻昊:《传承红色基因抵制历史虚无主义》,《马克思主义与现实》2019年第4期。
[②] 汪亭友:《弘扬红色文化要坚决反对历史虚无主义》,《党建》2019年第5期。

在意识形态领域的话语影响力,损害了实现中国梦的共同思想基础,"威胁到党执政的历史合法性"①。红色基因是凝聚民心、实现中国梦的精神动力。在党史宣传中,讲出共产党人的理想信念,宣传红色基因,善于充满情感地讲述红色故事,打动群众,产生思想与情感的共鸣,提升红色基因的感染力。讲好红色故事,传播共产党人的百年奋斗历史,宣传共产党人的伟大形象,阐释共产党人的初心。宣传红色基因,展现共产党人具有的坚定理想信念,显示中国共产党领导中国人民实现民族独立与人民幸福的初心,彰显中国共产党的伟大、光荣、正确。红色基因传承要以实现中国梦为目标,进行情感激发,用广大群众愿意听的方式讲好红色故事,以能听得懂的方式增进广大群众对革命历史的认知,唤起红色回忆。广大党员群众从革命历史中吸取经验,致力于推进社会主义建设,齐心协力,共筑中国梦,彻底粉碎历史虚无主义的图谋。研究党史,要善于讲好红色故事,正面宣传党的积极形象,要同抹黑中国共产党、否定马克思主义的历史虚无主义进行斗争,对其歪曲史实之处给予批驳,增强群众对中国共产党领导人民走中国特色社会主义道路的信心,为实现中国梦营造有利的舆论环境。

(二) 讲好红色故事,以红色基因蕴含的价值理念塑造人

在新时代,历史虚无主义有一定程度上的欺骗性、渗透性,迷惑了一部分群众,扰乱了一部分群众的世界观、人生观、价值观,不利于达成以社会主义核心价值观为中心的共同价值基础。以讲故事的方式,阐述哲理,让群众了解唯物主义的基本常识,为消除历史虚无主义奠定基础。习近平总书记在十九大报告中指出:"……讲好中国故事,展现真实、立体、全面的中国,提高国家文化软实力。"②红色故事是中国故事的重要组成部分,讲好红色故事,展现共产党人的价值观,提高红色文化的吸引力,展现红色基因的魅力,引导广大党员群众树立正确的世界观、人生观、价值观,提高群众辨别是非的能力,提高抵御历史虚无主义的能力。讲好红色故事,强化人民群众对革命价值观的认同,依托革命教育实践基地,加强广大群众对于革命人物事迹

---

① 龚云:《在批判历史虚无主义中坚持历史唯物主义》,《马克思主义研究》2016 年第 4 期。
② 杜念峰、张雯:《党的十九大文件汇编》,党建读物出版社,2017,第 30 页。

的了解,开展革命精神主题教育,加强人民群众对红色历史的认知,增强爱国主义情怀。红色故事要依托革命遗址遗迹、纪念场馆,引导人们接受红色文化教育,参观名人故居、纪念碑等物质形态的红色文化载体,完整地保存红色历史、红色图片,增强群众对红色基因的理解与记忆,潜移默化地发挥作用,唤醒广大人民群众的红色记忆,领悟红色精神。如果不扶植鲜花的生长,就会被杂草淹没。如果我们不主动发声,不去宣传革命先烈事迹,传播正能量,别有用心的人就会散布谣言,歪曲党史事实,制造历史虚无主义的假象。历史虚无主义散布错误的世界观与价值观,否定社会科学的价值,否定党史国史存在的必要性。摸清历史虚无主义的本质,有针对性地进行反击,满怀深情地讲好红色故事,积极宣传革命先烈的英雄事迹,以红色基因蕴含的价值理念塑造人,推动群众从情感上认识和认同英雄人物,历史虚无主义的阴谋自然就会不攻自破。①

(三) 讲好红色故事,以红色基因蕴含的道德观念感染人

历史虚无主义抹黑革命英雄,否定革命前辈的品德,破坏共产党人的形象。红色基因是马克思主义文化中国化的结果,蕴藏于红色故事中,是中国共产党革命文化的精华。红色基因融合马克思主义先进文化的政治伦理因子,因而蕴含着丰富的红色美德元素。② 红色基因是认清历史虚无主义、凝聚情感认同的精神纽带。红色基因蕴含着团结统一、开拓创新的时代精神与勤劳勇敢、自强不息的民族精神,是中国人民历经苦难而不屈不挠、奋勇向前的精神动力,是维系民族生存、激励民族前进的精神纽带,也是共产主义道德的具体体现。共产党人具有毫不利己、专门利人的高尚品德,革命先烈为了民族独立与人民解放随时牺牲自己的一切,这样的故事很多,很容易感染人民群众。例如,在红军长征过程中,红军战士把被子的一半留给了当地群众,形象生动地描绘了共产党人的伟大形象,也展现了共产党人的高尚品德。红色故事以正面宣传为主,展现共产党人的崇高品质,揭露历史虚无主义肆意抹黑革命先烈的本质。针对历史虚无主义,要勇于斗争,敢于

---

① 林峰:《历史虚无主义的叙事逻辑及克服路径》,《思想教育研究》2017 年第 9 期。
② 江峰、叶思:《试论中国红色政治伦理》,《湖北师范大学学报》2019 年第 1 期。

发声,善于亮剑,重要的斗争手段就是声情并茂地讲述红色故事,用共产党人的道德情怀感染群众,提升红色基因的吸引力,彰显出红色基因的独特魅力,引导群众认同社会主义核心价值观,激励人民群众同历史虚无主义开展斗争。讲好红色故事,讲出革命先烈为人民群众服务的历史事实,满怀对先烈的敬意,彰显出共产党人对群众的一片真情,展示共产党人的高尚道德品质,揭示历史虚无主义者歪曲史实的低劣道德形象,揭露历史虚无主义抹黑中国共产党的卑鄙用心,以便人民群众在对比中认清历史虚无主义的罪恶面目。

三、与时俱进:创新意识形态宣传方式,战胜历史虚无主义的挑战

体现时代性,具有创造性,创新意识形态的宣传方式,坚定群众的马克思主义信念,战胜历史虚无主义的挑战。中国共产党"以历史唯物主义为科学武器,揭露出历史虚无主义的思想实质,廓清人民群众的思想迷雾"①。与历史虚无主义进行斗争,要拿起历史唯物主义的武器,善于传播主流意识形态话语,增强群众的理论水平。红色基因与社会主义核心价值观都属于马克思主义意识形态范畴,传承红色基因,以时代的话语彰显红色基因的魅力,以革命精神凝聚价值共识,增强人民群众对革命文化的认同,增进群众对社会主义核心价值观的理解,让历史虚无主义无所遁形。

(一) 反击历史虚无主义要体现时代性,彰显红色基因的引领力

红色基因要保持其生命力,必须与时代同步,引领时代思潮,进而彰显红色基因批判历史虚无主义的强大力量。在当今时代,历史虚无主义受到一定程度的关注,与其传播的内容具有"现实性"有关。例如,历史虚无主义者诋毁"八千湘女上天山"事件,就与女性权益相结合,煽动网民攻击党的现实政策。历史虚无主义者结合现实问题,虚夸某一历史事件,吸引网民

---

① 杜玥:《中国共产党在批判历史虚无主义中凝聚共识的百年实践与经验》,《思想教育研究》2021年第1期。

关注,博取眼球。这启示人们,如果要展示红色基因的吸引力,宣传党史,就需要结合当今现实问题,增强革命文化的感召力,以时代话语让红色基因教育更加接地气,保持革命文化的生命力。蕴含历史虚无主义观点的网传段子,虚构历史事实,以所谓的"真相"揭秘方式忽悠群众。针对历史虚无主义传播的特点,联系实际,注重问题导向,逐步采取讨论红色历史故事的方式,引导人民群众树立正确的历史观,鉴别良莠,提升广大群众自觉批判历史虚无主义的能力。事实具有很强的说服力,实践能够彻底检验历史虚无主义的真伪。在理论上分析其阶级特性,揭露其反动本质,更要从实际问题出发,用事实揭开历史虚无主义的面纱,让历史虚无主义失去市场。① 在进行红色基因教育时,要把红色基因内涵鲜活起来,将红色基因教育与当代马克思主义理论重大问题结合起来,辩证分析红色基因与社会主义核心价值观、理想信念、文化自信、中国梦、意识形态领域话语权之间的关系,掌握宣传阵地的话语权、主动权,彰显红色基因的时代价值,点燃广大群众的爱国主义激情,动员群众投身于实现中华民族伟大复兴的实践,让历史虚无主义走向破产。对待红色基因的宣传教育,需要持与时俱进的态度。恩格斯指出:"我们的理论是发展着的理论,而不是必须背得烂熟并机械地加以重复的教条。"②红色基因的传播与社会主义核心价值观的宣传不是僵化的,其理论的内在逻辑要求创新发展。红色基因要适应社会发展的新特点,要适合时代的新要求,要依据矛盾的新特点转化话语表达方式,将精神内核融入新的传承方式内,延续革命文化的思想精髓,发展社会主义先进文化。探索红色基因宣传接地气的新方式,认真结合新时代的重大理论与现实问题,密切关注热点话题,增强群众对红色基因的认同,构建社会主义意识形态的话语体系,推进社会主义核心价值观的培育,坚定广大群众的历史唯物主义信念,战胜历史虚无主义的挑战。

(二) 反击历史虚无主义要具有创新性,彰显红色基因的吸引力

历史虚无主义思潮借助新兴媒体,衍生各种适合网络传播形式,打着

---

① 王增智:《试析目前中国历史虚无主义的本质特征及扼制途径》,《马克思主义研究》2016年第4期。
② 《马克思恩格斯选集》,第四卷,人民出版社,2012,第588页。

"科学研究"的旗号,具有较强的欺骗性。传承红色基因,批判历史虚无主义,要结合时代特征,从实际出发,凸显红色基因的吸引力,创新反击历史虚无主义的新方式。一方面,电视、电影还在深刻地影响着广大群众的生活方式,报刊、广播的主要服务对象是老年群体,这些传统媒体在广大群众心中具有较高的影响,一直有较高的信誉度。传统媒体是广大群众学习红色基因、铭记革命先烈的重要途径。因此,继续发挥传统媒体宣传红色基因的作用,创新传统媒体的传播方式,让观众感到亲切,以正面形象影响人,以正能量塑造人,提升广大群众对红色文化的认同感,抵御历史虚无主义的消极影响。另一方面,红色基因要"活"在当下。新媒体成为传播红色基因的重要工具,发布信息快,受众选择多,可以解决众口难调的难题,不再受限于一定的时空范围。新媒体"可以让红色理论更聚人气和接地气"[①],积极利用微信、短视频、快闪等新媒体,以喜闻乐见的方式、丰富多彩的形式吸引人。基于STEAM理念,运用VR技术,发挥多学科融合的优势,再现当年的历史场景,有利于讲好革命历史故事,为红色基因的宣传营造良好的氛围,强化人民群众对革命人物事迹的认知,强化人们的红色记忆,以严肃活泼的方式反击历史虚无主义。毛泽东指出:"马克思主义一定要向前发展,要随着实践的发展而发展,不能停滞不前。停止了,老是那一套,它就没有生命力了。"[②]抵制历史虚无主义等错误思潮,要认清历史虚无主义的新花样,不断创新宣传模式,与时俱进,创新党史宣传方式、国史教育方式,加大红色基因教育的力度。要以喜闻乐见的方式增强红色基因的教育效果,以快闪、视频等新媒体形式播放党的奋斗史、创业史,引领人民群众树立社会主义核心价值观。运用"学习强国"等新媒体平台展示革命纪念馆的内容,播放人民群众瞻仰革命遗址的壮观场面,引导群众在学习中确立正确的价值取向。充分利用好新媒体的资源,及时更新红色文化教育网站,"敢于和善于利用新兴媒体引导人们用正确的历史观来认识历史"[③],使其成为抵御历史虚无主义的广阔舞台。

[①] 谭吉华、左闲:《红色资源是高校反历史虚无主义的有力武器》,《学校党建与思想教育》2019年第1期。
[②] 《毛泽东文集》,第七卷,人民出版社,1999,第281页。
[③] 齐彪:《深入理解和全面把握反对历史虚无主义的重大课题》,《中共党史研究》2016年第4期。

四、发扬斗争精神,彻底批判历史虚无主义

习近平总书记明确指出:"凡是危害中国共产党领导和我国社会主义制度的各种风险挑战……只要来了,我们就必须进行坚决斗争,而且必须取得斗争胜利。"①新时代,中国特色社会主义事业面临诸多挑战,意识形态领域的重要挑战就是历史虚无主义。传承红色基因,发扬斗争精神,敢于斗争,善于斗争,同历史虚无主义进行彻底斗争,为培育社会主义核心价值观扫除障碍。

(一)永葆斗争精神,是中国共产党开展意识形态斗争的优良传统

红色基因蕴含的斗争精神,是中国共产党开展意识形态斗争的优良传统。中国共产党的百年光辉历史就是一部艰难曲折的斗争史。五四运动之后,初步具有共产主义思想的知识分子在思想领域同各种思潮(改良主义、民主社会主义、无政府主义)开展斗争,尤其是李大钊与胡适的问题与主义之争,实质是在中国要不要马克思主义,斗争的结果,扩大了马克思主义在中国的影响。1921年,中国共产党成立之初,把实现共产主义作为斗争目标,号召人民推翻帝国主义与封建势力的压迫。大革命期间,共产党人高举马克思主义的旗子,组织了轰轰烈烈的工人罢工与农民运动。在伟大的斗争中,中国共产党经历了血雨腥风,并在艰苦斗争中成熟起来。大革命失败后,革命形势处于低潮,敢不敢于斗争,如何开展斗争,摆在了共产党人面前。党的"八七"会议依据马克思主义的暴力革命理论,提出了武装反对国民党反动统治的方针。面对国民党反动派的白色恐怖,共产党人敢于斗争,南昌起义打响了第一枪。毛泽东把马克思主义中国化,成功地探索出一条革命道路,共产党人善于斗争。1935年,毛泽东指出:"我们中华民族有同自己的敌人血战到底的气概。"彰显了共产党人敢于斗争的英雄本色。以毛泽东为核心的中国共产党第一代领导集体,敢于斗争、善于斗争。从三湾改

---

① 习近平:《发扬斗争精神 增强斗争本领 为实现"两个一百年"奋斗目标而顽强奋斗》,《人民日报》2019年9月4日。

编到古田会议，从延安整风运动到西柏坡七届二中全会，共产党人重视思想建党、理论强党，以马克思主义为指导，发扬敢于战斗的斗争精神，开展了新民主主义的革命斗争，推翻了三座大山的压迫，建立了新中国，实现了人民当家作主，破除了"历史周期律"的魔咒，确保人民政权永远姓社。新中国成立后，中国共产党弘扬斗争精神，以马克思主义为指导，领导人民完成社会主义改造，清除了封建思想的经济根源，奠定了社会主义基本制度的基础，彻底地改变了近代落后挨打的命运，展现了中国人民的斗争意志。1964年，毛泽东强调意识形态领域斗争的重点是防止和平演变。改革开放以来，共产党人永葆斗争精神，扫除国家发展的体制障碍，促进了中国综合国力的大踏步提升。20世纪80年代，中国共产党坚持并发展了马克思主义，大力倡导社会主义精神文明建设，与资产阶级自由化思潮开展斗争。

新时代，我国发展迈入了新阶段，意识形态建设面临着机遇与挑战，党的伟大斗争呈现出新特点。习近平总书记指出："我们正在进行具有许多新的历史特点的伟大斗争，面临的挑战和困难前所未有，必须坚持巩固壮大主流思想舆论，弘扬主旋律，传播正能量，激发全社会团结奋进的强大力量。"①红色基因与社会主义核心价值观凸显主流意识形态的内在本质，红色基因与社会主义核心价值观通过与错误思潮的思想斗争成长起来。党的十八大以来，中国共产党倡导社会主义核心价值观，凝聚了力量，推动中华民族"从'站起来'、'富起来'到'强起来'的伟大飞跃"②，开启了共产党人实现初心与使命的历史新篇章。在长期的意识形态斗争中，共产党人始终维护马克思主义在意识形态领域的核心地位，宣传马克思主义，与形形色色的错误思潮展开了彻底的斗争。斗争精神源自于共产党人的初心和使命，是革命文化的重要组成部分，深深扎根于共产党人的内心中，是中国共产党自身从弱到强的实践原则与持续发展壮大的重要武器，也是马克思主义不断走进人民群众内心世界的重要法宝。

---

① 习近平：《胸怀大局把握大势着眼大事 努力把宣传思想工作做得更好》，《人民日报》2013年8月21日。
② 朱继东：《领导干部如何保持斗争精神增强斗争本领》，《红旗文稿》2019年第16期。

（二）提高批判历史虚无主义的本领，能够斗争

学习马克思主义原著，在实践锻炼中悟原理，跟上时代节拍，发展马克思主义理论，提高斗争本领。党的十九大报告强调："领导十三亿多人的社会主义大国，我们党既要政治过硬，也要本领高强。"①高超的斗争本领是赢得意识形态领域斗争胜利的前提，与历史虚无主义开展斗争，需要增强自身斗争本领，才能取得斗争的胜利。

首先，强化理论学习，提高批判历史虚无主义的理论水平。努力在全党营造提倡学习的氛围，不断强化理论学习的必要性。党校是干部学习马克思主义理论的重要平台。党校经常开办各种学习班，用科学理论武装党员干部的头脑，引导党员干部读原著，在实践工作中悟原理，不断提高理论水平。倡导干部群众学习英雄模范人物的事迹，提高思想政治觉悟。中国共产党强调不断学习的重要性，从井冈山时期的龙江书院到延安时期的抗大，即使条件艰苦，也要党员干部加强对马克思主义的理论学习。从邓小平强调四项基本原则到习近平强调理论强党，共产党一直强调理论学习的重要性，甚至搭建了"学习强国"的平台。中国共产党是一个学习型政党，强调理论武装全党的必要性。在夯实理论基础上增强斗争本领，涵养斗争精神，同历史虚无主义进行彻底的斗争。

其次，加强实践历练，提高批判历史虚无主义的斗争能力。新时代意识形态领域的斗争形势日益复杂，对干部的综合素养提出了更高要求。习近平指出："加强政治历练……使自己的政治能力与担任的领导职责相匹配。"②到基层，到生产第一线，接受锻炼，在历练中提高本领。领导干部是与历史虚无主义开展斗争的"关键少数"，以实践训练孕育干部的斗争精神。把提高斗争本领作为干部实践培训的主要目标，不断拓展实践教育的渠道。在党史学习过程中，挖掘红色资源，推动干部参加红色社会实践活动，在学习中受到红色传统的感染，在体验中激发昂扬的斗争意志。采取多

---

① 杜念峰、张雯：《党的十九大文件汇编》，党建读物出版社，2017，第46页。
② 习近平：《以解决突出问题为突破口和主抓手推动党的十八届六中全会精神落到实处》，《人民日报》2017年2月14日。

种途径,创造多种方式,给干部提供历练的机会,提升党员干部的各种斗争本领。① 由于意识形态领域工作的特殊性,领导干部需要有意识形态工作的实践经历。新时代的斗争,要求党的干部勇于到"一线经风雨、壮筋骨,在实践工作中经受磨砺、学真本领"②。领导干部的斗争本领超强,才能彻底批判历史虚无主义。

(三) 增强批判历史虚无主义的意志,敢于斗争

"历史经验告诉我们,一个政党,一个国家,一支队伍,如果失去了斗争意志,是非常可怕的,离危亡也就不远了。"③顽强的斗争意志是斗争精神的要害,在各种挑战面前不要胆怯,而是敢于迎难而上;针对各种错误思潮要敢于出击,进行不妥协的斗争。党的十八大以来,以习近平同志为核心的党中央勇于直面重大风险,敢于担当,以巨大政治勇气,以顽强的斗争意志,同国内外一切丑恶现象进行彻底斗争。党员干部应当发扬斗争精神,敢于迎难而上,"为着解决困难去工作、去斗争"④,在意识形态领域斗争中敢于亮剑,敢于与历史虚无主义进行斗争,坚决反对一切否定党的领导和歪曲社会主义制度的谬论,夺取新时代与历史虚无主义斗争的新胜利。

首先,批判历史虚无主义,在意识形态领域斗争的新战场要敢于发声。在这场没有硝烟的战争中,党员干部要旗帜鲜明,在意识形态领域的斗争要讲政治,与历史虚无主义的斗争要站稳政治立场,站在斗争的最前沿。对于历史虚无主义的挑战要敢于亮剑,强化历史唯物主义教育的斗争性,关键时刻不失语,对历史虚无主义的噪声敢于发声,对历史虚无主义的杂音坚决斗争,做到"守土有责、守土负责、守土尽责"⑤。在与历史虚无主义的斗争中,有的党员干部因为是熟人朋友,抱着"好人主义",不愿发声,不想批判,害怕得罪人,该批判时不敢发声,对历史虚无主义的杂音听之任之;有的党员

---

① 李荣灿:《要为具有斗争精神的干部营造良好氛围和环境》,《党建》2019年第4期。
② 聂启元:《新时代斗争精神的内涵、意义及遵循》,《理论导刊》2019年第12期。
③ 本报评论员:《发扬斗争精神坚定斗争意志——论学习贯彻习近平总书记在中青班开班式上重要讲话精神》,《人民日报》2019年9月4日。
④ 《毛泽东选集》,第四卷,人民出版社,2012,第1161页。
⑤ 刘雷:《增强斗争本领 永葆斗争精神》,《党建研究》2019年第4期。

第四章　红色基因传承与社会主义核心价值观培育的挑战及其破除

干部对历史虚无主义的噪声以"开明绅士"自居,害怕历史虚无主义者的围攻与报复,该批判时不敢亮剑。对此,党员干部一定承担起自身的责任,保持清醒头脑,始终坚定马克思主义的立场,对历史虚无主义敢于亮剑,在意识形态大是大非面前敢于斗争,同一切歪曲马克思主义的观点进行彻底的斗争,同一切否定党的领导与社会主义制度的言行进行坚决的斗争。历史虚无主义同新自由主义、"普世价值"、民主社会主义等思潮具有同质性,都是西方反华势力推行"和平演变"的重要工具。批判历史虚无主义,要发扬红色基因蕴含的斗争精神,敢于斗争。历史虚无主义以"人性宣传"为幌子,以"假设历史环境""揭示历史真相"为手段,时机选择具有很强的针对性,攻击中国共产党领导的革命斗争,往往以标题化的方式解构红色文化。针对历史虚无主义的错误言论,回击要快速,做到稳准狠,不能让其坐大。着重培养具有斗争精神的青年义勇军,宣传革命先烈事迹,引导人们树立正确的世界观,引导舆论方向,淹没历史虚无主义的错误言论。

其次,要有敢于担当的政治品格,敢于同历史虚无主义进行斗争。共产党人要敢于担当,这是无产阶级政党的本质要求。习近平总书记对好干部的要求,其中就有敢于担当。敢于担当的内涵之一就是敢于斗争,敢于担当是斗争精神的外在表现。在实际工作中,有些党员干部在意识形态领域的斗争中缺乏斗争精神,对历史虚无主义的杂音不敢斗争,面对历史虚无主义的挑衅站不出来,面对历史虚无主义的围攻豁不出去。在大是大非面前,部分党员干部私字当头,患得患失,没有把党的事业和人民利益放在第一位,缺乏敢于担当的政治品格。缺乏斗争意识,难以从容应对历史虚无主义的挑战。马克思指出:"如果斗争只是在有极顺利的成功机会的条件下才着手进行,那么创造世界历史未免就太容易了。"[①]面对错综复杂的意识形态斗争形势,批判历史虚无主义,必须敢于担当,具有斗争意识。敢于斗争,意味着要坚守马克思主义的底线,在意识形态重大问题方面,针对历史虚无主义的挑战敢于较真碰硬。

---

① 《马克思恩格斯文集》,第10卷,人民出版社,2009,第354页。

(四) 掌握批判历史虚无主义的策略,善于斗争

毛泽东指出:"政策和策略是党的生命。"发扬斗争精神,与历史虚无主义进行斗争,不但需要掌握斗争本领,敢于斗争,而且要注意斗争策略,善于斗争。从方法论来看,深刻认识批判历史虚无主义的斗争规律,把握斗争尺度,掌握斗争艺术,在策略运用上灵活机动,彻底战胜历史虚无主义。

首先,掌握斗争艺术,追求与历史虚无主义斗争效果的最大化。斗争方式需要灵活把握。然而在斗争实践中,有的党员干部不讲斗争艺术,把握不好斗争节奏,只求一味冒进,不注意攻守兼备,与历史虚无主义的斗争可能处于被动,斗争效果不佳。敢于斗争不等于逞强好胜,更不是不求变通。敢于斗争,还要采取斗争艺术与斗争技巧,善于同历史虚无主义进行斗争。在宏观方面,把斗争过程和斗争实效结合起来。在微观方面,合理选择同历史虚无主义的斗争方式,根据具体情况把握斗争火候。根据"敌情"的变化,及时调整斗争策略。斗争艺术实质上是马克思主义哲学的斗争方法论,深入领悟马克思主义基本理论,掌握马克思主义的辩证法,拓展识变能力,夯实斗争根基,学习斗争规律,把握斗争智慧,提高斗争艺术。站在战略全局的高度,运用矛盾分析法,既要敢于斗争,又要善于斗争,注重斗争策略,讲究斗争艺术,以永远在路上的韧劲,把新时代与历史虚无主义的斗争推向深入。反击历史虚无主义,要采用多样化的斗争形式,推动斗争话语体系的构建,占领舆论宣传的制高点①,完善斗争艺术,善于同历史虚无主义进行斗争。

其次,创新斗争方法,牢牢把握与历史虚无主义斗争的主动权。发扬斗争精神还需要具有斗争思维,掌握斗争方法,灵活的斗争方法是赢得意识形态领域斗争胜利的钥匙。斗争不能闷头蛮干,而是要讲方法。发扬斗争精神,要有全局战略,根据形势的变化,不断完善斗争的方法。在革命、建设和改革过程中,共产党人始终在加强战略思维中赢得先机,在掌握斗争艺术中取得胜利。斗争方法是实现斗争目标的有效方案。抗战时期,中国共产党

---

① 孙钦梅:《深化国史研究 抵制历史虚无主义——"唯物史观与中华人民共和国史研究"学术研讨会述要》,《世界社会主义研究》2017年第6期。

制定了抗日战争的总策略,党的斗争策略逐步完善,标志着毛泽东思想的成熟,也是中国共产党取得胜利的重要法宝。党的历史一再表明,斗争策略是否科学合理,斗争方法是否清醒理性,是检验政党是否成熟的重要标准,也是考验意识形态领域斗争是否有力的重要尺度。斗争要讲究方法,巧妙运用各种策略,集中力量,先击打历史虚无主义的虚弱之处,再各个击破。①然而在与历史虚无主义斗争的实践中,一些党员干部不讲斗争策略,对历史虚无主义的观点,找不到斗争重点,斗争方式不恰当,斗争手段单一,影响了批判历史虚无主义的效果;有的党员干部习惯于用老经验开展斗争,不能与时俱进,适应不了网络意识形态斗争的新发展,盲目套用老经验,与历史虚无主义的斗争效果往往是事倍功半。在新时代,依据形势的变化,创新方法,调整策略,彻底斗垮历史虚无主义。

与历史虚无主义的斗争具有长期性、复杂性、艰巨性,坚决摒弃任何消极懈怠的思想和回避矛盾的行为,始终保持斗争精神,不断增强斗争本领,在这场意识形态领域的斗争中敢于亮剑、善于斗争。在新时代,以习近平同志为核心的党中央一直关注意识形态领域的斗争,中央政治局时常通报意识形态领域的斗争情况,充分"展示了我党对意识形态工作的高度重视"②。党的十九大报告再次强调:"意识形态领域斗争依然复杂,国家安全面临新情况。"③加强马克思主义意识形态领域的安全,要及时批判各种错误思潮,尤其是与历史虚无主义展开彻底的斗争。新时代,以党史学习教育为契机增强干部群众的意识形态是非辨别能力,加强对社会主义核心价值观的学习,善于与错误思潮开展斗争,澄清对错误思潮的模糊认识,凝聚意识形态话语共识。④ 斗争精神是共产党人开展意识形态斗争过程中形成的优良传统。斗争性是马克思主义哲学的重要特征,斗争精神体现了马克思主义理论的内在逻辑与无产阶级政党的政治品格。提高斗争本领是发扬斗争精神

---

① 晓山:《领导干部要发扬斗争精神 增强斗争本领》,《中国浦东干部学院学报》2019年第2期。
② 王中保、程恩富:《论新时代的伟大斗争——学习贯彻党的十九大精神》,《马克思主义与现实》2018年第1期。
③ 习近平:《决胜全面建成小康社会 夺取新时代中国特色社会主义伟大胜利》,《人民日报》2017年10月28日。
④ 程恩富、王中保:《新的时代条件下"伟大斗争"的丰富内涵》,《经济日报》2017年9月8日。

的核心,增强斗争意志是贯彻斗争精神的关键,掌握斗争策略是实施斗争精神的保障。在批判历史虚无主义的过程中,发扬斗争精神,提高斗争本领,敢于斗争,善于斗争,彻底取得这场意识形态领域斗争的新胜利,为培育社会主义核心价值观创造良好的氛围。

习近平总书记指出:"历史虚无主义的要害,是从根本上否定马克思主义指导地位和中国走向社会主义的历史必然性,否定中国共产党的领导。"[1]这一重要论述揭示了历史虚无主义思潮的本质,不是所谓的学术争论,而是真正的政治斗争。同历史虚无主义的斗争是一场文化反击战、政权保卫战,是关系到国家兴亡的政治斗争。认识是知情意的统一,宣传红色基因,做到晓之以理、动之以情、与时俱进,坚定马克思主义信念,彻底批判历史虚无主义。历史虚无论者不能正确评价历史,而是运用新历史主义等方法,妄图解构党史、新中国史、改革开放史、社会主义发展史,妄图重评"四史";以"现代化范式"取代"革命史范式",妄图重构"四史"[2],否定党的历史地位,否定革命文化,否定主流意识形态话语。在学习"四史"的过程中,加强对革命文化的学习,领悟红色基因与社会主义核心价值观的内在魅力,增强抵御历史虚无主义的精神力量。中国共产党革命文化的核心在于红色基因,以马克思主义理论为指导,学习革命文化的精髓,构建党史话语体系,坚定历史自信,有助于广大群众认识红色基因的科学性,把握历史真相,明白历史发展规律,真正认识到历史虚无主义的反动本质。红色基因是马克思主义中国化的产物,不仅具有历史印证的特征,也具有价值导向功能与道德感化作用。讲好红色故事,彰显红色基因蕴含的理想信念、价值理念、道德观念,激起情感共鸣。挖掘红色基因的时代价值,以时代话语永葆红色基因的生命力,洗涤心灵,净化灵魂,抵御历史虚无主义的腐蚀,坚定信念,敢于斗争,从而战胜历史虚无主义的挑战。历史虚无主义消解党的意识形态话语,影响社会主义核心价值观的培育。传承红色基因,学习红色传统,敢于并善于开展斗争,根除历史虚无主义,为培育社会主义核心价值观打造清朗的意识形态空间。

---

[1] 中共中央党史研究室:《历史是最好的教科书——学习〈习近平同志关于党的历史的重要论述〉》,《人民日报》2013年7月22日。
[2] 张国义、郭斌:《"四史"学习中的历史虚无主义批判》,《思想理论教育》2021年第6期。

第三节 传承红色基因,推进社会主义核心价值观的培育,彻底战胜"普世价值"的挑战

党的十八大以来,习近平总书记多次强调"把红色基因传承好"。习近平总书记又指出:"人类社会发展的历史表明,对一个民族、一个国家来说,最持久、最深层的力量是全社会共同认可的核心价值观。"①习近平总书记的讲话对于新时代拓展弘扬红色传统的渠道及社会主义核心价值观的实践路径提供了纲领性指导。红色基因是共产党人在革命斗争中塑造的革命文化的精神内核,是中国人民进行长期探索的精神结晶,是全国人民的宝贵精神财富,包含无产阶级的思想理论和价值观、优良的革命传统和高尚的道德品质。从本质上说,红色基因与社会主义核心价值观在内涵与价值取向上具有一致性,社会主义核心价值观根植于红色基因。红色基因与社会主义核心价值观是一脉相承的,两者是继承与创新的统一,两者统一于理论与实践、长期性与现实性的关系之中。提高红色基因的感染力,提升社会主义核心价值观的吸引力,增强抵御"普世价值"的战斗力。

西方国家抱着冷战思维,以意识形态为工具,打着人权与"普世价值"的旗号,肆意干涉别国群众的日常生活,扰乱他国政治秩序。西方政客通过鼓吹所谓"普世价值",挑战社会主义核心价值观在我国文化建设中的主流作用。西方国家企图颠覆社会主义核心价值观在我国意识形态领域中的主流地位,"让我们的党和人民成为精神上的流浪者,进而皈依西方的'极乐世界'"②。"普世价值"是以美国为首的西方国家在意识形态领域的强势话语体系,是文化霸权主义的一种表现形式,与普遍真理是"两码事"③。从根本上说,以马克思主义为核心的社会主义核心价值观和"普世价值"是两种相互对立的话语体系,体现的是不同的世界观和方法论。红色基因是主

---

① 中共中央宣传部:《习近平总书记系列重要讲话读本》,人民出版社,2016,第189页。
② 刘润为:《红色文化:中国人的精神脊梁》,《红旗文稿》2013年第18期。
③ 侯惠勤:《"普世价值"与核心价值观的反渗透》,《马克思主义研究》2010年第4期。

流意识形态的体现,对滋养社会主义核心价值观起引领与示范作用,让红色基因成为战胜西方"普世价值"的重要法宝。传承红色基因,倡导社会主义核心价值观,坚持与发展马克思主义,弘扬民族精神及优秀文化传统,积极应对西方"普世价值"的挑战,确立社会主义核心价值观在意识形态领域的重要地位,消除"普世价值"对群众的负面影响。

一、宣传马克思主义,为战胜"普世价值"提供思想源泉

传承红色基因,作为中国特色社会主义文化建设的重要内容,既是构筑意识形态的精神基础,也是支撑民族凝聚力、国家向心力的强大精神力量。民族精神是红色基因的价值源泉,中华民族在长期历史发展过程中形成了凝聚自身文化血脉的民族精神,民族精神在民族统一体中处于重要地位,起着精神纽带的作用,渗透在中华民族精神家园的各个领域。民族精神服务于实现民族复兴和人民幸福,铸就着民族之魂。在全面实现中国梦的伟大历史进程中,民族精神体现在培育社会主义核心价值观的铸魂事业中。一定时期的民族精神,反映统治阶级的价值观、意识形态、政治诉求、思想理念,服务于统治阶级的根本利益,在意识形态属性方面特征鲜明。价值观念是具体的、历史的,带有一定的阶级性。人类社会不存在被广泛认同的"普世价值"。从根本上说,"普世价值"是个伪命题,实质上是一种唯心主义的表现形式。① 社会主义核心价值观是以人民为中心的价值理念,是人民普遍认同的价值观的"最大公约数"②。社会主义核心价值观的本质是马克思主义的意识形态,是社会主义国家的本质在文化价值理念上的一种体现。在新时期,传承红色基因,弘扬民族精神,塑造民族灵魂,培育社会主义核心价值观,高举社会主义的伟大旗帜,坚持正确的价值导向,巩固马克思主义在中国特色社会主义文化发展中的话语权与在意识形态领域的核心地位,消解"普世价值"对人民群众的负面影响。

红色基因是社会主义核心价值观的精神根脉与思想源泉。社会主义核

---

① 汪亭友:《一种唯心主义的历史观价值观:再论"普世价值"的实质及其现实危害》,《毛泽东邓小平理论研究》2021 年第 5 期。
② 顾海良:《"大德"的弘扬、践行和遵循》,《思想理论教育导刊》2014 年第 7 期。

心价值观"同这个民族、这个国家的历史文化相契合"①。一百多年来,中国共产党是一个具有高度文化自觉的马克思主义政党,在党领导人民实现中华民族伟大复兴的奋斗历程中,不断把马克思主义中国化,坚持与发展马克思主义,正面迎接各种形形色色的非马克思主义的挑战。还在共产党早期组织成立之前,针对胡适提出的"多研究些问题,少谈些主义"的主张,李大钊发表《再论问题与主义》指出,没有马克思主义的指导,中国的问题难以根本解决。②胡适标榜西方的"自由、平等、博爱"观念,是西方当时的"普世价值"——自由主义的代表人物。李大钊等初步具有共产主义思想的知识分子同形形色色的"非马"思潮进行斗争,彰显了马克思主义的真理性。解放战争期间,民主党派人士提倡资产阶级共和国方案,标榜西方的自由、平等、博爱等"普世价值",得不到人民群众的支持,因为人民群众选择了马克思主义,选择了社会主义道路。资产阶级共和国方案不适合中国国情,最终破产,标志着西方"普世价值"的失败。自成立之日起,中国共产党以宣传马克思主义为己任,在工人与农民当中大力传播马克思主义。在中国的各个历史时期,我们党都注重运用包含红色基因在内的红色文化引领革命的前进方向、凝聚开展建设的奋斗力量、推动改革事业的发展,逐步以马克思主义为指导思想,传承红色基因,发扬红色传统,深深植根于党的事业发展和党的工作实践,成为涵养社会主义核心价值观的重要源泉。只有坚持正确导向,传承红色基因,才能展示出社会主义核心价值观区别于资本主义核心价值观的本质属性。只有坚持马克思主义,传承红色基因,才能引领社会思潮,凝聚价值共识,坚定广大人民群众共同认可和追求的价值理想,战胜西方"普世价值"。

二、吸收中华优秀传统文化精华,为战胜"普世价值"提供文化根基

红色基因是马克思主义的价值理念与伦理观念在革命实践过程中不断

---

① 习近平:《青年要自觉践行社会主义核心价值观——在北京大学师生座谈会上的讲话》,《人民日报》2014年5月5日。
② 本书编写组:《中国近现代史纲要》,高等教育出版社,2003,第109页。

中国化的结果。马克思主义的价值观扎根中国，要有中国的形式与民族的风格，这离不开对中国传统文化的传承与利用。中华优秀传统文化是民族的根与魂，红色基因源于优秀传统文化，对优秀传统文化有一定的继承，二者相互影响，有一定的融合。首先，在内容上，革命文化吸收了传统文化的精华。毛泽东思想是红色基因的典范，是马克思列宁主义中国化的理论产物，同时，又以中华优秀传统文化作为滋养成分。毛泽东重视研究传统文化，分析传统文化思想，吸取历史经验，探索历史规律，从中汲取有益的养料。早在青年时期，毛泽东怀着对中国历史的浓厚兴趣，刻苦研读典章古籍。他成为马克思主义者以后，在这一方面的探求尤为自觉。经过长期努力，毛泽东在先秦哲学、楚辞汉赋、唐宋古文、宋明理学和历代史实等方面都有精湛的造诣，使他得以自如地运用马克思主义的观点对其中的优秀遗产进行革命的改造，用来作为阐明马克思主义基本原理的思想资料，而赋予马克思主义以鲜明的中国特色。① 其次，从形式上看，在传播路径方面，红色基因的传承需要借鉴传统文化的传播方式。意识形态具有相对独立性，对革命文化的认同需要较长时间的文化浸润与教育灌输，对革命意识形态的认同非一日之功，社会主义核心价值观被理解接受也需要一个过程。中共善于利用传统文化宣传马克思主义，阐释并推行革命文化，推进革命文化朝气蓬勃，不断发展。以传统文化为基础，创新革命文化的传播方式，推进苏区群众对革命文化的认同。借助于传统文化的传播方式，以传统文化传播方式的"老瓶"装进革命文化的"新酒"，让革命文化逐渐走进群众的内心世界。红色基因与社会主义核心价值观都是从革命文化孕育而成的，从传统文化与革命文化的关系中，可以探索红色基因的传承方式与社会主义核心价值观的培育路径。社会主义核心价值观从中国传统文化中吸取养料与水分。② 毛泽东思想是"马克思主义中国化的第一个理论成果，突出中国特点，比较典型的就是对中国传统文化的优秀遗产进行批判性吸收"③，从毛泽东思想中可以概括出红色基因与社会主义核心价值观的精华。从中华优

---

① 沈郑荣：《毛泽东思想史纲》，黄河出版社，1992，第 8 页。
② 王泽应：《论承继中华优秀传统文化与践行社会主义核心价值观》，《伦理学研究》2015 年第 1 期。
③ 王伟、李文靖：《毛泽东的新民主主义文化理论与文化自信》，《中国井冈山干部学院学报》2018 年第 4 期。

秀传统文化中汲取智慧与力量,赋予红色基因与社会主义核心价值观以强大的能量,增强战胜"普世价值"的精神力量。

习近平总书记指出:"培育和弘扬社会主义核心价值观必须立足中华优秀传统文化。……博大精深的中华优秀传统文化是我们在世界文化激荡中站稳脚跟的根基。"①中华优秀传统文化具有独特的精神价值和深邃的理论建构,让中国群众感受到了文化共同体的存在,是中华民族共有的精神家园。培育社会主义核心价值观,需要扎根于中华优秀传统文化,不断从中汲取精神滋养,才会有丰沛的精神血脉,产生广泛的价值认同,彻底战胜西方"普世价值"对社会主义核心价值观的挑战。中华文明未曾中断,在于其悠久的一脉相承的文化传统,这种文化传统,"构成了中华民族的真实生命,对这种文化传统的敬仰与认同,使各族人民产生了整体的民族意识,使得中华民族作为一个整体屹立于世界民族之林"②。在"四史"的学习过程中,注意把握历史规律,汲取历史智慧,在解决问题时,拿起马克思主义的武器,与"普世价值"决战,决不能当俘虏。③ 鸦片战争爆发以后,西方列强用坚船利炮打开了中国文化的大门,中国的传统文化面临西方强势异质文化的冲击。面对西方文化的挑战,中国传统文化表现出强大的生命力,自我批判、自我反思、自我整合、自我创新。社会主义核心价值观不是从天上掉下来的,也不是人头脑里固有的,而是马克思主义的中国化与中华优秀传统文化相结合的产物,来源于中华优秀传统文化。从中华优秀传统文化中汲取力量,增强红色基因与社会主义核心价值观的吸引力与战斗力,攻克"普世价值"的堡垒。

三、传承红色基因,推进社会主义核心价值观的培育,为战胜"普世价值"提供价值支撑

红色基因在促进社会群体的认同中起着主要的导向和激励作用。传承红色基因,消除西方"普世价值"的负面影响。在社会思潮多样性的背景

---

① 习近平:《在中央政治局第十三次集体学习时的讲话》,《人民日报》2014年2月25日。
② 徐克谦:《中国传统思想与文化》,广西师范大学出版社,2007,第11页。
③ 侯惠勤:《"普世价值"的理论误区和制度陷阱》,《世界社会主义研究》2017年第1期。

下,传承红色基因,通过社会认同,来促进社会主义核心价值观的认同,增强人民群众的文化自信。扎牢社会主义核心价值观在意识形态领域的主导地位,需要从价值认同上下功夫。红色基因具有高尚的价值理念,占领着道德高地,对群众有强大的感染力,宣传红色基因,让红色基因根植在群众的心中,潜移默化地影响群众的价值观,达成价值共识,推动群众认同社会主义核心价值观。开展红色文化实践活动,传播主流价值,增强群众在价值方面的认同感和归属感,促进社会主义核心价值观在人民群众中的认同,提高人民群众对西方"普世价值"的免疫力。

丰富红色基因的内涵,提高红色基因的吸引力和渗透力,为社会主义核心价值观融入群众需求创造良好的环境;促进群众认知的统一性,克服"普世价值"给群众带来的思想困惑,为增强群众的文化自信提供心理支撑。习近平总书记指出:"宣传思想阵地,我们不去占领,人家就回去占领。"[①]当前,思想阵地大体上有"三个地带"。红色地带是马克思主义意识形态的主阵地,是群众的共有精神家园,要决心守住。黑色地带主要是负面的东西,深受"普世价值"等西方意识形态的影响,对培育社会主义核心价值观危害极大;通过讲好红色故事,争取人民群众对社会主义核心价值观的认同,从而大大压缩该阵地。灰色地带被用来偷偷摸摸地、隐蔽地传播着西方"普世价值",暗中挖社会主义的墙角;要大张旗鼓地宣传革命英雄人物,传播正能量,积极争取民心,从而把该阵地转化为红色地带。为了实现这三个目标,需要广泛挖掘红色文化资源,大力传承红色基因,把社会主义核心价值观融入红色文化教育全过程,滋养人民群众的社会主义核心价值观,增强人民群众的文化自信,提高人民群众对西方"普世价值"的抵抗力。

激活红色基因,提升红色基因的感染力和凝聚力,推动社会主义核心价值观内化于心、外化于行,让社会主义核心价值观的培育收到实效,增强人民群众的文化自信,战胜西方"普世价值"的挑战。人的"个性的统一性总是在日常生活之中并为日常生活所建立"[②]。总结革命时期广大党员干部搞思想政治工作的经验,意识形态宣传要在落细、落小、落实上下功夫。在革命时期,党组织以农民群众的日常生活为出发点,把握群众对日常生活的

---

① 中共中央宣传部:《习近平总书记系列重要讲话读本》,人民出版社,2016,第196页。
② 阿格妮丝·赫勒:《日常生活》,重庆出版社,2010,第7页。

认知规律,把抽象的党的意识形态话语与农民群众日常生活有机融合起来,让群众对党的意识形态话语感到亲切,在党的民生政策执行过程中有获得感。党的意识形态话语植根于农民群众日常生产与生活,逐步转变为农民群众的日常生产与生活实践,才能被农民群众认可;以农民群众的生活化语言宣传党的意识形态话语,推动农民群众日益增强对党的意识形态的情感认同。党的意识形态话语渗透在群众的日常生活中,满足群众的现实利益与情感诉求,增加群众在苏区生活的获得感与幸福感,促进群众对党的意识形态话语的认同,最终夯实主流意识形态认同的根基。借鉴历史经验,顺应时代潮流,积极探索红色文化滋养社会主义核心价值观的新举措新方法,创新红色基因的传播手段,创新社会主义核心价值观的话语方式,让社会主义核心价值观"飞入寻常百姓家"。① 共产党人时刻牢记为人民服务的宗旨,把以人民为中心的理念渗透于群众的日常生活;对群众核心利益的关注,要体现在主流意识形态的话语体系之中。把社会主义核心价值观融入群众日常生活的各个方面,进一步转化为群众的"情感认同和行为习惯"②。共产党人把马克思主义的群众理论变成领导艺术,筑牢了党的意识形态话语权的群众根基,把高大上的意识形态话语转变为人民群众的日常生活语言。"社会主义核心价值观作为社会主义意识形态的组成部分,日常生活是其重要居所,只有将社会主义核心价值观嵌入日常生活之中,才能最大限度地发挥其指导与引领作用。"③社会主义核心价值观融入群众的日常生活,润物细无声,群众在日常生活中领悟社会主义核心价值观,在内心世界里产生思想共鸣,对自己的精神生活充满自信,形成有利于红色基因滋养社会主义核心价值观的生活情景和社会氛围,消解西方"普世价值"对社会主义核心价值观的负面影响。

西方"普世价值"是精神鸦片,毒害群众的精神家园,消解群众的社会主义核心价值观。④ "普世价值"是西方国家"制造共识"的产物,也是用以

---

① 习近平:《习近平谈治国理政》,第三卷,外文出版社,2020,第314页。
② 习近平:《习近平谈治国理政》,第三卷,外文出版社,2020,第33页。
③ 吴翠丽:《社会主义核心价值观嵌入日常生活的困境与消解路径》,《思想教育研究》2014年第1期。
④ 凌胜银、胡志彬、陈茂霞:《决不允许用西方"普世价值"消解社会主义核心价值》,《红旗文稿》2017年第14期。

传播与鼓吹"西式民主"的思想武器。当前,全球化进程加剧,不同社会制度和不同发展水平的国家在竞争中相处。以美国为首的西方国家争夺价值观念的话语权,向广大发展中国家兜售"普世价值",作为西方国家推行霸权主义的工具,中国面临着西方"普世价值"观念的冲击与挑战。改革开放以来,中国社会处于深刻转型时期,产生了多元化的利益格局、价值诉求和价值取向。不同阶层的价值冲突逐步加剧,拜金主义、享乐主义和极端个人主义死灰复燃,整合社会价值观念的难度加大,产生了精神空虚、道德堕落、价值迷失的现象,影响社会主义核心价值观的培育与践行。传承红色基因,讲好中国故事,展示中华民族精神,传播传统文化价值观,为培育、践行社会主义核心价值观提供更加适宜的土壤。① 传承红色基因,挖掘革命前辈的宝贵精神财富,挖掘红色基因的内涵和时代价值,彰显红色文化包含的文化自信和文化自觉,大力推进中国特色社会主义先进文化的繁荣,培育社会主义核心价值观,战胜西方"普世价值"的挑战。

第四节 传承红色基因,践行社会主义核心价值观,克服"躺平"思潮

近年来,"躺平"一词风靡网络。学者们对"躺平"的含义各抒己见,观点迥异。一种观点持批判态度。例如,金之平认为,"躺平干部"最明显的特征就是"腾挪闪避绕"。② 杨心怡、郭妙兰为"躺平式干部"画了"简笔"肖像画,新发展阶段面临艰巨任务,少数干部缺乏信心,不主动担当作为。③ 卓木衾认为,"躺平"的含义是瘫倒在地,不再渴求成功。④ 马若宏、杜敏认为,"躺平"表达了不想作为、无欲无求的心态。⑤ 徐振华认为,"躺平"文化

---

① 温静、王树荫:《弘扬民族精神以培育社会主义核心价值观》,《中国特色社会主义研究》2013年第2期。
② 金之平:《莫做"躺平干部"》,《天津日报》2021年12月15日。
③ 杨心怡、郭妙兰:《看看这些不推不干的"躺平式干部"》,《中国纪检监察》2021年第21期。
④ 卓木衾:《为拒绝"躺平"者喝彩》,《广西日报》2021年12月3日。
⑤ 马若宏、杜敏:《"躺平"的流行及其语用指向》,《语文建设》2021年第18期。

是一把双刃剑,其消极影响不利于构建积极向上的文化环境。① 另一种观点持包容态度。林龙飞、高延雷采用质性研究方法,分析"躺平青年"在努力后的无奈与妥协,主张创造良好的发展环境,给予青年人一定的包容。② 张舟主张面对"躺平"青年,不仅仅说教,还要换位思考,鼓励回归生活,超越工作压力。③ 对于解决办法,从意识形态的视角来看,学者的观点大同小异。郭继承主张从人生哲学的视角引导群众树立正确的价值观,是解决"躺平"社会问题的根本方法。④ 侯振中认为,"躺平"根源在于社会的"内卷化",通过净化舆论环境与强化责任担当等方法加以解决。⑤ 陈友华、曹云鹤分析了"躺平"的形成机制及社会后果,主张社会要理性面对"躺平"思潮。⑥ "躺平"思潮在2021年是比较流行的网络意识形态。具有"躺平"意识的群众遇到艰难险阻往往具有畏难情绪,具有"等、靠、要"的思维,缺乏坚定的理想信念,缺乏艰苦朴素观念,缺乏担当意识,缺乏奋斗拼搏精神。破除"躺平"思潮,要树立群众对美好生活向往的理想,坚定攻坚克难的信念,拥有奋斗拼搏、不甘落后的情怀,大力破除"等、靠、要"的习惯性思维,破除"宁愿苦熬不苦干"的消极思想,就能在发展的道路上越走越宽广。红色基因与社会主义核心价值观蕴含一定的价值理念、道德观念,其中就有坚定信念、艰苦奋斗、拼搏向上、敢于担当、勇于胜利,起到鼓舞士气的作用,是破除"躺平"思潮的精神武器。

一、理想信念是红色基因与社会主义核心价值观的灵魂,是破除"躺平"思潮的法宝

"躺平文化"标榜简约的生活方式,但是,"躺平"群众只关注自身感受,

---

① 徐振华:《躺平之维:躺平文化的话语表征与省思辩证》,《新疆社会科学》2021年第5期。
② 林龙飞、高延雷:《"躺平青年":一个结构性困境的解释》,《中国青年研究》2021年第10期。
③ 张舟:《面对"躺平"青年 说教不如换位思考》,《四川日报》2021年5月17日。
④ 郭继承:《"内卷"和"躺平"社会现象的人生哲学反思》,《北京教育》2022年第1期。
⑤ 侯振中:《"躺平"亚文化的生成及反思》,《人民论坛》2021年第35期。
⑥ 陈友华、曹云鹤:《"躺平":兴起、形成机制与社会后果》,《福建论坛》2021年第9期。

"容易形成实用主义、利己主义和自我中心主义倾向"。① "躺平文化"倡导消极面对工作与生活,看似"与世无争",本质上是理想信念的缺失。理想信念是引领人生方向的灯塔,丧失理想信念容易导致精神颓废。新时期要加强对群众的理想信念教育,将个人的梦想与国家梦相结合,鼓励群众成为中国特色社会主义事业的建设者。加强红色基因与社会主义核心价值观教育,坚定群众的马克思主义信仰,提高群众的志气。中国梦不是在"躺平"中实现的,需要奋力拼搏才能成就梦想。中国处于全面建成社会主义现代化强国的重要时期,以马克思主义信仰引领红色基因与社会主义核心价值观教育,树立群众"业广惟勤"的奋斗精神,勉励群众为实现中华民族伟大复兴而发奋图强。

(一) 要树立群众对美好生活向往的理想

理想信念是中国共产党革命精神的灵魂,实现中华民族伟大复兴是共产党人的梦想,具有崇高理想是共产党人的优良传统。在新时代,传承红色基因,帮助群众树立个人的梦想,树立对美好生活向往的奋斗目标,群众就会从情感上认同全面实现社会主义现代化的设想,激发奋斗向前的信心与干劲,真正抛弃"躺平"观念。

在共产党人的字典里,没有"躺平"二字。在新民主主义革命时期,反动统治异常黑暗,革命斗争环境残酷,共产党人面对敌人的白色恐怖,"革命理想大于天",不惧血雨腥风,怀着革命必胜的理想,勇往直前,不怕牺牲。理想照亮了中国人民前进的道路。中共一大把实现共产主义作为共产党人的远大理想;中共二大把"建立真正的民主共和国"作为共产党人的具体理想。由于怀揣梦想,共产党人战胜了一次次困难,取得了一个个重大胜利。为了实现民族独立、人民解放与国家富强、人民幸福的梦想,大革命时期,共产党人开展了轰轰烈烈的工人运动、农民运动,动员群众支持北伐战争。土地革命时期,共产党人制定了土地革命总路线,满足农民群众对重新分配土地的梦想,点燃了农民群众参加革命的热情。亲历长征的徐向前元帅说:

---

① 冯连军、潘广炜:《唯物史观视域下的"低欲望群体":形成、影响及其引导》,《社会主义研究》2020年第3期。

"红军长征的精神力量,来源于共产主义的远大理想……"①抗战时期,人民群众的愿望就是抗击日寇的侵略,保卫家乡免遭生灵涂炭。中国共产党提出抗日民族统一战线主张,赢得了人民的支持,激起了人民群众的爱国主义情感,最终打败日本侵略者。解放战争时期,人民渴望"和平、民主",希望过上幸福的生活。中国共产党制定了《中国土地法大纲》,按照人口平均分配土地,取得了人民的支持,推翻了三座大山的黑暗统治,实现了人民当家作主的愿望。在新民主主义革命的不同历史阶段,中国共产党根据广大人民群众的具体理想,提出不同的口号,制定了不同的政策与策略,点燃了广大群众的理想火花,调动了人民群众参加革命的积极性、主动性,从而赢得了新民主主义革命的胜利。

邓小平同志指出:"为什么我们过去能在非常困难的情况下奋斗出来,战胜千难万险使革命胜利呢?就是因为我们有理想……"②在新民主主义革命时期,生存条件极端困难,革命斗争艰苦卓绝,党员干部有着崇高的理想,才能保持革命热情,取得革命斗争的胜利。在一百多年的伟大斗争中,共产党人正是怀着崇高的理想,不怕苦,不怕累,不断推动中国革命、建设和改革事业的前进与发展。新时期,遇到艰难险阻,同样需要树立理想、鼓舞斗志。因此,传承红色基因,激发群众的敬业精神,让群众树立过美好生活的理想,为克服"躺平"思潮提供强大的精神动力。针对当前部分群众存在的"等、靠、要"思维,必须加强思想政治教育,开展社会主义核心价值观教育,帮助他们树立过小康生活的理想,树立苦干实干的担当精神,激发他们的内生动力,进而树立克服困难、改变现状的决心。"躺平文化"倡导的人生观、价值观与社会主义核心价值观存在较大冲突,应该加强对部分群体的主流价值观引导。③ 为此,要坚持多媒体融合发展战略,做好思想宣传工作,传播"坚定执着追理想"的红色基因,宣传社会主义核心价值观,树立群众过美好生活的理想,鼓足干劲,力争上游,为克服"躺平"思潮提供强大的精神动力。

---

① 徐向前:《徐向前军事文选》,解放军出版社,1993,第415页。
② 《邓小平文选》,第三卷,人民出版社,1993,第110页。
③ 李向玉、张蕾:《西方青年"躺平"的由来以及对我国的启示》,《广东青年研究》2021年第4期。

(二) 要坚定群众攻坚克难的信念

人民群众是历史的创造者、社会实践的主体,也是攻坚克难的主体。只有坚定群众攻坚克难的信心,"扶"起困难群众的志气,才能调动他们的积极性,增强他们的主观能动性,激发出坚持不懈的韧劲、勇于攻坚克难的动力,这样,群众遇到困难就不会"躺平"。坚定信念,不忘初心、牢记使命,是共产党人的优良传统。在新时期,扶"志气",需要把红色基因传承好,把社会主义核心价值观培育好,增强群众战胜困难的信心,克服自卑心理,坚定必胜的信念,去除"躺平"心理。

共产党人遇到困难,从来没有"躺平"的想法。大革命失败后,国民党反动派搞起白色恐怖,中国革命处于低潮,遇到了艰难险阻。在巨大的困难面前,中国共产党人信念坚定,不屈不挠,敢于斗争。秋收起义失败后,毛泽东带领红军走向井冈山,开辟了革命根据地。毛泽东指出:世界上出现过许多类似的情况,在紧要的关头,就看你坚定不坚定,坚持不坚持。你咬紧牙关坚持一下,就可以取得胜利。对方熬不下去,挺不住了,他就失败了。我自己就经历过许多次这样的情况。① 红军长征时期,爬雪山,过草地,生活艰难;前有堵截,后有追兵,困难重重。共产党人克服一道又一道的难关,取得了长征的胜利。长征是人类历史上的奇迹,彰显了信念的力量。在抗战的困难时期,日寇对抗日根据地采取"囚笼"政策,军事上扫荡,经济上围困;国民党顽固派掀起了反共摩擦,对根据地进行百般刁难。中国共产党面对困难,没有退缩,坚持抗战必胜的信念,喊出了"自己动手,丰衣足食"的口号,开展大生产运动。八路军的三五九旅艰苦奋斗,开发了南泥湾。根据地人民在党的领导下克服了艰辛,战胜了困难。解放战争时期,国民党飞机加大炮,共产党小米加步枪;国民党有大批美援,共产党自力更生。面对困难,以毛泽东为代表的共产党人提出了"战略上蔑视敌人,战术上重视敌人"战略方针,树立了人民群众革命必定成功的信心,取得了解放战争的胜利。

红色基因蕴含着坚定的理想信念,是克服"躺平"观念的利器。信仰体

---

① 逄先知:《从井冈山精神到西柏坡精神》,《党的文献》2012 年第 5 期。

第四章　红色基因传承与社会主义核心价值观培育的挑战及其破除

系不能丧失,理想信念不能动摇,这是共产党人百年斗争的历史经验。共产党人历来重视理想信念建设。毛泽东曾经说过:"主义譬如一面旗子,旗子立起来了,大家才有所指望,才知所趋赴。"①无数革命志士、英雄楷模,为了民族复兴与国家繁荣,坚定共产主义信念,面对敌人的威胁无所畏惧,信念执着勇往直前。坚定的信念是中国共产党攻坚克难,不断取得胜利的法宝。习近平总书记指出:"实践证明,由坚定的政治信仰产生的百折不挠的革命意志,是中国共产党人战胜一切艰难险阻、从胜利走向胜利的强大力量源泉。"②坚定的信念是红色基因的核心。坚定的信念有助于凝聚人心,是催人奋进、勇往直前的伟大旗帜,是战胜艰难险阻的精神动力,是赢得革命、建设、改革等各项事业胜利的源泉。在困难面前,共产党人从不"躺平",信念坚定,克服了重重困难,冲破了道道关卡,最终取得了革命的胜利。现阶段,中国遇到百年未有之大变局,社会处于转型期,改革处于攻坚期,前进道路上的艰难险阻难以避免。传承红色基因,培育社会主义核心价值观,坚持不忘初心,坚定攻坚克难必胜的信心。无论遇到任何困难,都要以坚定的信念从容应对,破解攻坚难题。习近平认为:"只要有信心,黄土变成金。"③只有困难群众充分"认识到自身的光彩,才有自信心、自尊心,才有蓬勃奋进的动力"④。党的十八大报告指出:"对马克思主义的信仰,对社会主义和共产主义的信念,是共产党人的政治灵魂,是共产党人经受住任何考验的精神支柱。"在攻坚克难的斗争中,需要传承红色基因。党员干部要像革命老前辈那样,抱有坚定的信念,以人格魅力感染群众,以红色故事触动群众,推动群众认同社会主义核心价值观,带领群众一起投身到攻坚克难的实践中去。充分利用革命历史纪念馆等全国爱国主义教育基地,利用省市县各级党史学习教育基地,作为群众接受信念教育的重要载体,将红色基因融入精神文明建设中,推动群众践行社会主义核心价值观,为克服"躺平"思潮提供价值源泉。

---

① 中共中央文献研究室:《毛泽东早期文稿》,湖南人民出版社,2008,第497页。
② 习近平:《在纪念中央革命根据地创建暨中华苏维埃共和国成立80周年座谈会上的讲话》,《人民日报》2011年11月5日。
③ 习近平:《习近平谈治国理政》,外文出版社,2014,第190页。
④ 习近平:《摆脱贫困》,福建人民出版社,2017,第22页。

二、红色基因与社会主义核心价值观蕴含着奉献奋斗精神,为破除"躺平"思潮提供精神支撑

"躺平族"在困难面前选择逃避的消极态度,并不是纾解各种压力的理性选择。"躺平文化"倡导"佛系"心态,不符合主流意识形态的要求,对群众的价值选择产生误导,必然导致社会批判。这种文化现象与倡导实干兴邦、劳动创造价值的红色基因与社会主义核心价值观格格不入,以"与世无争的微抵抗"①方式与精神焦虑的状态消解着倡导"奋斗、努力、拼搏"的主流意识形态话语。"躺平"实质是一种得过且过的消极心态,部分群众如果选择"躺平",就会丧失凝聚力、战斗力。② 中国现代化进程加速,部分社会群体面临着巨大压力,但要时刻牢记自身责任与历史使命,常常保持奉献奋斗的精神状态,为完成使命与责任而顽强拼搏。树立群众奋斗拼搏、不甘落后的情怀。奉献奋斗是红色基因的基石,也是社会主义核心价值观的重要内容。2016年4月,习近平考察安徽省金寨县革命老区时指出:"……老区精神积淀着红色基因。在今天奔小康的路上,老区人民同样展现出了强烈的奉献奋斗精神。"③针对实现中华民族伟大复兴的梦想,习近平强调:"……树立高远志向,历练敢于担当、不懈奋斗的精神……"④新时期,克服"躺平"思潮,仍然要传承红色基因,践行社会主义核心价值观,发扬奉献奋斗的精神,树立不甘落后的情怀。

奉献奋斗精神是共产党人的优良传统。大革命失败后,血雨腥风,革命处于低潮,敢不敢于革命,摆在共产党人面前。秋收起义打响了武装反对国民党的第一枪,接着举行了秋收起义、广州起义,在困难面前,共产党人敢于亮剑,发动群众,奋斗拼搏,开辟了一块又一块革命根据地,推动苏维埃运动呈现出新的发展趋势。长征途中,广大红军将士吃野草、嚼树根,危险面前

---

① 相雅芳:《祛魅与重构:"躺平文化"的社会根源及文化反思》,《新疆社会科学》2021年第5期。
② 铎印:《摒弃"躺平"思维》,《共产党员》2021年第15期。
③ 习近平:《扶贫机制要进一步完善兜底措施》,《人民日报》2016年4月25日。
④ 习近平:《坚持中国特色社会主义教育发展道路 培养德智体美劳全面发展的社会主义建设者和接班人》,《人民日报》2018年9月11日。

第四章　红色基因传承与社会主义核心价值观培育的挑战及其破除

敢冲敢打,干部与士兵风雨同舟;困难面前勇往直前,党员与群众同心同德,体现出共产党人的奋斗拼搏精神。抗战时期,日本侵略者咄咄逼人,八路军夜袭阳明堡飞机场,取得了平型关大捷。日本入侵,让中华民族到了危险时刻,共产党人不怕牺牲,发动群众,奋勇抗战。抗战精神表现在三个方面:天下兴亡、匹夫有责的爱国情怀,视死如归、宁死不屈的民族气节,不畏强暴、血战到底的英雄气概。抗战精神激励着中国人民克服一切艰难险阻,为实现中华民族伟大复兴而奋斗。在解放事业当中,共产党人抛头颅、洒热血,不惜献出自己的生命。革命实践证明了共产党人最富于奉献奋斗精神。中国共产党是在艰苦斗争环境下不断成长、逐步走向成熟的,勇于从逆境中崛起,善于克服挫折困难,取得革命胜利。回顾历史,无论是井冈山斗争、红军长征,还是抗战时期,中国共产党领导中国革命所面临的困难都是前所未有的。但能一路走来,实现转机,凯歌高奏,靠的就是这种"艰苦奋斗"精神。新中国成立后,在社会主义建设过程中,涌现出红旗渠精神、焦裕禄精神、"两弹一星"精神等,这些精神有一个共同特点就是,共产党人在困难面前从不低头,而是冲在前面,带领群众自力更生、艰苦奋斗,打开了社会主义建设的新局面。这种"自强不息""坚韧不拔"的奋斗精神彰显出红色基因与社会主义核心价值观的影响力、感召力。中国共产党排除万难,取得革命、建设、改革的成功,离不开价值观的激励,"就是因为我们有理想,有马克思主义信念,有共产主义信念"[①]。红色基因与社会主义核心价值观凝结了马克思主义信仰、共产主义信念的精华。发扬艰苦奋斗的优良传统,传承红色基因,推进社会主义核心价值观的培育,是共产党人战胜一切困难的精神动力,在这种精神面前,"躺平"思潮无所遁形。

习近平总书记指出,"幸福都是奋斗出来的","奋斗本身就是一种幸福"。习近平总书记的话语铿锵有力,点燃了困难群众的奋斗激情,标注了新时代的奋斗气息[②],为克服"躺平"思潮提供了根本遵循。党员干部要善于讲红色故事,要把蕴藏在群众中的奋斗拼搏精神激发出来,发挥自力更生、艰苦创业精神,走出自己的前进之路。党员干部在困难面前有敢打硬仗的拼劲,鼓励群众有能打胜仗的勇气,教育困难群众摆脱"等、靠、要"的消

[①]《邓小平文选》,第三卷,人民出版社,1993,第110页。
[②] 习近平:《幸福都是奋斗出来的》,《人民日报》2018年3月4日。

极心态,树立努力奋斗、积极脱困的态度。面对困难,要发扬焦裕禄"敢教日月换新天""革命者要在困难面前逞英雄"的奋斗精神。宣传艰苦奋斗的红色传统,宣扬劳动致富、劳动光荣的基本理念,帮助困难群众树立正确的幸福观,破除摒弃"安贫乐道""穷自在"等安于贫困、甘于落后的消极观念,扫除"靠着墙根晒太阳,等着别人送小康"等不思进取、好逸恶劳的保守思想。传承红色基因,鼓励群众践行社会主义核心价值观,确立群众的敬业精神,鼓励群众辛苦劳动,引导他们自力更生、艰苦奋斗,克服"躺平"意识。红色基因包含攻坚克难的信念;社会主义核心价值观中的"敬业"价值诉求包含着奉献奋斗的精神。传承红色基因,激发困难群众的昂扬斗志,破除困难群众"等、靠、要"保守思维,确立奋勇向前的劲头;加强社会主义核心价值观教育,提高困难群众的思想觉悟、精神状态,鼓励困难群众奋发图强。讲好红色故事,传承红色基因,培育社会主义核心价值观,树立困难群众奉献奋斗的精神、不甘落后的情怀,最终战胜艰难险阻,破除"躺平"思潮。

三、激发红色基因与社会主义核心价值观蕴含的担当精神,为破除"躺平"思潮提供精神动力

传承红色基因,推进社会主义核心价值观的培育,提升群众的责任与担当。经济发展快速,市场经济竞争激烈,部分群众内心焦虑,承受一定的压力,但决不能成为部分群众放弃奋斗拼搏而选择"躺平"的托词。面对困境与艰难,不能选择"逃避",而是要有一定的社会责任感和爱国主义情怀。传承红色基因,践行社会主义核心价值观,强化群众的担当精神,拒绝"躺平文化"的消极态度,勇做中国特色社会主义事业的开拓者和奉献者。担当精神是红色基因与社会主义核心价值观的基本精神要义,是破除"躺平"思潮的一服良药。红色基因与社会主义核心价值观具有独特的理论品格,能够切实为群众解答"为谁担当""为何担当""如何担当"的困惑[①],有助于树立群众的担当精神。党的十九大报告指出:"要以培养担当民族复兴大任的时

---

① 梁楹:《以革命文化涵养时代新人的担当精神》,《思想理论教育导刊》2019年第10期。

第四章　红色基因传承与社会主义核心价值观培育的挑战及其破除

代新人为着眼点。"①这一论述表明了具备担当精神是对群众的时代要求。传承红色基因,培育社会主义核心价值观,有助于强化群众对艰苦朴素的理论认知,深化群众对责任使命意识的深刻认同,激发群众奋斗拼搏的实践热情,激励群众抛弃"躺平"意识。

首先,红色基因与社会主义核心价值观蕴藏着担当精神。第一,红色基因与社会主义核心价值观倡导以人民为中心的价值理念,蕴藏着"为谁担当"的思想观念。我国发展的不平衡不充分决定了对美好生活的实现并不是一帆风顺的。习近平强调,在实现中国梦的过程中,广大群众以美好生活为追求,要"共同享有人生出彩的机会,共同享有梦想成真的机会"②。对美好生活的期待,需要群众学习红色基因与社会主义核心价值观,树立担当精神,共同克服"人民日益增长的美好生活需要和不平衡不充分的发展之间的矛盾"③,艰苦奋斗,努力拼搏,共同致力于中国特色社会主义建设事业。第二,红色基因与社会主义核心价值观内蕴着"为何担当"的历史品格。以红色基因涵养担当精神,激励群众担当中华民族伟大复兴的大任。毛泽东指出:"我们共产党人从来不隐瞒自己的政治主张。我们的将来纲领或最高纲领,是要将中国推进到社会主义社会和共产主义社会去的,这是确定的和毫无疑义的。我们的党的名称和我们的马克思主义的宇宙观,明确地指明了这个将来的、无限光明的、无限美妙的最高理想。"④这一论断表明共产党人以实现共产主义为远大理想,共产主义理想是贯穿红色基因的精神脉络。以红色基因涵养群众,有助于筑牢群众的理想信念,推进群众践行社会主义核心价值观,引领群众为实现中国梦而具有担当意识,承担中华民族伟大复兴的历史使命。第三,红色基因与社会主义核心价值观内蕴着"如何担当"的经验启示。红色基因是在长期斗争实践中产生的,内蕴着丰富的实践经验。以红色基因涵养群众,树立群众担当大任的信心。在实现中华民族伟大复兴的过程中有无数个"腊子口",出现许多艰难险阻,中国人民在党的

---

① 习近平:《决胜全面建成小康社会 夺取新时代中国特色社会主义伟大胜利——在中国共产党第十九次全国代表大会上的报告》,人民出版社,2017,第42页。
② 习近平:《在第十二届全国人民代表大会第一次会议上的讲话》,《光明日报》2013年3月18日。
③ 本书编写组:《党的十九大文件汇编》,党建读物出版社,2017,第8页。
④ 《毛泽东选集》,第三卷,人民出版社,1991,第1059页。

领导下,以红色基因与社会主义核心价值观为精神动力,一步步让中华民族"站起来""富起来""强起来",这些成功经验鼓舞群众对复兴大任具有果敢担当的精神。因此,以红色基因中的担当精神涵养社会主义核心价值观,培育群众的敬业精神与担当意识,激发群众面对挫折时具有敢于斗争的勇气,引导群众具有勇于拼搏的精神和乐于担当的品质,去除群众的"躺平"观念。

其次,开展红色基因与社会主义核心价值观教育,加强思想引导,树立群众的担当意识。第一,注重革命理论教育。从革命理论的生成逻辑入手,依据马克思主义认识论,从党领导人民开展的中国革命实践中阐述马克思主义中国化的必然性,从革命成功的客观事实阐明马克思主义理论的真理性和先进性,阐明坚定马克思主义的信仰、共产主义信念的重要性,引导群众坚定实现中华民族伟大复兴的信心,确立群众的担当意识。第二,加强红色基因与社会主义核心价值观教育。红色基因在实现中华民族伟大复兴的过程中彰显出勇于担当、敢于牺牲、乐于奉献的特征。以红色基因涵养群众的担当精神,以丰富的革命文化资料凸显英雄烈士的人物形象,彰显共产党人舍小我、成大我的担当精神。开展社会主义核心价值观教育,引导群众领悟敬业精神的内涵与担当精神的真谛,引领群众学习谈论革命先烈事迹与英模事迹,畅谈交流感悟,深化使命认知,树立群众的担当情怀,去除群众的"躺平"意识。

总之,中国共产党成立一百多年来,领导中国人民开展了伟大的斗争,推动中国逐步站起来、富起来、强起来,但是中华民族伟大复兴"绝不是轻轻松松、敲锣打鼓就能实现的"①。人民群众承担着国家富强、民族复兴的伟大使命。然而,"躺平者"逃避历史责任,以消极态度对待前进中的困难。"躺平文化"消解主流意识形态话语,不利于红色基因的传承与社会主义核心价值观的培育。加强对"躺平者"的价值引导和文化引领,推动"躺平主义"变为"起来主义",合力推进群众成为中国特色社会主义事业的开拓者、

---

① 习近平:《决胜全面建成小康社会 夺取新时代中国特色社会主义伟大胜利——在中国共产党第十九次全国代表大会上的报告》,人民出版社,2017,第15页。

第四章　红色基因传承与社会主义核心价值观培育的挑战及其破除

担当者,画出无愧于时代的精彩画卷。①"躺平"思潮是新兴的网络意识形态话语,所使用的宣传手段与传播方式都是新兴的,对红色基因与社会主义核心价值观的宣传教育构成了新的挑战。依据新的意识形态传播规律,激活红色基因蕴藏的巨大能量,激发社会主义核心价值观的生机与活力,推进社会主义核心价值观的培育,坚定理想信念,倡导奋斗拼搏,树立担当意识,彰显红色基因与社会主义核心价值观战胜"躺平"思潮的巨大力量。

小　结

随着市场经济发展和对外开放的步伐加快,加之群众的思想比较活跃,我国一些区域已成为各种信息的"集散地"和各种思想和社会思潮汇集的"大市场"②。受西方"普世价值"、历史虚无主义、"躺平主义"等错误思潮的消极影响,革命英雄人物受到抹黑,共产党的时代英雄成了被毁谤的对象,扰乱了群众的世界观、人生观。习近平指出:"必须坚持以立为本、立破并举,不断增强社会主义意识形态的凝聚力和引领力。"③意识形态领域的破与立,是一个辩证统一的过程。红色基因传承过程是一个打破错误思潮挑战的过程,社会主义核心价值观培育过程是一个与反动意识形态不断斗争的过程,在斗争中,增强了主流意识形态的凝聚力与吸引力。一方面,拿起红色基因的武器,提高群众的理论素养,激起群众自觉抵御错误思潮的决心,增强群众反击错误思潮的精神力量,彻底消除错误思潮,为社会主义核心价值观的培育提供清朗的意识形态空间;另一方面,创新红色基因传承方式,"浇水施肥",让红色基因占领意识形态阵地,为"鲜花"(社会主义核心价值观)在群众内心世界里开放准备了条件,破除了"毒草"(错误思潮)蔓延的机会。

---

① 令小雄、李春丽:《"躺平主义"的文化构境、叙事症候及应对策略》,《新疆师范大学学报》2022第2期。
② 王永贵:《马克思主义意识形态理论与当代中国实践研究》,人民出版社,2013,第328页。
③ 习近平:《习近平谈治国理政》,第三卷,外文出版社,2020,第311页。

红色基因是中国共产党在革命过程中倡导的主流意识形态的体现,能够滋养社会主义核心价值观,有助于社会主义核心价值观的培育,克服错误思潮的负面影响。传承红色基因,让赓续红色血脉的主流意识形态融入群众的日常生活,让群众在实践中感知、领悟、接受与内化红色传统,推动群众对社会主义核心价值观的认同。传承红色基因,克服群众对社会主义核心价值观认同危机,让红色基因在主流意识形态的认同中起着主要的导向和激励作用,在社会思潮多样性的背景下,凝聚价值共识,促进群众对社会主义核心价值观的认同。丰富红色基因的内涵,提高红色基因的吸引力和渗透力,为社会主义核心价值观融入群众需求创造条件,促进群众价值认知的统一性,克服"普世价值"、历史虚无主义、"躺平主义"给群众带来的思想困惑。传承红色基因,克服社会主义核心价值观培育过程中面临的形式化问题。利用多媒体手段,创新红色基因传承方式与社会主义核心价值观培育形式,提高红色基因与社会主义核心价值观对于群众的吸引力。激活红色基因,通过红色基因的感染力和吸引力,推动群众对社会主义核心价值观内化于心、外化于行,提升社会主义核心价值观的凝聚力与战斗力,彻底根除历史虚无主义、"普世价值"、"躺平主义"等错误思潮。

第五章　红色基因传承与社会主义核心价值观培育的措施

应对错误思潮的挑战,既要"破",也要"立",制定针对性的措施,创新红色基因传承方式,推进社会主义核心价值观的培育。习近平总书记指出:"我们要从红色基因中汲取强大的信仰力量……""把红色基因传承好,确保红色江山永不变色。"① 如何传承好红色基因,在传承中让群众汲取信仰的力量,推动人民群众认同与践行社会主义核心价值观,确保人民江山永远保持红色,这是一个需要回答的理论与现实问题。群众朝气蓬勃,富有梦想。群众是社会主义现代化建设的主力军,是中国特色社会主义事业的筑梦人,更是社会主义核心价值观的践行者。② 红色基因与社会主义核心价值观为中国梦的实现提供精神动力。红色基因是中国精神的精华,不但能够为社会主义核心价值观的培育营造良好的文化氛围,而且可以最大限度地激发个体正能量和最大限度地汇聚中国力量。③ 红色基因是中国精神的重要内容,传承红色基因,引领群众的社会主义核心价值观教育,有利于提高社会主义核心价值观培育的效果。毛泽东指出:"我们不但要提出任务,而且要解决完成任务的方法问题。我们的任务是过河,但是没有桥或没有船就不能过。不解决桥或船的问题,过河就是一句空话。"④ 不但了解传承

---

① 习近平:《用好红色资源,传承好红色基因,把红色江山世世代代传下去》,《求是》2021年第10期。
② 潘玉腾、陈赵阳:《引领当代大学生共筑中国梦的三维路径》,《中国高等教育》2013年第23期。
③ 朱志明:《中国精神:实现中国梦的核心价值》,《红旗文稿》2013年第22期。
④ 《毛泽东选集》,第一卷,人民出版社,1991,第139页。

红色基因与培育社会主义核心价值观对于实现国家繁荣、社会和谐和公民全面发展的重要性,而且要根据群众的心理特点、红色基因传承情况、社会主义核心价值观培育现状及其存在的问题,制定针对性的措施。根据群众的不同文化程度,依据不同区域红色基因传承的不同特点与社会主义核心价值观培育的不同特征,设计社会主义核心价值观培育的内容和做好合理的安排,使红色基因传承与群众社会主义核心价值观培育制度化、规范化、持久化。

关于红色基因传承与社会主义核心价值观培育的措施,群众有着自己的看法,下列问卷是较好的体现。

表5-1 您认为如何推进红色基因的传承与社会主义核心价值观的培育(可以多选)

选项	政府相关部门应出台相关政策,推进红色基因的传承与社会主义核心价值观的培育	学校应开设红色基因与社会主义核心价值观教育课程,加强爱国主义教育与民族团结教育	社会应大力提供红色基因传承与社会主义核心价值观培育的平台	群众应加强自我教育,提升对红色基因与社会主义核心价值观的认识水平	基于STEAM理念,搭建传承红色基因与培育社会主义核心价值观的平台
字母代码	A	B	C	D	E

调查结果显示,选择了A的占17.9%,选择了B的占19.1%,选择了C的占22.3%,选了D的占20.2%,选择了E的占20.5%。从以上的统计情况看,群众对如何传承红色基因、推进社会主义核心价值观培育的意见不一,看问题的角度迥异,侧重点不同,选择的措施差距较大,看问题难以避免片面化倾向。事实上,传承红色基因与培育社会主义核心价值观的措施是综合性的。要充分利用思想政治教育各种形式(理论讲解、宣传教育、实践活动等),宣传红色基因,传播社会主义核心价值观,以融入群众日常生活的方式进行,逐渐让群众尊崇红色基因、认同和践行社会主义核心价值观,提高群众的思想道德素养,激励群众投身于社会主义现代化建设的实践。新时代,基于STEAM理念,利用多学科融合的优势,综合利用人文、技术、艺术等形式,搭建传承红色基因与培育社会主义核心价值观的平台,提高红色基因传承与社会主义核心价值观培育的实效。

第一节　爱国主义与民族团结教育：红色基因传承与社会主义核心价值观培育的前提

红色基因与社会主义核心价值观都属于以爱国主义为核心的民族精神，红色基因具有爱国主义的深厚情怀，爱国是社会主义核心价值观的基本特征。爱国主义是维系民族团结的精神纽带，最能激起中华儿女团结奋斗的情感，能够凝聚社会共识，是实现中华民族伟大复兴的最深厚的情感基础。红色基因内含着党领导人民为争取民族独立和国家强盛而奋斗拼搏的伟大精神品格，蕴含着以爱国主义为核心的优秀民族精神，展示了党的宗旨与坚定的理想信念。从厚重的红色历史文化积淀中获取前进的动力，彰显红色基因对全国各族人民的号召力、感染力、吸引力、凝聚力。红色基因是激励中国人民开拓进取、奋勇前进的强大精神支柱，是中华民族伟大精神在特定历史时期的表征。民族精神与红色精神相互交融，深深熔铸在民族的生命力、创造力之中，共同构成中华民族的精神品格，铸就中华民族的精神家园。民族团结是中国共产党领导中国人民取得革命、建设、改革成功的重要法宝，是中国共产党的优良传统，涉及国家的繁荣稳定、社会的和谐、人民的幸福。在价值理念、道德观念方面，红色基因、社会主义核心价值观与民族团结精神高度契合。因此，爱国主义与民族团结教育是红色基因传承与社会主义核心价值观培育的前提。

一、传承红色基因，加强爱国主义教育

加强爱国主义教育，是传承红色基因与培育社会主义核心价值观的重要手段。一方面，爱国属于个人层面社会主义核心价值观的内容之一。"在社会主义核心价值观中，最深层、最根本、最永恒的是爱国主义。"①爱国主

---

① 习近平：《习近平在文艺工作座谈会上的讲话》，《人民日报》2014年10月15日。

义教育是培育社会主义核心价值观的内在要求。爱国主义是红色基因的重要内涵之一。习近平同志指出："实现中国梦必须弘扬中国精神。这就是以爱国主义为核心的民族精神……爱国主义始终是把中华民族坚强团结在一起的精神力量……"①红色基因是中国精神的组成部分；爱国主义是中国精神的核心，也是红色基因的主要内容。爱国主义精神是激发群众勇于接过"历史接力棒"的精神力量，表现为青年拥有的强烈的民族自尊心、自信心，并由此生发出对祖国、对民族强烈的归属感和认同感。中华文明的连续性在历代的历史纪录和历史著作中都有鲜明的反映。② 中华文明表现出其巨大的生命力和卓越的创造力。究其根本原因，就在于中华民族在自己的历史旅程中，形成了迥异于西方的文化传统和独特的爱国主义传统。以爱国主义为核心的民族精神正是维系我们这个古老民族的精神家园之根，这也是群众与国家、民族的情感"纽带"，让他们自觉成为建设国家、服务人民的有生力量。③

在中国共产党的百年奋斗历程中，爱国主义一直是凝聚民心的一面旗帜，是共产党人攻坚克难的精神动力。在近现代的历史上，当中国遭到日本帝国主义的侵略时，中国共产党提出了"停止内战，一致对外"的主张。红军长征是为了北上抗日，共产党人把国家与民族的利益放在首位，是爱国主义的生动案例。抗战时期，共产党人的爱国精神越加激发而不可动摇，越发显示出它的战斗锋芒和精神力量。李大钊、毛泽东、周恩来、刘少奇、朱德、彭德怀、董必武等无产阶级革命家都"以天下为己任"，将振兴中华的责任置于肩上。红色基因延续了中华传统文化的爱国主义传统，爱国主义传统在革命过程中受到马克思主义的指引得以升华与提高。在新时期，爱国主义具有了新的内涵，与"社会主义核心价值观在时代、文化和实践的维度具有同源、同向和同构的同质性"④。在爱国主义的视域下，红色基因与社会主义核心价值观有着共同价值基础。

---

① 习近平：《在第十二届全国人民代表大会第一次会议上的讲话》，《人民日报》2013年3月18日。
② 白寿彝：《中国通史》（导论卷），上海人民出版社，1989，第356-357页。
③ 蔡毅强、朱志明、朱贝妮：《以弘扬中国精神激励大学生实现中国梦》，《思想理论教育导刊》2013年第10期。
④ 任帅军：《爱国主义与社会主义核心价值观的同质性》，《红色文化学刊》2018年第1期。

(一) 探索爱国主义教育的内容与方法

在马克思主义指引下,激发了传统文化中的爱国主义精神,传统文化蕴含"激励中华儿女维护民族独立、反抗外来侵略"[①]的价值信念,在新民主主义革命过程中逐渐成为红色基因发展的文化养分。实现中华民族伟大复兴,是20世纪以来时代发展的突出主题,是贯穿中国近现代史的一条基本线索,是中国革命、建设、改革孜孜以求的目标。从百年逐梦的视角来学习"四史",解读革命文化史,传承红色基因,引导群众认识自觉践行社会主义核心价值观的必然性,让社会主义核心价值观成为群众的价值追求。在社会主义核心价值观教育过程中,弘扬优良革命传统,引导群众因中华文明的伟大而热爱祖国,因祖国经受的沧桑而热爱祖国,因英烈先驱的热血而热爱祖国,因光荣的历史使命而热爱祖国,最终将爱国之情汇聚成推动中华民族伟大复兴、践行社会主义核心价值观的正能量。[②] 把社会主义核心价值观融入思想政治教育体系之中,要对群众进行以认同、践行社会主义核心价值观为目标的爱国主义教育。传承红色基因,发扬奋斗拼搏的优良传统,实干苦干,为实现中华民族伟大复兴而努力奋斗,以实际行动践行爱国主义。

爱国主义是一个重要的道德规范,也是一个重要的政治思想原则。开展爱国主义教育,是培养群众良好思想道德品质的重要途径之一。当前,实施爱国主义教育的效果不理想,因为所采用的教育方法与方式较为落后。因此,探索和创新爱国主义教育的方法,是真正提高爱国主义教育效果的核心。首先,采用历史教育和现实教育相结合的方法。这一方法主要根据中华民族的悠久历史传统,吸取优秀传统文化的成果,弘扬红色文化,传承红色基因,并与中国实际情况紧密结合,使之成为爱国主义教育的重要内容。例如,结合新冠疫情防控,进行爱国主义教育。新时代,爱国主义教育要顺应时代大势,创新教育理念;回应群众对社会现实问题的关切,把爱国主义教育小课堂与社会大课堂相结合,推进红色基因与社会主义核心价值观的

[①] 习近平:《习近平在纪念孔子诞辰2565周年国际学术研讨会暨国际儒学联合会第五届会员大会开幕会上的讲话》,《人民日报》2019年9月25日。

[②] 骆郁廷、史姗姗:《中国梦教育:大学生思想政治教育新课题》,《思想理论教育》2013年第9期。

大中小一体化教育。① 其次,采用专题教育和渗透教育相结合的方法。专题教育以讲好革命先烈的爱国主义故事为媒介,把爱国主义教育进行理论化、系统化、科学化的总结,拓展爱国主义教育的范围,把爱国主义教育引向深处。要把爱国主义作为重点,纳入思想政治教育体系,开展专题性教育。渗透教育就是传承红色基因,让红色基因渗透到群众的爱国主义教育当中,使群众时时受到爱国主义的熏陶,处处受到爱国主义的感染。再次,把不同区域的红色文化资源与爱国主义教育对接,建立爱国主义教育平台。从实际出发,根据不同区域的红色文化资源特点,创新教育方式,引入多媒体技术,不断挖掘红色文化资源的教育价值,增强群众的爱国主义意识。新时代,利用多媒体技术,讲述红色故事,开展爱国主义教育,进一步提升社会主义核心价值观的传播力、引导力,唱响互联网爱国主义主旋律。② 充分利用网络平台,开展以爱国主义为核心的红色基因教育,融合红色基因的基本内涵,不断创新社会主义核心价值观培育模式,让社会主义核心价值观走进群众的内心世界。

批评与自我批评是党的优良传统与作风。红色基因蕴含了批评与自我批评的优良传统,传承红色基因,要善于根据实际情况的变化进行反思。推动群众接受以社会主义核心价值观为基本内容的理性认知教育,传承红色基因,开展理想信念教育,搞好以培育社会主义核心价值观为目标的爱国主义教育。③ 爱国行为要以坚定信念为基础。理性地看待爱国行动,让爱国行动由朴素的情感升华为理性行为,以坚定的意志激发群众的爱国热情。理性民族主义离不开对批评与自我批评的运用。发扬红色基因中的优良传统,把批评与自我批评的优良传统贯穿于群众理性爱国主义教育中,能够让群众的爱国主义行动保持在法治轨道上,不会偏离社会主义现代化建设的方向。发扬爱国主义传统,传承红色基因,推进社会主义核心价值观的培育,共同服务于实现中华民族伟大复兴的伟大梦想。

---

① 兰美荣、卢黎歌:《中共百年青年爱国主义教育的经验与启示》,《思想教育研究》2021年第6期。
② 胡树祥、毛娜:《生动活泼开展网上爱国主义教育的着力点》,《思想理论教育导刊》2021年第6期。
③ 吴林龙、王立仁:《论中国梦融入大学生思想政治教育的理路》,《思想教育研究》2014年第3期。

（二）传承红色基因，拓展爱国主义教育的路径

红色基因是开展爱国主义教育的"基因库"。新时代，传承红色基因，搭建爱国主义教育平台，完善爱国主义教育机制，培育群众的爱国主义精神。[①] 传承红色基因，深入开展爱国主义教育。在引导群众自觉践行社会主义核心价值观的过程中，教育群众坚定理想信念，认真思考立志、立身、立业的问题，努力用人类创造的优秀文明成果武装自己。同时，通过定期组织群众赴革命圣地开展以"感受红色经典、传承革命精神、争做时代先锋"为主题的社会实践活动，加强革命传统教育和爱国主义教育，可以运用红色旅游、革命影视等载体，引导群众缅怀先烈，展示爱国英雄榜样教育的示范性和"带动效应"，引领群众认同社会主义核心价值观。通过听取革命先烈事迹报道、观看专题红色革命纪录片、重温革命英雄事迹，组织群众讨论，以多种渠道宣传的方式开展知英雄、懂英雄和学英雄的活动，培养群众的爱国主义情怀，为群众践行"社会主义核心价值观"提供价值支撑。开展"社会主义核心价值观、我的价值观"主题教育，宣传爱国英雄拼搏奋进、为国牺牲的感人事迹，大力塑造群众的爱国主义精神，为群众树立自强、自立的榜样，展示模范人物勇于承担责任的形象，达到榜样教育的效果。[②] 党的十八大报告指出，高举爱国主义旗帜，深入开展爱国主义教育。弘扬党的优良传统，增强群众的爱国热情，凝聚全国各族人民的力量，增强人民对祖国的向心力。群众是国家建设的主力军，加强党的优良传统教育，发扬老一辈无产阶级革命家的爱国精神，增强群众对祖国的热情，可以为祖国建设培养大量的生力军，为实现中国梦输送人才。一是综合利用课堂，把传承革命精神与进行爱国主义理论教育相结合。课堂是开展革命精神教育的主渠道和主阵地，通过常态化的课堂教育能够对青少年进行正规化、科学化、系统化的革命传统教育，有利于青少年吸收爱国精神，培养爱国情怀，树立群众践行社会主义核心价值观的习惯。同时，充分发挥第二课堂形式多样的特性，潜移

[①] 于润艳：《红色基因视阈下的大学生爱国主义精神培育》，《学校党建与思想教育》2020年第20期。

[②] 蔡毅强、朱志明、朱贝妮：《以弘扬中国精神激励大学生实现中国梦》，《思想理论教育导刊》2013年第10期。

默化地灌输爱国精神,动员群众投身于中华民族伟大复兴的爱国实践。二是进行国情教育。邓小平曾说:"对于艰苦创业,对于中国是个什么样的国家,将要变成一个什么样的国家,这种教育都很少,这是我们很大的失误。"①因此,国情教育在开展爱国主义教育的过程中意义重大。要进行中共党史学习教育,了解共产党人的精神,认识到党的伟大、光荣、正确,中国共产党能够解决当前中国发展过程中出现的问题,让群众树立自豪感与历史自信。三是传承革命先烈精神,宣传典型爱国人物。在中国共产党领导中国人民开展革命斗争的历史长河里,有许多革命先烈以不同的方式报效祖国。如今,中国处于社会转型时期,涌现出一批爱国思想强烈的人士。保持新时期爱国典型人物宣传的常态化、连续性,宣传共产党人奋斗拼搏的事迹,激励群众为实现中华民族伟大复兴的中国梦而努力奋斗,达到培育社会主义核心价值观的目的。

二、传承红色基因,加强民族团结教育

民族团结涉及国家的稳定、社会的和谐。团结—批评—团结,是共产党人的优良传统,也是红色基因传承的重要目标。加强民族团结教育,是传承红色基因与培育社会主义核心价值观的重要手段。全面实现社会主义现代化,是中国人民的梦想。在党的领导下,众志成城,推动民族大团结,凝聚实现梦想的力量。红色基因强调依靠群众,团结全国各族人民。我国是由56个民族组成的社会主义大家庭,各民族之间相互依存、不可分割,共同推动民族团结。中华民族既是中国各民族的总称,又概括了中国各民族的整体认同。开展民族平等和民族团结教育、民族区域自治制度教育和各民族共同繁荣教育,是社会和谐与国家稳定的需要。民族团结教育是我国民族工作的重要组成部分,社会主义核心价值观是民族团结教育的重要内容。②

---

① 《邓小平文选》,第三卷,人民出版社,1993,第306页。
② 杨云安、青觉:《创新民族团结教育方式研究——基于社会主义核心价值观建构视角》,《黑龙江民族丛刊》2015年第4期。

（一）对群众进行民族平等和民族团结教育

中国梦是强国梦、复兴梦,能够激发群众的民族责任感。[①] 社会主义核心价值观是承载着中华民族尊严与希望的精神动力,彰显了维系民族团结的精神力量,代表了民族的气节与精神,反映了民族的精神境界。实现中国梦,不仅让每个中华儿女感觉到自豪与骄傲,也让每个中国人更有尊严。这需要每个中华儿女努力拼搏、甘于奉献,尤其需要群众锐意进取、奋发图强,践行社会主义核心价值观。牢牢把握红色基因与社会主义核心价值观的共同价值指向,掌握社会主义意识形态的主导权,构筑包括民族团结在内的中华民族共同精神家园。对群众进行民族平等和民族团结教育,要让他们了解56个民族都是优秀的、勤劳的、富有智慧的民族,民族之间无优劣之分,谁也离不开谁,各民族在政治、经济、法律和文化上都获得了平等的权利,都是国家的主人。红军长征时期,刘伯承在彝族聚居区坚决执行党的民族政策,赢得了少数民族群众的支持。今天,要让群众了解到党的民族政策历史,认识到只有加强民族团结,才能消除民族隔阂和民族歧视,真正实现民族平等。民族团结涉及社会安定、国家昌盛和各民族的共同繁荣。[②] 中华民族是一个同呼吸、共命运的整体,合则兴,分则衰。传承红色基因,弘扬优良传统,坚定民族共同繁荣的理想信念,为民族团结教育提供强大精神动力。[③] 以中国共产党领导各族人民百年团结奋斗的历史,对群众开展民族团结教育,培育社会主义核心价值观,凝聚力量,为实现中国梦打下坚实的基础。

（二）对群众进行民族精神教育

习近平指出:"以社会主义核心价值观为引领,构建各民族共有精神家

[①] 蒋桂芳:《中国梦视域下大学生思想政治理论课着力点探析》,《思想理论教育导刊》2013年第7期。
[②] 中共中央宣传部:《习近平总书记系列重要讲话读本》,人民出版社,2016,第9页。
[③] 马开能、杨子英、和静平等:《传承红色基因 发扬优良传统 勇担新时代民族团结进步示范区建设使命》,《今日民族》2019年第9期。

园。要在各族群众中加强社会主义核心价值观教育……"①社会主义核心价值观与民族精神密切相连,加强社会主义核心价值观教育,有助于推进民族精神教育。民族区域自治制度是体现民族精神的社会制度,是实施民族精神教育的重要平台,为培育社会主义核心价值观提供制度保障。党的十八大报告指出:"深入开展民族团结进步教育,加快民族地区发展,保障少数民族合法权益,巩固和发展平等团结互助和谐的社会主义民族关系,促进各民族和睦相处、和衷共济、和谐发展。"②对群众开展民族区域自治制度教育,旨在让他们理解民族精神教育的本质,致力于推动民族地区的现代化进程。1947年,中国共产党革命英雄人物乌兰夫在内蒙古成立了内蒙古民族自治政府。新中国成立后,在少数民族聚居区建立了自治区、自治州、自治县。在国家的统一领导下,少数民族在聚居的区域内设立自治机关,自主地管理本民族本地区内部事务,从而体现其主人翁地位,真正推动了平等、团结、互助、和谐的社会主义民族关系的发展。民族区域自治制度为开展民族精神教育提供了制度保障,民族地区的繁荣发展为开展民族精神教育提供了生动案例。把民族精神教育纳入红色基因与社会主义核心价值观教育的范围,促进民族团结。③ 民族精神体现了红色基因与社会主义核心价值观所蕴含的精神品质,为实现中国梦提供精神动力,开展民族精神教育是提高群众红色基因与社会主义核心价值观教育效果的有效路径。把民族团结教育融入"党史、新中国史、改革开放史、社会主义发展史"学习过程中,领悟共产党人精神内涵,学习红色基因,培育社会主义核心价值观,为铸牢中华民族共同体意识奠定基础。加强民族精神教育,增强文化认同,推进民族共有精神家园建设,铸牢中华民族共同体意识,在民族团结教育过程中培育和践行社会主义核心价值观。④ 传承红色基因,构筑中华民族共同精神家园,

---

① 习近平:《习近平谈治国理政》,第三卷,外文出版社,2020,第300页。
② 胡锦涛:《坚定不移沿着中国特色社会主义道路前进,为全面建成小康社会而奋斗——在中国共产党第十八次全国代表大会上的报告》,《人民日报》2012年12月18日。
③ 卓新平:《以社会主义核心价值观促进民族团结、宗教和谐》,《西北民族大学学报》2014年第5期。
④ 张立辉、许华峰:《在民族团结教育中培育和践行社会主义核心价值观》,《中国民族报》2015年3月20日。

"精神家园是一个民族在文化认同基础上产生的文化寄托和精神归属"①,"精神家园的作用就是为人们提供当下的终极意义和关怀,为社会个体的生命赋予意义和价值"②。中华民族的精神家园是中华民族特定的民族心理、价值理念和人文精神的总和,蕴含了民族精神的基本要义,是各族群众奋斗拼搏的动力源泉。通过构建中华民族精神家园,为加强民族精神教育创造良好氛围,从而推进各族群众认同与践行社会主义核心价值观。

第二节 抓住重点人群:红色基因传承与社会主义核心价值观培育的关键

依据马克思主义哲学原理,矛盾分为主要矛盾与次要矛盾,主要矛盾决定着事物的发展方向。解决问题,要善于抓住主要矛盾。俗话说得好,"牵牛要牵牛鼻子","好钢要用在刀刃上"。推进红色基因的传承,促进社会主义核心价值观的培育,要抓住重点人群。抓住关键少数,发挥党员干部在红色基因传承与社会主义核心价值观培育方面的重要作用;抓住大多数,重点关注农民群众的红色基因与社会主义核心价值观教育;抓住青少年,关注红色基因传承与社会主义核心价值观培育的关键对象。

一、抓住关键少数,发挥党员干部在红色基因传承与社会主义核心价值观培育方面的重要作用

习近平指出:"党员、干部特别是领导干部要在培育和践行社会主义核心价值观方面带好头,以身作则、率先垂范,讲党性、重品行、作表率,为民、

---

① 高永久、陈纪:《论中华民族共有精神家园的内涵与价值核心》,《科学社会主义》2008年第2期。
② 胡海波:《中华民族精神家园的生命精神研究》,人民出版社,2015,第32页。

务实、清廉,以人格力量感召群众、引领风尚。"①领导干部是党的骨干,是意识形态工作的带头人。党员干部工作作风与服务态度直接影响着社会风气,影响社会道德的建设状况。党员干部的言行具有明显的示范性。在精神文明建设中,党员干部起到榜样带头和模范先锋的作用。红色基因蕴含的严、廉、敢、勤、诚等核心要素是党员干部严于律己、恪尽职守、清正廉洁奉公的思想源泉与精神支撑,也是培育党员干部社会主义核心价值观的重要来源。"培育和践行社会主义核心价值观,必须抓好党员干部这个重点,发挥好党员干部的引领带动作用。"②党员干部在红色基因传承与社会主义核心价值观培育方面起到重要作用。

(一) 中国共产党是创造红色基因与社会主义核心价值观的主体

经济基础决定上层建筑(包括思想领域的上层建筑)。特定意识形态的形成有着一定的历史发展进程,产生于特定的社会制度土壤,体现了特定阶层的基本价值诉求及道德观念。中国共产党领导人民群众进行革命、建设与改革,创造了先进思想理念,引领红色基因与社会主义核心价值观发展方向。红色基因生成于共产党人维护中华民族尊严的过程中,是中国共产党由弱变强的精神动力。在革命斗争中凝聚出中国共产党革命精神谱系,从伟大建党精神到井冈山精神,从苏区精神到长征精神,从延安精神到西柏坡精神,反映出革命时期塑造的红色基因精髓。社会主义核心价值观延续与发展了红色基因,反映出共产党人的理想信念、价值理念、道德观念。马克思主义哲学强调科学性与革命性的统一。中国特色社会主义事业的发展不仅需要科学知识,还要发挥思想理念的引领作用,在塑造群众道德品质的基础上凝结社会主义核心价值观。红色基因与社会主义核心价值观的联系是多维度的,是共产党人和人民群众攻坚克难的思想武器,是巩固人民政权的思想堡垒,在实现中国梦的过程中展现出强大的价值功能。中国共产党领导人民群众选择了社会主义道路,选择了马克思主义,红色基因与社会主

---

① 中共中央办公厅:《关于培育和践行社会主义核心价值观的意见》,《人民日报》2013 年 12 月 24 日。

② 刘云山:《着力培育和践行社会主义核心价值观》,《党建》2014 年第 2 期。

义核心价值观是共产党人倡导的马克思主义意识形态。因此,红色基因与社会主义核心价值观渗透于中国共产党的指导思想内,二者共同的领导主体是中国共产党。

意识形态话语要获得群众的认同,"关键的问题不是被领导者消极的和间接的同意,而是单独个人的积极的和直接的同意"①。当今世界意识形态领域充满斗争,中国特色社会主义文化建设面临西方思潮的冲击,我国主流意识形态话语体系的构建面临着巨大挑战。掌控意识形态领域的领导权与话语权,是应对挑战的重要措施。"不断增强意识形态领域主导权和话语权……继承革命文化,发展社会主义先进文化……为人民提供精神指引。"②掌握意识形态的领导权,需要党员干部学习红色基因,占领意识形态阵地,引领精神生产沿着马克思主义指导的方向发展,为培育群众的社会主义核心价值观奠定基础。掌握意识形态的话语权,需要在意识形态宣传教育中融入红色基因的阶级意识、执政理念,在精神文明建设中彰显党的方针政策,让党的思想观念成为国家意识,进而为群众自觉认同社会主义核心价值观创造条件。

(二) 以自我革命强化党的形象,增强红色基因与社会主义核心价值观的吸引力

意识形态的吸引力不仅在于理论本身的魅力,而且在于宣传意识形态的主体的形象。国民党高喊三民主义,但国民党自身的腐败堕落让人民群众厌恶,群众认识到国民党宣传的虚假,说一套,做一套,国民党宣传的意识形态话语,群众不相信,国民党所传播的意识形态对于群众没有什么吸引力。中国共产党强调党的自我革命,彻底清除腐败现象,在党组织内部刮骨疗毒,坚决清除不合格的党员,保持党的廉洁勤政爱民形象。共产党员的言行让群众感到亲切,共产党所宣传的意识形态话语由于人民群众的相信,彰显出强大的吸引力。红色基因与社会主义核心价值观是共产党人倡导的意识形态话语,由于倡导者(共产党人)的清正廉洁形象,红色基因显示出强

---

① 安东尼奥·葛兰西:《狱中札记》,葆煦译,人民出版社,1983,第232页。
② 习近平:《决胜全面建成小康社会 夺取新时代中国特色社会主义伟大胜利》,《人民日报》2017年10月18日。

大的感召力，社会主义核心价值观显示出强大的影响力。

　　红色基因与社会主义核心价值观产生于中国革命、建设、改革的实践，作为马克思主义意识形态，是思想建党的重要精神来源，是维持共产党人清正廉洁的精神力量。共产党人在实际工作中利用纪律与教育两种手段保持共产党清正廉洁形象。一方面通过开办培训班、干部学校加强党员干部的思想政治教育，开展红色基因与社会主义核心价值观教育，强化思想建党，提高党员干部的思想道德修养；另一方面，加强党的制度建设，通过严格执行党的纪律，树立党在群众中的清廉为民的美好形象，这种印象，有利于党的意识形态话语的传播，有助于红色基因与社会主义核心价值观的宣传。在新民主主义革命时期，共产党人一直重视马克思主义意识形态建设。在中央苏区时期，新生的苏维埃政权是从旧社会脱胎而来的，是在旧社会的土壤中孕育而生的，受两千多年封建思想的侵蚀，难以短期内摆脱旧社会陋习的影响。党和政府的各级工作人员，大部分来源于农民和小资产阶级，农民意识和小资产阶级观念或多或少被带进党内。同时，剥削阶级用糖衣炮弹或旧思想腐蚀新生的革命政权工作人员。在苏维埃的工作人员中，存在着贪污浪费现象，腐朽思想作风有时还会出现。这种消极腐败现象的存在，败坏了苏维埃工作人员的思想作风，损害了党在人民群众中的形象，也影响了党的意识形态话语的吸引力，不利于红色基因的传播。面对腐败现象，必须加强党的纪律建设，扎牢制度的笼子，充分发挥党的纪律对党员干部腐败行为的遏止作用。执行铁的纪律是布尔什维克党组织的原则之一，也是保持党的意识形态话语影响力的重要举措。《闽西特委关于组织问题决议案》提倡严格党的纪律，"党纪要在支部中执行；坚决地洗刷动摇、腐化、怠工等不坚决分子出党"[①]。中国共产党以纪律严明闻名全国，《大公报》记者感叹：" 共党组织的严密，执行纪律——当然是赤党的所谓纪律——的严厉和蛊惑农、工、军队的手段，是最值得注意。"[②]党组织完善党规，坚决执行党纪，纪律与教育两手抓，把各种消极腐败思想和行为消灭在萌芽状态。1937年，黄克功与刘茜恋爱，因为感情问题枪杀了刘茜。案件发生后，黄克功要

[①] 江西省档案馆、中共江西省委党校党史研究室编《中央革命根据地史料选编》（上册），江西人民出版社，1982，第621页。

[②] 《赣匪之今昔》，《大公报》1931年6月11日。

求"戴罪立功"。陕甘宁边区高等法院宣判黄克功死刑,执行比一般平民更加严格的纪律。新中国成立之后,刘青山、张子善丢掉了红色传统,理想信念发生了动摇,因为贪腐受到惩处。新时期,传承红色基因,完善党规党纪,保持党清正廉洁的政治形象。党的性质和宗旨决定了对腐败现象的零容忍态度,党内决不允许腐败分子有立足之地。坚持"老虎苍蝇"一起打①,反对腐败无禁区,把权力关进制度的笼子里,善于用法治方式惩治腐败。2022年1月,电视专题片《零容忍》第三集《惩前毖后》评述了中国科协原党组成员陈刚的案例,陈刚由于放弃了理想信念,逐步走向贪腐的道路,最后受到了党纪国法的严惩。理想信念是共产党人的灵魂,也是红色基因与社会主义核心价值观的灵魂。党员干部丢掉了这个灵魂,也就丢掉了红色基因与社会主义核心价值,思想观念与价值理念就会失去正确的方向,容易走向犯罪的深渊。中国共产党自成立以来,一直严肃党纪,力求保持共产党员的清正廉洁形象,党所宣传的意识形态话语,人民群众容易接受。另一方面,中国共产党重视党员的思想政治教育工作。红色基因与社会主义核心价值观凝结着广大党员干部的理想信念与价值理念。党组织以各种方式传播党的意识形态话语,强化对党员干部的教育引导,推动马克思主义意识形态的实践养成,发挥红色基因与社会主义核心价值观对党员干部的思想引领作用,促进党员干部对红色基因与社会主义核心价值观的情感认同。对党员干部开展马克思主义理论教育,加强思想建党与理论强党的力度,把广大党员干部的价值观念引导到马克思主义意识形态方向,传播红色基因与社会主义核心价值观,建构党的主流意识形态话语体系。开展党史宣传教育活动,系统学习习近平新时代中国特色社会主义思想,提高党员的思想理论水平,为党员干部领悟红色基因与社会主义核心价值观的精髓打下坚实的基础。

党员干部是"关键少数",是中国革命、建设、改革事业的领导者,是治国理政的领路人,是构建主流意识形态话语的组织者、实施者,在传承红色基因与培育社会主义核心价值观的过程中起到核心作用。毛泽东指出,政策制定之后,干部是决定因素。党组织制定宣传红色基因与社会主义核心价值观的政策之后,党员干部不但要有担当,彻底地贯彻实施,传播好红色

---

① 中共中央文献研究室:《论群众路线——重要论述摘编》,中央文献出版社,2013,第134页。

基因与社会主义核心价值观,而且要严于律己,保持清正廉洁的光辉形象,让群众相信共产党人的宣传,让红色基因与社会主义核心价值观走进群众的内心世界。严肃党纪与加强教育,两手抓,两手都要硬,切实发挥党员干部在红色基因传承与社会主义核心价值观培育方面的主导作用。

二、抓住大多数,重点关注农民群众的红色基因与社会主义核心价值观教育

农民占人口的大多数,是中国革命最可靠的同盟军。共产党人以马克思主义理论教育农民群众,依靠并广泛动员群众,取得了革命的胜利。中国共产党在长期的革命斗争中善于把党的意识形态话语生活化,提高了意识形态宣传的效果。新时期,对农民群众进行红色基因与社会主义核心价值观教育,共产党人要善于借鉴在革命时期开展意识形态工作的经验,运用歌谣、戏剧、漫画、楹联等文化动员形式,向群众宣传红色基因与社会主义核心价值观,并让宣传工作呈现出大众化趋势,以便让宣传内容贴近群众、贴近生活、贴近实际,从而让红色基因与社会主义核心价值观走进群众的内心世界。

(一)共产党人善于利用传统文化宣传主流意识形态话语

民俗文化是塑造农民群众意识形态的重要工具,是引导他们学习红色基因、践行社会主义核心价值观的重要文化形式。意识形态话语,如果不融入农民群众的日常生活,不通过民俗文化形式转化成农民思想意识,就难以在农村扎根。井冈山时期,红色基因的传承与党的意识形态话语的传播受传统文化的制约。在井冈山革命根据地,有大量的客家人参加革命,井冈山精神在孕育过程中,打上了客家文化的深深烙印。共产党人激活乡土文化中的革命因子,融入红色基因中,借助传统民俗文化形式传播革命意识形态话语。① 一种意识形态的形成与发展也具有一定的历史传承性,任何意识

---

① 吴祖鲲、马飞:《井冈山根据地革命文化的传统基因探析》,《中共中央党校学报》2018年第3期。

形态的创造都不可能离开它自身的历史传统。由于传统文化在社会结构中的独特位置,传统文化不仅集中表现出某一区域群众世代相承的许多不成文的传统生活方式,而且承载了人们传统价值观念,时刻影响着人们对新观念的接受程度和方式,文化传统深层次地起着潜在的制约作用。在中央苏区,《苏维埃剧团组织法》对文艺工作贴近生活作出了明确的规定,要求戏剧创作来源于群众的日常生活,以便戏剧表演具体生动,符合群众的心声。集中反映群众日常生活,是文艺创作的指导思想。意识形态工作方式要贴近实际。红军各军团剧社总社、分社演出的戏剧,大都是搜集现实生活中的材料编写而成的。红一军团"战士剧社"经常演出的《谁给我们痛苦》一剧就是根据农村中实际材料编写的,它揭露了土豪对农民的压迫和剥削。这个剧对工农劳苦群众来说,是一堂活生生的阶级教育课,演出效果非常好。后来,每到一地都演这个剧,演出前,由宣传队进村做一番调查研究,然后把剧中人的姓名,换成当地真人的名字,剧情稍作变动便登台演出,适合群众的口味,演出效果明显。只有采用实际材料创作出来的戏剧,"才不至于脱离实际生活,才不至于过分夸大到不近人情,才不至于空洞没有内容",才"更能鼓动当地群众",收到演出的社会效果。① 苏区文艺注重面向群众,要求一切文艺作品反映群众的现实生活,反映苏维埃革命的斗争实践。意识形态工作要注意接地气,瞿秋白在中央苏区意识形态工作方面是坚持"三贴近"的典范。庄东晓在《瞿秋白同志在中央苏区》一文中认为,瞿秋白就任中央苏区教育部部长之后,反复地强调文艺工作者要深入群众,密切联系群众,到赣南、闽西地区农村去挖掘创作素材,"吸取从生活中涌现出来的真人真事,加以艺术提炼"②。党的意识形态工作注意与人民群众的日常生活实际相结合,在抗战时期、解放战争时期,延续了中央苏区的历史经验,并形成了党的意识形态工作的优良传统,构成了红色基因中"实事求是"的一部分。

---

① 福建省文化厅革命文化史料征集工作委员会编《中央苏区革命文化史料汇编》,江西人民出版社,1994,第209页。
② 福建省文化厅革命文化史料征集工作委员会编《中央苏区革命文化史料汇编》,江西人民出版社,1994,第447页。

(二)汲取历史智慧,推进红色基因与社会主义核心价值观的有效传播

学习百年党史,汲取历史智慧。共产党人在农村开展意识形态宣传工作具有一定的"草根性"①,这种草根性与共产党干部的来源有关,也与中国共产党领导的革命中心长期在农村有关。革命中心在农村,干部的主要来源是农民,从事宣传教育工作的革命根据地干部生活习性、语言风格与宣传对象(普通群众)相通融,这些干部具有亲民特征,不但从事宣传工作,而且关注群众的日常生产与生活问题,关注上门板、捆铺草之类的生活细节问题,甚至宣传干部与群众吃住在一起,情感亲近,生活习性相同,为党的宣传工作贴近群众、贴近生活、贴近实际创造了条件,也有利于党的意识形态话语融入群众的脑海里。新时代,传承红色基因,推进作为主流意识形态一部分的社会主义核心价值观的培育。到农村中传播红色基因,宣传社会主义核心价值观,可以考虑从农村党员中选拔一批骨干(兼职宣传员),加以培训后,再回到农村宣传红色基因与社会主义核心价值观。对兼职宣传员,政府提供政策支持,可以适当提供一些报酬给兼职宣传员,鼓励兼职宣传员到农村走家串户,与农民同吃同住一段时间,相互了解,增进情感,用口头化语言宣传革命英雄事迹,宣传道德模范人物,宣传党的政策,占领农村意识形态阵地。农村的意识形态话语传播者要从生活上与农民群众打成一片,在思想上彼此沟通,在情感上交流互动,这样才会让农民觉得"最干净的还是工人农民,尽管他们手是黑的,脚上有牛屎……"②。意识形态工作者与农民群众生活在一起,体验群众的生活乐趣,了解他们的内心感受,贴近群众的生活实际,以所喜闻乐见的民间艺术形式传承红色基因,促进农民群众接受主流意识形态话语,认同与践行社会主义核心价值观。

用农民熟悉的文化动员方式宣传红色基因与社会主义核心价值观。以标语、口号、戏剧、楹联等文化动员方式,让红色基因的传承带有通俗化的特

---

① "草根"来源于 grass-roots。有的学者认为是指与决策者相对的阶层;有的学者认为是指相对于精英阶层而言的弱势阶层。依据《英汉大辞典》(陆谷孙主编)的解释,"草根"主要是具有基层的、乡村的含义。"草根性"是相对于下层民众的心理特征、性格特征而言的。

② 《毛泽东选集》,第三卷,人民出版社,1991,第851页。

征,以提高红色基因的教育效果。列宁曾说:"最高限度的马克思主义=最高限度的通俗化。"①把抽象的价值理念与群众现实生活结合起来,搭起价值理念与群众之间的沟通桥梁。通俗化是打通红色基因与人民群众"最后一公里"的关键,红色基因通过标语、口号、戏剧、楹联等文化动员方式,把抽象的革命思想以具体的文艺方式表现出来,红色基因蕴含的革命话语显得通俗易懂,群众对转换了的话语内容喜闻乐见。红色基因的话语表现方式转化了,抽象的革命理论与价值理念变得鲜活起来,群众逐渐领悟到了马克思主义意识形态的感召力,理解社会主义核心价值观的内涵,接受关于红色基因与社会主义核心价值观的宣传教育。改革开放以来,我国的城镇化水平逐步提升,但约一半人口来源于农村;农民群众文化水平较低,小农意识较强,对农民开展红色基因与社会主义核心价值观教育需要一个过程。农村党员干部经常与农民生活在一起,了解农民的生活习性,容易用乡村习语宣传红色基因与社会主义核心价值观。农村基层党组织可以利用农村的戏剧、快板、楹联等传统艺术形式进行主流意识形态宣传。用戏剧演绎革命先烈的故事,锣鼓一响,农民群众聚集在村庄内,有利于传承红色基因。用快板的方式,讲述焦裕禄的故事,以模范人物的榜样引导示范农民群众践行社会主义核心价值观。在农民的门上、客厅里,到处有楹联,贴上反映红色基因与社会主义核心价值观的标语,能够有效传播红色基因与社会主义核心价值观。意识形态宣传工作可以依据农民的心理习惯②,采用农民熟知的文化动员方式,鼓励农民在家中挂毛泽东、习近平等党的领导人画像,挂革命英雄画像,消除基督教等宗教意识的麻醉,为红色基因与社会主义核心价

---

① 《列宁全集》,第36卷,人民出版社,1959,第467页。
② 根据2017年12月在江西省永新县莲洲乡、瑞金市武阳镇的调查,2018年5月在河南省息县路口乡、新蔡县关津乡的调查,2020年9月在陕西省志丹县杏河镇、镇坪县华坪镇的调查,农民有偶像崇拜的习惯与多神信仰的心理,在家里中堂上有挂像的习惯,如果挂了毛泽东、习近平等党的领袖像,就不会挂耶稣等宗教领袖像。陕西省镇坪县华坪镇农民李超(1951年生)在接受调查时说,习近平总书记了不起,农民不愁吃、不愁穿,志愿在家中挂习近平像。江西永新县莲洲乡农民曾红伟(1943年生)在接受调查时说,毛泽东主席好啊,农民翻了身,过上了好日子,志愿在家中挂毛泽东像。河南省息县路口乡、新蔡县关津乡的部分农民挂耶稣像,有的贫困户接受了政府的扶贫帮助,跑到基督教教堂,把钱投到教堂捐献箱内,口中不断念叨感谢主(上帝)。进一步调查发现,挂了毛泽东、习近平等党的领导人画像,积极接受党的意识形态话语,爱看红色电影,接受红色基因的传播,认同社会主义核心价值观。挂了基督教等教主画像的农民,消极对待党的意识形态宣传工作,对红色基因与社会主义核心价值观的传播持冷淡态度,主流意识形态话语难以走进信教群众的内心世界。

值观的宣传教育创造条件。

　　利用民俗文化,通过转化话语表达方式,推动红色基因的大众化,提高红色基因的宣传效果。习近平指出:"我们要传播好马克思主义,不能照本宣科、寻章摘句,要大众化、通俗化。"①民俗文化是通俗化的文化形式,是马克思主义意识形态大众化的重要载体。民俗文化以通俗化的形式逐渐融入群众的日常生活,是马克思主义意识形态大众化的重要工具。民俗文化通过话语方式的转化,改变了红色基因传承的方式,以生动鲜活的表现形式,改变了社会主义核心价值观宣传的理论说教生硬模式。民俗文化具有口语化的风格,有利于将复杂的价值理念以简单化的叙事模式表达出来,从而把红色基因所蕴含的革命精神与道德观念融入群众的内心世界,提高社会主义核心价值观的宣传效果。调查发现,农民群众对社会主义核心价值观内容中的十二个词汇,能说出二至三个的非常少;对红色基因的内涵,常常说出来的是邱少云、黄继光、刘胡兰等革命先烈人物。利用口语化的形式,利用民间习语、谚语,利用讲故事的方式,演绎红色基因与社会主义核心价值观的精神要义,更能让农民群众听得懂。以个人层面的社会主义核心价值观为例,对于"爱国",讲岳飞的精忠报国故事,讲抗美援朝的故事,农民群众在听故事的过程中,逐渐明白了"爱国"精神。对于"敬业",讲寒号鸟的故事,使用"三天打鱼,两天晒网"的民间谚语,在农民住房墙上贴上"幸福是由奋斗得来的"标语,有助于农民群众明白"敬业"的重要性。对于"诚信",相对于"言而无信,不知其可"的文绉绉,用"说话不算话,邻居就害怕"的民间习语,农民群众更能理解"诚信"的含义。对于"友善",使用民间习语"善有善报,恶有恶报,不是不报,时候未到",劝导农民群众做好事,农民群众就会逐渐明白"友善"的内涵,有助于农民群众践行社会主义核心价值观。调查中发现,农民群众在看电视新闻,看到了习近平总书记到农村考察工作的情况。习近平总书记与农民群众拉家常,态度亲切自然,用一些农民群众听得懂的民间习语,如"吃不愁,穿不愁",农民群众感到共产党好,关心群众温暖,农民群众容易接受习近平总书记宣传的意识形态话语。学习习近平新时代中国特色社会主义思想,是全面系统的,既有理论的学习,也

---

　　① 王兵:《用"大众话"推进创新理论大众化》,《解放军报》2020 年 11 月 30 日。

有工作方法的学习,还有对习近平总书记语言风格的学习。在农村宣传红色基因与社会主义核心价值观,尽量使用农民群众熟悉的语言形式与民俗文化方式,才能推进红色基因的传承与社会主义核心价值观的培育。

马克思指出:"理论只要说服人,就能掌握群众;而理论只要彻底,就能说服人。所谓彻底,就是抓住事物的根本。但人的根本就是人本身。"① 理论的先进性并不等于被群众直接接受,还需要抓住"人本身",根据群众的接受心理开展宣传教育,才能彰显出理论的强大力量。同样,红色基因与社会主义核心价值观作为共产党人倡导的先进价值体系,需要根据农民群众的文化水平与思想认识情况,以农民群众熟知的标语、口号、戏剧、楹联等文化方式表现出来,逐步实现大众化,农民群众才有可能接受和认同。如果红色基因与社会主义核心价值观不被农民群众们接受、认同,就难以被农民群众内化于心、外化于行。因此,只有将红色基因与社会主义核心价值观逐步大众化、通俗化,才能成为农民群众信仰的价值来源,才能成为农民群众共同追求的精神家园,才能植根于农民群众的内心深处,才能逐步被认同。

三、抓住青少年,关注红色基因传承与社会主义核心价值观培育的关键对象

青少年是群众中的特殊群体,是中华民族强盛的希望,是党的事业的接班人,是祖国的未来与期望。一个人,从幼儿园学生到博士生,近二十年待在校园内学习,不但是长身体的重要时期,也是形成价值观的关键时期。红色基因蕴含着正确的价值理念与高尚的道德观念,传承红色基因,有助于塑造青少年的理想信念、树立青少年马克思主义的信仰,为培育社会主义核心价值观提供精神资源。提高青少年红色基因与社会主义核心价值观教育的针对性和实效性,需要统一协调家庭、学校和社会的作用,从娃娃抓起,从小事入手,以身作则,促进青少年对红色基因的情感体验,推进红色基因教育的效果,为红色基因融入青少年的社会主义核心价值观教育奠定牢固基石。

社会主义核心价值观凝结着"全体人民共同的价值追求",将它"融入

---

① 《马克思恩格斯选集》,第一卷,人民出版社,2012,第9-10页。

教育全过程",是"凝魂聚气、强基固本的基础工程"。① 新形势下,传承红色基因,加强社会主义核心价值观教育,是落实红色基因与社会主义核心价值观进教材、进课堂和进头脑的内在要求。如何把红色基因与社会主义核心价值观融入教学过程,是一个需要探索的问题。为了调查此类情况,特设计以下调查问卷。

表5-2 您认为红色基因与社会主义核心价值观融入教学有必要吗

选项	很必要	有必要,但偶尔贯穿	根本没必要
字母代码	A	B	C

调查显示,选择了 A 的青少年占 34.8%,选择了 B 的占 33.5%,选择了 C 的占 31.7%。从以上的调查数据可以看出,大部分青少年认为,红色基因与社会主义核心价值观的教育融入教学是必要的;在赞成者中有近三分之一的青少年认为,在教学过程中,教师偶尔穿插红色基因与社会主义核心价值观的教育。还有部分青少年否认有此必要性。这就要求改革教育方法,提高青少年学习红色基因与社会主义核心价值观的兴趣,润物细无声,让红色基因与社会主义核心价值观逐步进入青少年的脑海中,促进青少年认同社会主义核心价值观。

(一)始终坚持学校教育的主渠道地位,切实把红色文化资源融入社会主义核心价值观教材建设和课堂教学中

红色文化是开展社会主义核心价值观教育的宝贵资源,发挥红色文化的教育作用,搭建红色基因与社会主义核心价值观的教育平台。② 在推进红色基因与社会主义核心价值观教育的过程中,学校是一个不可忽视的环节。学校在推进红色基因教育方面起到特殊作用,在促进社会主义核心价值观教育方面具有特殊地位。西方学者约翰·杜威认为,学校的责任"就是

---

① 习近平:《把培育和弘扬社会主义核心价值观作为凝魂聚气强基固本的基础工程》,《人民日报》2014年2月26日。
② 武晓峰:《运用红色文化加强大学生社会主义核心价值观教育》,《社会主义核心价值观研究》2018年第2期。

要培养民主社会所需要的合格青少年"①。而我国青少年的社会主义核心价值观教育也需要加强,各级学校的教育方法需要加以改革。当前,发挥红色文化资源的思想引领与道德教化功能,把红色资源有机融入思想政治理论课教学与校园文化建设中,探索开展社会主义核心价值观教育的有效方法,提高青少年社会主义核心价值观教育的实效性。②把红色基因纳入思政课教学过程中,提高青少年的认知水平,是践行社会主义核心价值观的逻辑起点。认知属于形成信仰的初级阶段,这主要依靠完善课堂教学来完成。一方面,设置红色基因教育课程,以红色经典案例导读、理想信念专题讲座、红色故事讲坛等形式引导青少年树立践行社会主义核心价值观的信念;另一方面,在教学方法上,应以启发式教学为主,提倡青少年独立思考,鼓励青少年积极发言,让青少年谈谈对传承红色基因与开展社会主义核心价值观教育的看法,注重双向互动的课程讲授。把传承红色基因纳入公共政治理论课的教学内容,从解决践行社会主义核心价值观的问题出发,激励青少年树立共产主义的崇高理想。引导青少年回忆红色历史,并结合实际,提出一些能够引发青少年思考、研讨与交流的理论热点,从而充分调动青少年学习红色基因的热情,坚定青少年实现中华民族伟大复兴的信念。

红色基因以爱国主义、集体主义为核心,是马克思主义世界观、人生观、价值观的综合体现。加强红色基因教育,是青少年健康成长的需要,是实现立德树人教育目标的根本保障,也是推进青少年认同社会主义核心价值观的重要途径。不仅要在思政课程中加强红色基因教育,而且要在课程思政中融入红色基因教育的内容,协调推进青少年的社会主义核心价值观教育。例如,中小学语文课程在传承红色基因方面具有突出优势,语文课程中的红色基因教育在坚定青少年信仰信念、培育青少年社会主义核心价值观等方面具有重要作用。开展以传承红色基因为目标的革命文化题材类语文课教学,需要以历史唯物主义的观点分析文本,加强教学方法的创新,解决青少年的思想困惑,促进青少年对社会主义核心价值观的认知,引导青少年把红

---

① 约翰·杜威:《人的问题》,傅统先、邱椿译,上海人民出版社,1986,第27页。
② 胡建、冯开甫:《红色资源:大学生社会主义核心价值观教育的重要载体》,《思想理论教育导刊》2016年第1期。

色基因与社会主义核心价值观内化于心、外化于行。① 发挥课程思政的作用,还需要注意加强教师的红色基因与社会主义核心价值观教育,促进教师在上课时与党的主流意识形态话语保持一致;制定规章制度,规范教师的课堂用语,提高教师的课程思政意识,加强教师的党史学习教育,提高教师的思想道德修养。例如,2021年12月14日,上海震旦职业学院教师宋庚一在课堂上公然否定南京大屠杀死难者数字,大放厥词,颠倒黑白,属于典型的历史虚无主义。部分教师在课堂上的胡言乱语,有悖于主流意识形态话语,不利于红色基因与社会主义核心价值观的宣传教育。

(二)坚持实施"红色基因引领工程",促进青少年理解社会主义核心价值观的内涵

习近平总书记多次强调:"……使红色基因渗进血液、浸入心扉,引导广大青少年树立正确的世界观、人生观、价值观。"②重视红色基因传承,是学校思想政治教育工作的独特优势。思想政治教育应激活红色资源中的红色基因,不断丰富创造有形的载体。③当前,要重点学习习近平总书记系列重要讲话精神,发挥红色基因的引导功能,不断提升青少年对社会主义核心价值观的理论认同、政治认同和情感认同。依托马克思主义学院,全面整合红色文化教育资源,把红色基因纳入马克思主义学科建设体系,有效提高社会主义核心价值观教育的教学质量。推动红色基因与社会主义核心价值观进教材、进课堂、进头脑,打造红色文化教育精品课程,认真开展社会主义核心价值观主题教育④,立德树人,培养合格的接班人。准确把握国内外发展态势,传承红色基因,将"社会主义核心价值观"教育纳入党史国史教育,用中国共产党的百年奋斗历程教育青少年,帮助他们正确认识历史规律,树立实

---

① 林志芳、潘庆玉:《中小学语文课程中革命文化教育的价值澄清与实践路径》,《课程·教材·教法》2020年第5期。

② 中共中央文献研究室:《习近平关于青少年和共青团工作论述摘编》,中央文献出版社,2017,第36页。

③ 丁行高、吴书海:《传承红色基因:思想政治教育的现实课题》,《南京政治学院学报》2014年第5期。

④ 李艳:《红色文化资源与大学生社会主义核心价值观培育》,《广西社会科学》2017年第10期。

现中华民族伟大复兴的伟大理想。加强红色基因教育，将基础型的初级培训和强化型的高级培训相结合，真正上好党课，发挥青年党员在社会主义核心价值观教育过程中的先锋模范作用。就具体形式而言，加强对青少年的红色基因与社会主义核心价值观教育，要充分结合马克思主义理论的教学内容，加强青少年的革命精神教育，阐述社会主义核心价值观的内涵与意义。把红色基因与社会主义核心价值观教育有机地融入思政课程。例如，配合"马克思主义基本原理概论"课程，开展马列著作读书活动；配合"形势与政策"课程开展社会主义核心价值观的辩论活动，讨论时代精神与社会主义核心价值观的关系；配合"中国近现代史纲要"课程开展老一辈革命领袖足迹参观瞻仰活动，领悟革命精神的真谛；配合"毛泽东思想和中国特色社会主义理论体系概论"课程，开展与老党员、红二代面对面活动，开展小组红色遗迹调研活动，学习红色基因。引导青少年将红色基因内化为践行社会主义核心价值观的行动，提升青少年社会主义核心价值观教育的实际效果。加强青年马克思主义者培养工程建设，回顾红色历史，阐明革命先烈振兴中华的伟大梦想，提高青少年骨干的思想政治素质。支持青少年成立红色文化研究会等理论研究社团，积极开展社会主义核心价值观的理论性研究。鼓励高年级青少年开展研究式学习，以学术研讨会的形式，深入探讨社会主义核心价值观与民族梦、社会主义核心价值观与个人价值观、社会主义核心价值观与红色基因之间的关系。

（三）规划红色基因与社会主义核心价值观教育的协调机制

加强家庭教育。家风影响着子女价值理念、道德观念的形成，红色家风影响着红色基因的传承，家庭教育与社会主义核心价值观的培育关系密切。习近平指出："家庭是人生的第一课堂，父母是孩子的第一任教师。孩子们从牙牙学语起就开始接受家教，有什么样的家教，就有什么样的人。家庭教育涉及很多方面，但最重要的是品德教育，是如何做人的教育。"[1]儿童接受家庭成员的早期启蒙教育，从小养成的思想观念、道德品质将会从源头上深远地影响孩子的健康成长。孩提时代，学校教育影响与父母的影响相比有

---

[1] 习近平：《习近平谈治国理政》，第二卷，外文出版社，2017，第354页。

一定距离。电视等媒体的宣传有一定的影响,家庭成员在日常生活中的言谈举止对儿童的影响最为深刻。班杜拉认为,大多数人通过模仿和观察进行学习与行动,并且在以后的情景中对观察的信息进行编码,进而作为行动的向导。① 家庭是青少年学习与生活的前置环境,父母常常与孩子在一起,接触密切,影响深远。父母的言行常常被儿童学习与模仿。在儿童成长过程中,父母的思想观念影响着儿童的价值理念,父母的行为方式影响着儿童的道德习惯,父母的言谈举止成为儿童的价值判断与行为选择的标准。父母的认识和行为深刻影响着子女对红色基因的崇敬程度,影响着子女学习社会主义核心价值观的热情。

学校制定学习红色基因与社会主义核心价值观的制度。哈佛大学教授伊·谢佛认为:"所有制度都影响着在该制度中的每一个人的发展。……生活于某一制度中,就是以一种直接的或微妙的事实限制的方式来安排自己的行为和行为期待。"②学校制度具有开展青少年思想政治教育的工具性作用,学校根据青少年的身心特点,制定有关教学方法的制度,并使用适当的教育方法引导青少年的价值养成。另一方面,学校管理层在青少年学习红色基因与社会主义核心价值观方面的作用,主要是通过制度的制定、执行来彰显,学校制定一系列的奖惩机制、监督约束机制,引导青少年领悟红色基因教育的价值取向,理解社会主义核心价值观培育的行为导向,明示学校倡导什么样的理想信念、价值理念、行为规范,发挥红色基因与社会主义核心价值观对青少年的引导、激励作用,以制度规定引导价值规范浸润到青少年的内心世界,引导青少年赓续红色血脉,认同社会主义核心价值观。

协调学校机制、家庭机制、社会机制,共同推进红色基因与社会主义核心价值观教育。建立家庭教育与学校教育的协调推进机制,监督青少年的行为,及时发现青少年在学习红色基因与社会主义核心价值观过程中存在的问题,并加以纠正与改进,切实提高学习实效。红色家风的传承与社会主义核心价值观的培育具有高度的契合性。把红色家风教育纳入思想道德修养课程教学中,打通家庭教育与学校教育的关节,构建良性互动机制,推进

---

① 班杜拉:《社会学习理论》,周晓虹译,台湾桂冠图书公司1995,第19页。
② 郑富兴:《现代性视角下的美国新品格教育》,人民出版社,2006,第194页。

理念认知、情感认同、实践行动的一体化进程①,让家庭教育与学校教育成为学习红色基因的渠道、践行社会主义核心价值观的平台。学校应该把红色基因充实到教学内容中,努力从理论与实践的结合方面加以引导,让群众认识到红色基因教育的重要性和紧迫性,切实将红色文化资源融入教育教学体系之中。政府应制定政策,强化红色基因与社会主义核心价值观教育的社会机制。例如,引进民间资金投入到各类爱国主义基地建设,民营企业在这方面的投资可以得到税收优惠等奖励。政府部门采取各种措施,引导社会资本投入红色基因教育基地的建设,推进社会主义核心价值观教育,使教育基地的作用得到充分发挥。传承红色基因,培育社会主义核心价值观,从小着手,从娃娃抓起,充分发挥家庭的作用。父母应该当好孩子的人生导师,给孩子扣好人生第一粒扣子,向孩子讲述革命英雄的模范事迹,潜移默化地灌输马克思主义意识形态话语,培育儿童的社会主义核心价值观。无论是思政课程,还是课程思政,无论是社会教育、学校教育,还是家庭教育,主要的教育方式就是理论"灌输",加强红色基因与社会主义核心价值观教育,对青少年"灌输"意识形态话语,强调理论教育,用摆道理的方式引导青少年的行为,引领青少年践行社会主义核心价值观。

  总之,把握重点人群,是推进红色基因传承与促进社会主义核心价值观培育的重要渠道。坚持唯物辩证法,走出"眉毛胡子一把抓"的误区,善于抓重点,牵好"牛鼻子"。以党员干部、农民群众和青少年为重点人群,符合我国的国情,符合意识形态工作的实际。这是因为,以马克思主义为主流意识形态,客观要求党的领导,党员干部在传承红色基因与培育社会主义核心价值观的过程中起主导作用;农村经济文化相对落后,是意识形态工作的"洼地",而农民占人口的大多数;青少年时期是意识形态工作的黄金时期,从娃娃抓起,是教育规律的客观要求。红色基因传承与社会主义核心价值观培育的主体是分层次的,对不同的主体采取不同的对策。对于党员干部,加强思想理论教育与严肃党纪,既要提高思想道德素养,又要保持清正廉洁的形象。对于农民群众,侧重于口语化的方式与民俗文化的形式。对于青

---

① 师晓娟:《基于优良家风传承的大学生社会主义核心价值观培育》,《思想教育研究》2019 年第 10 期。

少年,协调推进课程思政与思政课程的功能,发挥家庭教育、社会教育、学校教育的合力作用。具体问题具体分析,根据不同的对象,采取不同的对策,切实提高红色基因传承与社会主义核心价值观培育的实效性。

第三节 自我教育:红色基因传承与社会主义核心价值观培育的内在机制

创造条件,开展自我教育,鼓励人人参与,能够增强教育的吸引力、亲和力和感染力。① 自我教育是加强群众红色基因与社会主义核心价值观教育的重要渠道。为了了解群众的红色基因与社会主义核心价值观自我教育情况,特设计如下的调查问卷。

表5-3 您认为如何传承红色基因、培养群众的社会主义核心价值观自我教育意识

选项	开展社团活动,加强社区文化建设	增加红色社会实践活动	利用社区论坛、讲座平台,讲好红色故事	以讨论、辩论等互动方式改进宣传教育模式	采用多媒体融合方式,改进思想政治教育模式
字母代码	A	B	C	D	E

调查结果显示,选择了A的占30.6%,选择了B的占22.3%,选择了C的占14.8%,选择了D的占13.1%,选择了E的占19.2%。从以上的统计情况可以看出,开展社团活动、加强社区文化建设是传承红色基因、培养群众自我教育意识的主要途径;其次,红色社会实践活动有利于群众体会红色基因的内涵,理解社会主义核心价值观的本质。群众期待培育途径趋于多元化,对校内论坛与讲座、讨论与辩论等互动方式,采用多媒体融合方式,改进思想政治教育模式,有一定的期待。

毛泽东指出,外因是条件,内因是根据,外因通过内因而起作用。红色基因的传承,社会主义核心价值观的培育,需要国家政策的支持,加强党组

---

① 祝俊业:《激发自我教育的活力》,《解放军报》2020年12月12日。

织对红色基因与社会主义核心价值观的宣传引导,提供制度的保障,这些都是外部条件。学习红色基因,推动社会主义核心价值观内化于心、外化于行,需要加强群众的自我教育,让红色基因深入群众的骨髓,让社会主义核心价值观真正走进群众的内心世界。随着"社会主义核心价值观"主题教育不断深入,党的十八大以来的执政新风与深化改革的举措都增强了群众对"社会主义核心价值观"的认同。对群众进行社会主义核心价值观教育,调动群众的主动性,鼓励群众自觉接受红色基因的熏陶,提高群众的道德素养。

一、自我教育是群众接受红色基因教育的途径,也是提高群众学习社会主义核心价值观自觉性的重要渠道

依照马克思主义的群众观,要以群众为主体,对群众负责,向群众学习。以尊重群众在学习中的主体地位、培养群众主体意识为前提,以发展群众主体能力、塑造群众主体人格为目标,培育群众的社会主义核心价值观意识,引导群众在日常生活的细节中感知社会主义核心价值观的价值,体验红色基因的崇高道德境界,增进对社会主义核心价值观的认同与对红色基因的感悟。传承红色基因,引领群众全面成长成才,在社会主义核心价值观教育过程中培养更多信念执着、品德优良、知识丰富、本领过硬的人才,让每个群众都为践行社会主义核心价值观增添强大能量。

一些学者传统上认为群众是教育的被动接受者,而不是主动参与者,过分着重于"社会主义核心价值观"理论内容的传授与宣传,而对引导群众将"社会主义核心价值观"和"个人价值"相结合的方法与方式认识不足。因此,在"四史"学习过程中,汲取历史智慧,转变传统教育思维,营造积极互动的教学氛围,提倡自我教育。自我教育对群众的健康成长与社会主义核心价值观水平的提高都起着十分重要的作用。主动利用自媒体手段,积极传播社会主义核心价值观,切实发挥自媒体对社会主义核心价值观自我教育的促进作用。[①] 正视群众在社会主义核心价值观教育中的主体角色,肯

[①] 陈秀荣:《自媒体时代社会主义核心价值观的自我教育》,《学校党建与思想教育》2019 年第 16 期。

定与提高群众增强自主管理、自主服务、自我提高的能力。一方面，在红色文化教育设计过程中，正确认识群众在红色文化教育活动的重要作用，积极吸纳群众共同参与红色基因教育活动，加大群众参与革命精神教育的深度和广度；另一方面，在社会主义核心价值观教育过程中，应采取立体化宣传方式，采取理论课程教育与实践生活体验相结合，传统活动形式与创新展示途径相结合，讲述红色故事与宣传社会主义核心价值观相结合，让"社会主义核心价值观"主题教育真正走进群众当中。

二、加强社团组织建设，增强群众自我教育意识，为群众学习红色基因与社会主义核心价值观提供平台

加强红色基因教育，培育群众的社会主义核心价值观，需要重视内涵式教育的作用，发挥群众团体的辐射作用和红色社区文化的引领作用，加强群众的自我教育，推动群众对社会主义核心价值观的认同与践行。加强对社团组织的引导与支持，提升群众的主体意识与参与意识，主动投身于践行社会主义核心价值观的实践，从而提高群众的社会主义核心价值观教育水平。将社会主义核心价值观的宣传教育与社团主题活动紧密结合起来。社团是教育和管理工作中的一支重要力量，是基层党组织联系广大群众的桥梁和纽带。社会主义核心价值观与社团文化相结合，群众在社团活动中逐渐感悟到社会主义核心价值观的力量，社会主义核心价值观就能够彰显出理论魅力，增强对群众的吸引力。社团要在群众中深入开展"红色基因与社会主义核心价值观"主题教育，为群众搭建学习"四史"的平台，引导群众在学习中领悟红色基因的时代价值，认知社会主义核心价值观的历史形成过程，认识到社会主义核心价值观的魅力。用红色基因鼓励群众敢于有梦、勇于追梦、勤于圆梦，引导群众正确处理社会价值与个人价值的辩证关系，让每个公民都为践行社会主义核心价值观增砖添瓦。

社团组织是开展自我教育的重要平台。充分发挥社团的作用，为群众学习红色基因与社会主义核心价值观提供平台。首先，利用节假日，发挥社团的作用。中华民族传统节日和国家重大纪念日凝结着革命精神和革命情感，承载着红色文化的精华，是维系国家统一、民族团结和社会和谐的重要

精神纽带,滋养着中华民族的生命力、创造力和凝聚力。为此,社团要充分利用节日庆典活动,以庄严肃穆的气氛传播红色基因,引领群众认同社会主义核心价值观,不断提升节日的思想文化内涵,使节日庆典活动成为引领群众追求社会主义核心价值观的重要途径。社团统筹规划好重要纪念日、节庆日活动主题与活动形式,夯实红色基因的宣传教育根基,让人民群众对学习红色基因有获得感,在心理上产生情感共鸣。① 在国庆节、五四青年节、"七一"建党节等重要时间节点,社团要善于宣传党的优秀历史传统,传播红色文化,认真策划把革命精神融入"践行社会主义核心价值观"的实践活动,深入解读"社会主义核心价值观"理论内涵,引导群众将践行"社会主义核心价值观"的要求转化为内在精神追求,自觉弘扬"革命精神",用革命理想凝聚"中国力量"。社团可以在节假日举办红色艺术活动,用红色文化中宝贵的精神财富,提升群众的审美品位,构筑革命精神家园。社团举办深化"学习革命先烈,汇聚道德力量"主题活动,把红色基因和志愿服务精神相结合,推动学习革命先烈活动的常态化。其次,举办系列主题活动。把红色基因教育融入"社会主义核心价值观与我的人生观"主题活动设计,把社会主义核心价值观与公民个人的价值观有机地结合起来,做到上承使命、下接地气。在形式上,利用主题宣传活动,宣传革命精神,利用党史学习与主题演讲等多种活动开展社会主义核心价值观教育,做到主题鲜明,形式丰富多彩。在实践中,精心设计红色基因教育活动方案,加强革命英雄人物的正面引导活动,及时推广社会主义核心价值观教育先进经验,积极营造良好氛围,提高实效。再次,发挥社团的功能。宣传红色基因,寓"社会主义核心价值观"教育于各项社团活动之中,应根据群众的性格与心理特征,精心设计,注重实效。搞好社团的红色文化活动,调动群众参与社团活动的主动性,充分发挥报刊、广播、互联网、电视台、宣传栏、报廊、展板等的作用,传承优良革命传统,旗帜鲜明地宣传社会主义核心价值观。

---

① 魏和平:《内涵·价值·路径:革命文化涵育社会主义核心价值观的思考》,《思想理论教育导刊》2020 年第 9 期。

三、加强社区红色文化建设,搭建社会主义核心价值观自我教育的平台

把社区红色文化与社会主义核心价值观融合起来,有利于发挥社区红色文化的育人功能,推进社会主义核心价值观的培育。社区红色文化具有重要的育人功能,它以红色文化活动为载体,将学术、科技、体育、艺术和娱乐有机结合,寓教育于文化活动之中。通过社区红色文化中的精神文化、物质文化和制度文化来构筑践行社会主义核心价值观的良好环境。[①] 要使社会主义核心价值观教育发挥实效,需要发挥群众的自主性,群众积极参与社区红色文化建设,尤为重要。以社区红色文化建设引领群众社会主义核心价值观教育。红色文化是社区精神文化建设的核心,社会主义核心价值观中的"爱国精神"为群众形成正确的价值观及树立共同的理想信念提供了媒介,社会主义核心价值观教育对社区红色文化建设提出了新要求。以社区红色文化建设引领群众的社会主义核心价值观教育,宣传革命先烈振兴中华的先进事迹,让振兴中华成为时代的强音,从而形成群众一致认同和向往的价值追求,并使社会主义核心价值观成为社区中充满着激励群众奋发图强的正能量,让社会主义核心价值观教育取得实效。对于群众而言,无论是胸怀"践行社会主义核心价值观"的信念,还是坚定红色基因的信仰,都需要借助于社区文化的平台。习近平总书记指出:"要更加注重以文化人以文育人,广泛开展文明校园创建,开展形式多样、健康向上、格调高雅的校园文化活动……"[②]习近平总书记关于校园文化的重要讲话精神为开展社区文化工作提供了新思路。社区文化活动包括:更新红色文化的内容,塑造群众的世界观、人生观和价值观,树立群众践行社会主义核心价值观的理想信念。完善红色社区文化建设,学习红色基因的精髓,提高群众的思想政治素质,培养群众敢于创新的探索精神、勇于面对困难和失败的进取精神。传承

---

① 孙叶青:《以社会主义核心价值观引领大学校园文化建设的四个维度》,《学校党建与思想教育》2013年第14期。
② 习近平:《把思想政治工作贯穿教育教学全过程 开创我国高等教育事业发展新局面》,《人民日报》2016年12月9日。

红色基因,引领社会主义文化的前进方向,让群众主动投入社区文化建设,继承和发扬中华民族的优秀文化传统,借鉴和吸收人类一切有益的优秀文化成果,满足群众的文化需求,提升群众的精神境界,强化群众的精神追求。传承红色基因,搭建红色社区文化平台,深入开展爱国主义、集体主义、社会主义教育,并综合运用思想教育、舆论引导、文化熏陶、典型示范、实践养成、制度保障等方法途径,积极开展社会主义核心价值观教育。①

在群众中开展社会主义核心价值观教育,利用好社区红色文化平台,大力传承红色基因,推进"社会主义核心价值观"主题社区文化建设。第一,要将红色基因的内涵与意义展示在社区海报、宣传橱窗、宣传横幅中,图片资料要做到丰富翔实,文字表述要做到优美生动,提升红色文化品质,提升群众对红色基因的领悟。第二,积极开展课外活动。应该结合群众的兴趣点,将红色基因教育融入形式多样的社会主义核心价值观教育的课外活动中。例如,开展红色文化征文比赛、演讲比赛,开展红色遗迹摄影大赛、社会主义核心价值观主题学习会、红色小品展演,举办"社会主义核心价值观"主题党日活动、"争做革命精神富有的时代新人"主题活动,营造良好的社区文化氛围。通过组织开展丰富多彩的红色社区文化活动,宣传为实现国家富强、人民富裕的目标而牺牲的革命先烈事迹,实现社会主义核心价值观教育的形象化、生动化,增强群众对社会主义核心价值观的亲近感和信任度,引导群众自觉把个人价值和社会价值紧密结合起来,积极投身于社会主义核心价值观的培育过程中。第三,把红色社区文化建设当作群众培育信仰的重要平台。通过社区文化的感染与陶冶,塑造群众的世界观、人生观、价值观。彰显红色社区文化在培育价值观过程中的辐射作用和德育养成的隐性功能。让革命精神融入山水、道路、花草、树木、雕塑等文化景点之中,陶冶群众的道德情操,塑造群众正确的世界观与人生观,激发他们践行社会主义核心价值观的热情。组织开展以传承红色基因、践行社会主义核心价值观为主题的演讲、征文、表演等一系列文化活动,弘扬革命传统,宣扬中华民族伟大复兴的梦想,激发群众的爱国情怀,实现最终内化,达到精神升华。让群众在红色社区文化宣传的过程中受到感染,思想道德品质得以提升,行

---

① 刘茂杰、王幸生、霍其成:《实现中国梦不可或缺的精神力量》,《求是》2013年第9期。

为习惯得以养成;真正实现红色文化育人,在践行社会主义核心价值观的过程中焕发光彩。第四,坚守社区传统媒体阵地。社区传统媒体无论是校报、广播电台还是橱窗板报,经过多年的宣传,已经拥有一定规模的社区新闻队伍,形成社区品牌效应,打下深厚的宣传基础,能够传播社区信息。社会主义核心价值观的宣传教育要固守社区传统媒体这块阵地,充分利用社区传统媒体的各种优势,通过真实的镜头、生动的形象,立体展示红色传统的吸引力,传播红色基因,让红色文化成为处处跃动的符号。① 总之,利用多种途径,传承红色基因,寓社会主义核心价值观教育于社区文化活动之中。发挥红色社区文化的重要育人功能,进一步提高红色基因的感召力、渗透力,提升社会主义核心价值观教育的实效性。

第四节 传承红色基因与培育社会主义核心价值观的路径

传承红色基因,培育群众形成正确的价值理念与道德观念,有利于引导群众认同社会主义核心价值观。红色基因具有历史的延续性与传承性,在新的时期仍然是主流意识形态的核心内容。传承红色基因,发挥主流意识形态的引导作用,促进群众对社会主义核心价值观的不断内化,增强群众对社会主义核心价值观的认同感。跟踪群众的思想动态,发现新问题,把握新特点,探索有效路径,不断创新红色基因传承形式,提升群众对社会主义核心价值观的认同度。

一、讲好红色故事,传承红色基因,促进群众认同社会主义核心价值观

习近平总书记强调:"要强化教育功能,围绕革命、建设、改革各个历史时期的重大事件、重大节点,研究确定一批重要标识地,讲好党的故事、革命

---

① 丁行高、吴书海:《传承红色基因:思想政治教育的现实课题》,《南京政治学院学报》2014年第5期。

的故事、英雄的故事……建设富有特色的革命传统教育……"①红色故事是在革命过程中产生的,展现共产党人的精神魅力和价值能量。红色故事反映了共产党人领导群众艰苦奋斗的历史记忆。红色故事在新时代的宣讲促进了红色基因的弘扬与传播,有助于深化群众对社会主义核心价值观的认同。群众在接受红色基因洗礼的过程中,领悟社会主义核心价值观的真谛。革命史真实记录了鲜活的历史瞬间,红色故事把革命史具体化,英雄人物的鲜活事迹与红色历史的波澜壮阔给人民群众留下深深的红色烙印,再现出来的革命精神感染群众,以乐观向上的时代精神鼓舞群众投身于实现中国梦的实践。讲好红色故事,坚持"多种载体,一个声音"的原则,实现彼此优势互补、密切配合,突出社会主义核心价值观议题设置,形成强大的宣传合力,力争以最强音唱响主旋律,宣传社会主义核心价值观。向群众宣传红色传说,讲好红色英雄人物故事,彰显革命英雄事迹对群众的感染、引导、激励作用,以英雄人物的人格感召力、情感共鸣力和行为带动力引发群众产生对红色基因的崇敬心理,引导群众学习红色基因,仿效革命英雄的爱国行为。革命英雄榜样教育同其他教育形式相比,其最大优势在于榜样这一教育载体具有可亲性、可敬性、可信性,生动形象,说服力强,容易引起群众的共鸣。新民主主义革命过程中涌现出来的英雄榜样,他们的理想信念坚定、精神境界崇高,从不同角度阐释革命英雄推进中华民族伟大复兴的壮举,引导群众践行社会主义核心价值观,激励群众把个人的理想追求同中华民族伟大复兴紧密地结合在一起。在"四史"学习过程中,以故事会的形式讲述共产党人在民族复兴的过程中展现出来的奋斗拼搏精神,阐述共产党人的初心与使命,加大学习宣传英雄榜样的力度,在群众中树立更多可亲、可敬、可信、可学的英雄楷模。讲述红色故事,要"紧密结合培育和践行社会主义核心价值观,大力倡导共产党人的世界观、人生观、价值观,坚守共产党人的精神家园。要充分发挥榜样的作用……起好示范作用,引导和推动全体人民树立文明观念"②。用共产党人的先进事迹和崇高精神对群众进行主动引导,发挥革命英雄的榜样示范作用,引导群众更加自觉地认同和践行社会主义核

---

① 习近平:《用好红色资源赓续红色血脉 努力创造无愧于历史和人民的新业绩》,《人民日报》2021年6月27日。

② 习近平:《习近平谈治国理政》,第二卷,外文出版社,2017,第324页。

心价值观。

群众接受社会主义核心价值观教育的过程也是群众心理活动的过程。准确把握群众的接受心理,讲好红色故事,把红色故事以文学的形式改编成话剧,在宣传红色基因时消除群众的心理抗拒,坚定群众全面实现社会主义现代化的信念,坚定践行社会主义核心价值观的信心。讲故事在意识形态传播方面具有独特优势,有利于克服红色基因认知的心理障碍,营造红色基因宣传教育的社会环境;有利于"激发社会主义核心价值观认同的情感共鸣,强化社会主义核心价值观践行的行为自觉"①。在社区里搞红色电影宣传周活动,利用红色电影,传播红色故事,宣传革命英雄,引导群众对所接收的信息产生思想认同。在社会主义核心价值观教育过程中,不应只注重教育内容的正确性,也应注意群众的关注热点。讲述红色故事时,可以联系社会热点问题和群众成长实际,开展红色故事的经典案例研讨,红色经典案例研讨活动在设计上应依据群众的接受心理,及时规划一定的讨论主题,引导群众在思想与情感上达到共鸣。依据收集的红色传说,自由阐述革命精神的本质,各自谈论对于践行社会主义核心价值观的不同观点,并展开深入讨论。也可以利用革命精神专题研习、红色文化主题辩论等活动,引导群众分析红色故事,汲取智慧,解决现实问题,推动群众在践行社会主义核心价值观过程中达到共鸣。红色故事是传播红色基因与社会主义核心价值观的有效形式,能够契合群众的认知心理,能够激起群众的情绪感染力,内在的价值体验能够升华为外在的积极行为。② 讲好红色故事,要注意运用适当的语言风格、传播手段、宣传载体。在语言风格上,多用简明易懂、形象生动的话语,多用群众听得惯、听得懂、听得进的话语。讲好红色故事,使社会主义核心价值观的宣传教育富有亲和力。在传播手段上,用具体平实的方式讲述故事,演绎革命英雄人物的事迹,用感动人心的事例来解释社会主义核心价值观的精神实质,用鲜活生动的形象来展现红色基因与社会主义核心价值观的内在联系,使革命精神的传承与社会主义核心价值观的宣传教育清

---

① 唐国战、易思铭:《论讲故事在社会主义核心价值观传播中的独特作用及实施路径》,《社会主义核心价值观研究》2020年第4期。

② 黄立丰:《"最美故事"新载体视域下培育和践行社会主义核心价值观》,《毛泽东思想研究》2016年第1期。

新鲜活、富有感染力。在宣传载体上,顺应群众信息传播和接受习惯的新变化,利用网络手段讲述故事、宣传革命英雄人物,占领思想政治教育新阵地,使社会主义核心价值观宣传富有生命力。

讲红色故事,是情感互动的有效形式。讲红色故事,以平等交流的方式加强情感沟通,听众容易从内心接受红色基因的宣传,认同宣讲人所传播的意识形态话语。红色故事往往能打动听众,拉近宣讲人与倾听者之间的距离,推动讲述者与听众之间的情感互动,是传承红色基因的有效手段。讲述红色故事,能够从理论灌输转化为情感互动,提高社会主义核心价值观教育实效,有助于加强群众对社会主义核心价值观的情感认同。

二、日常生活化:完善红色基因传承与社会主义核心价值观教育的重要渠道

日常生活是群众平常性的活动方式。改革开放以来,西方的科技与管理经验传入中国,西方文化观念也流入中国,并向日常生活的各个领域进行渗透,群众的日常生活逐渐充斥着西方文化符号,反过来静悄悄地改变着群众的生活观念与消费方式。西方文化理念对主流意识形态话语构成了冲击,逐渐消解红色基因与社会主义核心价值观的亲和力。西方文化浸入群众的日常生活后以大众文化的形态表现出来,"大众文化又确确实实在静悄悄地改变或者更确切地说遮蔽社会主义的意识形态"①。当党组织宣传意识形态教育活动时,西方的文化理念悄悄地影响着群众的价值观念。各级党组织需要从战略高度搞好红色基因传承与社会主义核心价值观培育的顶层设计工作,尽力让主流意识形态话语融入群众的日常生活。以重塑红色文化记忆为基础,搭建红色基因与社会主义核心价值观的日常生活化平台;以革命文化的宣传为契机,为红色基因与社会主义核心价值观的日常生活化提供思想滋养。② 红色基因与社会主义核心价值观属于以马克思主义为

---

① 张坚强、杜苏:《大众文化背景下高校思想政治教育的困境与创新》,《江苏高教》2004 年第 4 期。

② 段海超、赵爱霞:《文化自信视域下社会主义核心价值观的日常生活化探析》,《思想理论教育导刊》2018 年第 6 期。

指导的主流意识形态,需要融入群众的日常生活,才能在群众中得以有效地传播,并占领意识形态阵地。

(一) 红色基因与社会主义核心价值观教育融入群众日常生活的必要性

群众的红色基因与社会主义核心价值观教育面临的难题是,如何在宣传教育工作中把抽象理论与群众的日常生活相结合,在生活实践中领悟理论的奥妙之处,在日常生活中检验主流意识形态的实效性,彰显主流意识形态的强大说服力,推进群众对红色基因与社会主义核心价值观的认同。实践的检验是证明意识形态是否具有真理性的客观标准,理论的阐述离不开活生生的实践。在红色基因与社会主义核心价值观内化的阶段,通过各种方法阐述红色基因的价值与社会主义核心价值观的意义,促进群众对红色基因与社会主义核心价值观的初步认同,但这一初步认同还处于认识的不稳定状态,大众媒介的宣传、家庭教育的影响、微媒体的信息传播都会对红色基因与社会主义核心价值观的宣传教育产生一定的影响。因此,在日常生活中,规划好符合生活实际的教育模式,打造好符合群众心理需求的内容。群众在日常生活实践中体验、认知、感受红色基因与社会主义核心价值观的吸引力,自觉接受红色基因与社会主义核心价值观的教育与熏陶,从内心深处真正了解红色基因与认同社会主义核心价值观。

社会主义核心价值观在本质上是实践的,日常生活是社会主义核心价值观培育的基本渠道,日常生活是群众践行社会主义核心价值观的现实平台。① 日常生活具有细小、琐碎的特点,红色基因与社会主义核心价值观教育融入生活细节,逐步"落地生根",才能逐渐走进群众的内心世界。日常生活有助于推进社会主义核心价值观与红色基因的大众化,并以大众化的方式在落细、落小、落实上下功夫,让红色基因与社会主义核心价值观像空气一样在群众的日常生活中无处不在、无时不有②,促进红色基因与社会主

---

① 黎育生、王夫营:《基于日常生活世界视角培育和践行社会主义核心价值观》,《学校党建与思想教育》2021 年第 14 期。
② 黄蓉生、田歧瑞:《社会主义核心价值观的红色文化特性探析》,《思想教育研究》2015 年第 10 期。

义核心价值观的传播。红色基因的词汇、社会主义核心价值观的话语与烦琐细小的生活点滴相结合,逐步塑造群众的价值理念,影响群众的道德观念。群众的日常生活是多彩多姿的,群众大多有细微的生活感受与情感体验。群众的网络行为、娱乐方式属于微观日常生活范式,这类微生活方式背后隐藏着一定的价值理念,把红色基因与社会主义核心价值观的元素融入微生活方式。由于微生活方式的不断重复,加深了群众对红色基因的崇敬和社会主义核心价值观的认同,马克思主义意识形态话语在群众脑海中留下了深刻印记。因此,红色基因的传承与社会主义核心价值观的培育需要从群众的日常生活入手,渐渐滴灌主流意识形态话语,提升红色基因与社会主义核心价值观的渗透力和影响力。

(二) 红色基因与社会主义核心价值观融入群众日常生活的措施

关注群众红色基因与社会主义核心价值观教育的日常生活化,必要调查群众的日常生活。毛泽东说过,没有调查,就没有发言权;调查要想解决问题,只有向实际情况作调查。① 根据要求,到达特定的地域,对特定的对象进行深入细致的调查,形成调查报告。在革命老区及其周边地区调研一批有一定代表性的城镇、乡村,了解红色基因的传承情况,了解农民群众的思想状况。调查群众日常生活存在的问题,掌握红色基因对群众精神面貌的影响,以便有针对性地开展社会主义核心价值观的宣传工作,激发群众践行社会主义核心价值观的热情。在调查期间,和群众一起同吃同住,与群众密切互动,了解群众日常生活的现状,掌握社会主义核心价值观的传播情况。组织群众开展社会调查,了解本地区的实际情况与经济发展现状,让群众在分析与解决问题中认识社会主义核心价值观的作用,推动群众认同社会主义核心价值观。通过零距离接触,让群众掌握红色基因传承情况,开展马克思主义意识形态教育,为社会主义核心价值观在群众心中扎根创造良好的环境。

意识形态话语生活化,相对于红色基因传承而言,是一个让红色基因在群众的生活世界里实现价值自觉的过程;相对于社会主义核心价值观培育

---

① 《毛泽东著作选读》(上册),人民出版社,1986,第49-51页。

而言,是一个使社会主义核心价值观在群众生活中扎根发芽的过程。一方面,要依据中国社会发展的时代背景,建立红色基因与群众日常生活之间的互动性关系;另一方面,也要使群众的深层价值追求融入日常生活中,实现理论的升华与价值的自觉。红色基因传承与社会主义核心价值观培育的生活化是双向互动的,是在群众日常生活过程中主体与客体交织作用的系统工程。红色基因传承的生活化能够让红色基因表现为群众生活的日常仪式,并成为日常生活的一部分。社会主义核心价值观生活化,让社会主义核心价值观在群众日常生活中具体化、形象化,成为群众接受的重要生活礼仪与道德习惯的组成部分,成为引领群众日常生活的价值指南。在与群众日常生活互构和互鉴的过程中实现红色基因传承与社会主义核心价值观培育的生活化。其一,把红色基因与社会主义核心价值观融入群众的日常生活。日常生活是"社会主义核心价值观形成的坚实土壤"①,社会主义核心价值只有植根于群众的日常生活,才能永葆生机与活力。红色基因具有强烈的现实性、实践性,其时代化、大众化离不开日常生活。如果离开了群众的日常生活,红色基因的宣传往往形成口号化、空洞化的灌输或"高、大、全"式的道德说教,容易流于形式主义,导致群众的逆反心理,从而弱化红色基因融入社会主义核心价值观培育的实效性。对群众日常生活的情况开展调查,依据实际情况,将红色基因融入群众的日常生活之中。例如,在日常生活中,部分农民胸前挂革命领袖像章,房间中挂革命英雄画像,革命英雄人物的伟大形象印在农民的脑海中,农民群众以他们的言行对照自身行动,在日常生活中自觉践行社会主义核心价值观。其二,开展调查研究,探索红色基因与社会主义核心价值观生活化的渠道。调查群众的日常学习与生活情况,关注和把握群众学习、生活和工作实际,协调解决群众的生活困难和思想困惑。调查群众日常生活现状,以诗词、标语、口号、楹联、漫画的形式,将红色基因融入群众日常生活,优化其生活方式,提高群众的精神境界,要让学习红色基因成为群众的生活态度与生活习惯。根据调查情况,依据群众的接受心理,密切联系群众生活实际,制定群众的学习与实践规划,把红色基因融入社会主义核心价值观教育过程中。还可以根据群众的身心发展特

---

① 范玺文:《积极推进网络时代社会主义核心价值观的生活化》,《学习月刊》2019年第8期。

点,精心打造有特色有影响的学习革命先烈活动平台,形成传承红色基因的良好氛围。其三,在日常生活中,推动红色基因与社会主义核心价值观内化于心。在群众的日常生活中,通过红色文艺活动等多种方式传承红色基因,提高群众的思想素质与道德修养,培育群众积极健康的性格,塑造群众高尚的人格,推动群众接受社会主义核心价值观教育,促进群众在日常生活中逐渐认同社会主义核心价值观。在日常生活中,让群众主动接受主观世界的改造,获得精神力量和正能量。接受红色基因教育成为群众个体成长与发展的动力和内在需要,群众就会抛弃有限的、自私的乐趣,从而改造群众的内心世界,促使群众形成正确的世界观、人生观、价值观。其四,在日常生活中,推动红色基因与社会主义核心价值观外化于行。走进群众的日常生活,与群众不断互动与沟通,结合群众的日常生活实际,创新社会主义核心价值观培育方式,通过生动活泼的形式,在互动交流中加深群众对红色基因与社会主义核心价值观的理解。日常生活是群众的主要实践活动,从日常生活小事和细节做起,让传承红色基因、践行社会主义核心价值观成为群众的良好行为习惯,提高群众的道德素养,并逐渐转化为群众为全面实现社会主义现代化而奋斗拼搏的动力与能量。

三、学习"四史",汲取传承红色基因与培育社会主义核心价值观的智慧

习近平指出:"……学好党史、新中国史、改革开放史、社会主义发展史,激励全党全军全国各族人民更加紧密地团结在党中央周围……为决胜全面建成小康社会、夺取新时代中国特色社会主义伟大胜利、实现中国梦强军梦不懈奋斗……"①回顾百年党史的历程,共产党人一直注重历史的学习,善于总结历史经验,在1945年,通过了《关于若干历史问题的决议》;在1981年,通过了《关于建国以来党的若干历史问题的决议》;在2021年,通过了《中共中央关于党的百年奋斗重大成就和历史经验的决议》。汲取历史的智慧,推动各项事业的发展,这是中国共产党领导人民群众不断取得胜利的

---

① 习近平:《在新时代继承和弘扬伟大抗美援朝精神 为实现中华民族伟大复兴而奋斗》,《人民日报》2020年10月20日。

法宝,也是党的一个优良传统。党史、新中国史、改革开放史、社会主义发展史就其主流和本质来说,是中国一代又一代的仁人志士和人民群众发扬爱国主义传统,为救亡图存和实现中华民族伟大复兴而英勇奋斗的历史。全国各族人民在中国共产党的领导下,团结一致,辛苦探索中国特色的革命、建设、改革道路,进行伟大的斗争,把一个贫穷落后的旧中国逐步变成一个社会主义现代化强国。中国共产党"历来重视对历史的学习和研究,从成立之初就善于从历史经验中汲取治国理政和理论创新的养料"[①]。学习"四史",总结共产党人在革命、建设、改革过程中的经验教训,概括共产党人精神的内涵,传承红色基因,探索社会主义核心价值观培育的路径,汲取社会主义核心价值观培育的智慧,为实现中华民族伟大复兴提供精神动力。

(一)学习"四史",传承红色基因,彰显红色基因的时代价值

学习"四史",可以发现,近代以来,外国资本-帝国主义入侵中国及其与中国封建势力相勾结,给中华民族和中国人民带来了深重苦难,无数仁人志士追求救国救民的真理,在争取民族独立、人民解放的过程中奋勇拼搏。在中华民族生死存亡之际,爱国主义成为抗击外国侵略的最有效的社会动员手段,成为凝聚人心、整合社会意识形态的精神纽带。中国共产党高举爱国主义旗帜,占据了领导近代化进程的精神制高点。中国共产党从成立之日起,就以实现民族复兴为己任。中国共产党在争取民族独立、人民解放的斗争中涌现出一代又一代优秀党员;1921年中国共产党创建至1949年中华人民共和国成立这28年间,它为中国人民的解放事业献出了无数的优秀战士,共产党人以实际行动展现出了强烈的爱国主义精神。学习"四史",就是要了解中国共产党的成长经历,体会革命英雄的心路历程,感受他们浓烈的家国情怀。新中国成立后,中国人民弘扬爱国主义传统,汲取精神力量,积极投身于社会主义建设中,攻坚克难,取得一个又一个胜利。纵观中国共产党的斗争史,可以看到中国共产党对国家富强、人民生活富裕的理想追求和美好愿望,一直把爱国主义作为推进革命、建设、改革事业的精神动力。近代以来,中华民族遭遇了一系列的艰难险阻,为了战胜困难,中国人民在

---

① 陈娟:《深入学习"四史"筑牢思想理论之基》,《思想理论教育导刊》2020年第8期。

中国共产党的领导下展开了伟大斗争,涌现出了伟大建党精神、井冈山精神、长征精神、延安精神、西柏坡精神、抗美援朝精神、焦裕禄精神、抗疫精神等中国共产党革命精神谱系,这些精神谱系是红色基因的主要内容,红色基因为民族复兴提供精神动力;社会主义核心价值观延续了红色基因的精神内核,推动社会主义现代化建设的进程。

习近平指出:"更好构筑中国精神、中国价值、中国力量,为中国特色社会主义事业提供精神动力和道德滋养。"①在新时期,为了中国特色社会主义事业的发展,需要更好构筑以爱国主义为核心的中国精神,红色基因是中国精神的精髓,传承红色基因,培育群众的社会主义核心价值观,激发人民群众奋发向上的动力。加强党史、新中国史、改革开放史、社会主义发展史教育,引导群众学习红色基因,加强爱国主义、集体主义、社会主义教育,为培育社会主义核心价值观提供丰富的精神资源。学习"四史",推进爱国主义精神教育的常态化,引导群众树立正确的历史观、民族观、国家观、文化观②,为社会主义核心价值观教育提供丰厚的精神滋养,为社会主义现代化建设提供精神动力。习近平一再强调精神的价值:"人无精神则不立,国无精神则不强。唯有精神上站得住、站得稳,一个民族才能在历史洪流中屹立不倒、挺立潮头。同困难作斗争,是物质的角力,也是精神的对垒。"③爱国主义是信仰、忠诚、追求,是社会主义核心价值观的集中体现,各级党员干部要在中国特色社会主义建设中发扬爱国主义,敢于担当,勇于拼搏。学习"四史",树立国家富强、人民幸福的民族自信心,树立国家团结、进步的自豪感,从历史中汲取红色基因等精神力量,推动群众践行社会主义核心价值观,为实现中华民族伟大复兴提供精神动力。实现中华民族伟大复兴,既需要科学理论的指导,也需要精神的动力。习近平指出:"……继承革命文化,发展社会主义先进文化,不忘本来、吸收外来、面向未来,更好构筑中国精神、中国价值、中国力量,为人民提供精神指引。"④社会主义核心价值观是

---

① 习近平:《更好构筑中国精神、中国价值、中国力量 为中国特色社会主义事业提供精神动力和道德滋养》,《人民日报》2015年10月14日。
② 李文靖、王伟:《学习"四史"与实现中华民族伟大复兴》,《广东社会主义学院学报》2021年第2期。
③ 习近平:《在全国抗击新冠肺炎疫情表彰大会上的讲话》,《求是》2020年第20期。
④ 习近平:《中国共产党领导是中国特色社会主义最本质的特征》,《求是》2020年第14期。

中国特色社会主义文化的精髓,源于中华优秀传统文化,熔铸于革命文化,浸润着红色基因。加强以爱国主义为核心的红色基因与社会主义核心价值观教育,彰显红色基因的时代价值,助推中华民族伟大复兴的实现。学习"四史",领悟以爱国主义为核心的红色基因的内涵,挖掘红色基因的时代价值,促进群众认同社会主义核心价值观,汇聚实现中华民族伟大复兴的精神力量。学习"四史",理解民族独立、人民解放与国家富强、人民幸福的辩证关系,明白共产党人的初心与使命,传承红色基因,总结中国革命、建设、改革的经验,推动群众践行社会主义核心价值观,培养群众实现中华民族伟大复兴的责任与担当。

(二)学习"四史",发扬红色基因中的实事求是闯新路精神,探索践行社会主义核心价值观的途径

在党史、新中国史、改革开放史、社会主义发展史上,共产党人面临着诸多挑战;共产党人善于把马克思主义中国化,实事求是闯新路,选择正确的前进道路,攻坚克难,走向成功。大革命失败后,革命处于低潮,面对白色恐怖统治,共产党人面临敢不敢于革命、如何革命的难题。对共产国际经验以及苏联模式,既不能教条化,也不能神圣化,而是应该采取实事求是的态度。毛泽东是坚持实事求是的杰出代表。从实际出发,毛泽东等共产党人探索出一条迥异于苏联的革命道路,沿着这条道路前进,走向革命胜利。新中国成立初期,由于缺乏建设经验,不得不模仿苏联模式,但在实践中发现了苏联模式的缺陷。1956年,社会主义改造完成之后,中国已经是一个社会主义国家,但又是一个经济文化落后的国家。以毛泽东为代表的共产党人面临怎样建设社会主义、如何发展社会主义的难题,但没有成熟模式可循,需要在社会主义建设实践中进行艰苦的探索。在探索社会主义改造路径、寻求社会主义建设方案方面取得的成功经验,成为20世纪中叶以后世界共产主义运动的典范。1978年前后,共产党人面临着要不要改革的选择,共产党人吸取了东欧、苏联社会主义建设的经验教训,探索出一条中国特色的改革道路,沿着这条中国特色社会主义道路前进,到十八大之前,中国富起来了。回望党史、新中国史、改革开放史,共产党人取得成功的宝贵经验就是坚持实事求是的思想路线,敢闯新路,把马克思主义基本原理与中国国情相

结合。共产党人在意识形态工作方面取得的成功也是如此。例如,中央苏区的革命文化以马克思主义为指导,马克思主义在中央苏区的运用与发展有一个中国化与大众化的过程,需要借助于传统文化的传播方式,传统文化是群众生活方式的一部分,以一种现实的存在影响着群众的心理,以传统文化传播方式的"老瓶"装进革命文化的"新酒",适合具有一定保守意识的苏区群众的认知心理,让革命话语逐渐走进群众的内心世界。共产党人开展意识形态工作的经验教训为探索社会主义核心价值观培育的路径提供了借鉴。从中国国情出发,马克思主义的宣传要有中国的风格,社会主义核心价值观的传播也要从中国不同区域的实际出发,才能收到良好的效果。回望社会主义发展的历史,尽管经历了国内外敌对势力的围攻,经历了各种反动思潮的攻击,共产党人发扬红色传统,以社会主义核心价值观迎接西方各种社会思潮的挑战,最终走过险滩,化险为夷,中国特色社会主义焕发出强大的生命力。道路选择得正确,是马克思主义中国化的结果,彰显出红色基因蕴含的实事求是闯新路的特征,体现出共产党人的智慧。

学习"四史",不难发现,在革命、建设和改革过程中,没有现成的经验可循;对中国国情进行实事求是的深入分析,在此基础上把马克思主义中国化,寻求符合中国实际的革命、建设、改革道路,是中国特色社会主义事业取得成功的基本经验。习近平指出:"道路问题是关系党的事业兴衰成败第一位的问题,道路就是党的生命。"①党的十八大以来,中国处于新时代,世界处于百年未有之大变局,以马克思主义为指导的意识形态建设遇到了新挑战,红色基因的传承与社会主义核心价值观的培育遇到了新问题,需要探索新路径。红色基因的内涵包括解放思想、敢探新路。传承红色基因,把马克思主义基本原理与新的时代特征相结合,探索一条成功的社会主义核心价值观培育路径,促进群众认同、践行社会主义核心价值观。马克思主义意识形态的强大生命力来源于与时俱进、不断创新。毛泽东说:"人类总得不断地总结经验,有所发现,有所发明,有所创造,有所前进。"邓小平说:"不解放思想不行。"社会主义核心价值观的魅力在于顺应时代潮流,在内容上进行新的概括,比如加上"美丽中国"中的"美丽"、"共享发展理念"中的"共

---

① 习近平:《关于坚持和发展中国特色社会主义的几个问题》,《求是》2019年第7期。

享";在宣传形式、传播方式上,运用多媒体手段,增强社会主义核心价值观的吸引力。习近平指出:"创新引领未来。"探索社会主义核心价值观培育的新路径,需要坚持创新求实的精神品格。善于"体会'四史'学习的成果,在实践中发扬党的革命精神,彰显党的优良作风,传承党的使命意识与担当精神,创造性地运用党的工作方法"①。在新时代,学习"四史",传承红色基因,发扬共产党人在革命过程中积累起来的优良传统,坚持实事求是,勇闯新路,积极探索出社会主义核心价值观的新认同机制与新践行模式,推动群众认同与践行社会主义核心价值观。

(三)学习"四史",彰显红色基因与社会主义核心价值观以人民为中心的价值理念,助推中国梦的实现

通过学习"四史",可以知道,在五四运动之前,中国处于一盘散沙、四分五裂的局面,人民生活在水深火热之中。中国人民通过比较,抛弃了国民党反动派的半殖民地半封建的老路与民主党派的资产阶级共和国方案,选择了中国共产党倡导的社会主义道路。这是因为中国共产党始终坚持人民立场,把人民的冷暖放在心上,为中国人民谋幸福,为中华民族谋复兴,赢得人民的衷心拥护。中国革命的成功不是偶然的,它有着雄厚的群众基础。农民是革命的主力军,中国共产党实施了革命性的土地改革,满足了农民对土地的渴望,在农民群众中产生了惊天动地的改朝换代力量。城市工人、小资产阶级群众是中国革命的重要力量,随着革命形势的发展,民族资产阶级认识到自身的主张不符合中国国情,得不到群众的支持,逐步向共产党靠拢,人民的广泛支持是中国革命取得胜利的重要原因。中国共产党把民族独立、人民解放与国家富强、人民幸福作为历史使命,无论遇到什么困难和阻挠,中国共产党都始终牢记这一神圣使命。社会主义改造的成功,新中国成立后社会主义建设取得的伟大成就,都与人民群众的积极参与密不可分。人民群众是历史的创造者,是改革实践的主体,无论是家庭联产承包责任制的推动,还是乡镇企业改革的实施,都是群众积极探索的结果,正是由于群众在党的领导下的广泛参与,中国的改革取得了巨大的成功,中国综合国力

---

① 熊成帅:《学思践悟:学习"四史"的方法路径与基本要求》,《理论建设》2021年第3期。

列世界第二位。人民之所以能够在革命、建设、改革过程中爆发出巨大的力量，就是因为共产党始终坚持全心全意为人民服务的宗旨，始终与人民心连心，相信群众，依靠群众，调动了人民参与革命、建设、改革的积极性、主动性和创造性。"百年征程波澜壮阔，百年初心历久弥坚。……我们党始终坚守为中国人民谋幸福、为中华民族谋复兴的初心和使命。"①共产党人的初心与使命是为了人民，共产党人精神的核心是为人民服务，红色基因的本质是以人民为中心。社会主义核心价值观的主体是人民群众。"富强"的含义是繁荣昌盛，中华民族走向伟大复兴，人民过上幸福的生活。"民主、自由"的主体是人民群众，群众享有真正的民主、自由。"文明"与"和谐"的目标在于，社会稳定，群众的精神生活富足。"公正、平等"是社会主义的本质属性，体现了政权的人民性，"法治"是人民生命财产安全的保障。"爱国"中的"国"是指人民当家作主的国家。"敬业"要求为人民群众尽职尽责，"诚信、友善"的对象就是人民群众。社会主义核心价值观的三个层面是在革命、建设、改革过程中逐步形成发展而来的，红色基因在不同历史阶段的内涵侧重点不同，也有一个历史形成发展过程。红色基因与社会主义核心价值观的主体都是人民群众，体现了"以人民为中心"的价值理念。学习"四史"，理解人民群众是历史的创造者，是实践的主体，红色基因与社会主义核心价值观的目标都是以人民为主体，为人民服务；彰显红色基因与社会主义核心价值观的以人民为中心的价值理念，共同助推中国梦的实现。

习近平总书记指出："……中国人民所具有的不屈不挠的意志力，是战胜前进道路上一切艰难险阻的力量源泉。"②学习党史、新中国史、改革开放史、社会主义发展史，从历史中汲取红色基因与社会主义核心价值观的精神动力，众志成城，团结一致，攻坚克难，致力于实现中华民族伟大复兴。中国特色社会主义进入新时代，传承红色基因，培育社会主义核心价值观，以人民群众为中心，调动人民群众参与全面建设社会主义现代化国家的积极性，铸就中华民族历史的新辉煌。高举民族复兴的旗帜，充分调动群众的创造性，把党的伟大事业变成群众的自觉实践，把人民对美好生活的向往变为现

---

① 陈绍辉：《推进以中共党史为重点的"四史"学习教育研究》，《思想理论教育导刊》2021年第4期。

② 习近平：《在全国抗击新冠肺炎疫情表彰大会上的讲话》，《求是》2020年第20期。

实。习近平总书记反复强调:发扬党的光荣传统和优良作风,保持同人民群众的血肉联系。① 发扬红色传统,传承红色基因,要体现以人民为中心的价值理念。人民群众是社会主义核心价值观的主体,倡导社会主义核心价值观的目的在于用马克思主义意识形态话语"灌输"群众,武装群众,提高群众的思想道德素养,树立群众正确的价值理念,坚定群众实现中国梦的理想信念。传承红色基因,培育社会主义核心价值观,坚定为人民服务的价值观念,向群众学习,倾听群众呼声,维护好、发展好、实现好群众的切身利益,调动一切积极因素,凝聚中国力量,大力推进实现中华民族伟大复兴的进程。党史、新中国史、改革开放史、社会主义发展史告诉我们,无论是红色基因的传承,还是社会主义核心价值观的培育,都要坚守初心与使命,以人民为中心,始终把人民放在首位,才能创造历史,成就现实,赢得未来。

一部党史、新中国史、改革开放史、社会主义发展史,就是共产党人带领群众争取民族独立、实现人民解放和推进中华民族伟大复兴的历史,也是红色基因的形成发展历史,更是社会主义核心价值观的培育历史。"接续奋斗、锐意进取的中国共产党,百年来书写了为人民谋幸福的伟大诗篇。"②以戏剧、歌谣、楹联等文化动员方式传播共产主义理想,坚定群众的社会主义信念,培养群众以马克思主义为指导的意识形态话语与价值观,在百年党史中有很好的体现。在百年意识形态发展史上,中国共产党关于马克思主义意识形态的传播、群众价值观的培育,主要通过党组织从上到下层层动员,传达指示,向群众"灌输"马克思主义意识形态,以群众大会为主要手段,依据形势的变化,采取不同的策略,深入群众内心,直指群众心中"疼痛",激起群众的强烈渴望,调动了群众的革命情绪,汇聚成强大的革命洪流。新中国成立后,党组织延续了意识形态宣传经验,充分运用大众媒体,立足于民意,关注公众的心理需求,引导公众从内心里认同党的意识形态话语。"四史"告诉我们,中国人民在党的领导下实现了民族独立、人民解放与国家富强、人民幸福的历史任务,推进了中华民族伟大复兴的进程。中华民族伟大

---

① 中共中央文献研究室:《论群众路线——重要论述摘编》,中央文献出版社、党建读物出版社,2013,第125页。
② 本报编辑部:《我们党的百年奋斗史就是为人民谋幸福的历史》,《光明日报》2021年6月25日。

复兴离不开红色基因与社会主义核心价值观的精神动力,传承红色基因,培育社会主义核心价值观,能够凝聚力量,推动群众投身于中国特色社会主义现代化建设的伟大事业。以爱国主义为核心的红色基因与社会主义核心价值观,是中国共产党领导中国人民寻求中华民族伟大复兴的历史纽带与精神产物。红色基因在实现中华民族伟大复兴的历史征程中激发出人民群众的巨大力量,社会主义核心价值观在推动中国特色社会主义事业不断前进的过程中激发出群众的巨大热情,二者共同助推中华民族伟大复兴。

第五节 传承红色基因与培育社会主义核心价值观的载体

将红色基因有效地传承下去,融入社会主义核心价值观培育的各方面、全过程,是进一步提升社会主义核心价值观培育实效性的重要渠道。蕴含着红色基因的载体是传承红色基因的重要桥梁,对推进社会主义核心价值观培育发挥着重要作用,能够把历史和现实、理论和实践有机结合起来,是红色基因融入社会主义核心价值观培育的必由之路。意识虽然具有相对的独立性,但意识的发展最终离不开物质的载体和推动作用。[1] 红色文化包括两种类型的教育资源:一是物质资源,即红色物质载体,通过实物化、图像化来展现革命历史。例如,利用革命遗址、纪念馆、博物馆、展览馆、英雄纪念碑和革命烈士遗物等,再现英雄人物的先进事迹。二是精神资源,即革命文艺、革命事迹、革命文献,通过宣传,揭示它们蕴含的革命精神。充分利用红色资源,展现象征意义,阐释红色载体的价值蕴含,发挥其中的教育功能,把红色文化作为开展社会主义核心价值观教育的鲜活资源。传承红色基因,推动社会主义核心价值观培育,离不开载体的媒介作用。这些载体主要包括物质载体、非物质载体、微媒体载体。

---

[1] 杨金海:《要建设精神支柱载体》,《前线》2015年第2期。

一、加强物质载体建设,搭建传播平台

红色基因的历史遗迹和遗存广泛分布于全国各地,为开展社会主义核心价值观教育提供了丰富的内容和资源,也为实施体验式的群众社会主义核心价值观教育提供了有效的物质载体。革命精神沉淀于红色物质载体之中,加强红色物质载体建设,展示红色物质载体对于红色基因宣传的渗透力、对于社会主义核心价值观教育的说服力。红色物质载体"'知行统一'的特性,有助于提高社会主义核心价值观的培育效果"[1]。红色文化物质载体包括红色遗迹、红色文物、革命博物馆、革命纪念馆、烈士陵园等,这些载体蕴含着红色基因,赋予红色基因以新的时代内涵。深入开展一系列主题鲜明、形式多样的社会主义核心价值观教育活动,架起培育社会主义核心价值观的桥梁,其中,红色遗迹的作用尤为突出。其一,发挥红色遗迹的功能。群众参观红色遗迹,接受革命精神的熏陶,心理上主动接受社会主义核心价值观的熏陶。群众面对社会主义核心价值观教育,在接受方面会产生多样的心理,思想政治教育工作者应及时研究群众不同阶段的心理特征,通过传承红色基因,加大对社会主义核心价值观的学习力度,从而增加认同感。政府统筹社会的各个方面,建立合作机制,充分利用红色遗址的宣传教育价值,积极引导社会力量参与爱国主义教育基地的建设,推进红色基因与社会主义核心价值观的宣传力度。[2] 其二,大力加强红色文化广场建设。在红色文化广场,模拟红色遗迹、红色遗址,收集红色文物,演绎红色传说,设置红色人物塑像,设立红色故事展馆,展示红色文物,并围绕着社会主义核心价值观教育的主题,传播红色基因。红色文化广场建筑设计、花草树木规划布置以及员工身体装扮等要加上红色文化因素,体现出一定的价值诉求与精神风貌,能够让群众"始终保持那么一股劲,那么一股革命热情,那么一种拼命精神,披荆斩棘、勇往直前"[3],凝聚践行社会主义核心价值观的力

---

[1] 朱景林:《红色文化物质载体培育社会主义核心价值观的展示应用研究》,《思想理论教育导刊》2017年第5期。
[2] 兰希:《川陕革命老区红色文化遗址遗迹开发利用研究——以广元市为例》,《四川文理学院学报》2020年第1期。
[3] 中共中央宣传部:《习近平总书记系列重要讲话读本》,人民出版社,2016,第14页。

量。红色文化广场以"社会主义核心价值观"的培育为目标,可通过影像资料、图书画片及名言警句等软装饰为广场建筑添上以革命精神为核心的红色因素,展现红色基因的历史溯源及时代价值;红色文化广场硬件设施的建设也可渗入革命精神元素,让群众置身于"社会主义核心价值观"教育的红色文化氛围中,耳濡目染、潜移默化地接受以"社会主义核心价值观"为主题的思想政治教育内容。其三,利用科技手段,创新红色文物的宣传方式。红色文物带有一定革命色彩,创新传播方式,把革命话语转化为服务于实现中华民族伟大复兴的时代话语,既与现实相结合,"接地气";又需要适应时代发展潮流,"冒热气","让收藏在博物馆里的文物、陈列在广阔大地上的遗产、书写在古籍里的文字都活起来"①,利用现代科技手段,传播红色文物古迹蕴含的红色基因,打破时空限制,尽量符合群众的心理接受方式与话语沟通模式,创新红色基因传承方式,进而促进社会主义核心价值观的培育。通过参加各种红色社会实践活动,考察红色遗迹、红色文物、革命博物馆、革命纪念馆、烈士陵园等,激发群众的爱国激情,投身于践行社会主义核心价值观的实践,努力引导群众在实践中理解个人成长与实现社会主义核心价值观的关系,提高社会主义核心价值观培育的实效。

二、搞好非物质载体建设,推进红色基因与社会主义核心价值观的宣传

红色资源是中国共产党领导广大群众在革命和建设过程中所创造出来的各种物质及其非物质载体的总和,是社会主义核心价值观培育的天然载体。② 红色资源中的非物质载体包括红色歌谣、红色故事、红色传说、红色戏剧等,是传承红色基因的重要舞台,也是传播社会主义核心价值观的重要平台。开展红色体验活动,组织群众到红色遗址体验红色基因的魅力与感染力。组织群众观看《井冈山》《长征》《沂蒙山》等音乐舞蹈史诗,使群众跨越历史时空,整个身心都经受一场红色基因的庄严洗礼。在延安窑洞,用

---

① 习近平:《习近平谈治国理政》,第三卷,外文出版社,2020,第161页。
② 胡建、冯开甫:《红色资源:大学生社会主义核心价值观教育的重要载体》,《思想理论教育导刊》2016年第1期。

VR技术,模拟历史场景,群众坐下来诵读毛泽东的光辉著作,齐唱歌颂毛泽东的红色歌曲,想象到当年的历史画卷,感受毛泽东讲话的哲理性与风趣性,从而对革命精神真信真学真懂,自觉接受毛泽东思想,为群众认同社会主义核心价值观奠定基础。精心为群众安排红色体验式活动,达到"再现革命情景、体验红色文化、考验自我品格、熔炼革命精神"的学习目的,彰显出红色基因的感染力与吸引力。在井冈山革命根据地遗址,讲述毛泽东探索革命道路的故事,用VR技术,再现革命场景,促进群众把对革命道路的探索和对改革开放道路的思考联系起来,挖掘红色基因的时代价值,树立中国特色社会主义的道路自信,推进社会主义现代化进程,为培育社会主义核心价值观奠定雄厚的物质基础。创造多角度、多层次描述红色传说、全方位拓展红色基因传播的新模式。通过红色歌曲、红色歌谣、红色故事、红色传说等载体,群众能够领悟到革命者的思想深邃,甘愿认同社会主义核心价值观。开设具有强大吸引力和感染力的关于社会主义核心价值观教育的音乐网吧,用红色歌谣激励群众向革命前辈学习,更好地为人民服务,用实际行动践行社会主义核心价值观。开展送红色戏剧下乡活动,在广大农村上演红色戏剧,为群众提供精神食粮。戏曲是群众喜闻乐见的传统文艺形式,是一种标识度高的大众化文艺实践形式。① 红色戏剧是传播意识形态话语的文化载体,以艺术方式提高红色基因与社会主义核心价值观的传播力与渗透力。红色歌谣、红色故事、红色传说、红色戏剧等属于"红色经典","红色经典"蕴含红色基因,积淀着马克思主义的信仰力量与精神追求。"红色经典"容易引起人民群众对革命前辈的红色记忆,受革命精神的感染,群众对爱国等社会主义核心价值观的十二个词汇产生深刻的认知与认同。红色经典与社会主义核心价值观的共同价值旨趣是促进人的全面发展。② 这种全面发展包括了社会主义先进文化的发展,马克思主义意识形态是社会主义先进文化的核心,而红色基因与社会主义核心价值观都属于马克思主义意识形态。"红色经典"蕴含了社会主义核心价值观的价值理念,在根源上

---

① 孙雅艳、郭立冬:《戏曲现代戏:社会主义核心价值观教育的优势文化载体》,《思想政治教育研究》2019年第2期。
② 梅岚、陈高华:《红色经典与当代大学生社会主义核心价值观的塑造》,《广西社会科学》2018年第2期。

与社会主义核心价值观的文化精神相契合,"红色经典"的传播促进了社会主义核心价值观的培育。

三、微媒体是红色基因传承的重要方式,促进了社会主义核心价值观的培育

习近平总书记指出:"当前,社会上思想活跃、观念碰撞,互联网等新技术新媒介日新月异,我们要审时度势、因势利导,创新内容和载体,改进方式和方法,使精神文明建设始终充满生机活力。"[1]微媒体时代,红色基因的传承与社会主义核心价值观的培育面临着严峻挑战,分析微媒体所使用的技术特点,微媒体在传播过程中呈现出的特征,找准利用微媒体传承红色基因的突破点和培育社会主义核心价值观的着力点,探索红色基因传承的方法,创新社会主义核心价值观培育的路径。

(一) 通过微媒体设置议题,加强对红色基因的关注,促进对社会主义核心价值观的理解

微媒体给红色基因与社会主义核心价值观教育带来了挑战,也提供了机遇。群众在微媒体空间内相互交流,为隐性化的红色基因与社会主义核心价值观教育提供了渠道。设置网络议题,巧妙地引导群众通过移动社交软件谈论人生、讲述红色故事、议论时事政治,加强思想沟通和价值观念交流,凝聚价值共识。通过移动应用软件,加强群众对红色基因与社会主义核心价值观教育的互动。通过微媒体设置议题,引导群众就意识形态话语问题交流互动。借助网络数据的对比分析,政府部门可以精准地了解红色基因传承与社会主义核心价值观培育的现状,把控群众的意识形态动态,创新红色基因传承方式,提升社会主义核心价值观培育的实效性。

微媒体时代,信息生产的速度快,信息传播较为便捷,信息在微媒体空间中爆炸式增长。信息在传播过程中呈发散状态,弱化了政府在传统媒体中的监督角色,削弱红色基因与社会主义核心价值观的宣传力度。在微媒

---

[1] 习近平:《习近平谈治国理政》,第二卷,外文出版社,2017,第324页。

体空间中,群众有平等的参与权,可以自由表达意见,把控意识形态话语的关键在于引导群众的交谈内容。政府部门在掌控群众的想法方面有一定的难度,但可以通过设置议题,引导意识形态的导向。① 习近平总书记指出:"随着互联网快速发展,包括新媒体从业人员和网络'意见领袖'在内的网络人士大量涌现。……互联网是当前宣传思想工作的主阵地。这个阵地我们不去占领,人家就会去占领……"② 通过引导网络意见领袖,掌控网络议题的方向,整合网民关于红色基因的言论,引导网民对社会主义核心价值观的讨论方向,拓宽红色基因传承与社会主义核心价值观培育的网络途径,主动占领意识形态宣传工作的网络阵地。引导微媒体反复关注红色基因传承的议题,报道英雄模范人物的事件,宣传社会主义核心价值观,鼓励群众互动、讨论,加深群众对主流意识形态话语的印象。议程设置理论的观点是,微媒体影响群众对价值观念的感受,也会影响群众观察世界的方式。③ 微媒体重点宣传的事件与关注的信息,能够引导群众的价值理念,影响群众的思想观念。在微媒体中主动界定红色基因的内涵、设置社会主义核心价值观的讨论议题,加大对红色基因的宣传力度。为此,微媒体议题要顾及不同利益群体的诉求,在满足不同层次需求的基础上,聚焦社会主义核心价值观的话题引导。红色基因话题的设置和社会主义核心价值观讨论的安排要贴近群众的心理感受,分析能够引起网络群众的思想共鸣之处,引导群众领悟红色基因的感染力与培育社会主义核心价值观的吸引力,体现群众的精神诉求。政府部门和中央媒体可以通过微媒体形式,借助于"微博和微信政务"等形式发起即时的话题,主导意识形态话语的讨论议程,设置现实生活问题的讨论,开展与群众的互动交流活动,解决群众的生活困难,彰显共产党人的初心与使命。在线上就意识形态问题向公众阐释红色基因的时代价值与社会主义核心价值观的现实意义,利用微媒体技术传播红色基因,在交流与沟通中加强群众对社会主义核心价值观的理解。

---

① 赵丽涛:《我国主流意识形态网络话语权研究》,《马克思主义研究》2017年第10期。
② 习近平:《习近平谈治国理政》,第二卷,外文出版社,2017,第325页。
③ 薛一飞、邢海晶:《网络传播视域下社会主义核心价值观大众化路径》,《理论探索》2015年第4期。

(二) 创新微媒体的传播方式,提升红色基因的吸引力,推动社会主义核心价值观的培育

以前网络技术落后,红色基因与社会主义核心价值观的宣传渠道主要有学校教育、当面交谈交流、广播电视等传统方式。微媒体的出现改变了群众获取信息的渠道和思想交流的路径,影响了群众思想意识的形成与价值理念的培养。① 随着社会的发展与科学的进步,微媒体技术迅速发展,涌现出许多网络平台,满足了群众不同层次的需求,为红色基因的宣传提供了新的平台,为社会主义核心价值观的传播提供了多种渠道。网络从业者制造特定的网络语言,新颖独特,口语化,生活化,形象化。传统媒体语言充满理性,用语趋于书面化、逻辑化、正统化。与传统媒体语言相比,网络语言更加迎合群众的口味,尤其获得青年人的喜爱。在网络空间交流讨论方面,主动制造与红色基因、社会主义核心价值观传播相符的网络语言,并利用大众化的网络语言,吸引群众的关注,促进红色基因与社会主义核心价值观的宣传。创新"红色文化的微传播方式"②,搭建讲述红色故事的平台,提高微传播红色基因的效果,增强红色基因的感染力、生命力,提高社会主义核心价值观的吸引力。网络在开展红色基因与社会主义核心价值观教育方面具有独特作用,专门设立宣传红色基因与社会主义核心价值观的网站,为群众的学习创造优良的网络环境,并且根据群众的接受心理,创新红色基因与社会主义核心价值观的网络教育方式,提高群众对红色基因敬仰的高度与对社会主义核心价值观认同的深度。

微媒体时代,信息产生与传播的速度快,具有开放性的特点,各种社会思潮相互碰撞,多元价值理念交替涌现,为群众在网上交流红色文化理念与社会主义核心价值观提供了便利条件。引导网络传播的价值观念与以马克思主义为指导的主流意识形态相符,强化红色基因的传承广度与社会主

---

① 徐金超:《"微媒体"背景下大学生社会主义核心价值观教育探析》,《学校党建与思想教育》2015年第23期。
② 骆郁廷、陈娜:《论红色文化的微传播》,《江淮论坛》2017年第3期。

核心价值观的践行力度。① 遵循微媒体的传播规律,创新传播方式,搭建"微"平台,把控微媒体传播的内容,占领意识形态传播阵地,为增强红色基因的吸引力与提升社会主义核心价值观的引领力创造条件。首先,创新微媒体传播形式,增强吸引力。依据微媒体传播过程中出现的规律,利用网络技术,传唱红色歌曲,播放红色故事片段,制作宣传社会主义核心价值观的标语口号,让抽象的红色基因与社会主义核心价值观理论具体化、形象化,把理论化的概念转化为图像、声音、视频等生动直观形式,吸引群众的注意,激发群众对红色基因与社会主义核心价值观的浓厚兴趣。其次,创新微媒体传播内容,增强说服力。搭建传播红色基因与社会主义核心价值观的微平台,设置宣传主题,丰富红色基因的信息资源库,充实社会主义核心价值观的传播内容。以"学习强国"平台为例,该平台依据微媒体的传播特点,选取符合群众口味的通俗易懂的传播题材,创作适合群众接受心理的言简意赅的微媒体话语内容,创作蕴涵红色基因与社会主义核心价值观的作品,以中国特色社会主义先进文化抢占意识形态的"微阵地"。"学习强国"平台依据不同地域、不同年龄、不同性别、不同文化程度的群众的不同心理特征,采用多种微媒体传播方式,深受人民群众的喜爱,引领了红色基因与社会主义核心价值观的传播方向,宣传了主流意识形态话语。搭建红色基因的微媒体传播平台,夯实社会主义核心价值观的宣传基础,彰显红色基因的独特魅力与社会主义核心价值观的话语优势。善于与"微空间"中各种"偏激话语"对话交流,敢于同"普世价值"、历史虚无主义等错误思潮进行正面交锋,勇于用"批判的武器"反击各种非主流意识形态。坚持百家争鸣的方针,善于团结"网络意见领袖",对话交流,展示红色基因的独特魅力与社会主义核心价值观的价值理性,主导网络意识形态的话语权。② 再次,创新微媒体传播机制,增强战斗力。发挥传统媒体的优势,加强新媒体的融合发展。报纸、电视等传统媒体在老年群众中有一定的吸引力,广播在农村思想政治工作中优势明显,新媒体在年轻群众中有特殊的魅力,几种媒体模式取

---

① 林伯海、张改凤:《网络话语权争夺:意识形态的网络攻防战》,《思想理论教育》2015 年第 7 期。
② 吴翠丽:《以社会主义核心价值观对虚拟社群价值引领的路径探讨》,《南京社会科学》2018 年第 1 期。

长补短,在开展红色基因与社会主义核心价值观的宣传教育活动中发挥同频共振的作用,在传播意识形态话语方面发挥强大的合力作用,共同提升红色基因与社会主义核心价值观的引领力。发挥传统媒体在宣传红色基因与社会主义核心价值观方面的准确性、权威性优势;加强新媒体的融合,利用网络技术手段,发挥微媒体在宣传红色基因与社会主义核心价值观方面的深入性、互动性优势,宽领域、多层次地传播红色声音、讲述模范人物的故事,增强红色基因的吸引力,提升社会主义核心价值观的凝聚力。最后,依据网民需求筛选微媒体传播信息,增强传播力。马克思认为,价值是具体的,不是抽象的。马克思既分析了物对人的"自然价值",也阐述了人与人之间的"社会价值"。① 价值产生的本质原因在于群众的需求。与马斯洛的需求层次理论类似,马克思认为人有"三级阶梯"的需要:生存、占有、全面发展。② 价值产生于主体对客体的需求,价值观是评价主客体价值关系的理论体系。红色基因与核心价值观教育要想收到实效,需要从群众的现实需求出发,利用网络传播技术,创新思想政治教育的形式。政府部门需要对群众的信息需求进行引导,在满足了群众需求的同时,提高群众的需求层次,抛弃低级趣味的需求,接受高层次的精神需求。引导群众对网络信息进行筛选鉴别,提高群众选择和辨别网络信息的能力,提升红色基因与社会主义核心价值观的传播力。

(三) 提高微媒体参与者的素养,提升红色基因与社会主义核心价值观的公信力和影响力

微媒体传播的显著特点是,微媒体的参与者有较强的自主性。提升红色基因影响力与社会主义核心价值观的公信力,需要加强信息传播者和接受者的职业素养教育,提高群众对微媒体优缺点的客观认识,提升群众对所传播信息的理解能力,推进群众合理运用微媒体信息,培育群众的自我约束习惯与信息素养,提高群众对信息传播的责任担当意识。信息素养是指,群

---

① 鲁品越:《再论马克思的"价值定义"与马克思主义价值哲学之重建》,《教学与研究》2017年第2期。
② 姚顺良:《论马克思关于人的需要的理论——兼论马克思同弗洛伊德和马斯洛的关系》,《东南学术》2008年第2期。

众面对微媒体传播的信息进行理性的选择、质疑、评估、创造而显现出来的能力。① 2003年,联合国教科文组织在发布的《布拉格宣言》中,提出"信息素养"的概念,信息素养主要包括信息表述、辨别、评估、分享的能力。② 微媒体时代,信息素养对于信息传播的重要性日益凸显。依据信息素养的含义,加强对群众信息素养的培育,以红色基因与社会主义核心价值观的教育引领对群众的信息素养培育,提高群众的信息选择能力。网民的思想观念与道德素养,影响了微空间的清朗程度,也影响了对网民进行红色基因与社会主义核心价值观教育的外部环境。提高网民的职业素养,抑制低俗、虚假的信息对网络生态的负面影响,提高网民对信息的思辨能力。首先,培养网络从业人员的素养与能力。要培养网络从业人员的职业道德和提高他们传播信息的辨别能力,引导他们把微媒体视为交流信息、获取知识的重要平台,引导他们善于识别隐蔽性高、危害性大的错误思潮,自动抵御错误社会思潮的侵蚀,不信谣传谣,不传播错误信息,不发布荒谬言论。发挥微媒体传播社会主义核心价值观的作用,提升微媒介素养③,建设多层次红色基因传承微平台,以革命文化引领群众社会主义核心价值观的网络教育,培养他们的思想道德素养。其次,提高网民的理性思考能力。面对部分网民的冲动情绪与错误言论要保持理性,引导他们发布信息时不偏激,不盲从,正确判断识别各种信息。引导网民对网络信息进行科学分析与冷静判断,引导网民养成自律意识,控制偏激情绪,理性地参与虚拟社区讨论。再次,培养网民的责任担当意识。在多元互动中,引导网民对自己的言行负责,在虚拟社区的讨论中对分享观点的行为负责。加强网民的红色基因与社会主义核心价值观教育,提高网民的职业道德修养,培养网民的良好道德情操,提升网民的自我约束能力。以事实为依据,传播正能量,引导网民坚守道德底线,约束网络言行。最后,协同推进网络空间与现实世界的统一。要把网络空间的宣传与现实世界的红色基因传承、社会主义核心价值观培育相统一,

---

① 孙兰英、陈嘉楠:《互联网思维与社会主义核心价值观培育》,《天津大学学报》2018年第1期。
② 钟志贤:《面向终身学习:信息素养的内涵、演进与标准》,《中国远程教育》2013年第8期。
③ 孟燕、张健:《微媒体传播下大学生社会主义核心价值观培育路径》,《理论导刊》2018年第8期。

在形式上相互协调,在内容上相互转化。防止网民的网络话语不符合精神文明建设的需求、不符合国家的方针政策;也要避免现实的意识形态宣传无法转化为丰富网络话语。这两种倾向都会影响红色基因与社会主义核心价值观的网络宣传效果。总之,网民与网络从业人员思想道德素养的提高为在微媒体空间传播红色基因与社会主义核心价值观奠定了基础,有利于提升红色基因与社会主义核心价值观的公信力和影响力。

习近平指出:"……依法加强网络空间治理,加强网络内容建设,做强网上正面宣传,培育积极健康、向上向善的网络文化,用社会主义核心价值观和人类优秀文明成果滋养人心、滋养社会,做到正能量充沛、主旋律高昂,为广大网民特别是青少年营造一个风清气正的网络空间。"[1]加大网络空间的治理力度,建设清朗的网络生态,主动设置与控制微媒体议题,加强群众对红色基因与社会主义核心价值观的关注和理解。创新微媒体的传播方式,积极有效地传播红色基因与社会主义核心价值观,用红色基因滋养社会主义核心价值观,用社会主义核心价值观滋养人心,传播正能量。加强红色基因与社会主义核心价值观教育,提高微媒体参与者的素养,建设健康的网络文化,为红色基因的传承与社会主义核心价值观的培育提供健康的网络空间,提升红色基因的感染力和吸引力,提高社会主义核心价值观的公信力和影响力。

总而言之,红色基因传承的载体,有利于实现红色基因和社会主义核心价值观的有机融合,提高群众对社会主义核心价值观的认同。红色基因以马克思主义作为指导思想,倡导共产主义理想信念,与社会主义核心价值观的主旨思想存在内在耦合。社会主义核心价值观侧重于理论阐述,红色基因以浅显易懂话语形式、真实可感的实物形态表现社会主义核心价值观的核心理念。红色基因以物质载体、非物质载体、微媒体载体等存在形式生动地描述中国共产党的奋斗历程,以中国风格的话语方式对社会主义核心价值观进行深刻描绘,符合人民群众的认知心理,赢得了人民群众的喜爱与赞赏,迎合了群众对社会主义核心价值观的接受心理,为社会主义核心价值观的认同与践行提供了有效方式,提高了社会主义核心价值观的渗透力与影

---

[1] 习近平:《习近平谈治国理政》,第二卷,外文出版社,2017,第337页。

响力。

第六节　社会实践活动：红色基因传承与社会主义核心价值观培育的根本方法

马克思指出："一个种的整体特性、种的类特性就在于生命活动的性质，而自由的有意识的活动恰恰就是人的类特性。"[①]这一论述表明，生命活动方式深深影响着物种的存在及其特性。动物只是本能地适应自然，而人类创造性地利用工具改造自然，改善了自身的生存与发展环境。劳动实践成为人与动物本质区别的重要特征。在实践过程中，人类的思维、目的贯穿其中，被改造的自然界带有"人化"的烙印。同时，人类在创造性的实践中得以创造观念意识，人类的生产与生活成为有意识的存在。马克思主义具有突出的实践精神，始终强调理论与实践的统一。实践是认识的来源，红色基因与社会主义核心价值观不是从理论上推导出来的，而是来源于实践，是在中国革命、建设、改革过程中形成的。红色基因传承与社会主义核心价值观培育离不开社会实践活动，社会实践活动是红色基因传承与社会主义核心价值观培育的根本方法。

一、通过社会实践训练，加深群众对红色基因与社会主义核心价值观的领悟

社会实践训练又名体验式培训，是一种全球公认的既寓教于乐又效果持久的学习方法和训练方式，也是风行全球半个世纪的国际培训理念。借鉴这个理念，精心设计各种活动，让群众在一定的辅助下，有效地解决红色基因传承过程中出现的问题，成功地应对社会主义核心价值观培育过程中涌现出来的挑战。推动群众参与整个活动过程，完成对红色基因的体验，并

---

① 《马克思恩格斯文集》，第1卷，人民出版社，2009，第162页。

进行反思，从中获得某些感悟，自觉投身于践行社会主义核心价值观的实践。

（一）鼓励群众参与社会实践训练，让群众接受红色基因与社会主义核心价值观的熏陶

红色社会实践活动有助于推进红色基因与社会主义核心价值观教育，把教育活动融进实践体验，有助于潜移默化地推进思想教育与加强价值引领，引导群众认知和传播红色基因，认同和践行社会主义核心价值观。① 其一，把历史与现实结合起来。让一部分群众到红色传统教育基地学习，把历史上的红色基因传播与现实上的社会主义核心价值观教育结合起来，依据当地社会发展的需求，整合当地红色资源，利用拓展训练的理念，开展体验式的社会主义核心价值观培育活动。群众统一穿红军服、穿草鞋、背土枪，模拟当年红军作战的场景，唱着红色歌曲，既具有激情，又充满理性，加强团队协作，完成社会主义核心价值观培育的预定任务。实践证明，如果在拓展训练中有意识地融入红色基因的内涵，灵活运用，就可以把拓展训练打造成培育社会主义核心价值观的新方式，就能够进一步丰富社会主义核心价值观教育的内容，做到内容与形式的统一，进一步提高社会主义核心价值观教育的效果。其二，社会实践是培育群众政治信仰的重要渠道。通过开展社会实践和志愿服务活动，引导群众深入革命根据地遗址，参访革命遗迹，感受革命精神的独特价值。引导群众在革命老区发现建设中存在的问题，推动群众用马克思主义的科学理论武装头脑，实事求是，用哲学的思辨来分析问题和解决问题，在实践中发现马克思主义的理论光辉，促使群众形成坚定的马克思主义信仰和对理想信念的价值认同，并最终转化为实现中国梦的行动。同时，通过到革命老区的社会实践，将传承红色基因与群众的学习生活融合在一起，引导群众理论联系实际，将梦想付诸实践，努力从自身做起，从点滴做起，将个人梦同中国梦紧密地结合在一起，通过实现中国梦来圆个人梦，把政治理想变成活生生的现实。其三，开展实践体验活动。实践是认

---

① 李一楠：《以红色社会实践活动推进大学生社会主义核心价值观教育的理性审视》，《思想理论教育导刊》2019年第2期。

识的基础与来源。通过体验触发思考,总结经验,逐渐形成自己的理想,找到实现理想的途径,并坚定实现理想的决心。体验教育,首先是实践体验。"实践使认识得以产生和发展。"①实践体验是一种直接体验,通过引导群众参与红色歌剧的演出,重走长征路,在实践活动中触动灵魂,领悟红色基因的精髓,推动主观世界的改造。结合社会主义核心价值观的主题,创新实践教育的形式,组织群众模拟当年革命场景,举办红歌赛会,拓展红色文化体验活动,使群众在社会实践活动中受教育、长才干,增强社会责任感。

红色社会实践活动是依托红色文化资源开展的实践活动,包括红色调研、参观红色圣地、体验红色生活等多种形式,是在推进社会主义核心价值观教育的重要渠道。② 多途径开展红色社会实践活动,发挥实践体验的养成作用,提高传承红色基因和"社会主义核心价值观"培育的实效。一是组织群众深入革命老区,或者到革命老区的农村、机关、企事业单位搞社会实践活动,让群众切身体会到传承红色基因带来的精神享受,引导群众认同"社会主义核心价值观"。二是组织群众到红色教育基地,接受爱国主义和革命优良传统教育,使群众认识到红色基因是"社会主义核心价值观"的精髓和灵魂。三是组织群众参加红色文化宣传活动,让群众在活动中萌发为人民服务的理念,加深对广大群众的情感,使革命精神不断得到升华,让社会主义核心价值观落地生根。③

(二) 举办社会实践活动,推进群众理解红色基因与社会主义核心价值观的内涵

把红色基因与社会主义核心价值观教育融入各种社会实践活动中,化无形为有形,化虚为实,是寓教育于活动、虚功实做的好形式。其一,举办红色基因与社会主义核心价值观宣传教育活动。开展革命英雄人物事迹宣传活动,通过宣传红色典型人物、讲述经典红色故事,让群众感受红色英雄的

---

① 本书编写组:《马克思主义基本原理概论》,高等教育出版社,2007,第56页。
② 李一楠:《以红色社会实践活动推进大学生社会主义核心价值观教育的理性审视》,《思想理论教育导刊》2019年第2期。
③ 时锦雯:《使社会主义核心价值观成为大学生实现"中国梦"力量源泉——创新大学生理想信念教育的研究》,《广西社会科学》2014年第7期。

魅力，推动群众逐渐明晰自己的理想目标，规划践行社会主义核心价值观的蓝图。要组织各种红色实践活动，让群众感受抽象的红色基因教育同火热的社会现实相结合所带来的效果，让红色基因落地生根。比如，组织"不忘初心，中国行"寒暑假社会实践，组织"行程万里，践行使命"演讲比赛，并及时举办社会实践表彰大会与总结报告会，扩大活动影响，巩固实践成果。加强红色实践基地建设，扩大群众参与红色体验的人数规模和分布区域。开展好"社会主义核心价值观"教育活动，群众要重视社会调查，参加革命老区的志愿服务活动，参加革命纪念馆举办的实践育人活动，在活动中领悟红色基因的真谛与感受社会主义核心价值观的魅力。例如，在红色实践活动中，开展"缅怀先烈，不忘初心，走好新的长征路"活动，让群众切身感受到红色基因的巨大魅力，大量长征故事中鲜活的人与事对他们的教育和启迪是强烈而深刻的，有利于深化他们对社会主义核心价值观的理解与认同，增强中国特色社会主义的"四个自信"。其二，推动群众参加劳动活动。毛泽东曾经告诫青年："社会主义制度的建立给我们开辟了一条到达理想境界的道路，而理想境界的实现还要靠我们的辛勤劳动。"[1]辛勤劳动是一种社会实践活动，这种活动对树立目标、坚定梦想有极大的促进作用，能让梦想在理论与实践的互动中得以升华。马克思在《资本论》中指出："未来教育对所有已满一定年龄的儿童来说，就是生产劳动同智育和体育相结合，它不仅是提高社会生产的一种方法，而且是造就全面发展的人的唯一方法。"[2]劳动有助于全面提高群众的整体素养，有助于群众"德智体美劳"全面发展。群众投身于革命老区的社会实践，学习革命英雄的先进事迹，培养吃苦耐劳的精神；参加革命老区的劳动活动，帮助山区农民挑水、砍柴，与农民生活在一起，感受劳动的艰辛，领会红色基因中的艰苦奋斗、艰苦朴素的含义。通过参加劳动，切实提升服务社会的能力，正确认识个人梦想与社会主义核心价值观的关系，增强投身于社会主义现代化建设的责任感和使命感，努力在践行"社会主义核心价值观"的过程中实现个人价值。其三，应该利用好社会实践平台，扎实地开展红色实践活动。在社会实践活动中，引导群众体验红色基因的感染力，领悟社会主义核心价值观的吸引力，把社会主义核心价

---

[1] 《毛泽东文集》，第七卷，人民出版社，1999，第226页。
[2] 《马克思恩格斯选集》，第二卷，人民出版社，2012，第230页。

值观融入实践育人的自觉行动中,提高实践育人的实效性。① 只有引导群众积极参与社会实践,才能促进群众对革命精神的感性认识升华为理性认识。开展"红色基因"主题社会活动,可以形式多样,如学习革命英雄活动、暑期"三下乡"社会实践活动、红歌比赛活动、文艺体育活动、红色书画大赛等。通过开展"革命传统"主题社会实践活动,让群众在实践中体验和感受红色基因的吸引力,提高群众对"社会主义核心价值观"的认知能力和感受能力,引导群众自觉从身边做起,从点滴做起,真正成为"社会主义核心价值观"的主动践行者。实施以人生信仰为价值追求、以纪念节日主题模式、以政治仪式为重要渠道的红色实践活动,有利于群众潜移默化地体验社会主义核心价值观的感染力,推进主流意识形态的传播。② 以其生动的实践把培育社会主义核心价值观与传承红色基因统一起来,让传承红色基因的过程成为追求社会主义核心价值观的过程,让群众在参与活动中升华思想境界、在活动中培养风气、在环境中陶冶性情。将社会主义核心价值观融入礼仪活动中,在群众中深入开展升国旗、唱国歌、入团、入党等礼仪活动,引导群众增强礼仪、礼节、礼貌意识,在提高自身文明修养的同时,以实际行动践行社会主义核心价值观。

(三) 开展网上红色实践活动,拓展红色基因传承与社会主义核心价值观培育的渠道

把群众有效地动员与组织起来,实施红色实践活动,是加强红色基因传承与社会主义核心价值观培育的重要渠道。以前,由于费用、场地、管理等各种条件的制约,红色实践活动难以有效开展。当今,随着微媒体的快速发展,信息传播打破了时空的限制,为红色社会实践活动的开展带来了便利。网民借助于互联网手段,能够快速地组织起来,设置虚拟社区,鼓励群众就红色故事与模范人物事迹进行讨论,在交流中群众受到了红色基因的感染与社会主义核心价值观的熏陶。利用技术手段,将每个网民心中的英雄人

---

① 杨荣:《在社会实践及服务育人中践行社会主义核心价值观研究》,《乌鲁木齐职业大学学报》2016 第 3 期。
② 曾献辉、叶芫为:《以红色实践活动涵养大学生社会主义核心价值观探析》,《江西理工大学学报》2020 年第 6 期。

物形象汇聚成传播红色基因与社会主义核心价值观的鲜活教材,宣传红色传统与马克思主义意识形态话语。以前群众报效祖国的情怀、服务社会的理念难以借助一定方式表达出来。微媒体的发展解决了这个难题。群众可以借助于网上行动,接受红色基因与社会主义核心价值观教育。从群众的实际出发,从一件件小事做起,在互联网上发起"红色书籍读书会""红色故事会""红色歌谣演唱会""红色画册观摩会""关心老人""为困难群众捐款"等活动,传播红色基因,践行社会主义核心价值观。以互联网为连接平台,组织红色基因的传承活动,酝酿社会主义核心价值观的宣传行动,引导群众积极参与红色实践活动,提升群众对红色基因与社会主义核心价值观的获得感。借助于互联网,提升红色实践活动的趣味性。例如,在网络上布置同红色基因、社会主义核心价值观相关的游戏与竞赛活动,在活动中加强对红色基因与社会主义核心价值观的学习,提高学习的兴趣。微媒体时代的到来对红色基因的传承与社会主义核心价值观的培育提出了新的要求,传统的经验与模式遇到了挑战,创新红色基因与社会主义核心价值观的传播方式,推行网络红色实践活动,切实提升红色基因的魅力与社会主义核心价值观教育的吸引力。

二、基于STEAM理念,利用红色社会实践活动推进社会主义核心价值观的培育

红色资源包含红色文化的遗传密码,包含无产阶级的思想理论和价值观、伟大的革命精神、优良的革命传统和高尚的道德品质。从本质上说,红色文化资源与社会实践育人在价值取向上具有一致性。STEAM 教育理念中的各个字母依次代表科学(Science)、技术(Technology)、工程(Engineering)、艺术(Arts)、数学(Mathematics),是多学科交融、多领域融合的教育模式。[①] STEAM 教育是强调以实践为载体、以培养学习者创新精神为目标的跨学科融合的教育体系。新时期,基于 STEAM 理念,采用多学科融合的形式,挖掘红色资源的时代价值,领悟红色传统的精髓,探索社会实践的方式、

---

① 余丽晓:《STEAM 理念下大班创意美术活动的指导策略》,《天津教育》2021 年第 14 期。

方法与机制,强化社会实践育人的效果,提高社会主义核心价值观培育的实效。

(一) 基于STEAM理念,完善红色社会实践规划,增强社会主义核心价值观的吸引力

开展红色基因与社会主义核心价值观教育,既要通过深刻的理论阐述加强群众的理解,也要通过红色实践活动增强群众对红色基因的敬仰与对社会主义核心价值观的认同。"在文明的环境中体会文明的美好,在平等的环境中感受平等的舒畅。"[①]针对社会实践活动中存在的问题,基于 STEAM 理念,创设多学科融合的环境,并在此基础上制定社会实践方案与社会实践目标。第一,制定社会实践方案。以社会实践活动为平台,围绕立德树人的根本任务,以增进群众对社会主义核心价值观的认同为目的,以"STEAM"理念为主导,以讲述红色故事为手段,制定《新时代公民社会实践方案》作为指导文件,出台《"读红色经典、讲红色故事"社会实践设计方案》等规范性文件,形成较完备的社会实践整体设计规划。第二,完善社会实践目标。"STEAM"理念下红色资源融入群众社会实践活动,能够实现不同教育水平群众之间良好的互动,使群众打破僵化思维、激发思考、提高认知层次,推进社会主义核心价值观教育,同时弘扬红色传统,增强文化自信。基于"STEAM"理念的科学内涵,在具体实施过程中,组织者既要注重宏观把握,实现系统融入,又要突出实际情况,实现灵活融入;既要坚持传承红色基因,转变话语体系,实现生动融入,又要充分利用多元渠道,突破学科与时空界限,实现红色文化资源对社会实践活动的深刻融入。首先,夯实基础,搭建社会实践的聚合平台。该模式使在社会实践活动设计中的"践行社会主义核心价值观"的方案更为完善,群众还可通过互联网等信息手段,接受红色文化因素,在自由时间阶段自主选择多学科多领域的社会实践方案。其次,立起支撑,构建"导学互动"模式。可以在立德树人目标的准确性以及社会实践方法的科学性的基础上,基于"STEAM"理念搭建多学科交融的平台,把红色资源融入社会实践活动中,让社会主义核心价值观进入群众的脑海

---

① 郭维平:《社会主义核心价值观教育生成与认同研究》,学习出版社,2016,第 229 页。

中。再次,突出主题,把能力训练视为"STEAM"理念下利用红色资源开展社会实践活动的主体内容。STEAM 理念下的实践活动是立体化的,有助于培养独立探索的创新能力。[①] 从实践内容上看,分为对多学科混合的互动答疑阶段、能力训练的解决问题阶段、实现社会实践育人目标的拓展延伸阶段。分阶段、多层次,逐步提高群众认知红色基因的能力,推动群众理解社会主义核心价值观的科学内涵。

新时代,多媒体融合对红色基因传承方式与社会实践活动形式产生了深刻影响,不能简单地沿袭报纸、电视等传承红色基因的传统方式,而是需要根据社会实践育人的目标及时更新红色基因传承方式与社会主义核心价值观的践行形式,增添与时代要求相适应的因素。在社会实践中增加红色元素,基于 STEAM 理念,利用多学科融合的优势,与时俱进,确保社会实践形式的时代性。首先,群众要充分认识到红色社会实践活动对于培育社会主义核心价值观的重要作用,积极开展红色社会实践活动。红色社会实践活动是社会主义核心价值观教育的重要形式,也是向群众宣传红色基因的重要途径,有利于传承红色基因,有助于提高群众的思想道德修养。其次,基于 STEAM 理念,创造美好的红色基因传承与社会主义核心价值观培育的氛围,在平等的环境里传承红色基因,在尊重的氛围中开展社会主义核心价值观教育,提高群众参与红色实践活动的积极性。基于 STEAM 理念,设计体验感强、兴趣强烈的社会实践活动形式,让社会主义核心价值观的践行方式更加与时俱进,彰显出社会实践活动的育人价值。

(二) 完善红色社会实践活动的方式与机制,充分发挥实践育人的效能,让社会主义核心价值观入脑入心

如何将红色文化转化为推进新时代社会实践的育人资源,让社会主义核心价值观入脑入心,这需要不断完善方式。首先,历史与现实相结合。在"STEAM"理念下搭建多学科平台,讲好红色故事,回顾中国共产党所走过的非凡历程和所创造出的辉煌成就,把伟大的革命精神、优良的革命传统和

---

① 张明春、杨玲孟、孟金磊等:《STEAM 教育理念下的立体化教学改革研究》,《科技与创新》2021 年第 10 期。

高尚的道德品质视为推进新时代社会实践育人的源泉,实现培育社会主义核心价值观的目标。其次,理论与实际相结合。在"STEAM"理念下搭建多学科平台,探寻红色资源融入社会实践活动的媒介,提高新时代社会实践育人的针对性,让社会主义核心价值观走进群众的内心世界。再次,内容与形式相结合。在"STEAM"理念下搭建平台,坚持以实践教学为媒介,配合专题、体验式实践活动等,传承红色基因,提高群众参与社会实践活动的积极性,提高社会实践育人的获得感,增强社会主义核心价值观的魅力。

  群众在参加红色社会实践活动中,体验革命者的艰辛,领悟红色基因的真谛,感受革命前辈的高尚情操,从而提升自身的思想道德修养,认同与践行社会主义核心价值观。这就需要创新红色社会实践活动的机制。其一,为了更好地开展红色社会实践活动,成立专门的组织管理机构,完善管理机制。充分利用每个地方的红色文化资源,搭建相关合作平台,合作利用各地的红色场馆,便于经常性开展红色社会实践活动。开展社会主义核心价值观教育时,成立党委集中领导的管理小组,基于 STEAM 理念,充分利用大数据统筹规划红色社会实践活动,合理安排各项实践活动,确保良好的活动秩序,保证红色社会活动的条理性,充分发挥红色实践育人的作用。其二,为了更好地开展红色社会实践活动,建立保障机制。基于 STEAM 理念,创设红色社会实践活动的多种形式。不同地域所利用的红色实践活动形式有较大差异,因为不同地域所拥有的红色遗址、红色博物馆等红色文化资源不同。这些红色文化资源是滋养社会主义核心价值观的重要载体。但是,红色遗址、红色博物馆的维护需要一定的经费来保障运行,所以,政府应该拨出一定的专款来确保红色社会实践活动的顺利开展。红色社会实践活动大多在崇山峻岭中的红色革命遗址群内进行,参与的活动存在一定的"风险",需要对参与者进行安全培训,并完善培训应急机制。其三,为了更好地开展红色社会实践活动,需要建立一定的反馈评价机制。在红色社会实践活动中,制定评价规则,完善评价机制,鼓励更多群众参与社会实践,在实践活动中实现红色文化的育人功能。[①] 基于 STEAM 理念,利用多学科融合的方式,建立健全评价机制,及时分析存在的问题,提高社会实践活动的育人

---

  ① 吴銮烟:《落实评价机制 增强实践信心——关于小学综合实践活动评价机制的几点体会》,《教师》2018 年第 4 期。

效果。评价机制的对象包括团队指导人员、小组负责人、参与活动的个人,提高参与者的热情,指导他们积极参与评价活动,听取反馈意见,确保评价的民主性与科学性。根据对社会实践活动的评价结果,完善红色社会实践活动方式,以便提高社会主义核心价值观培育的实效。

(三)不断丰富红色社会实践活动的内容,增强社会主义核心价值观培育的实效

新时代,信息量大增,社会思潮呈现多元化趋势,社会思潮的传播方式逐渐改变,群众的思想认知方式也产生了变化,群众的社会主义核心价值观教育遇到多方面的挑战,需要创新教育形式。与时俱进,基于 STEAM 理念,利用现代科技手段,在革命纪念馆,再现当年革命场景,让参加红色社会实践的群众感受共产党人的崇高理想与坚定的信念,推动社会主义核心价值观走进群众的内心世界。

首先,提高社会主义核心价值观教育的层次性,根据不同文化水平的群众的认知特点与心理发展规律,基于 STEAM 理念,分层次开展红色社会实践活动方案设计。比如,对于具有小学文化的群众来说,基于 STEAM 理念,创作一些反映红色基因与社会主义核心价值观的动画、漫画等,加强他们对于红色基因与社会主义核心价值观的感性认知。具有初中文化的群众求知欲强,好奇心重,对于社会主义核心价值观教育产生强烈的兴趣,多规划革命纪念馆参观活动,可以组织他们参加"井冈山挑粮小道"等体验性强的红色社会实践活动,并用视频手段,在群众中互相传送,目的在于让他们了解革命历史,认识到红色政权来之不易,理解"革命理想高于天"的内涵。基于 STEAM 理念,规划红色基因与社会主义核心价值观的团日学习活动,可以让团日活动更具实效性、创新性[①],增强群众对红色基因与社会主义核心价值观的认同感。而对于具有高中文化的群众来说,他们已经有一定的知识积累,具有突出的问题意识,可以组织他们走访红军后代,可以采用多媒体手段采访。对于大专以上文化水平较高的群众来说,他们有较强的理论

---

① 杨琪源:《STEAM 理念下高校共青团基层组织团日活动设计研究》,《长江丛刊》2020 年第 29 期。

分析能力,可以组织他们到革命老区调研,探讨如何传承红色基因、如何培育社会主义核心价值观,利用微信、腾讯会议网络等多媒体手段进行讨论,并在讨论中逐步认同社会主义核心价值观,凝聚价值共识,助力于精准扶贫、乡村振兴。

其次,基于 STEAM 理念,增强红色社会实践活动的吸引力,提高社会主义核心价值观教育的感染力。组织红色社会实践活动时,除了参观、体验等活动形式外,还应该基于 STEAM 理念,使用多学科融合的手段,让社会实践活动具有艺术感染力。对于红色社会实践,围绕着社会主义核心价值观的国家层面、社会层面、个人层面的具体要求设计相应的主题,并根据活动主题来精心设计活动内容,增强红色社会实践活动的深度,提高主题活动的吸引力,提高活动的实效性。群众从不同角度理解社会主义核心价值观的内涵,从而自觉践行社会主义核心价值观。基于 STEAM 理念,使用现代科技手段,让红色社会实践活动形式丰富多变,不再是一个刻板的流程,活动形式可以包括参观、体验、研学、纪念庆典、文艺演出等,以形式的多样性吸引群众积极参与红色社会实践活动。在大型社会实践活动现场,可以采用 5G 技术打出红色标语,宣传红色基因,传播社会主义核心价值观。到井冈山革命根据地、中央苏区等遗址,去参加红色社会实践活动,可以基于 STEAM 理念,开展五次反"围剿"场景的虚拟地理环境数字重建,让群众受到革命精神的熏陶,了解社会主义核心价值观的历史来源与实践意义。利用特殊的地理和空间条件,创设一定的革命场景,让群众从中体验和感悟红色基因的真谛。

习近平总书记指出:"于实处用力,从知行合一上下功夫,核心价值观才能内化为人们的精神追求,外化为人们的自觉行动。"[①]红色社会实践活动,是传承红色基因的巧妙方式,是思想政治教育的有效手段,拓展了社会主义核心价值观培育的路径,以独特的方式彰显出红色基因的功能。

---

① 习近平:《青年要自觉践行社会主义核心价值观——在北京大学师生座谈会上的讲话》,人民出版社,2014,第 11 页。

第五章 红色基因传承与社会主义核心价值观培育的措施

小 结

应对错误思潮的挑战,既要"破",也要"立",制定针对性的措施,创新红色基因传承方式,推进社会主义核心价值观的培育。恩格斯指出:由于现代自然科学承认了获得性的遗传,它便把经验的主体从个体扩大到类,每一个体都必须亲自去经验,这不再是必要的了;它的个体经验,在某种程度上可以由它的历代祖先的经验的结果来代替。① 从这个视角来看,红色基因在人民群众中代代传承,体现了人民群众的集体价值理念,是从人民群众的实践活动中凝聚而成的优良传统。如何传承好红色基因,在传承中让群众汲取信仰的力量,推动人民群众认同与践行社会主义核心价值观,确保人民江山永远保持红色,这是一个需要回答的理论与现实问题。这就需要跟踪群众的思想动态,研究新问题,把握新特点,不断丰富红色基因内容和创新传承形式,不断提升群众对社会主义核心价值观的认同度,抓住重点人群,精准发力,探索红色基因传承与社会主义核心价值观培育的机制、路径、载体、方法。

加强爱国主义与民族团结教育是红色基因传承与社会主义核心价值观培育的前提。红色基因与社会主义核心价值观都属于以爱国主义为核心的民族精神,红色基因具有爱国主义的深厚情怀。民族团结是中国共产党领导中国人民取得革命、建设、改革成功的重要法宝,是中国共产党的优良传统,涉及国家的繁荣稳定、社会和谐、人民的幸福。把握重点人群,是推进红色基因传承与促进社会主义核心价值观培育的重要渠道。以党员干部、农民群众和青少年为重点人群,符合我国的国情,符合意识形态工作的实际。这是因为,以马克思主义为主流意识形态客观要求坚持党的领导,党员干部在传承红色基因与培育社会主义核心价值观的过程中起主导作用;农村经济文化相对落后,是意识形态工作的"洼地",而

---

① 《马克思恩格斯选集》,第三卷,人民出版社,2012,第985页。

农民占人口的大多数;青少年时期是意识形态工作的黄金时期,从娃娃抓起,是教育规律的客观要求。红色基因传承与社会主义核心价值观培育的主体是分层次的,对不同的主体采取不同的对策。对于党员干部,加强思想理论教育与严肃党纪,既要提高思想道德素养,又要保持清正廉洁的形象。对于农民群众,侧重于口语化的方式与民俗文化的形式。对于青少年,协调推进课程思政与思政课程的功能,发挥家庭教育、社会教育、学校教育的合力作用。具体问题具体分析,提高红色基因传承与社会主义核心价值观培育的针对性与实效性。加强对群众的自我教育,是红色基因传承与社会主义核心价值观培育的内在机制。红色基因的传承,社会主义核心价值观的培育,需要国家政策的支持,需要党组织的宣传引导,这些都是外部条件。要想把红色基因与社会主义核心价值观内化于心、外化于行,需要加强群众的自我教育,让红色基因深入到群众的脑海里,让社会主义核心价值观真正走进群众的内心世界。

拓宽红色基因传承与社会主义核心价值观培育的路径。第一,讲好红色故事,发挥革命英雄的榜样示范作用,引导群众更加自觉地认同和践行社会主义核心价值观。第二,日常生活化是完善红色基因传承与社会主义核心价值观教育的渠道。第三,学习"四史",总结共产党人在革命、建设、改革过程中的经验教训,汲取社会主义核心价值观培育的智慧。加强传承红色基因与培育社会主义核心价值观的载体建设。蕴含着红色基因的载体是传承红色基因的重要桥梁,对推动社会主义核心价值观培育发挥着重要的作用。载体主要包括物质载体、非物质载体、微媒体载体。微媒体是推进红色基因传承与社会主义核心价值观培育的重要手段。社会实践活动是红色基因传承与社会主义核心价值观培育的根本方法。红色基因传承与社会主义核心价值观培育离不开社会实践活动。通过社会实践活动,加强群众对红色基因与社会主义核心价值观的领悟。基于STEAM理念,利用红色社会实践活动推进社会主义核心价值观的培育。首先,基于STEAM理念,完善红色社会实践规划,增强社会主义核心价值观的吸引力;其次,完善红色社会实践活动的方式与机制,充分发挥实践育人的效能,让社会主义核心价值观入脑入心;再次,不断丰富红色社会实践活动的内容,提高社会主义核心价值观培育的实效。

参考文献

一、中国共产党文献资料

[1]中央档案馆.中共中央文件选集(第5-10册)[M].北京:中共中央党校出版社,1989.

[2]中央档案馆.中共中央文件选集(第12册)[M].北京:中共中央党校出版社,1991.

[3]共中央党史研究室第一研究部.共产国际、联共(布)与中国革命档案资料丛书[M].北京:北京图书馆出版社,1997.

[4]中共中央文献研究室,中央档案馆.建党以来重要文献选编(1921-1949)[M].北京:中央文献出版社,2011.

[5]中共中央文献研究室.论群众路线——重要论述摘编[M].北京:中央文献出版社,2013.

[6]中共中央宣传部办公厅,中央档案馆编研部.中国共产党宣传工作文献选编(1915-1937)[M].北京:学习出版社,1996.

[7]江西省档案馆,中共江西省委党校党史教研室.中央革命根据地史料选编[M].南昌:江西人民出版社,1982.

[8]福建省文化厅革命文化史料征集工作委员会.中央苏区革命文化史料汇编[M].南昌:江西人民出版社,1994.

[9]中共中央文献研究室.十七大以来重要文献选编(上册)[M].北京:

中央文献出版社,2009.

[10]中共中央文献研究室.十八大以来重要文献选编(中册)[M].北京:中央文献出版社,2016.

[11]中共中央党史和文献研究院.十九大以来重要文献选编(上册)[M].北京:中央文献出版社,2019.

[12]习近平.在全国党校工作会议上的讲话[J].求是,2016(9).

[13]习近平.在全国抗击新冠肺炎疫情表彰大会上的讲话[J].求是,2020(20).

[14]本书编写组.党的十九大文件汇编[M].北京:党建读物出版社,2017.

二、报纸

[1]大公报,1931.

[2]红色中华,1931-1937.

[3]人民日报,2012-2021.

[4]光明日报,2012-2021.

[5]解放军报,2011-2021.

[6]法制时报,2016-2021.

[7]中国民族报,2016-2021.

三、著作

(一)经典著作

[1]马克思恩格斯选集(第一至四卷)[M].北京:人民出版社,2012.

[2]马克思恩格斯文集(第1-2卷)[M].北京:人民出版社,2009.

[3]马克思恩格斯全集(第1-19卷)[M].北京:人民出版社,2016.

[4]列宁全集(第28卷)[M].北京:人民出版社,1990.

[5]毛泽东选集(第一至四卷)[M].北京:人民出版社,1991.

[6]毛泽东文集(第一卷)[M].北京:人民出版社,1993.

[7]毛泽东文集(第三卷)[M].北京:人民出版社,1996.

[8]毛泽东文集(第六至七卷)[M].北京:人民出版社,1999.

[9]中共中央文献研究室.毛泽东早期文稿[M].长沙:湖南人民出版社,2008.

[10]毛泽东著作选读(上册)[M].北京:人民出版社,1986.

[11]邓小平文选(第一至三卷)[M].北京:人民出版社,1994.

[12]习近平.习近平谈治国理政[M].北京:外文出版社,2014.

[13]习近平.习近平谈治国理政(第二卷)[M].北京:外文出版社,2017.

[14]习近平.习近平谈治国理政(第三卷)[M].北京:外文出版社,2020.

[15]中共中央宣传部.习近平总书记系列重要讲话读本[M].北京:人民出版社,2016.

[16]习近平.关于全面从严治党论述摘编[M].北京:中央文献出版社,2016.

[17]习近平.之江新语[M].杭州:浙江人民出版社,2007.

[18]习近平.摆脱贫困[M].福州:福建人民出版社,2017.

[19]习近平.习近平关于青少年和共青团工作论述摘编[M].北京:中央文献出版社,2017.

[20]习近平.论中国共产党历史[M].北京:中央文献出版社,2021.

[21]中共中央文献研究室,中共中央党校.刘少奇论党的建设[M].北京:中央文献出版社,1991.

[22]李大钊.李大钊全集(第二卷)[M].北京:人民出版社,2006.

[23]徐向前.徐向前军事文选[M].北京:解放军出版社,1993.

[24]孙中山.孙中山全集(第一卷)[M].北京:中华书局,1981.

(二)学术著作

[1]郑德荣,毛泽东思想概论[M].长春:东北师范大学出版社,1994.

[2]沈郑荣.毛泽东思想史纲[M].济南:黄河出版社,1992.

[3]陈红太.革命与建设:毛泽东思想与实践[M].西安:西安出版社,2011.

[4]李小三.中国共产党人精神研究[M].北京:中央文献出版社,2008.

[5]黄宏.弘扬革命精神系列丛书[M].北京:人民出版社,2005.

[6]王金玲.中国共产党党章发展史[M].北京:中共党史出版社,2008.

[7]本书编写组.中国近现代史纲要[M].北京:高等教育出版社,2015.

[8]沈壮海.文化软实力及其价值之轴[M].北京:中华书局,2013.

[9]孙有中.核心价值观国际比较研究[M].成都:四川人民出版社,2018.

[10]雷莹.不朽的丰碑:中国共产党革命精神历史嬗变研究[M].北京:光明日报出版社,2009.

[11]李江源,史爱国.党魂:中国共产党革命精神赞[M].重庆:重庆出版社,2006.

[12]中华文化发展促进会.追寻红军足迹 弘扬长征精神[M].北京:华艺出版社,2007.

[13]西柏坡精神研究课题组.光大西柏坡精神 做人民利益的忠实代表[M].北京:党建读物出版社,2005.

[14]张小荣.中国传统文化及其现代价值[M].西安:西安出版社,2010.

[15]郑谦,韦金.毛泽东之路"晚年岁月"[M].北京:中国青年出版社,1993.

[16]中共中央宣传部宣传教育局.重读抗战家书[M].北京:中华书局,2015.

[17]徐克谦.中国传统思想与文化[M].桂林:广西师范大学出版社,2007.

[18]张全新.共产党执政规律研究[M].济南:山东人民出版社,2002.

[19]刘武生.周恩来的革命春秋[M].北京:人民出版社,2012.

[20]梁柱.历史虚无主义评析[M].北京:社会科学文献出版社,2012.

[21]本书编写组.《十八届中央政治局关于改进工作作风密切联系群众的八项规定》学习读本[M].北京:新华出版社,2013.

[22]王永贵.马克思主义意识形态理论与当代中国实践研究[M].北京:人民出版社,2013.

[23]李文靖,王伟.中国共产党革命精神传承与大学生中国梦教育

[M].合肥:合肥工业大学出版社,2016.

[24]石芳.中学生社会主义核心价值观调查研究[M].成都:四川人民出版社,2017.

[25]姜义华.中华文明的根底:民族复兴的核心价值[M].上海:上海人民出版社,2012.

[26]白寿彝.中国通史(导论卷)[M].上海:上海人民出版社,1989.

[27]刘云.中央苏区文化艺术史[M].南昌:百花洲文艺出版社,1998.

[28]侯惠勤.理想信念的引领与建构——当代大学生的社会主义核心价值观研究[M].北京:清华大学出版社,2010.

[29]马俊峰.马克思主义价值理论研究[M].北京:北京师范大学出版社,2012.

[30]韩震.社会主义核心价值观凝练研究[M].北京:北京师范大学出版,2012.

[31]江畅.社会主义核心价值理念研究[M].北京:北京师范大学出版社,2012.

[32]张耀灿,陈万柏.思想政治教育学原理[M].北京:高等教育出版社,1999.

[33]孙伟平.价值论转向:现代哲学的困境与出路[M].芜湖:安徽师范大学出版社,2010.

[34]戴木才.中国特色核心价值观的传统、现实与前景[M].南宁:广西人民出版社,2011.

[35]刘少杰.当代中国意识形态变迁[M].北京:中央编译出版社,2012.

[36]郑富兴.现代性视角下的美国新品格教育[M].北京:人民出版社,2006.

[37]杨少华.引领时代前行的永恒动力——中国共产党革命精神研究[M].北京:人民出版社,2015.

[38]冯友兰.中国哲学史新编(上卷)[M].北京:人民出版社,2001.

[39]崔秋锁.社会转型与价值选择[M].长春:吉林人民出版社,2005.

[40]辞海编辑委员会.辞海(第6版)[M].上海:上海辞书出版社,2009.

［41］约翰·杜威.人的问题［M］.傅统先,邱椿译.上海:上海人民出版社,1986.

［42］班杜拉.社会学习理论［M］.周晓虹译.中国台北:台湾桂冠图书公司,1995.

［43］约瑟夫·奈.权力大未来［M］.吉美译.北京:中信出版社,2012.

［44］曼纽尔·卡斯特.网络社会的崛起［M］.夏铸九,王志弘译.北京:社会科学文献出版社,2006.

［45］尼尔·波兹曼.娱乐至死［M］.章艳译.桂林:广西师范大学出版社,2009.

［46］约翰·罗尔斯.正义论［M］.何怀宏,何包钢,廖申白译.北京:中国社会科学出版社,1988.

［47］卡尔·雅斯贝尔斯.时代的精神状况［M］.王德峰译.上海:上海译文出版社,1997.

［48］黑格尔.法哲学原理［M］.范扬,张企泰译.北京:商务印书馆,1996.

［49］孟德斯鸠.论法的精神(上册)［M］.许明龙译.北京:商务印书馆,2009.

［50］李约瑟.四海之内:东方和西方的对话［M］.劳陇译.北京:生活·读书·新知三联书店,1987.

［51］安东尼奥·葛兰西.狱中札记［M］.葆煦译.北京:人民出版社,1983.

［52］阿格妮丝·赫勒.日常生活［M］.衣俊卿译.成都:重庆出版社,2010.

［53］Philip Huang, Lynda Bell, Kathy Walker. *Chinese Communists and Rural Society*, 1927-1934. Berkeley: University of California Press, 1978.

［54］Neal, Arthur G. and Helen Youngelson-neal. *Core values in American Life: Living with Contradictions*. New Brunswick: Transaction Publishers, 2014.

［55］Yung-fa Chen. *Making Revolution-the Chinese Movement in Estern and Central China*, 1937-1945. Berkley: University of California Press, 1986.

四、论文

[1]汪信砚.全球化中的价值认同与价值观冲突[J].哲学研究,2002(11).

[2]黄显中.论友善[J].伦理学研究,2004(4).

[3]吴忠民.关于中国共产党社会公正观的初步研究[J].马克思主义研究,2006(11).

[4]任者春.敬业:从道德规范到精神信仰[J].山东师范大学学报(人文社会科学版),2009(5).

[5]侯惠勤."普世价值"与核心价值观的反渗透[J].马克思主义研究,2010(4).

[6]魏本权.从革命文化到红色文化:一项概念史的研究与分析[J].井冈山大学学报,2012(1).

[7]逄先知.从井冈山精神到西柏坡精神[J].党的文献,2012(5).

[8]姚红艳.人民性:社会主义核心价值观的本质特征[J].道德与文明,2012(6).

[9]辛锐.浅析红色文化的内涵及开发[J].人民论坛,2013(11).

[10]温静,王树荫.弘扬民族精神以培育社会主义核心价值观[J].中国特色社会主义研究,2013(2).

[11]刘润为.红色文化:中国人的精神脊梁[J].红旗文稿,2013(18).

[12]李忠,涂微微.论社会主义核心价值观与共产党人精神的关联性[J].科学社会主义,2014(6).

[13]杨峻岭.新民主主义革命时期中国精神的历史发展及其主要特征[J].思想理论研究,2014(6).

[14]丁行高,吴书海.传承红色基因:思想政治教育的现实课题[J].南京政治学院学报,2014(5).

[15]韩震.中西方核心价值观有何不同[J].求是,2014(2).

[16]周宪.时代的碎微化及其反思[J].学术月刊,2014(12).

[17]金荣,姜永志.大学生社会主义核心价值观认同教育研究[J].继续

教育研究,2014(7).

[18]顾海良."大德"的弘扬、践行和遵循[J].思想理论教育导刊,2014(7).

[19]黄遵斌.论红色精神与中国梦的内在逻辑[J].求实,2014(3).

[20]潘玉腾,陈赵阳.大学生践行社会主义核心价值观的日常生活向度[J].思想理论教育导刊,2015(8).

[21]李康平.中国革命文化基本理论问题研究[J].马克思主义研究,2015(7).

[22]刘浩林,范国盛.激活红色基因的途径与方式[J].中国井冈山干部学院学报,2015(6).

[23]林伯海,张改凤.网络话语权争夺:意识形态的网络攻防战[J].思想理论教育,2015(7).

[24]吴娜.红色基因的文化学考察[J].人民论坛,2015(12).

[25]王泽应.论承继中华优秀传统文化与践行社会主义核心价值观[J].伦理学研究,2015(1).

[26]梅荣政.关于社会主义核心价值观的几点思考[J].思想理论教育导刊,2015(8).

[27]黄蓉生,田歧瑞.社会主义核心价值观的红色文化特性探析[J].思想教育研究,2015(10).

[28]傅李琦,周书俊.社会主义核心价值观与中国梦的关系探究[J].思想理论教育导刊,2015(7).

[29]秦洁.革命文化:中华民族最为独特的精神标识[J].红旗文稿,2016(17).

[30]邓显超,杨章文.红色文化软实力的内涵及构成要素探析[J].毛泽东思想研究,2016(2).

[31]宋月红.长征精神:中国共产党人的红色基因[J].红旗文稿,2016(23).

[32]胡建,冯开甫.红色资源:大学生社会主义核心价值观教育的重要载体[J].思想理论教育导刊,2016(1).

[33]龚云.在批判历史虚无主义中坚持历史唯物主义[J].马克思主义

研究,2016(4).

[34]王增智.试析目前中国历史虚无主义的本质特征及扼制途径[J].马克思主义研究,2016(4).

[35]吴桂韩.牢固树立党史文化自信[J].理论与改革,2016(5).

[36]杨玉成.社会主义核心价值观与民族复兴中国梦[J].中共福建省委党校学报,2016(2).

[37]项久雨,吴海燕.论社会主义核心价值观与中国梦的内在联系[J].思想政治教育研究,2016(4).

[38]张春和,张学昌.坚定文化自信的价值理路分析——兼论社会主义核心价值观教育[J].理论与改革,2016(6).

[39]李艳.红色文化资源与大学生社会主义核心价值观培育[J].广西社会科学,2017(10).

[40]安娜.社会主义核心价值观认同的层次结构及培育路径探讨[J].思想理论教育导刊,2017(11).

[41]李东朗.革命文化是党和人民宝贵的精神财富[J].人民论坛,2017(17).

[42]邱小云,周艳红.弘扬红色文化 涵养社会主义核心价值观[J].思想教育研究,2017(6).

[43]张侃.红色文化、国家记忆与现代国家建构的宏观思考——一个政治哲学的维度[J].福建论坛,2017(7).

[44]孙绍勇,郑人杰.红色文化增进社会主义意识形态认同的四维解析[J].湖北社会科学,2017(11).

[45]丁恒星.红色文化与社会主义核心价值观关系研究[J].思想教育研究,2017(7).

[46]刘晓华.红色文化与社会主义核心价值观的同构性论析[J].思想教育研究,2017(10).

[47]曾耀荣.红色文化与社会主义核心价值观来源问题新探[J].红色文化学刊,2017(1).

[48]赵丽涛.我国主流意识形态网络话语权研究[J].马克思主义研究,2017(10).

[49]肖文燕.习近平的红色情怀与治国理政视野下的红色基因[J].江西财经大学学报,2017(6).

[50]郑海祥,阚道远.托起文化自信的三大支柱:社会主义核心价值观、民族精神和时代精神[J].思想理论教育导刊,2017(10).

[51]冯刚.在坚定文化自信中培育和践行社会主义核心价值观[J].社会主义核心价值观研究,2017(6).

[52]耿玉娇."社会主义核心价值观与文化自信"理论研讨会综述[J].高等教育评论,2017(1).

[53]赵静,丁晓强.革命文化对中华优秀传统文化的转化与发展[J].江淮论坛,2018(2).

[54]速继明.革命文化是维系民族长盛不衰、国家兴旺发达的强大精神动力[J].毛泽东邓小平理论研究,2018(7).

[55]段海超,赵爱霞.文化自信视域下社会主义核心价值观的日常生活化探析[J].思想理论教育导刊,2018(6).

[56]梅岚,陈高华.红色经典与当代大学生社会主义核心价值观的塑造[J].广西社会科学,2018(2).

[57]沈成飞,连文妹.论红色文化的内涵、特征及其当代价值[J].教学与研究,2018(1).

[58]许慎.革命文化的出场、演进和生命力的内在逻辑[J].贵州社会科学,2018(4).

[59]王晓丽,王俊飞.改革开放40年来关于革命文化概念、价值、发展的研究[J].湖北社会科学,2018(7).

[60]吴祖鲲,马飞.井冈山根据地革命文化的传统基因探析[J].中共中央党校学报,2018(3).

[61]武晓峰.运用红色文化加强大学生社会主义核心价值观教育[J].社会主义核心价值观研究,2018(2).

[62]江大伟.抵制历史虚无主义在网络上蔓延需精准发力[J].红旗文稿,2018(2).

[63]孙兰英,陈嘉楠.互联网思维与社会主义核心价值观培育[J].天津大学学报,2018(1).

[64]王中保,程恩富.论新时代的伟大斗争——学习贯彻党的十九大精神[J].马克思主义与现实,2018(1).

[65]高翔.充分认识红色文化的深刻内涵[J].党建,2019(5).

[66]李一楠.以红色社会实践活动推进大学生社会主义核心价值观教育的理性审视[J].思想理论教育导刊,2019(2).

[67]方水明."微"背景下红色文化资源融入大学生社会主义核心价值观教育的路径[J].浙江理工大学学报(社会科学版),2019(2).

[68]程彪,张荣荣,王春林.革命文化的历史性内涵与时代价值[J].理论探讨,2019(3).

[69]梁櫋.以革命文化涵养时代新人的担当精神[J].思想理论教育导刊,2019(10).

[70]师晓娟.基于优良家风传承的大学生社会主义核心价值观培育[J].思想教育研究,2019(10).

[71]朱继东.领导干部如何保持斗争精神、增强斗争本领[J].红旗文稿,2019(16).

[72]李荣灿.要为具有斗争精神的干部营造良好氛围和环境[J].党建,2019(4).

[73]齐彪.传承红色基因 永葆奋斗初心[J].党建研究,2019(9).

[74]中国井冈山干部学院调研组.用党史"讲"好党性,推进红色基因传承[J].中国井冈山干部学院学报,2019(5).

[75]刘建平,王昕伟.传承红色基因 铸牢复兴之魂[J].红旗文稿,2019(13).

[76]吕红霞.传承红色基因 推进自我革命[J].红旗文稿,2019(23).

[77]张婷婷.历史虚无主义"规律虚无论"的批判理路[J].思想教育研究,2019(7).

[78]张政文.历史虚无主义阐释观的迷失与阐释的知识图谱重建[J].中国社会科学,2019(9).

[79]方闻昊.传承红色基因抵制历史虚无主义[J].马克思主义与现实,2019(4).

[80]范玺文.积极推进网络时代社会主义核心价值观的生活化[J].学

习月刊,2019(8).

[81]孙雅艳,郭立冬.戏曲现代戏:社会主义核心价值观教育的优势文化载体[J].思想政治教育研究,2019(2).

[82]陈秀荣.自媒体时代社会主义核心价值观的自我教育[J].学校党建与思想教育,2019(16).

[83]沈东.冲击与回应:新时代青年理性爱国主义的"社会化"转向[J].中国青年研究,2019(5).

[84]欧阳秀敏,潘玉腾.革命文化人民性的三维审视[J].思想教育研究,2019(1).

[85]汤玲.中华优秀传统文化、革命文化和社会主义先进文化的关系[J].红旗文稿,2019(19).

[86]袁秀.红色文化与社会主义核心价值观的同向性思考[J].治理现代化研究,2019(5).

[87]徐海楠.论培育和践行社会主义核心价值观的文化自信[J].思想教育研究,2020(2).

[88]林志芳,潘庆玉.中小学语文课程中革命文化教育的价值澄清与实践路径[J].课程·教材·教法,2020(5).

[89]刘建平,王昕伟,周蓓.习近平总书记关于红色基因的重要论述研究[J].湘潭大学学报,2020(4).

[90]魏和平.内涵·价值·路径:革命文化涵育社会主义核心价值观的思考[J].思想理论教育导刊,2020(9).

[91]冯连军,潘广炜.唯物史观视阈下的"低欲望群体":形成、影响及其引导[J].社会主义研究,2020(3).

[92]于润艳.红色基因视阈下的大学生爱国主义精神培育[J].学校党建与思想教育,2020(20).

[93]周静,陈再生.习近平关于红色基因传承的重要论述及时代价值[J].党史研究与教学,2020(4).

[94]陈娟.深入学习"四史"筑牢思想理论之基[J].思想理论教育导刊,2020(8).

[95]卞成林.新时代传承红色基因坚定文化自信的思考[J].中国高等

教育,2020(15).

[96]熊成帅.学思践悟:学习"四史"的方法路径与基本要求[J].理论建设,2021(3).

[97]张博.警惕"娱乐包装"下的软性历史虚无主义[J].毛泽东邓小平理论研究,2021(3).

[98]汪亭友.一种唯心主义的历史观价值观:再论"普世价值"的实质及其现实危害[J].毛泽东邓小平理论研究,2021(5).

[99]杜玥.中国共产党在批判历史虚无主义中凝聚共识的百年实践与经验[J].思想教育研究,2021(1).

[100]黎育生,王夫营.基于日常生活世界视角培育和践行社会主义核心价值观[J].学校党建与思想教育,2021(14).

[101]李文靖,王伟.学习"四史"与实现中华民族伟大复兴[J].广东社会主义学院学报,2021(2).

[102]张明春,杨玲孟.STEAM教育理念下的立体化教学改革研究[J].科技与创新,2021(10).

[103]兰美荣,卢黎歌.中共百年青年爱国主义教育的经验与启示[J].思想教育研究,2021(6)

[104]张国义,郭斌."四史"学习中的历史虚无主义批判[J].思想理论教育,2021(6).

[105]黄细嘉,韩晶晶.中国共产党红色基因的概念、本质内涵与基本特征[J].江西社会科学,2021(7).

[106]曹劲松.新时代传承红色基因的逻辑必然与实践自觉[J].南京社会科学,2021(6).

[107]闫立光.新时代革命文化的传承:价值、困境及推进路向[J].社会科学战线,2021(2).

[108]陈艳丽.论红色经典美术作品中的社会主义核心价值观意蕴[J].学校党建与思想教育,2021(10).

[109]何卓雅,陈克.论红色经典美术作品对弘扬社会主义核心价值观的重要意蕴[J].学校党建与思想教育,2021(11).

[110]若宏,杜敏."躺平"的流行及其语用指向[J].语文建设,2021

(18).

[111]徐振华.躺平之维:躺平文化的话语表征与省思辩证[J].新疆社会科学,2021(5).

[112]林龙飞,高延雷."躺平青年":一个结构性困境的解释[J].中国青年研究,2021(10).

[113]侯振中."躺平"亚文化的生成及反思[J].人民论坛,2021(35).

[114]陈友华,曹云鹤."躺平":兴起、形成机制与社会后果[J].福建论坛,2021(9).

[115]相雅芳.祛魅与重构:"躺平文化"的社会根源及文化反思[J].新疆社会科学,2021(5).

[116]令小雄,李春丽."躺平主义"的文化构境、叙事症候及应对策略[J].新疆师范大学学报,2022(2).

[117]Robert W.McColl. The Oyuwan Soviet Area, 1927-1932. *The Journal of AsianStudies*, 1967, 27(1):41-60.

后　　记

　　《红色基因传承与社会主义核心价值观培育研究》书稿是我的一个社科项目结项成果，在结项过程中，专家提出了修改意见，我在此基础上对书稿做了修改完善。2022年，在申报河南省高校哲学社会科学优秀著作资助项目(二十大专项)过程中，南阳理工学院科研处又组织专家对书稿进行审定，提出了修改建议，我据此对书稿做了进一步的修改完善。2022年底，《红色基因传承与社会主义核心价值观培育研究》书稿作为"资助项目"很荣幸获得河南省教育厅批准。我感觉高兴的是，河南大学出版社负责书稿出版，因为河南大学出版社以出版精品学术著作闻名于业界。

　　河南大学出版社指定编辑薛建立老师负责书稿的编审工作。薛老师认真负责，不但对书稿的引文出处、字词句、标点符号、敏感问题、行文结构、出版格式等进行了仔细编校与多次修改，而且打印出他自己修改的书稿清样与我当面沟通，商谈书稿如何修改，而我依据沟通建议对存疑之处做了修改完善。同时，薛老师在书稿编校期间，多次打电话或微信与我商讨如何完善书稿，并提出具体的修改方法。薛老师为书稿的出版付出了大量心血，他的敬业精神、责任心、业务水平让我深受感动，我对他表示深深的敬意。

　　由于本人水平有限，书中错漏之处在所难免，诚望各位专家、读者批评指正。

南阳理工学院　王伟
2024年8月2日